ISO 26000 研究系列丛书

国际标准 ISO 26000 解读

黎友焕　文志芳　译著

西北工业大学出版社

图书在版编目(CIP)数据

国际标准 ISO 26000 解读/黎友焕，文志芳译著．—西安：西北工业大学出版社，2011.10
ISBN 978-7-5612-3218-7

Ⅰ．①国…　Ⅱ．①黎…　②文…　Ⅲ．①社会责任—国际标准—研究　Ⅳ．①C91

中国版本图书馆 CIP 数据核字(2011)第 215234 号

出版发行：西北工业大学出版社
通信地址：西安市友谊西路 127 号　　　　邮编：710072
电　　话：(029)88493844　88491757
网　　址：www.nwpup.com
印 刷 者：陕西向阳印务有限公司
开　　本：880mm×1230mm　　1/16
印　　张：16.75
字　　数：493 千字
版　　次：2011 年 10 月第 1 版　　　2011 年 10 月第 1 次印刷
定　　价：88.00 元

《ISO 26000 研究系列丛书》编辑委员会

序

2010 年 11 月 1 日，国际标准化组织(International Organization for Standardization，简称 ISO)在瑞士日内瓦国际会议中心举办了主题为“共担责任，实现可持续发展”的社会责任指南的发布仪式，对外宣布即日起正式发布 ISO 26000《社会责任指南》(ISO 26000:2010，Guidance on social responsibility，简称 ISO 26000)。这标志着近 10 年来众说纷纭，涉及范围最广、制定周期最长、标准篇幅最大以及参加制定的成员国最多、参加起草的专家人数最多、参加工作的组织(相关的利益集团)最多，旨在世界范围内促进社会责任充分履行和最佳实践的有效实施的标准终于面世了。这是继 ISO 9000 和 ISO 14000 之后的第三个重要的国际标准，也是首个国际社会责任标准。ISO 26000 的发布，对于国际标准化组织来说是一次跨越，一次从工程技术领域到社会和道德领域的跨越。

正如我们所知道的那样，企业社会责任从诞生到成为国际社会关注的焦点，已经历了近百年的时间，自 20 世纪 90 年代初以来，国际社会已经形成了一个声势浩大的社会责任运动浪潮。但到底什么是社会责任，又该如何实践社会责任，长期以来并没有一个统一的明确定义和可供参考的模式。ISO 26000 的发布，第一次在全球范围内统一了社会责任的定义，明确了社会责任的原则，确定了践行社会责任的核心主题，描述了以可持续发展为目标，将社会责任融入组织战略和日常活动的方法。ISO 26000 的发布，将企业社会责任(CSR)推广到任何组织形式的社会责任(SR)，这意味着，ISO 26000 适用于所有私立、公立和非营利部门的组织，不论其大小，也不论其运营于发达国家还是发展中国家，这也将社会责任提到了更为广泛的影响程度，对社会责任是一种良好的推动，标志着社会责任活动进入了一个新的阶段。

ISO 26000 颁布实施后在我国引起了一系列问题：一是到目前为止还没有 ISO 26000 的中文版，甚至在网络上还搜索不到英文版，社会各界对此相当不理解；二是根据北京交通大学社会责任评估与研究中心最近的问卷和访谈调查，绝大部分企业都不了解甚至不知道 ISO 26000 已经颁布实施；三是目前社会上竟然有数量众多的公司，其中不乏某些跨国认证公司，声称能提供 ISO 26000 认证，这使人啼笑皆非；四是有为数不少的企业公开声明其社会责任年度报告是根据 ISO 26000 制订的，从网络上搜索可以得知，仅声称“第一家根据 ISO 26000 制订年度报告”的就有 3 家，这些公司还有些是上市公司或央企，但剖析其年度报告，不仅半点 ISO 26000 的味道都没有，还可以用一塌糊涂来评价，这不得不引起社会各界的重视。ISO 26000 好不容易颁布实施，但却在我国引发了诸多乱象，似乎有被广泛误解甚至被变质利用的趋势。

我们正处于人类发展的十字路口，可持续发展成为人类追求的目标。当前，我国“十二·五”规划中提出要以科学发展为主题，以加快转变经济发展方式为主线，提高发展的全面性、协调性、可持续性，实现经济社会又好又快发展。而社会责任涉及社会、政治、经济、文化、法律、宗教、伦理道德等各个方面，对社会、经济和环境的可持续发展具有重要的影响，其建设的目标就是实现科学发展和可持续发展，因此，社会责任建设是中国实现经济社会又好又快发展的路径选择。从这个意义上讲，ISO 26000 对于各类组织来说，既是挑战，更是机遇。对此，应该根据国际标准的有关规定，针对我国经济、社会、文化的特点，参照 ISO 26000 的内容，研究并制定符合我国国情的社会责任标准，以促进我国企业等组织推动社会责任工作健康、有序发展并提供技术支持。更为可喜的是，为了推广 ISO 26000 在我国的传播并加强我国有关部门的应对工作，越来越多的仁人志士、社会团体投身其中。一些研究成果、学术著作、研讨班、研修班、论坛，等等推介形式陆续出现，可以预期的是，未来一段时间，ISO 26000 研究、传播、推广工作将如雨后春笋般发展。

摆在案前的这套《ISO 26000 研究系列丛书》，可以说是我国目前研究 ISO 26000 的第一套专业书籍。它涵盖的内容具备知识性(包括中英文译本)、学术性(解读与研究)、现实性(前沿报告)、实用性(对策、应用)，既有专业深度，又有知识的广度，“研究、解读、前沿报告、应用、认证标准”等各个话题，均呈现出一定的理论性，更具备可读性和实用性，不论是对各类组织，还是对专业学者来说，都不啻为一套开阔视野、增长见识、可供参考的好书。其实我国目前研究 ISO 26000 还处于空白阶段，据统计，目前国内研究 ISO 26000 的专著还没有出现，有关 ISO 26000 的论文不到 100 篇。尤其是，在《社会责任国际标准 ISO 26000 解读》一书中，附有 ISO 26000 完整的英文版。由于我国到现在还没有哪一个机构和专家发布 ISO 26000 中，因此，本套系列丛书的出版，可以说又是 ISO 26000 中文版的正式发布。在这样的背景下，这套系列丛书的公开出版发行就更加显得及时和重要了，相信对理论研究和工作实践都有着明显的借鉴作用。

为了加强对社会责任问题的研究，北京交通大学经济管理学院于 2011 年成立了“北京交通大学社会责任评估与研究中心”，致力于社会责任的研究、推广及实践。实际上，北京交通大学经济管理学院从 2010 年开始就先后主编公开出版了《中国企业社会责任建设蓝皮书》(人民出版社)、《企业社会责任研究系列丛书》(华南理工大学出版社)、《中国企业社会责任研究专家文库》(华南理工大学出版社)等社会责任专业作品。还作为主办单位公开出版发行《企业社会责任》杂志。这套《ISO 26000 研究系列丛书》是“北京交通大学社会责任评估与研究中心”的又一项重要作品，我们期待着国内外同行和各界人士与我们携手共同对社会责任问题开展更加深入和广泛的研究，我们也欢迎广大朋友对我们的工作和作品提出建议和批评！同时也希望北京交通大学社会责任评估与研究中心的研究团队再接再厉、推出更多的精品。

刘延平

(北京交通大学经济管理学院院长、教授、博士生导师)

2011 年 10 月

前言

20 世纪 80 年代以来，我国企业乘着改革开放的春风如雨后春笋般迅猛发展，企业与社会之间的关系日益密切，世界大型跨国企业纷纷进驻我国经济发达地区以分享发展机遇。由此社会责任理念随之悄然传入中国，然而当时各类组织关注的焦点往往是经济效益和利润所得，对社会责任持漠视态度，通常以牺牲环境甚至破坏生态平衡为代价，最终出现各种威胁人类生存的环境问题，盲目追求利益而忽视社会公德的情况也时有出现。但随着全球竞争的日益激烈，跨国公司所占市场份额逐渐威胁到本土企业的生存，越来越多的企业将社会责任作为新的竞争手段参与国际竞争，甚至连《财富》和《福布斯》这样的商业杂志也将社会责任作为评比的考虑因素，组织履行社会责任已不再是外部客观环境逼迫的结果，而是组织可持续发展的内在需求。

国际标准化组织（International Organization for Standardization，简称 ISO）于 2010 年 11 月 1 日颁布实施社会责任国际标准（ISO 26000），该标准颁布实施已近一周年，不仅没有该标准的中文版，在网络上也找不到该标准的英文版。与此同时，全国各类企业迫切需要了解该标准可能带来的冲击。基于以上背景，北京交通大学经济管理学院经济学教授、广东省企业社会责任研究会会长、《企业社会责任》杂志社社长兼总编辑黎友焕博士向国际标准化组织购买了该标准的英文版，由黎友焕和文志芳共同翻译并对该标准进行了详尽的解读，北京交通大学经济管理学院、广东省社会科学院、天津工业大学经济学院、广东商学院、广东省社会科学综合开发研究中心、广东省企业社会责任研究会、《企业社会责任》杂志社、《中国企业社会责任建设蓝皮书》（人民出版社每年出版）编辑委员会、广东外语外贸大学等一批专家参与了该标准的翻译讨论，形成了本书。此外，以上单位的专家学者经充分讨论，决定共同编撰出版《ISO 26000 研究系列丛书》，该系列丛书（共 6 册）将从 2011 年开始陆续公开出版发行。这也是黎友焕教授研究团队编撰出版《企业社会责任研究系列丛书》（华南理工大学出版社）《中国企业社会责任研究专家文库》（华南理工大学出版社）之后的又一套社会责任专业系列丛书。

本书通过对 ISO 26000 英文原版进行研读讨论，根据相关研究人员的经验以及对社会责任理念的理解，翻译成中文供广大读者使用。此外，还解读和评论了 ISO 26000 的核心主题和原则，廓清 ISO 26000 所描述的社会责任概念与传统认知的区别，使组织和相关研究人员对社会责任领域达成全球统一的共识，帮助各类组织在共同理解社会责任的基础上遵守国际行为规范，在统一的规则下参与国际竞争。

纵览全书，ISO 26000 译著的出版满足了三点需要：

其一，满足了企业自身可持续发展的需要。在 ISO 26000 发布之前，组织社会责任报告一直参照《可持续发展报告指南》（G3）和 AA1000 等标准，这些标准往往只注重某一部分或某一领域的主题，不具有普遍适用性，对于促进可持续发展的作用是相当有限的，不能够在全球范围内形成统一的认知和共识。ISO 26000 的颁布实施打破了这一僵局，它是第一个受到国际公认的社会责任国际标准，其内容的全面性和深刻性是以往任何标准所不能比拟的，组织参照这一国际标准有利于组织在全球共识的环境氛围中参与竞争，这将在很大程度上促进组织自身的核心竞争力的提高和可持续的发展。

其二，适应了我国"十二·五"规划的政策需要。"十二·五"规划纲要中反复强调经济增长方式的转变，其中提到"坚持把建设资源节约型、环境友好型社会作为加快转变经济发展方式的重要着力点。深入贯彻节约资源和保护环境基本国策，节约能源，降低温室气体排放强度，发展循环经济，推广低碳技术，积极应对气候变化，促进经济社会发展与人口资源环境相协调，走可持续发展之路。"而 ISO 26000 提及的社会责任恰恰以节约、环保、低碳、低能耗作为组织决策、活动的参照重点，其中提到的《联合国气候变化框架公约》也积极倡导组织应对气候变化，考虑其决策、活动对气候造成的负面影响，可见 ISO 26000 所提倡的全球范围内的可持续发展之路恰与我国“十二·五”规划的重要任务不谋而合。

其三，迎合了我国企业参与国际竞争的需要。尽管 ISO 26000 的出台对于我国企业是“福”是“祸”众说纷纭，但 ISO 26000 的编写宗旨明确指出不用于认证目的，仅作为指导准则，避免了将其作为贸易壁垒的弊端，在一定意义上有利于我国企业参与全球价值链获得比较优势。在我国组织中广泛宣传社会责任理念，加强 ISO 26000 的普及力度，有助于我国企业了解统一的全球社会责任规则，无论是应对跨国企业的挑战还是参与国际竞争，都能做到有备无患。此外，ISO 26000 的发布对于企业编写社会责任报告也具有指导意义，采用全球统一的指导规范增强了不同国家、不同地区、不同类型组织绩效之间的可比性，为相关利益方提供更多可用信息和可选方案，有力地推进全球经济的可持续发展。

此外，本书的编写还具有三个突出的特点，即新、奇、实。

特点一是“新”。ISO 26000 自 2010 年 11 月 1 日问世以来已有近一年之久，但关于 ISO 26000 的翻译和相关著作仍然几乎为零，尽管研究 ISO 26000 的相关学者积极致力于推广和倡导社会责任理念，却在全国范围内没有掀起较大浪潮。本书作为 ISO 26000 发布后的首批著作，旨在为相关组织提供最新的信息和最直观的认知，帮助组织在第一时间内了解社会责任并着手实践。

特点二是“奇”。ISO 26000 所提及的 7 个核心主题改变了以往标准不全面、不深刻的困局，但 ISO 26000 并不包含或者覆盖这些既存的社会责任标准，而是对其加以补充和修正。ISO 26000 所反映的社会责任核心主题和自愿性倡议、工具均是时下最具创新意义和权威性质的内容，其奇特性表现在诸多方面，有待读者在阅读中细细揣摩。

特点三是“实”。全书采用朴实无华的语言和简单直接的表述方式，没有专业的学术性论证，没有大篇幅的理论分析，没有系统的构架模型，仅用笔者质朴的理解和纯素的语言对 ISO 26000 加以译注和评论，适合于各种文化程度的大众读者理解，这也正迎合了国际标准的普遍适用性和易于理解性原则。

本书的缺点也不可避免，比如对于 ISO 26000 社会责任的理解没有实质性突破，评论部分内容还有待进一步深化，各章节内容的深度和广度还略有欠缺等。

由于知识结构和水平有限，本书的编写内容和评论观点还存在诸多不足，研究方法和理论阐述上难免有许多不妥之处，衷心希望社会各界以及广大读者批评指正，为本书的修正完善献计献策。

编　者

2011 年 9 月

目录

第一篇　标准解读

第二篇 标准译文

附 件

第一篇

标准解读

第一章 总 论

企业社会责任的概念自诞生至今已有近百年历史，虽然经过近一个世纪的探索，人们对此概念的认知却仍停留在是否需要履行的层面，对于什么是社会责任，如何履行社会责任，以及社会责任能够给人类社会带来怎样的变革，这一系列的问题，仍然没有形成明晰深刻的统一思维构架。2010 年 11 月 1 日，瑞士日内瓦国际会议中心为全世界人民带来了福音，主题为“共担责任，实现可持续发展”的 ISO 26000《社会责任指南标准》的正式发布解开了学术界、企业界、政界乃至全球各个领域在社会责任方面的困惑。ISO 26000 不仅深化了全球化浪潮对组织、社会、环境、经济等方面日益深刻的影响，还明确了组织对于利益相关方的责任，增加了组织对于社会责任领域的认知，从而促进组织积极融入社会责任实践，并将社会责任作为组织长足发展的内在要求。

第一节 ISO 26000 的产生背景

一、什么是 ISO 26000?

ISO 26000 是国际标准化组织（ISO）起草制定的社会责任指南（Guidance on Social Responsibility）的技术编号。社会责任的基本定义早在 20 世纪就已形成共识，即组织通过透明和合乎道德的行为，为其决策和活动对社会、经济、环境造成的影响承担责任。然而对于社会责任的完整定义，ISO 26000 的每一稿都进行了不同程度的修订，有的针对相关术语的范围界定进行调整，有的针对社会责任定义的注释进行斟酌修正，但无论出于何种形式何种目的的修改，都不难得出结论，各利益相关方对于社会责任的准确完整定义各持己见，较难达成一致[①]。一直推动企业社会责任发展的（Non-government Orqanization，简称 NGO）一贯倾向于无限扩大组织的社会责任影响力；而作为承担社会责任的主体（组织）却倾向于限定组织社会责任的承担范围，认为组织承担责任是有边界的，不能将社会责任无限化。研究发现，非政府组织由于其自身的特殊属性以及服务特定民众利益的内在驱动，使得其乐意于扩大社会责任影响范围的界定，而产业组织（指承担社会责任的主体）出于担心增加成本支出而极力缩小社会责任范围，从而尽量减少本应履行的责任。这两种情形显然并未达到多个利益相关方博弈的平衡点，因此 ISO 26000 的制定过程采用多利益相关方参与的新型模式：参与专家由最初的 225 人增加为 450 人，参与国家从最初的 43 个发展为 99 个，其中既包括发达国家也包括发展中国家，参与的国际机构从 24 个增加至 42 个，这些信息可见于 ISO 26000 标准原文。

最终 ISO 26000 就社会责任定义给出合理完整的释义：组织通过透明和合乎道德的行为，为其决策和活动对社会和环境造成的影响承担责任，这些行为包括：①促进可持续发展，关注安全健康和福利，其中包括动物福利；②充分考虑各利益相关方的利益；③尊重法律法规并与国际行为规范保持一致；④全面贯彻社会责任实践，并监督促进组织影响区域范围内其他组织的社会责任行为。

二、为什么要开发 ISO 26000?

应该说，几十年来国际社会对社会责任的研究和实践已经积累了巨大的成果，理论研究的纷争和实践活动的极度混乱也意味着：国际性的社会责任标准诞生有其必然性和客观要求。ISO 26000 的诞生凝聚了众多专家、学者的智慧，也吸纳了近几十年来全球社会责任实践的经验成果。针对为什么要开发 ISO 26000 这一课题，可从以下 3 个方面进行思考：

---

① 郭思敏，陈小平. 中国第 1 届 ISO 26000 国际论坛暨高级研修班会议综述[J]. 企业描绘责任，2010(3.4).

首先，全球化浪潮对组织的经济、社会、环境等诸多方面造成影响，这种影响正呈现扩大和深化趋势。全球化浪潮为社会责任运动提供前所未有的传播动力，随着国与国之间、地区与地区之间的关系日益密切，信息传播的速度不断加快、广度不断延伸，全球资源优化配置的内在要求使得企业、组织纷纷跨越国境到境外寻求资源以降低成本，与合作伙伴结盟以提高赢利水平，甚至采用最新的国际分工模式在全球范围内生产、经营、销售产品和服务。新型的全球性产业链重新构建了全球价值链和全球技术链，也使各地的企业生产活动及其影响国际化。

其次，组织面临各种挑战性局面而提出可持续发展的内在要求。科学技术的进步、知识水平的提升、人类观念的转变势必对企业的产品和服务提出更高的要求，企业不仅要用长远的目光审视战略决策的可持续性，还要兼顾消费者、供应商、承包商、社区成员、行业协会等多方利益，种种需要迫使组织不得不改变传统的短期赢利模式将企业的生存和发展与社会、环境的生存和发展结合考虑。

最后，迫于多方利益相关者的压力。由于全球化趋势愈演愈烈，组织跨域国境到其他国家设立子公司、分公司、办事处或与其他国家企业从事商品服务交易，这就决定了组织的利益相关方也由单一区域向多区域发展，由单一的几个利益相关方向多方利益相关方延伸，与利益相关方基于不同利益的关系也日趋复杂，为了维护组织自身利益并同时兼顾利益相关方利益，组织不得不履行社会责任以谋求多方利益的平衡。

上述 3 个方面阐述了组织履行社会责任的迫切需要，这不仅是社会、经济、环境的外在要求，也是组织自身发展、基业长青的内在要求。ISO 26000 的出台一方面为组织履行社会责任提供指导，帮助其有秩序、分阶段地实现发展目标；另一方面促进组织为社会环境做出贡献，在履行法律规定的最低限度的义务基础上，超越法律底线地实施道德行为，为组织对环境、社会造成的影响承担责任。

第二节　ISO 26000 的意义

ISO 26000 的发布实施，对国际社会、理论界和国际产业发展都具有重大的意义。具体而言，ISO 26000 的意义可表现在如下几个方面。

一、改变了传统的社会责任理念和认知

人们普遍认为社会责任就是通俗意义上的承担责任，企业应该承担经济责任、法律责任、道德责任等，但这些责任只是 ISO 26000 中所述责任的一部分。卢勇、曹明祥(2010)指出，ISO 26000 中定义的社会责任强调组织基于其决策和活动对社会环境这一“因果链条”的担责，显然这不仅涉及组织在法律、道德、经济方面的直接责任，还涉及其行为决策的过程和结果对社会环境造成的间接影响①。将社会责任作为一个动态研究对象在组织决策的制定实施、组织活动的策划开展过程中融入社会责任实践，从而不仅从源头控制了对社会环境造成的不良影响，还能在过程的调整控制中降低负面影响的危害。

二、延展了社会责任的承担主体

在 ISO 26000 发布之前，多数人将企业社会责任等同于社会责任，认为承担社会责任的主体仅包括企业等营利性组织，而 ISO 26000 通篇描述的主体均为组织(Organization)。组织在国际标准中的定义是赋有责任、权威、关系以及可以识别目标的实体、人员群体和设施。由定义可知，组织不仅包括企业或经济组织，还包括学校、医院、学术团体、中介机构或是一般意义上的政府机构。特别需要说明的是，这里所指的政府机构不包括制定和实施法律、履行司法权威、贯彻和建立公共政策或者信守国家国际义务的具有主权性质的政府机构。该部分内容在 ISO 26000 原文 2.12 关于组织的注解部分有所体现。社会责任承担主体的扩大意味着社会责任影响范围的扩大，在评估社会环境影响时所需考虑的因素也随之增加，这不仅对组织审核能力及绩效水平提出更高的要求，也对如何满足社会期望和利益相关方期望提出新的挑战。

---

① 卢勇，曹明祥．社会责任运动三段论分析[J]．企业社会责任，2010(3.4)．

三、界定了社会责任核心主题

ISO 26000与国际社会现有的其他有关社会责任标准或体系的显著不同在于核心主题的涉及范围。ISO 26000涉及7个核心主题，其中每个核心主题还附有相关议题，尽管并不是所有组织都涉及核心主题的每个议题，但是7个核心主题所述的内容均与所有组织相关。这7个核心主题分别是：组织管理、人权、劳工实践、公平运营实践、环境、消费者问题、社区参与和发展，其中重点阐述的主题有人权、消费者问题、社区参与和发展。针对人权问题，ISO 26000就弱势群体和歧视行为进行大量阐述，强调所有公民无论种族、肤色、年龄、社会地位、性别、社会出身、血统均享有同等的免遭歧视的权利。虽然在诸多国际人权法案中，对于人权的规定和倡议已近乎详尽，然而从社会责任角度审视人权并提倡在组织决策和组织活动中尊重人权显得相当突出，因此ISO 26000从另一个角度有针对性地解释了社会责任中如何尊重和保护人权的问题，为维护人权这一历史议题开辟了新的道路。针对消费者问题，ISO 26000将其细分为9个议题进行讨论，准确客观的信息、保护消费者健康安全、消费者申诉及争端解决、保护消费者资料和隐私等内容则渗透着人权的思想精髓，从而体现了7个议题之间相互渗透、互为补充、相辅相成的特点。针对社区参与和发展问题，ISO 26000分别从社区参与、教育和文化、创造就业机会和发展职业技能、技术的发展及其应用、创造财富和收益、健康、社会投资等6个方面进行探讨，旨在促进组织与其所在社区共同繁荣，并就每一个议题提出相关行为和期望，指导组织如何发挥在社区中的作用，与此同时结合《联合国千年发展目标》为组织及其影响区域范围内组织的决策和活动提供参考。

四、突破了既有标准的“双刃剑”现象

目前国际社会上的社会责任标准和体系，存在的最大问题就是其消极影响。例如，SA8000戴着社会责任和贸易壁垒的双重面具，其存在的合理性在于推动了社会责任的进步和发展，并督促组织积极履行社会责任以应对复杂多变的国际贸易环境和不断提高的消费者需求，但SA 8000作为一种赢利工具，也被作为标准认证体系设置了社会责任门槛，使众多中小型企业失去参与国际竞争的资格，不利于全球资源的配置和资本的流动。黎友焕、陈小平(2010)指出国际标准，但在不同的时代与文化背景下，同是国际标准化组织颁布的国际标准不大一样。[①] ISO 26000避免了SA8000，ISO9000\ISO14000作为贸易壁垒的不合理性，仅对组织履行社会责任提供指南，不作为管理认证的标准，也不作为合同、法律法规所用，甚至在附A中所提及的志愿性倡议和工具中也明确说明国际标准化组织只负责列举部分倡议或工具，这并不表明其支持或赞同这些倡议或工具，此外ISO 26000还指出这些倡议或工具仅为“非替代性”补充，不能代替国家、政府机构应该履行的职责。所以ISO2600摒弃了传统标准认证体系的壁垒特性，适用于所有规模、所有类型的组织并能为所有组织带来好处。

第三节 ISO 26000的开发制定

在国际标准化组织开发标准的历史上，ISO 26000《社会责任指南》是开发过程历时最长、规模最大、主题范围最广的标准。在此过程中，国际标准化组织不仅采用了规范化的工作流程和信息化工具，沿用传统开发标准的方法和经验，还采用了多利益相关方参与的方式，广泛听取社会各方声音并吸纳有利于可持续发展的意见和建议，最终实现ISO 26000的开发目标。

一、ISO 26000的开发原则

ISO 26000的开发原则是制定ISO 26000社会责任指南的前提和先决条件，只有承认并尊重这些原则，才能在众多参与方之间达成共识。这些原则包括明确该工作的本质属性和基本特征、评估ISO 26000的制定流程、调整过程和方法、保证全球各个利益相关方的意思体现并达成一致等，通过采用这些原则使

① 黎友焕，陈小平. ISO 26000与ISO 9000、ISO 1400000的分析[J]. 中国第1届ISO 26000国际论坛暨高级研修班入选论文，2010(12).

得 ISO 26000 能最大限度地反映全球利益相关方的共同意见，并为组织履行社会责任提供指导。

1. 认同社会责任包含大量主题和议题，与国际标准化组织以往开发的标准存在本质区别，也与其他社会责任倡议和工具有所不同

ISO 26000 所列举的 7 个核心主题只是众多主题中相对重要的几个方面，然而社会责任是个极其广博的概念，它所涵盖的内容和议题远远不止 ISO 26000 条文中所提及的这几个方面。作为指导性文件，ISO 26000 从众多主题中挑选出符合多利益相关方期望的议题进行讨论，这并不意味着社会责任仅包含上文所述 7 个核心主题，所以承认社会责任包含大量主题并与以往标准存在本质区别这一点十分重要。此外，类似于 SA8000 和 AA1000 这样的社会责任倡议所包含的内容是有限的，与 ISO 26000 相比存在诸多的不足，在业界也不能够被广泛认可，因此认同 ISO 26000 与其他社会责任倡议存在本质区别也十分重要。

2. 承认界定社会责任范围的必要性，对那些政治途径才能解决的问题保持谨慎

社会责任范围的界定对于制定 ISO 26000《社会责任指南》至关重要，必须面对这样一个现实：不同利益相关方基于自身利益的考虑，会对社会责任的范围做出不同的预期，在非政府组织和企业之间存在巨大差异，上文已经提到非政府组织对于社会责任范围的期望远远大于企业对社会责任范围的期望，例如消费者希望组织履行更多社会责任以满足其对商品和服务的需要，在保证产品和服务质量的前提下，还应维护消费者健康安全和隐私问题；社区希望组织履行更多社会责任以促进社区的可持续发展，为社区的就业、医疗、教育等方面带来便利，甚至寄希望于组织开展的慈善活动，尽管 ISO 26000 中提出组织应该避免社区对组织的慈善活动产生依赖，但这种社会期望依然存在；员工希望组织履行更多社会责任以维护劳动者在工作中的基本权利，保证劳动者获得必要的安全防护设施，并依据国际劳工组织的相关规定为劳动者提供职业技能培训和公平的晋升发展机会。

3. 承认社会责任主题具有包罗万象、不断演变的特征

社会责任主题具有明显的时代色彩，它的提出不仅反映了当代全球利益相关方的共同心愿，也反映了时下全球面临的主要社会、经济、环境问题。但是随着时间的推移，人类改造自然的活动内容也随之发生变化，主题重要性的优先顺序就随着人类活动产生变化。ISO 26000 反复强调社会责任的实践是个动态的过程，组织在履行社会责任时要定期审核评估，每个组织所涉及的核心主题的相关议题会随组织的发展和时间的推移而有所变化，同理，国际化组织制定社会责任实施指南时也存在不断审核和反复修订的过程，只有承认了主题的错综复杂性和不断演变的特征，组织所履行的社会责任才能及时、准确地满足社会的普遍期望。

4. 承认发达国家和发展中国家之间、不同性别之间、不同地区之间以及不同利益相关方之间存在差异，其观点也呈现多样性

由于发达国家和发展中国家的综合国力、经济发展阶段、贫富差距、社会福利状况存在着巨大的差异，使得不同国家的组织履行社会责任的能力存在显著区别，人们对于组织的社会期望也不尽相同。不同地区、不同性别甚至是不同文化背景的族群之间，对于社会责任的理解并不相同，尽管 ISO 26000 致力于在全球范围内形成统一的社会责任理念和社会责任共识，然而绝对的一致性是不存在的，人们基于不同文化背景和知识水平的理解能力决定了对社会责任的理解形式存在差异，从而导致了观点的多样性。各利益相关方之间存在差异是因为不同利益相关方的社会角色和关注重点不同，同一类型利益相关方所关注事项的优先顺序也不同，就造成了在 ISO 26000 制定过程中需广泛采纳多个利益相关方的意见并力求平衡。

5. 承认国际标准化组织不具有法律强制特性

国际化组织全球官方网站对其属性和构成这样描述：ISO is a non-governmental organization that forms a bridge between the public and private sectors. On the one hand, many of its member institutes are part of the governmental structure of their countries, or are mandated by their government. On the other hand, other members have their roots uniquely in the private sector, having been set up by national partnerships of industry associations.（译：国际化组织是一个旨在构建公共部门和私营部门之间桥梁的非政府组织。一方面，国际化组织的许多成员机构是政府部门的组成部分或者由政府委托授权；另一方面，其他一些成员在私营部门有其独特的地位，他们是由具有国内合作关系的行业协会建立组成的）。非政府组织的属性：从事的是社会公益事业，提供的是公共物品，其涉及的领域也相当广泛，包括环境保护、社会救济、医疗卫生、教育、文化等领域，它具有民间性和自治性，在中国可以理解为民间组织，非政府组织的体制独立于政府，不属于政府建制的组成部分也不受到政府权威的约束。因此国际化组织作为非政府组织只提供倡导性建议，提倡组织积极履行社会责任但并无强制意味，组织履行社会责任与否仅取决于组织的企业文化、核心价值观念以及道德水平，国际化组织无权对不履行社会责任的组织予以法律惩处或制裁。

6. 承认完全一致的社会责任履行状况是不存在的

由于不同组织的类型、规模、履行社会责任的能力、企业文化、融入社会责任的难度存在差异，其与社区的关系、消费者信誉、企业声誉也明显不同，因此在所有组织中实现社会责任的完全一致是不可能的，组织可根据自身情况和已有的活动进行严格评估，以制定适合自身发展需要的社会责任融入计划，最大限度地向社会责任目标靠拢趋近。但完全实现所有的社会责任及所实现的所有社会责任与其他组织完全相同这两种情况仍属理想状态，只有承认了这种理想状态的不可行性，才能正确地制定、理解、应用 ISO 26000 社会责任实施指南。

二、ISO 26000 的开发特点

1. 旨在提供具有全球普适性的社会责任实施指南

ISO 26000 标准旨在适用于所有形式的企业组织，无论是私营企业、公共非营利性部门、大企业、小企业，还是发展中国家企业、发达国家企业均能从中获益。（摘自 ISO 26000 译文导论部分）

2. 不只是涉及企业的社会责任，而是针对所有组织的社会责任

对于企业而言，将 ISO 26000 视为企业社会责任实施指南是合理的，然而对于所有组织而言，将 ISO 26000 社会责任指南等同于企业社会责任显然有失偏颇。前述提到 ISO 26000 通篇涉及的责任承担主体是组织，而企业只是众多组织类型中的一个类别，因此 ISO 26000 是为所有组织提供实践指导的文件。

3. 社会责任具有指南性、自愿性和非认证性特征

ISO 26000 中明确声明：只为使用者提供指导用途，并不适用于认证目的，任何提供 ISO 26000 认证或声称获得 ISO 26000 认证的情况都是对本国际标准旨意的误用。此外，ISO 26000 提倡组织为其对社会环境造成的影响担责，并倡导组织关怀与其“因果链条”相关的社会和环境，由此可见，本国际标准并非要求组织强行遵守文中提及的各种倡导建议。

4. 社会责任工作组在各个参与国中分别选派 6 名专家参与标准的制定工作，并在每个参与国内部设立相对应的委员会

参与社会责任标准制定工作的六方利益相关者分别是：企业、政府、非政府组织、消费者、劳工及其他。国际标准化组织在每个参与制定的成员国中都设有与之对口的社会责任工作小组，以我国为例，我国参与制定和与国际标准化组织对口的镜像组织是国家标准化管理委员会（见图 1.1）。

5. 社会责任工作组采取“成对性”和“平衡性”原则

社会责任工作组本身和其他相关 6 个任务小组都采用这两个原则，分别设立主席和副主席、秘书和副秘书各 1 名，并保证所配给人员在发展中国家和发达国家，不同区域、不同性别、不同利益相关方之间的平衡性（黎友焕、路媛，2010）①。ISO 26000 社会责任工作组的主席和副主席分别来自巴西和瑞典，他们由技术委员会指定产生，技术委员会根据人员的经验、资质以及协调组织能力等多方面因素分别从发达国家以及发展中国家各选 1 名，以保证制定过程的公平性和表决过程的公正性。

6. 鼓励全球组织按照最优实践履行社会责任，促进全球范围内的可持续发展

附 A 分为两个表格，分为适用于多个行业的倡议和工具（表 1.1：跨行业）以及仅适用于具体公共或私

① 黎友焕，路媛. ISO 26000 制订历程与展望[J]. 中国第 1 届 ISO 26000 国际论坛暨高级研修班入选论文，2010(12).

人行业部门的倡议和工具。（表 1.2：单行业），其中跨行业倡议和工具包括 3 种类型，分别是“政府间的倡议”（由政府间的组织发起或执行）；“多方利益相关者倡议”（通过多方利益相关者流程发起或执行）；“单方利益相关者倡议”。而单行业倡议则罗列出 15 种行业部门的倡议和工具，旨在针对不同行业的特定需要提供指导。这些倡议、工具以及 ISO 26000 中提及的相关行为和期望均构成履行社会责任的最佳实践，为组织根据实际情况选择合适的行为指南提供参考。

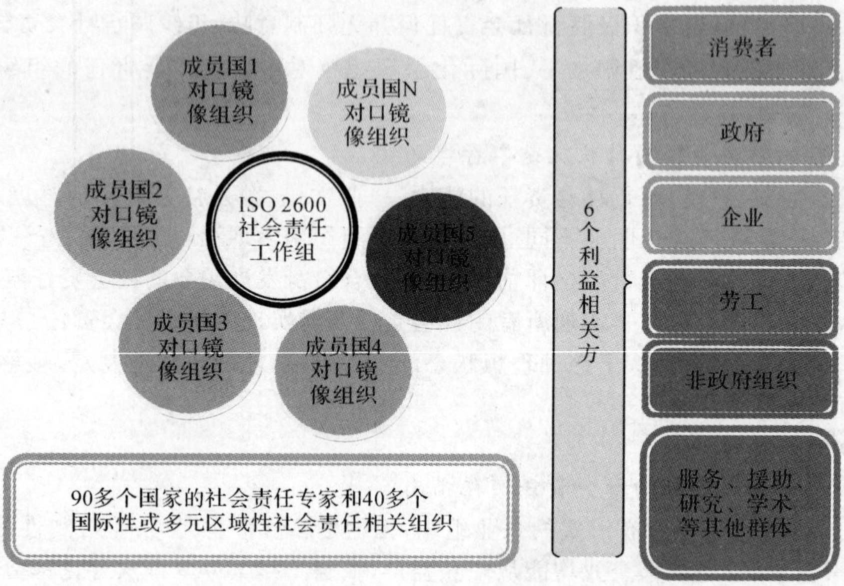

图 1.1 ISO 26000 社会责任工作组和镜像对口委员会

三、ISO 26000 开发流程及其独特性

根据国际标准化组织关于 ISO 26000 社会责任标准官方网站上的信息披露进行系统的汇总和整理，将 ISO 26000 标准制定流程总结如图 1.2 所示。

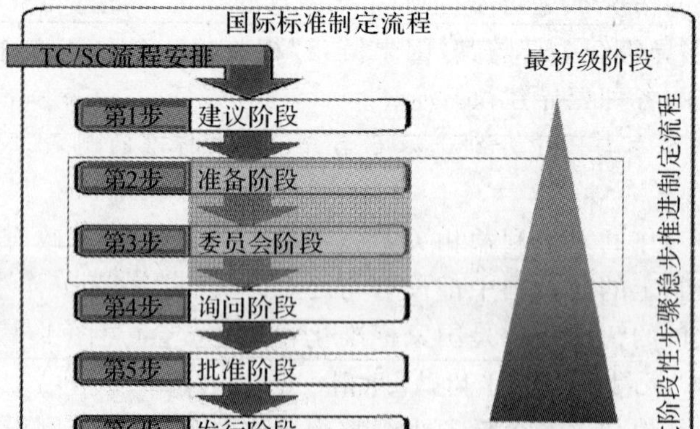

图 1.2 ISO 26000 标准制定流程

注：本图源自国际化组织官方网站 N169 文件。

ISO 26000 的开发制定流程分为 6 个阶段，分别是：建议阶段、准备阶段、委员会阶段、询问阶段、批准阶段和发布阶段（见图 1.3）。ISO 26000 的初步成型在建议阶段和准备阶段，修订和发布在委员会阶段、询问阶段、批准阶段和发布阶段。

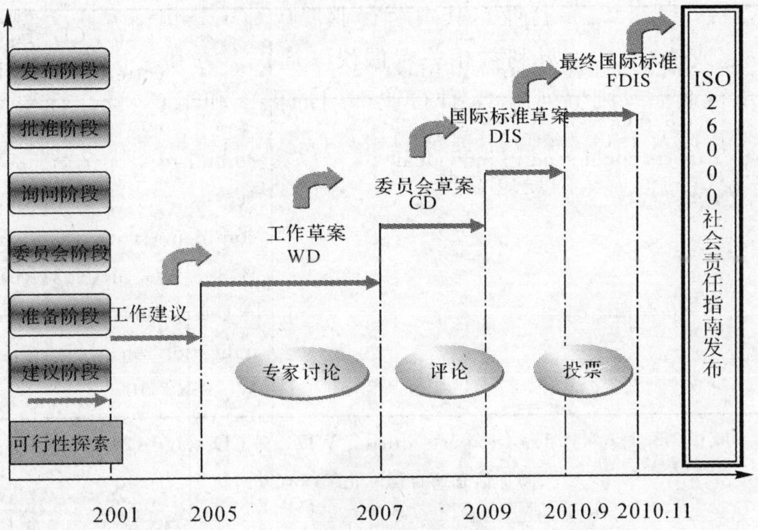

图 1.3　ISO 26000 形成过程

第一阶段：建议阶段。

在经过 2001—2002 年的需求性及可行性研究之后，国际标准化组织于 2005 年初开始筹备组建社会责任标准制定工作组（WG），并根据官方网站公布的工作组 N46 文件（Selection Process for TG Leadership）选拔领导组成员，其中包括提名程序、提名资格审查、会议召集人紧急选拔流程等内容。在此过程中，各社会责任小组成员经过商讨提议达成一致形成初步的工作项目建议。

第二阶段：准备阶段。

工作组将工作项目建议整理讨论之后，通过以上 3 个阶段的程序运作最终将达成一致的委员会草案提交委员会审核。从工作草案上升为委员会草案经历了漫长的会议讨论和投票表决过程，在此期间 IDTF 综合起草工作小组（工作草案）的不同利益相关方代表会基于各自利益对内容的重要性和关键议题的选择持不同意见，然后经过层层表决后最终达成共同意见并一致通过委员会草案，ISO 26000 社会责任工作组内成员对 WD（工作草案）上升为 CD（委员会草案）的表决结果为 67％的赞成票（见图 1.4～图 1.9）。

Activity	WD stage (after Vienna meeting)	CD stage (after Santiago metting)
Drafting	Expents participate through Stakeholder representatives in IDTF	Same
Circulation of draft	Revised document (WD) sent to all WG SR members	Revised document(CD) sent to participatint NSBs and D-Liaison and available on Livelink

图 1.4　Role of experts during WD and CD stage (1)

注：图片信息摘自国际化组织官方网站

工作活动	工作草案阶段	委员会草案阶段
起草	专家通过综合起草工作小组中的利益相关方代表参与草案制定	同左
草案传递	将修改后的工作草案送达所有社会责任成员方	将修改后草案送达国家标准机构、联络组以及 Livelink

图 1.5　图 1.4 译图专家在工作草案上升至委员会草案阶段发挥的作用(1)

Activity	WD stage (after Vienna meeting)	CD stage (after Santiago metting)
Commenting/voting	• All WG SR experts could send in individual comments • No voting	• All members within national Mirror committees, participate in building consensus comments/vote which are sent by the NSBs-see WG/SR N131Rev1 • D-Liaisons may send in comments and indication on their level of support-see WG/SR N105

图 1.6　Role of experts during WD and CD stage (2)

注:图片信息摘自国际化组织官方网站

工作活动	工作草案阶段	委员会草案阶段
评议/投票	•所有社会责任工作组成员均可发表各自的评论 •无投票	•所有成员国镜像委员会成员参与,由 NSBs 递交的文件评论工作或投票表决工作并达成一致。(见 WG/SR N131Rev1) •D—Liaisons 就支持状况提交评议结果和指示(见 WG/SR N105)

图 1.7　图 1.6 译图专家在工作草案上升至委员会草案阶段发挥的作用(2)

Activity	WD stage (after Vienna meeting)	CD stage (affter Santiago meeting)
Compilation of Comments	Circulated to all WG SR members	Same
Clustering identification of key topics etc	Experts participate through stakeholder representatives in IDTF	Same
At meetings	Experts meet, discuss comments, key topics and agree on way forward etc.	Same

图 1.8　Role of experts during WD and CD stage (3)

注:图片信息摘自国际化组织官方网站

工作活动	工作草案阶段	委员会草案阶段
汇集评议结果	递交所有社会责任工作组成员	递交所有社会责任工作组成员
关键内容的归类和确定	专家通过综合起草工作小组中的利益相关方代表参与草案议审	专家通过综合起草工作小组中的利益相关方代表参与草案议审
会议	专家开会讨论评议结果和关键内容并达成一致	专家开会讨论评议结果和关键内容并达成一致

图 1.9　图 1.8 译图专家在工作草案上升至委员会草案阶段发挥的作用(3)

第三阶段:委员会阶段。

此阶段的主要任务是将提交来的委员会草案经进一步研讨投票后上升为国际标准草案。为了进一步加强社会责任草案的一致性,无论 NSBs 是投赞成票还是反对票,社会责任工作组都将公平对待委员会草案的投票,并予以足够的重视,委员会草案也将成为国际标准草案的依据。IDTF(综合起草工作小组)根据专家的决策就所获评议结果做出定案,中央秘书处则最终确定委员会草案的版本作为国际标准草案的流通传阅版本。

第四阶段:询问阶段。

这一阶段的投票表决过程如图 1.10 和 1.11 所示,要求国际标准项目至少要经过一轮的询问磋商并且投票时长不能少于 5 个月,这么做的目的在于充分吸纳成员意见并给予所有成员对国际草案进行商议和投票机会。投票一般采用电子形式,并且必须明确清晰:赞成、反对、弃权。如果成员对草案投反对票,则必须阐明反对的技术性理由,如果成员对草案的赞成票达到 100%则直接公开发布。对于超过规定截止日期的投票将忽略不计,但是超过规定日期的评论会予以考虑。

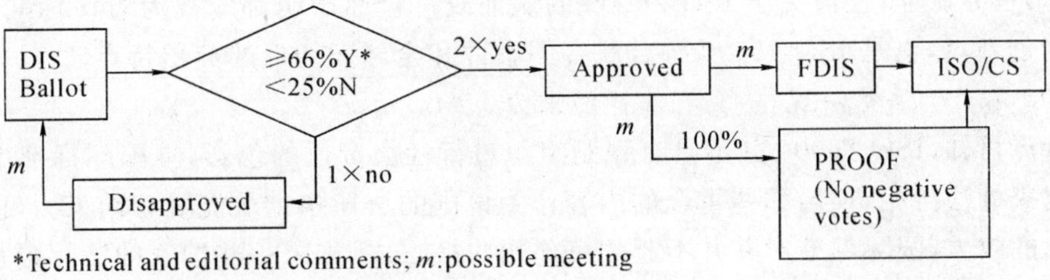

图 1.10 ISO 26000DIS 上升至最终国际标准的投票表决过程
注:图片信息摘自国际标准化组织官方网站

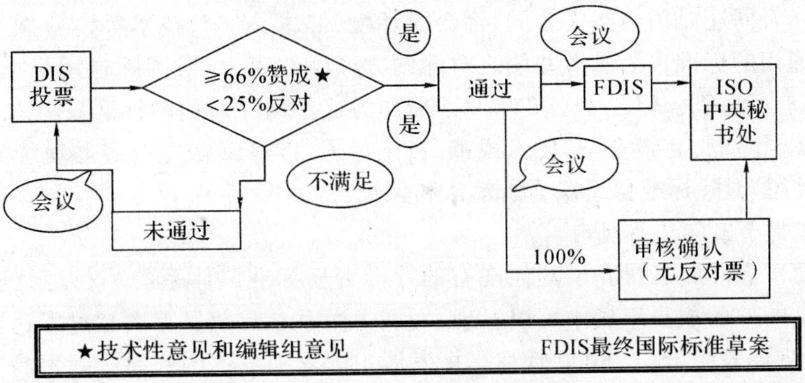

图 1.11 图 1.10 译图 ISO 26000DIS 上升至最终国际标准的投票表决过程

第五阶段:批准阶段。

此阶段是所有参与的国家成员或团体达成共识的阶段,国际草案标准文件将送达参加技术委员会的国家成员或团体以及所有有权参与的国家成员或团体,限这些成员在两个月内进行投票,并且只需投票而无需评论,根据询问阶段的两个接受原则:参加技术委员会的国家成员赞成票数超过 66%或所有有权参与的成员的反对票数少于 25%。当满足以上两种情况的任意一种时,则最终国际标准草案最终国际标准就会上升为国际标准。

第六阶段:发布阶段。

此阶段的工作主要由国际标准化组织中央秘书处完成,中央秘书处工作人员将国际标准最终国际标准进行编辑和文字性处理之后,制成正式的文本和电子版本在全球范围内发布,一般仅采用英文版本,但是 ISO 26000 还有法语版本和西班牙语版本,其他语言版本由各成员国负责翻译并进行市场发布。

第四节 ISO 26000 的应用

一、ISO 26000 在全球适用时应注意的问题

1. ISO 26000 是自愿性国际标准，不用于认证目的

ISO 26000《社会责任指南》发行的实质是指导组织对其决策、活动所涉及的因果链条内的社会环境给予足够的关怀。所谓关怀是高于负责的概念，具有很强的主动性和自愿性，其实施与否取决于组织对社会责任的认知水平和重视程度，乃至组织对于其作为环境一份子和社会一份子的态度和觉悟。与 ISO 9000 质量认证体系以及 ISO 14000 环境认证体系不同，ISO 26000《社会责任指南》只作为指导性文件为组织履行社会责任提供建议和最佳实践方案，它摒弃了传统认证体系的贸易壁垒缺陷①。此外，国际标准化组织再强调：ISO 26000 的性质只是一项为包含政府在内的所有组织提供行动指南的国际标准，不是管理体系标准，不适用于第三方认证，任何关于 ISO 26000 的认证或符合性声明都应视为对该标准的误用。② 这既是 ISO 26000 的创新点，也是 ISO 26000 融合联合国文件和全球契约后的突出特点。

2. ISO 26000 不用于法律法规，不具有法律约束力

由自愿性特点可知，ISO 26000 并不具有强制组织履行社会责任的色彩，本国际标准中提倡的部分内容可能与某些国家的法律相重合，那些重合的内容作为该国的法律条款可能具有约束力，但这种约束力仅来自于国家法律的效力，国际标准对其并不起约束作用。换言之，如果一些国家的法律覆盖了国际标准中的部分内容，而另一些国家的法律并没有覆盖这部分内容，则所覆盖的内容仅对那些法律明确规定的国家发生强制性效力，而对于未作规定的国家不发生强制性效力。此外，不同国家的法律发展阶段和实施程度都有具体的规定，但是根据 ISO 26000 的开发目的和内容，发现它并不用于法律法规的目的。

3. ISO 26000 不用于合同目的

无论是国际买卖合同还是国内买卖合同，都会对环境、健康、安全、技术等内容做出相应的规定，这些规定往往引用国际通用的标准作为参考并使之对缔约方产生约束力，对国际通用标准的选择会因组织的类型、产品的类型而有所差别。但是 ISO 26000 不能作为这些国际通用的标准被引入合同，如果引用 ISO 26000 的条款用以规定环境、健康安全、技术规范、员工待遇、产品索赔等内容并使缔约方承担义务，是对 ISO 26000 的严重滥用，国际标准化组织不予承认和保护。

4. ISO 26000 不用于国际贸易规则

ISO 26000 的最显著特点是摒弃了其他现有的社会责任标准或体系的"双刃剑"形象，排除贸易壁垒的可能性。从 ISO 26000 的成员组成中可以发现，发展中国家参与数目首次超过发达国家，甚至是发达国家数量的两倍，这一现象表明 ISO 26000 旨在平衡发展中国家和发达国家在国际贸易中的地位，积极帮助发展中国家公平地参与国际竞争，避免以往发达国家制定游戏规则的局面，从一定意义上有利于发展中国家在全球价值链中地位的提升，并使其重要性日益凸显。所以 ISO 26000 不可用于国际贸易规则，更不能作为拒绝条款阻碍国家公平竞争。

二、ISO 26000 应用于我国组织的几点建议

第一，政府等权威部门应对 ISO 26000 有正确的认识。既要看到它将对我国出口贸易产生的挑战，也要看到它带来的新机遇。黎友焕、路媛（2010）认为，应组织专门机构研究社会责任体系，积极研究 ISO 26000 的合理部分，结合我国国情，培育和建立类似的管理体系，在出口行业推广应用，并开展自我审核，改变我国企业在社会责任问题上的被动现状。在这方面，广东省已先行一步，2010 年，由广东省企业社会责任研究会、《企业社会责任》杂志社、中国企业社会责任建设蓝皮书编辑委员会、广东省社会科学综合开发研究中心等发起成立的"中国 ISO 26000 评估与研究所"，专门开展 ISO 26000 准则的评估与研究，向企

---

① 黎友焕，陈小平. ISO 26000 与 ISO 9000，ISO 14000 比较分析[J]. 中国第 2 届 ISO 26000 国际论坛暨高级研修班入选论文，2010(12).

② 黎友焕，路媛. 中国第 1 届 ISO 26000 颁布及我国企业的应对思路[N]. 中国贸易版，2010(11).

业和地方政府宣传社会责任标准并进行相关的培训，针对我国经济、社会、文化的特点，努力探索和实践并制定符合我国国情的社会责任标准，为促进我国企业等组织推动社会责任工作健康、有序发展提供专门支持。[①]

第二，企业，特别是出口导向型企业要重视 ISO 26000 标准。黎友焕、魏升民(2010)认为要提高企业管理人员的素质，定期组织企业管理人员开展 ISO 26000 准则的学习与培训，使得企业管理者对 ISO 26000 准则有着清醒的认识。企业要主动把 ISO 26000 准则的合理成分纳入到企业文化建设和企业战略管理中去中，变社会责任绩效为重要衡量标准，变被动为主动，来实现企业经济效益、社会效益的双赢。[②]

第三，充分发挥社会责任研究机构的作用。针对社会责任的专门研究机构也应该勇于担当责任，承担使命，积极主动调查出口型企业的实际状况，掌握第一手数据，树立为企业服务的理念，积极帮助企业应对即将到来的 ISO 26000 的挑战。研究机构应与企业、国际有关标准技术组织等建立起密切联系，增进各方之间的相互了解，充分发挥中介作用，这既能有效传达出口型企业合理的利益诉求，又能有效保护好我国出口企业的利益。

第四，提高我国企业发布社会责任报告的数量及积极性。近几年我国企业社会责任报告的数量呈两倍甚至 3 倍增长，但是细看社会责任报告的质量则存在很多不足，编制的规范性还没有与国际接轨，与跨国公司在华社会责任报告或者跨国公司全球社会责任报告相比还存在很大的差距。这些差距主要表现在所披露的信息不完整，参考的标准不尽相同，可比性较差。ISO 26000 的颁布不仅给跨国公司、国有企业、民营企业提供了报告编写的统一参照，也在可比性方面有所改善，使得不同国家、不同行业、不同地区、不同类型的组织之间能够通过比较学习社会责任报告，了解其他组织在履行社会责任方面的先进经验，避免部分组织在不明情况的前提下徒劳无功。此外，政府部门也会利用 ISO 26000 针对社会责任方面制定相关的保障性法律法规，为履行社会责任创造良好而公平的环境，从而在全社会范围普及社会责任知识，强化社会责任意识。

三、ISO 26000 应用过程中可能面临的挑战

1. 国际标准化组织管理体制僵化，阻碍传播范围和程度

从 ISO 26000 颁布实施到现在，国际标准化组织几乎在全球范围内没有怎么推广，绝大部分组织对 ISO 26000 的认识相当有限。以我国为例，ISO 26000 颁布实施已经超过半年，在我们国家公开的各类网站上别说出现所谓的权威中文版本，连英文版本都没有。根据国际标准化组织的相关规定，需要 ISO 26000 英文版的只能向国际标准化组织高价购买，很明显 ISO 已经以高价出售该英文版本为盈利目的。根据最近的调查，我国绝大多数的人和企业不知道有该标准的颁布实施，知道有这个标准颁布实施的极少数人员也是仅能从网络上了解，这种现实情况意味着 ISO 26000 的颁布实施简直就是一场滑稽的国际闹剧，从传播社会责任国际标准的“社会责任”考量，国际标准化组织传播责任影响严重缺失了，也就是说，国际标准化组织在颁布实施 ISO 26000 之后，明显违背了社会责任，是一个活生生的严重违反社会责任理念的“国家小丑”。[③] 知名的国际社会责任人士、法国外交部生物伦理以及企业社会责任大使米歇尔·杜山(Michel DOUCIN)是参与制定 ISO 26000 的权威专家之一，2011 年 4 月 18 日，他在法国驻广州总领事馆陈百德(Alain BERDER)经济领事、法国驻广州总领事馆黄智苗 Jacqueline Huang)陪同下约见了本书作者，并就 ISO 26000 的传播和中文版问题与本书作者进行了深入探讨，杜山先生也坦诚国际标准化组织的这种不合理的体制已经严重阻碍着 ISO 26000 的有效传播。[④]

2. 可操作性存在质疑

尽管 ISO 26000 再三强调其适用于各种类型、各种规模、各个地区、各个国家的所有组织，但正因为其普遍适用性造成了“万精油”假象。陈小平、王星(2010)也认为，ISO 26000 虽然全面、具体地反映了社会

---

① 黎友焕，路媛. ISO 26000 认证“内冷外热”[J]. 中国第 1 届 ISO 26000 国际论坛暨高级研修班入选论文，2010(12)。

② 黎友焕，魏升民. 关注 ISO 26000 准则，透视我国的应对之策[N]. 亚太经济时报，2010－11－11.

③ 黎友焕. 加快 ISO 26000 履行学术制研究社会责任——在中国第 1 届 ISO 26000 国际论坛暨高级研修班上的讲话[J]. 企业社会责任，2010，(3，4).

④ 陈小平. 法国外交部企业责任大使与黎友焕教授交流社会责任会议综述[J]. 企业社会责任，2011，(2).

责任的基本要求，但是可理解性较差，很多文化背景不同的中小型企业不能正确理解 ISO 26000 所传递的思想和方法形成模棱两可的思维印象，从而在实践过程中不能充分理解社会责任的含义，不从自身实际情况出发盲目跟风随从，导致大面积的中小型企业在实践过程中遇到很大阻碍，投入巨额成本却效果不佳，形成资源、时间、人力、物力的浪费，组织应该将这种现象控制在可预见的范围内，充分发挥政府的宏观调控作用，从根本上正确引导中小型企业履行社会责任，建立适合我国具体国情的社会责任标准体系。[①]

3. 本土化渗透存在困难

由于中国悠久的文化历史和几千年来的文化积淀，保护民族产业、固守民族品牌等思想在国人心中根深蒂固，这种思想造成部分企业家、消费者盲目排斥外来新思潮，社会责任意识起点低、发展慢，改革开放以来不合理的经济增长方式使得环境、生态遭到巨大破坏，尤其是一些老牌发电企业、机械制造业、化工业等，这些企业往往拥有忠实的“爱国粉丝”，即使高污染、高能耗、低产能、低效率的生产现状已成事实，也有这些不理性的“爱国粉丝”反对取缔或改造，这就对 ISO 26000 的执行形成严重阻碍。

4. 企业投入成本大，转型困难

尽管在组织领导者和相关利益方充分理解社会责任的情况下，企业若想改变现有的经营管理模式或购进具有可持续生产力的新设备都是巨额投资。社会责任融入组织的路径可通过改变现有经营管理模式或利用现有文化价值体系、管理体系进行融入，这是个长期缓慢的过程，部分中小企业管理者会考虑实施 ISO 26000 和放弃 ISO 26000 之间的风险比较，但就目前中国企业状况而言，仅靠几个国有大型企业在国家政策扶持和资金支持的基础上倡导社会责任形成示范是远远不够的，中小型企业仍然是国民经济发展的主力军，这些企业经营者往往只考虑到眼前的成本投入而放弃长远利益，这对于 ISO 26000 的推行也是一大挑战。

无论是大型企业还是中小型企业，面对 ISO 26000 都不能坐以待毙，在国家“十二・五”规划中也明确指出“以加快转变经济发展方式为主线，是推动科学发展的必由之路，符合我国基本国情和发展阶段性新特征。加快转变经济发展方式是我国经济社会领域的一场深刻变革，必须贯穿经济社会发展全过程和各领域，提高发展的全面性、协调性、可持续性，坚持在发展中促转变、在转变中谋发展，实现经济社会又好又快发展。”然而转变经济发展方式是长期持续的过程，很多中小企业考虑到自身利益的需要和成本的投入，不愿意改变现有的管理经营模式，惧怕转变过程中的经营风险和倒闭可能性，这就造成了 ISO 26000 应用推广的困难。

5. ISO 26000 的误解和滥用开始蔓延

ISO 26000 发布至今已有半年之久，诸多管理咨询公司假借企业管理咨询为名在网站上公布提供 ISO 26000 的认证咨询这类服务，尤以江苏、福建居多。ISO 26000 的主要特征就是不提供认证，任何声称提供 ISO 26000 认证或声称持有 ISO 26000 认证资质的情况都是对 ISO 26000 的严重误用。杨平召(2010)，ISO 26000 在初级推广阶段需要社会各界的支持和认可，企业管理咨询公司固然能够起到重要的宣传和倡导作用，但鉴于众多中小企业对 ISO 26000 的作用、意义并不了解，管理咨询公司就借其盲点趁机敛财，这既是对 ISO 26000 社会责任核心精神的亵渎，也是管理咨询公司不履行社会责任的表现。[②] 对自身社会责任都不明确了解的咨询公司，却大张旗鼓地为其他企业提供社会责任方面的管理咨询，其可靠性和可信度有待斟酌，所以迫切需要了解社会责任相关内容及其应用的组织（包括企业）应该谨慎选择咨询公司，同时咨询公司的行业内部也应该建立起完善的监督体系，改善自身的社会责任行为。

① 陈小平，王星．ISO 26000 对我国企业的影响[J]．企业社会责任，2010(3,4)．

② 杨平召．凤凰的梦想——ISO 26000 对我国 ISR 培训和咨询市场的影响[J]．企业社会责任，2010(3,4)．

第二章　分　论

由于ISO 26000涵盖内容广泛且不易理解，仅对本国际标准的总体精神有所了解是远远不够的，分论部分针对社会责任融入组织的各个阶段展开详述，旨在指导具有不同社会责任履行能力的组织根据实际情况选择适合本组织发展的核心主题和相关议题以及实践方法。

尽管ISO 26000社会责任国际标准适用于所有类型、规模、形式的组织，但是践行社会责任还应该具有灵活性和偏好性。所谓灵活性是指不同组织的发展背景、文化价值观念、经济实力、领导者才能、管理方法都存在很大差异，组织必须在综合考虑这些因素之后，采用最适合组织发展、最有助于实现价值最大化的方法进行社会责任实践。所谓偏好性是指组织的文化价值观念很大程度上受到领导阶层的影响，领导阶层领悟社会责任内涵的能力和水平成为组织践行社会责任的关键，因此组织表现为偏好于核心主题或议题的某个领域，但并不妨碍社会责任的全局运行，反而增加了履行社会责任形式的多样性。

本章分为两节：第一节帮助读者建立ISO 26000的理解框架，俯瞰ISO 26000各条款的主要内容，并形成清晰的思维脉络。第二节分别阐述组织在履行各条款内容时应该注意的问题以及可能存在的误区，帮助读者廓清ISO 26000不同于其他社会责任倡议的独特性，为处于不同阶段的组织提供适应于不同阶段的指导。

第一节　ISO 26000内容概览及框架

由于ISO 26000对于诸多组织而言是全新的社会责任国际标准，因此很多采用《可持续发展报告指南》(G3)、SA 8000，AA 1000的组织并不明确ISO 26000的独特性和优越性，常常以惯用的思维方式理解本国际标准从而造成对ISO 26000的错误理解，依照错误的理解履行社会责任，而造成严重的后果。

本节内容旨在为组织描绘ISO 26000的编写俯瞰图，帮助组织理清本标准中各条款之间的环环相扣的关系，清除和修正部分组织对于ISO 26000的错误思维定式，为之建立全新正确的社会责任逻辑框架提供指导。除此之外，有意履行社会责任却不知如何入手的组织也能够在本节的描述中获得灵感，明确社会责任标准的基本框架以及实践顺序。

一、ISO 26000的主要内容

根据国际标准化组织官方网站上对于ISO 26000的特别披露整理成表对国际标准的内容进行整体的介绍(详见第二篇标准译文导论部分的ISO 26000概要表)。

社会责任包括如下主要内容：

(1)社会责任范围的界定；

(2)与社会责任有关术语、概念、定义；

(3)社会责任的背景、发展历程、最新动向以及特征属性；

(4)理解社会责任的原则，包括问责制、透明度、尊重法律法规、尊重国际行为规范、尊重人权和相关利益方；

(5)确认社会责任以及相关利益方，促进相关利益方的参与；

(6)社会责任的7个核心主题及相关议题；

(7)指导组织融入社会责任实践的行动原则，并鼓励组织根据相关行为和期望进行负责任地运营；

(8)附A为组织履行社会责任之间提供自愿性倡议和工具。

二、ISO 26000 的编写框架

ISO 26000 国际标准是根据人类认知的科学逻辑编写而成的，因此理清各章节条款之间的关系以及各条款主要阐述的核心思想至关重要（可参看 ISO 26000 原理概览图）。

1. 范围（条款 1）

条款 1 的内容划定了社会责任的适用范围，即对所有组织均适用，无论组织规模、类型、所在地。这是该构架最基础的部分，帮助组织对社会责任所涉及的内容形成初步的轮廓，为各部分的展开奠定基础。

2. 术语和定义（条款 2）

在明确社会责任指南的适用范围之后，术语和定义不仅能够帮助组织快速理解社会责任的一般意义从而迅速入门，还能够进一步帮助组织形成较为清晰的理论基础，为组织理解社会责任打下坚实的基础。

3. 理解社会责任（条款 3）

在前两条款的理论铺垫之后，这一条款进一步细化社会责任轮廓，纵向介绍了社会责任的发展历程及特征，社会责任的最新动向以及社会责任与可持续发展之间的关系。通过这一条款的介绍，组织应该能够初步掌握社会责任基本理论知识以及重要性，为后续条款的技术性展开搭建理论认知平台。

4. 社会责任原则（条款 4）

在充分了解社会责任的特征属性和基本知识之后，组织可根据条款 4 的各项原则重新审核组织现有的或以往的决策活动，并对现有的或者以往的决策和活动进行改进和调整。此外，明确 ISO 26000《社会责任指南》所提倡的原则，能够在理念上指导组织实施具有社会责任感的行为。

5. 识别社会责任和利益相关方（条款 5）

该条款的内容帮助组织辨别其影响区域范围内的社会责任，并有助于组织确定与之相关的利益相关方及其利益，积极促进利益相关方的参与。可以发现，前 4 个条款内容均是对社会责任内容的理论性铺垫，从条款 5 开始则描述了社会责任的实践，使组织明确社会责任从这两个基本实践着手：社会责任和利益相关方的确认、参与。

6. 社会责任核心主题指南（条款 6）

本条款内容是在明确社会责任实践的基础之上，针对社会责任核心主题和相关议题就每一部分内容为组织提供详细的指导，此条款是 ISO 26000《社会责任指南》的精髓，通过对每一个核心主题的描述和讨论，帮助组织确认与之相关的核心主题和议题，详细内容可见分述评论。

7. 社会责任融入组织指南（条款 7）

一旦理解了社会责任，并确认了相关利益方以及与之相关的核心主题和议题之后，组织就应该对这些核心主题和议题展开分析，并探求改进办法。条款 7 的各项指南为组织在其决策、运营过程中贯彻社会责任提供指导。这些方法包括：将社会责任融入组织决策和组织活动中，发展组织的社会责任胜任能力，加强组织内部以及外部的沟通，定期审查组织的决策和活动是否符合社会责任标准，自愿性倡议活动的评价。

第二节　ISO 26000 各条款内容评论

一、条款 1：范围

本条款讲述 ISO 26000 适用的范围以及可能存在的盲点，着重讨论了 3 个重点问题：ISO 26000 与法律、国际行为规范以及其他相关社会责任倡议之间的关系；ISO 26000 的指导属性；ISO 26000 不作为法律抗辩、诉讼和权利申诉等法律事宜的依据。其中国际标准化组织的非认证属性和非法律依据属性是众多刚接触本社会责任国际标准用户可能存在的误区，还应该注意不能将 ISO 26000 作为订立合同条款的证据，组织应该对这几个问题有明确充分的认识，并在履行过程中谨慎考虑。

1. ISO 26000 是与法律、国际行为规范、其他社会责任相关文件并存的标准

ISO 26000 社会责任指南鼓励组织遵守国家法律法规、尊重国际行为规范，并倡导组织履行超越法律

规定范畴的责任，即将遵守法律作为履行社会责任的最低限度行为和最基本义务。与 ISO 26000 并存的关于社会责任的文件有 AA 1000、全球报告倡议组织 GRI 的《可持续发展报告指南》(G3)等，本国际标准对于这些社会责任相关文件和行为仅起到补充作用，并非替代、包含或将其他标准排除在外。但是，从术语和定义、原则、核心主题等内容到指导组织贯彻实施社会责任的实践，ISO 26000 可谓是历史上最全面、最完整、最广泛的社会责任标准，它渗透了大量最新的社会责任理念，洞察了全球社会责任领域的发展动向，并对实践社会责任的最新方法做出深刻透彻的研究，附 A 中给出的社会责任自愿性倡议和工具则包罗万象地描述了世界范围内组织履行社会责任的典范，为有需要的组织提供更多可选择的余地。

2. 强调 ISO 26000 的指导属性而非认证属性

在总论中笔者反复提到 ISO 26000 的非认证属性，但是纵观国际标准化组织制定标准的历史，从 ISO 9001 质量认证管理体系、ISO 14000 环境认证管理体系到 ISO 26000 社会责任标准，我们发现国际标准化组织所代表的全球多数心声已从质量、环境的管理转变为社会责任的履行，不仅提高了组织对于社会、环境的担责要求，还深化了义务的概念，即组织不仅要生产销售高质量、高环保、高可靠度的产品或服务，还要承担除了质量、环境主题以外的社会责任，大大拓宽了组织的义务范畴，同时也为促进可持续发展提供了更多可选内容。

3. ISO 26000 也不为法律行为、申诉、抗辩、国内外索偿或其他诉讼行为提供基础

在总论中已经明确了 ISO 26000 的适用范围不包括法律法规、合同、国际贸易规则等。针对法律这部分内容，国际标准化组织在本条款中提出本国标准之所以定位成“国际标准”“指导准则”或者“对策建议”是与其非自愿性和指导性密切相关的，作为建议指导类型的文件，ISO 26000 不能为法律申诉、抗辩提供法律基础，也不能用于索赔、投诉、贸易摩擦等法律诉讼，这些不仅取决于本国际标准的非法律强制性，也取决于国际标准化组织本身没有法律效力这一特性，因此任何援引 ISO 26000 条款作为合同文件的缔约义务或者作为法律诉讼的法律依据，均属于滥用本国际标准。这从一定意义上促进了国际贸易的公平性和可持续发展的稳定性。

二、条款 2：术语和定义

本条款中关于社会责任的术语和定义的阐述共有 27 个，由于其中类似消费者、客户、组织、环境等概念与传统认知具有一致性，在此不赘述。而对于理解社会责任具有重要意义的严格评估、国际行为规范、社会责任、可持续发展、雇工和工人、组织影响和影响区域、价值链和供应链，笔者将就个人观点对这些概念加以进一步阐释，希望对组织理解社会责任有所帮助。

1. 严格评估

严格评估是一个复杂而主动的动态过程，它作为评定监督社会责任履行状况的有效手段，在 ISO 26000 核心主题的人权部分和条款 7 实践条款多次被提到，尽管涉及的内容可能存在差异，尊重人权这一条款着重强调在人权方面的严格评估，即组织应该对其决策、活动进行严格评估以确保其不参与损害他人人权的活动，或不从侵犯人权的活动中受益，其评估的对象主要针对人权方面。而条款 7 所提到的严格评估则是针对所有核心主题，即 7 个核心主题均可进行严格评估这一环节，组织可根据自身情况对与核心主题相关的政策、评估方式、融入社会责任方式、绩效跟踪方式以及负面影响处理方式进行严格评估，从而达到调整规范组织行为的目的。我们发现，无论是人权部分的严格评估还是实践部分的严格评估，他们都具有共同的属性和目标：①组织应该根据其运营地和活动发生地的国家环境，选择适当的严格评估程序；②严格评估的对象是组织决策和组织活动所造成的现有的、潜在的负面影响，其中潜在的负面影响应该是组织着重努力的方向；③严格评估的范围也不仅仅局限于经济这一个领域，还应该涉及社会、环境领域，综合考虑多方面的因素。

2. 国际行为规范

国际行为规范是指从普通国际法律、公认的国际法律原则、普遍认可或接近普遍认可的政府间的协定中衍生出来的组织社会责任行为的期望。国际行为规范包括国际交往中成文和不成文这两种形式。成文

的文件主要是指多边和双边的协议、公约、条约和正式宣言等，较为常见的是《联合国宪章》《儿童权利公约》《联合国气候变化框架公约》《联合国反腐败公约》《中美公报》等，当双边公约或协定与多边公约或协定发生冲突时，以多变协议为准。不成文的国际行为规范是指那些在长期的国际交往中逐渐形成的、为人们公认的和普遍接受的、在国际上受到广泛推崇和支持的行为准则，这些行为准则可能涉及道德、法制、和平、环境等方方面面，例如国际间的相互尊重、尊重公民的基本权利、采用和平方式解决政府冲突而非采用武力暴力途径等。国际行为规范的几个典型作用是：①明确各国的权利义务关系；②尊重和保护各国的利益；③增加国际间的信任以减少国际政治、经济方面的摩擦，促进全球的可持续发展；④约束和规范各国的政治、经济、文化方面的行为，有利于各国间和谐共处。需要明确的是，国际行为规范并不是一成不变的，它会随着时间的推移、经济的发展、人类认知的提升以及全球焦点的转移而发生变化，当国际行为规范在不断调整进步的同时，《社会责任指南》所强调的与国际行为规范保持一致的论断就注定了社会责任的具体内容也会随着变化。

3．社会责任

对于社会责任概念的具体解读和理解应从以下几个方面探讨：

(1)社会责任是组织为其决策和活动对社会、环境造成的影响承担责任。任何组织活动及其造成的影响都与组织决策有关，组织要履行社会责任必须在其决策中将可能的、潜在的影响考虑在内，并预见到这些影响会对哪些相关利益方造成危害？造成怎样的危害？危害的程度为多少？当充分考虑这些因素之后，组织的活动才能符合社会责任标准的要求，并为可持续发展做出贡献。

(2)社会责任是透明的、道德的行为。社会责任行为应该具备两个特性，即透明性和道德性。透明性在术语中的解释为：影响社会、经济和环境的决策和活动的公开性以及以清晰、准确、及时、诚实和全面的方式进行沟通的意愿。组织应该以合理充分的方式披露其决策和活动对环境造成的影响，以便利益相关方根据披露的信息做出准确的评估和判断，从而规避或减少组织对其造成的已知的或潜在的影响。道德性不仅是人类生存发展的最基本要求，也是组织长期持续发展的最基本要求，组织的行为决策都应该与国际行为规范相一致，并且是以诚实、公正、公平的价值观为基础，这些价值观决定了组织对于人、动物、环境的关怀以及对利益相关方的承诺。

(3)社会责任是组织政策、文化、活动的重要组成部分。越来越多的组织迫于自身发展的需要而开始关注社会责任，不仅为增强其整体实力和核心竞争力，还为在消费者心目中赢得良好的口碑，转化为组织长期发展的动力，这种动力能够在组织的战略目标、项目投资、市场营销等活动中承担重要角色。组织践行社会责任的直接行为就是将社会责任融入组织决策和组织活动中，在制定决策中考虑到决策后果会对社会、环境造成的潜在影响，并最大程度避免这种影响的危害性。当决策活动中融入社会责任意识后，组织的核心价值观中便注入了社会责任的血液，而核心价值观是组织文化的灵魂，因此社会责任便内化在组织文化中，成长在组织运作中，升华在组织行为实践中。

4．可持续发展

可持续发展的完整定义是：既能满足当代人需求，又不损害后代人满足其需求能力的发展。可持续发展作为反映整体社会广泛期望的发展方式已经为越来越多的人所理解，它既是高品质生活、健康、繁荣的目标与社会法制的有机结合，又是社会、经济、环境目标与地球承载力的结合。可持续发展要求消耗资源的速度要小于地球创造可再生资源的速度，释放污染废弃物的速度要小于地球自净的速度。这种新型的发展模式是对地球生态资源、自然环境的高度尊重和保护，也是为人类长远的发展奠定基础。

5．雇工和工人

雇工是比工人狭义的概念，雇工的一个必要前提是存在雇佣关系，并且在这种雇佣关系中，雇工按雇主的指示和要求，为雇主提供各种劳务。实践中，雇工所提供的劳务不仅仅指纯劳力，还包括脑力劳动、体力劳动与脑力劳动相结合的劳务，如雇佣设计员从事各种设计等，雇主按约定向雇员支付劳动报酬，包括报酬数额、支付的时间、方式。而工人的定义则较为广泛，凡是从事工作任务的人都可视为工人，可以不受雇佣关系的约束，包括个体经营者和雇工。但是工人和雇工是包含的关系，用数学含义表示为雇工真包含于工人。

6. 组织影响和影响区域

组织影响是指全部或部分由于组织过去或现在的决策和活动，对社会、经济、环境造成积极或消极的改变。按照影响与活动的关系，可分为直接影响和间接影响。直接影响是指组织活动对社会、环境造成的直接变化；间接影响是组织通过价值链的传导效应对社会、环境产生的间接变化。按照影响的领域分为经济影响、社会影响和环境影响；按照影响的性质分为积极影响和消极影响；按照影响的主体不同分为社会整体影响（主要指与可持续发展之间的关系）和相关利益方的影响（针对不同相关利益方产生的特定的具体的影响）；按照影响的相关程度分为综合影响和单方面影响等。影响区域则是对影响范围的界定，在ISO 26000中影响区域的定义是组织有能力影响个人或其他组织的决策活动，这种影响的幅度或范围涉及政策、契约、经济或其他关系多个方面。组织有能力施加影响并不意味着组织就有责任施加这种影响，组织的影响区域（范围）往往涉及价值链内部或超越价值链的关系。

7. 价值链和供应链

ISO 26000中明确提出在某些情况下价值链和供应链等同理解，但是在本国际标准中按照标准所述的定义理解。国际标准中认为供应链仅指那些为组织提供产品或服务的一系列活动和当事人，而价值链则不仅指为组织提供产品或服务的活动和当事人，还包括接受组织所提供的产品或服务的当事人，具体表现为供应链包括供应商、外包员工、承包商及其他，而价值链不仅包括上述供应商、外包员工、承包商等，还包括接受产品或服务的客户、消费者、顾客、成员及其他，因此与雇工和工人的关系类似，供应链和价值链的数学表示应为供应链真包含于价值链，它是比价值链狭义的概念。

三、条款3:理解社会责任

对社会责任有全面深刻的了解，尤其是对履行社会责任给组织带来的益处有比较全面的认识，是组织积极履行社会责任的内部动力以及主动性的来源。因此，通过对本条款内容的了解掌握，能够加深组织对社会责任的了解，坚定履行社会责任的信心和决心。

1. 社会责任的发展历程和最新动向

早期的社会责任概念仅局限于商业领域，即所谓的企业社会责任，但随着社会责任必要性的日益凸显，人们开始关注慈善捐助团体和慈善活动并将社会责任的焦点转移至劳工实践和公平运营这两个主题上，这两个主题也是7个社会责任核心主题中出现最早的主题。随着时间的推移和社会责任运动的不断深化，人权、环境、消费者问题、相关利益方的确认和参与、社区的参与和发展也逐渐进入人们视野并陆续加入其中。由此可见，社会责任核心主题并不是一成不变的，它反映了人们在某一特定时期共同的社会期望，因此当社会期望发生变化时，核心主题的重要性也会随之发生变化。那些在这一时期不重要的主题可能会因各种客观因素而对可持续发展造成重大影响，故而从不重要或相对不重要转变成社会广泛关注的核心主题。正如姜斌远（2010）指出，ISO 26000未来在我国推动的重点是强调法律责任，在我国的推动力很大程度来自政府力量。[①]

此外，社会责任运动是伴随着全球信息传播效率的增强和全球沟通即时性的提高而共同发展的。信息传播效率的增强使得全球范围内的组织、相关利益方、政府等团体或机构的信息更加畅通，基于抵御贫困的共识和促进全球经济共同发展的意愿，致使组织的相关问题可能不仅局限在组织所在地或其影响区域范围内，而是通过价值链或其他途径迅速传导而向更广泛领域进行延伸。这种延伸一方面促进了组织之间基于社会责任方面问题的沟通，另一方面综合提升了有意履行社会责任组织的执行能力。沟通即时性的提高不仅源于信息传播速度和效率的增强，还源于组织对社会责任的深入了解和履行意愿。这种沟通的直接益处表现为非政府组织和企业能够基于利益相关方的期望迅速、主动地作出反应，尤其是在国家

① 姜斌远. 浅析ISO 26000未来在我国的推动力[J]. 企业社会责任，2010(3,4)。

政府机构没有能力履行其健康、安全、医疗等方面职责时，非政府机构和组织出于社会责任意识而承担提供类似服务的责任。但这种责任并不是替代国家在这些方面应该履行的职责，而是对这些职责的有效补充。在危机时期，沟通的即时性显得更加重要，它不仅能确保组织对各种社会期望做出准确的把握，还能帮助组织针对不同的社会期望在力所能及的情况下提供服务，尤其是关注受影响最大的弱势群体的利益。

2. 社会责任的特征属性

(1)中小型组织贯彻实施社会责任。我国中小型组织占组织的绝大多数，本条款中专栏 3 中提及的 ISO 26000 和中小型组织为我国民营企业、中小型制造业等提供了一定的借鉴，陈宏辉、林洋(2010)就我国中小型组织贯彻实施社会责任提出几点思考和建议：①加强 ISO 26000 的宣传、培训及普及工作：知己知彼，百战不殆，趁着 ISO 26000 刚出台之际，政府不仅应成立相关专门机构还要鼓励相关非政府组织的发展，开展 ISO 26000 的研究，利用自身的资源优势开展各种类型的培训、咨询活动，在全国范围内普及 ISO 26000 知识，带领企业、员工等利益相关方全面认真学习、认识 ISO 26000，中小型组织只有先全面了解 ISO 26000，才能在接下来的生产活动中，遵守 ISO 26000 行为准则，符合国际标准。① ②鼓励中小型组织自觉发布社会责任年度报告：自觉发布社会责任报告将不仅有助于企业对外宣示实践社会责任的诚心，提高组织的公众形象，而且还有助于组织从社会责任角度检查自身的不足，从而增强企业可持续发展能力。据统计，自 1999 年我国第一份企业社会责任报告——壳牌(中国)公司发布的“可持续发展报告”，到 2010 年 11 月，我国已有接近 760 家企业发布了 1 300 份社会责任报告。这个数据无论是和西方发达国家已发布企业社会报告数量相比还是和我国自身企业总体数量相比，都比较小，今后我国相关部门应该出台更多有利措施促进更多组织自觉发布社会责任报告。③大力发展第三方评估、监督机构：第三方相关评估、监督机构的发展不仅能很好地监督企业等社会组织履行社会责任，而且还可以通过对组织开展咨询、评估业务，很好地帮助组织将社会责任运用到日常的管理中，从而使组织自觉履行社会责任，进而对外树立良好的社会形象，对内营造良好的企业文化氛围，增强组织的凝聚力，强化组织的核心竞争力。④组织严格遵守相关法律法规，政府加强执法力度：事实上 ISO 26000 包含的许多规定都没有超过我国相关法律法规的规定。只要严格遵守《中华人民共和国环境保护法》《中华人民共和国劳动法》等相关法律法规，我国中小型组织就无需担心 ISO 26000 带来的不利影响。然而事实上在我国还存在部分企业在生产经营过程中无视法律的存在，违规生产，造成三聚氰胺、矿难等一系列严重事件。法律是由国家制定或认可，并由国家强制力保证实施的行为规范，因此政府部门应加强执法力度，保证相关法律法规贯彻实施。⑤加快企业发展方式的转变：归根结底，一个组织想要摆脱 ISO 26000 等标准的束缚，最根本的办法就是转变自己的经济发展方式，加大对组织人力资本、先进设备以及管理方式的投入，培养高端人才、使用先进设备，采用科学管理方法，走技术密集型、资本密集型、高附加值的发展之路。⑥调整产业结构，推动产业升级：在人口数量庞大、资源有限的条件下，调整产业结构，大力发展资源节约型、环保型高技术企业，缩减高污染、高消耗、低附加值的低端企业已迫在眉睫。在调整产业结构，推动产业升级方面，政府可以通过对企业向资源节约型、环保型、技术密集型、资本密集型行业进行引导，对高污染、高消耗、低附加值行业进行限制等相应的政策，很好地发展其宏观调控职能。

(2)社会责任和可持续发展之间的关系。无论是 ISO 26000 隐含的“社会责任”理念，还是可持续发展的理论内涵，两者都非常重视企业与其利益相关者的关系、遵纪守法与关心员工、协调企业发展与环境保护、社会和谐的关系。黎友焕、路媛(2010)认为，ISO 26000 的“社会责任”理念是可持续发展的核心内容，而可持续发展是“社会责任”理念的目标。一方面，ISO 26000“社会责任”理念是可持续发展的内在要求。在经济全球化的趋势下，社会、经济、文化、资源、环境等问题交织在一起，在社会发展进程中不断暴露，围绕着捍卫人权、劳工权益、消费者利益、环境保护等一系列敏感问题，以西方社会为代表的各个国家或者地区掀起了一系列深入而持久的社会责任运动。而可持续发展理论表明：一个企业若想有一个稳定的、着眼

① 陈宏辉，林洋. ISO 26000：突破中小企业承担社会责任瓶颈的利器[J]. 企业社会责任，2010(3,4).

于长远持续的发展，必须重视各类社会或经济资源的科学利用，对政府、企业、劳工、消费者、非政府组织等各个利益相关者负责，这些内容恰好就是企业社会责任的宗旨和核心内容。所以，“社会责任”理念在内容上与可持续发展理论的本质基本一致，是可持续发展的内在要求。另一方面，可持续发展是 ISO 26000“社会责任”理念的实现目标。社会是一个企业生存和发展的现实环境，企业的可持续性是以社会的可接受性为条件的，即企业对于社会的贡献和索取是否在社会合理的承载范围内。企业通常是以追求自身利益最大化为目标的，社会并不否认这一点，但是要求企业以承担社会责任为出发点去追逐利润最大化实现可持续发展。ISO 26000“社会责任”理念提出的七大核心内容包括：组织管理、人权、劳工实践、环境、公平运作实践、消费者问题和社区参与和发展，最终是为企业贯彻社会责任理念实现可持续发展奠定基础。因为，社会责任作为一个企业价值体系和企业文化的核心，体现了企业所追求的目标和经营活动的性质，从根本上体现了一个企业发展的可持续性。①

3. 政府和社会责任

首先，ISO 26000《社会责任指南》不能取代、改变政府在维护公共利益中发挥的作用。政府在社会、经济、环境的管理方面发挥着独特且重要的作用，法律法规的有效实施需要政府作为有力后盾加以监督，道德风尚的弘扬倡导需要政府作为典范对民众、组织、团体进行引导，可持续发展的理念宣传需要政府作为渠道工具进行提倡、阐释和深化，由此可见政府在经济发展、人民生活水平的提高等方面起到重要作用，但是 ISO 26000 尽管对以上方面都做了重要的阐述和建议，却不能够改变和替代政府在这些方面所发挥的作用，本国际标准仅起指导作用，并与政府是相互配合、相互共存的关系。

其次，政府提倡社会责任或在全社会范围内倡导 ISO 26000 的实施，并不意味着政府可以摒弃或者推卸其在监督法律实施、倡导文明道德、促进可持续发展这些方面的职责。事实上，政府也希望通过 ISO 26000《社会责任指南》的推广实施来正确引导组织履行社会责任，保证可持续发展的贯彻落实，所以从某种意义而言，本国际标准是政府有效进行管理的工具和内在需求。政府可以利用多种方式帮助组织融入社会责任，政府可认真研读并理解 ISO 26000 国际标准之后，将相关建议用于促进法律法规和地方文化之间的协调共荣，还可开展专业的培训和交流活动，帮助组织理解和认知社会责任的基本内涵和践行方法，对于实施困难的组织给予特别的指导和帮助。

最后，ISO 26000 不负责对国家法律规定应尽的义务进行指导，也不负责处理仅能够被政府机构解决的问题。由于政府机构在国家法律的制定和实施方面具有独一无二的权力，ISO 26000 只为政府在促进可持续发展和引导社会责任实施方面提供帮助，不能完全取代政府在发挥国家职能方面的作用，因此本国际标准不能够跨越其引导范畴而履行政府职能或国家职能，比如 ISO 26000《社会责任指南》在人权、劳工实践等方面的指导建议与国家保护人权、保护劳动者合法权益等法律职能有着本质的区别，其中涉及的法律效力问题已经在前文中加以讨论阐述，在此不做赘述。

四、条款 4：社会责任之原则

在这一条款中值得重点说明的是考虑多样性和差异性问题，此问题由我国参与 ISO 26000 社会责任制定工作的镜像委员会向国际标准化组织社会责任工作组提出并予以讨论和采纳，最终以正式文件形式出现在国际标准的正式发布版本中，见英文原版 4.1 社会责任之原则的概述部分。这一条款是我国作为发展中国家最具潜力的参与方为 ISO 26000 的制定和促进可持续发展做出的贡献。除此之外，社会责任的 7 项原则对组织审核现有的或正在计划中的组织决策和组织活动具有标尺的作用，帮助组织权衡和审查这些活动和决策是否符合社会责任标准，并对于不符合社会责任标准的决策活动进行适当的调整以减小对社会、环境造成的负面影响。

以下针对 ISO 26000《社会责任指南》中相对重要的透明度原则、道德行为原则、尊重利益相关方利益原则和尊重国际行为规范原则的内容、范围、指导意义分别进行讨论。

---

① 黎友焕，路媛．ISO 26000 与可持续发展[N]．中国贸易报，2010－12－2．

1. 透明度原则

透明度原则是指组织应该就决策和活动对社会、环境造成的影响进行公开披露，这些影响可能是已经存在并产生一定危害的，也可能是潜在的、可预见的。组织披露的信息包括组织活动的目标、属性、定位，组织资金的来源和应用方式以及分管组织不同职能部门的角色、问责以及相关执行机构等，这些信息不仅能指导相关利益方根据披露的信息做出正确的决策，还能以对社会负责的态度向信息需求者提供资源和参考。透明度原则要求组织对所有应该公开的政策、决策信息进行全面、充分、正确的公布，这其中隐含了一个条件：即组织不仅要发布运作业绩、环境绩效等正面信息，还应该对社会、环境造成的负面影响进行公平的披露。但是根据《中国企业社会责任建设蓝皮书》①一书中阐述的内容，无论是跨国公司还是大型国企、民营企业，都只在企业社会责任报告中披露正面信息和影响，对于那些可能影响消费者、投资者信心的负面信息，鲜少披露甚至只字不提，所以透明度原则应该引起全球企业的足够重视。

2. 道德行为原则

道德行为在 ISO 26000 社会责任指南中阐述的意义包含两个方面：一方面是对人类、动物、环境的关怀；另一方面是对相关利益方的承诺，这种承诺主要是指组织将致力于解决组织活动和组织活动在社会、环境方面的影响。尽管道德行为涵盖的内容十分丰富，从预防和解决组织内部可能诱发的不道德行为冲突到建立和维护监督监管机制，从规范人体研究活动到动物权益的保护，从不道德行为的曝光到鼓励提倡遵守道德行为准则，均从不同层面、不同领域对道德行为进行阐释。然而，道德行为的遵守归根结底在于组织的文化定位和价值观念，只有将社会责任根植于组织文化并成为组织核心价值观的有机组成部分，使其无所不在地渗透到组织行为、决策的各个环节，才能从根本上解决违反道德规范的问题。

3. 尊重利益相关方利益原则

利益相关方作为与组织利益息息相关的群体，和组织有着密切的关系。组织的决策、活动可能直接影响到利益相关方的利益分配甚至会对其造成不利影响，利益相关方的行为和期望会反作用于组织，对组织目标的完成起到推动作用或阻碍作用。因此重视利益相关方和组织之间的关系、正确确认利益相关方受到组织影响的不同利益、尽可能与利益相关方进行及时接洽显得尤为重要。利益相关方是复杂的群体，组织有时能够明确确定利益相关方受制于组织的利益，而有时却不能察觉利益相关方利益，从而忽略了这部分不能被察觉的利益相关方，尽管如此，组织还是应该尽可能满足所有利益相关方的要求并考虑这些利益相关方利益，针对他们的期望做出合理有效的回应。这样做的意义在于既有利于组织与利益相关方建立稳固、融洽的关系，使利益相关方为组织践行社会责任提供帮助，又有利于利益相关方从组织运营中获得其各自不同的利益，从而形成良性循环以达到共同促进可持续发展的目的。

4. 尊重国际行为规范原则

在法律法规没有对环境、社会保障等内容作出明确规定的情况下以及在法律法规与国际行为规范相冲突的情况下，组织都应该优先考虑遵守国际行为规范，前述中已经论述过国际行为规范分为成文和不成文两种，针对成文的（诸如国家、政府间的协定、契约、公约等）国际行为规范，组织应该按照协定的内容积极履行义务；针对不成文的（即在长期的国际交往中逐渐形成并为世界广泛认可的）国际行为规范，组织应就实际情况加以执行，避免与其发生冲突。然而就国际行为规范原则，笔者认为有必要着重讨论的是合谋行为，合谋（有时称共谋）行为有法律定义和非法律定义两种，与国际行为规范密切相关的是非法律语境的定义，即当组织对不服从或不遵守国际行为规范的组织的不法行为提供协助时，该组织被认定为具有合谋关系。认定为合谋关系隐含着两种情况：一种是组织明知违反法律法规及行为规范的行为会对社会、环境或者其他造成严重的不良后果而采取行动促成该行为的发生；另一种情况是组织对于违反国际行为规范的行为保持缄默或听之任之。因此在理解合谋和判定合谋关系时应该注意这两种隐含情况。此外，尊重国际行为规范的意义在于组织能够按照统一的基准来规范自己的行为，为其履行社会责任提供良好的基

① 黎友焕，刘延平. 中国企业社会责任建设蓝皮书(2011). 广州：广东人民出版社，2010.

础和合作氛围。

五、条款 5:社会责任的确认和利益相关方的参与

这一条款主要解决利益相关方的确认和参与问题，组织与利益相关方之间的关系是互为权利义务的，有的利益相关方是与组织有直接经济利益关系，因而容易被察觉和确认，这些利益相关方对于组织的反馈意见也能够很快地得到回应。但有的利益相关方与组织之间不存在明显的关系，不仅组织可能不易察觉，甚至这些利益相关方自己都不了解其利益与组织有关，在这种情况下，利益相关方的确认和参与就存在困难，但这并不意味着这些被忽视的利益相关方的意见对组织的发展不造成严重影响，也就是说，组织在对利益相关方造成影响的同时，利益相关方的反馈意见也对组织的可持续发展至关重要。因此此条款的内容对组织践行社会责任十分重要。

1. 组织、社会、相关利益方三者之间的关系

如图 1.12 所示，组织的决策和活动会对社会、环境造成影响，而社会对于组织负责任行为的期望又是组织不懈追求的目标；类似于组织和社会之间的关系，组织对利益相关方也会造成影响，这种影响可能直接由组织行为产生，也可能是通过因果链传导到不同的利益相关方，但无论是间接方式还是直接方式，利益相关方的利益总是与组织密不可分并受制于组织的决策、活动；利益相关方利益和社会期望并不总是保持一致，利益相关方掌握着与组织相关的特定利益，这些利益可从不同的社会责任行为的社会期望中分离出来，而社会期望往往反映着集体意愿，可能会与个人或群体利益发生冲突。认清组织、社会、利益相关方三者的关系对于组织践行社会责任至关重要，组织只有在明确了这些关系之后才能对 ISO 26000《社会责任指南》的意旨做到全面把握，正确定位其在复杂关系中所承担的责任，不仅有利于组织理解社会责任的具体内涵，还有助于组织构建正确的逻辑框架以确认相关利益方和社会责任相关议题。

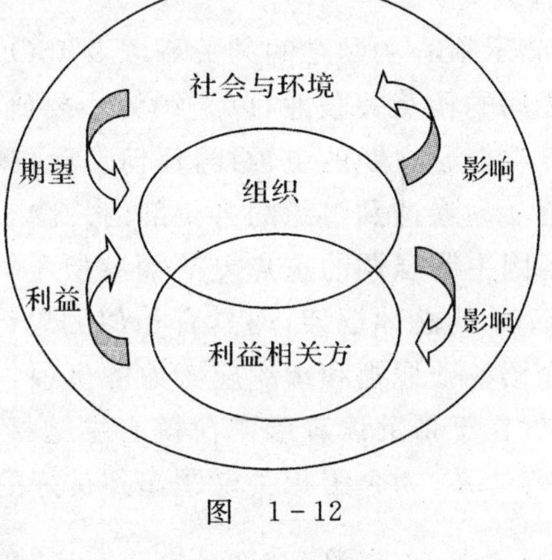

图　1－12

2. 核心主题和相关议题的确定

确定核心主题和相关议题时应注意 3 个问题：①区别核心主题和相关议题的差异，明确他们之间的联系。在 ISO 26000《社会责任指南》中提到核心主题与所有组织都具有一定的相关性，而并非所有议题都与组织相关，核心主题为相关议题划定了具体的所属范畴，而议题则围绕核心主题进一步细化并具体到不同组织的不同问题。②评定相关议题重要性的方式：关注的利益相关方和影响可持续发展的方式。相关利益方作为组织发展密不可分的群体，与组织有着复杂而深刻的联系，他们以不同方式、不同程度受到组织影响，因而其与组织相关的利益也有所差别。不同利益相关方所持利益可能互不相干甚至相互矛盾，组织在确定核心主题的相关议题时应该考虑到这些相关利益方与组织之间的利益密切程度，同时还应该注重组织决策和组织活动影响可持续发展的方式，在前述已经提到可持续发展是组织社会责任的最终目标，因此关注影响可持续发展的方式有助于组织时刻调整不合理方案、纠正造成负面影响的行为，实现组织、社会的共同持续的发展。③确认社会责任核心主题和相关议题是一个长期深入、不断变化的过程，正如前述中提到核心主题并不是一成不变的，这种观点是基于人类认知、社会期望、道德水平不断向前发展这一理论，而与组织相关的核心主题和相关议题也会不断发展变化则是基于组织认知、相关利益方期望、企业

文化不断发展变革这一事实，由于组织着手履行社会责任，并且我们坚信组织履行社会责任的能力将不断提升，就使得组织可能在核心主题或相关议题涉及的某些领域具有优势，而在另一些领域存在缺陷，这种差距可能会因组织的审核监督疏忽而逐渐增大，因此动态调整社会责任相关议题的重要性级别，随时关注每一个核心主题和相关议题的审核工作，将对组织履行社会责任、建设履责能力、提高社会声誉产生积极影响。

3. 利益相关方参与的重要性

组织的利益相关方多种多样，例如员工、行业协会成员、消费者、业主等，此外还存在一些没有能力向组织表明其利益所在的"隐形"利益相关方（如弱势群体），这些利益相关方可能没有渠道途径对组织的决策、活动施加影响或提出建议，甚至连他们自己都没有觉察到组织的决策、活动会对其造成潜在或现实的影响，之所以称之为"隐形"，并不意味着这些利益相关方的利益就能够被组织忽略不计。上述利益相关方在组织的目标和业绩中享有共同的利益，但就每个利益相关方的角度而言，所享受的利益却不尽相同甚至相互冲突。利益相关方的参与通常以会议、接洽、磋商和咨询委员会等形式，这种透明的、及时的沟通能够帮助组织了解其决策、活动对利益相关方造成的正面的或者负面的影响，并适时对这些活动加以修正或改进。就利益相关方自身而言，由于其利益基于不同目标取向而存在巨大差异，与组织的沟通能够尽量避免或者缓解利益相关方之间的利益冲突，从而避免对组织活动的正常进行造成不良影响，起到良好的润滑剂作用。利益相关方参与能够及时有效地提供组织决策所需的参考信息，确保组织所做决策兼顾到不同利益相关方利益并保证社会责任正在执行，但尽管如此，完全的利益相关方参与仍存在困难和挑战，组织只能够有选择地根据部分影响较大的利益相关方的建议制定决策，利益相关方所提供信息也具有一定的不对称性，组织履行社会责任的一个目标就是将这种信息的不对称性和利益相关方参与的不平衡性逐渐消除，注重帮助弱势群体表达其利益。

六、条款 6：社会责任核心主题指南

如图 1.13 和图 1.14 所示分别表示核心主题之间的关系以及 ISO 26000 在编写核心主题部分时采取的构架，分析核心主题需注意主题之间的相互关联性，以组织为主要研究对象，组织管理既作为核心主题的一项重要内容，又作为贯穿其余 6 项核心主题的主轴线，任何一项核心主题的评估和实践都是以组织管理为载体，通过各项管理决策和管理活动渗透到组织的各个部门。图 1.14 表示每个核心主题的编写均采用以上范式，尽管每项框架中的内容因主题强调的重点差异而有所不同，但从上述框架中我们发现，无论是核心主题的细节框架还是 ISO 26000 的总体框架，均具有相似的思维模式，即先总体介绍主题的范围、与组织及社会责任之间的关系，再介绍各项原则和组织应考虑的事项，最后对主题的各项议题展开陈述并提出相关建议。此思维模式的先进性在于帮助读者形成与核心主题相关的思维轮廓，在廓清与其他主题的区别之后重点阐述核心主题的内容体系，为介绍相关议题起到良好的铺垫作用。

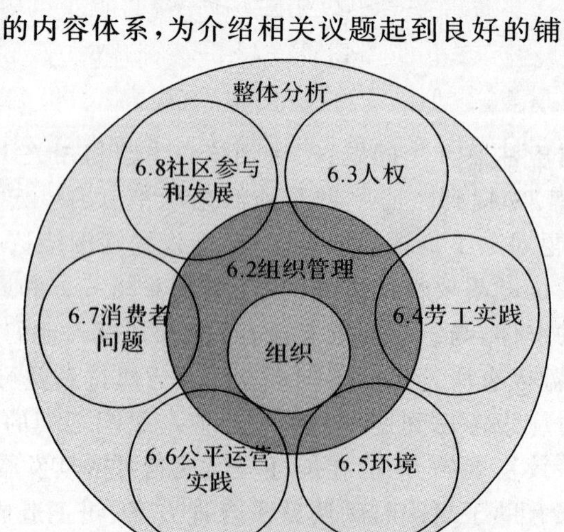

图 1.13　核心主题之间的关系

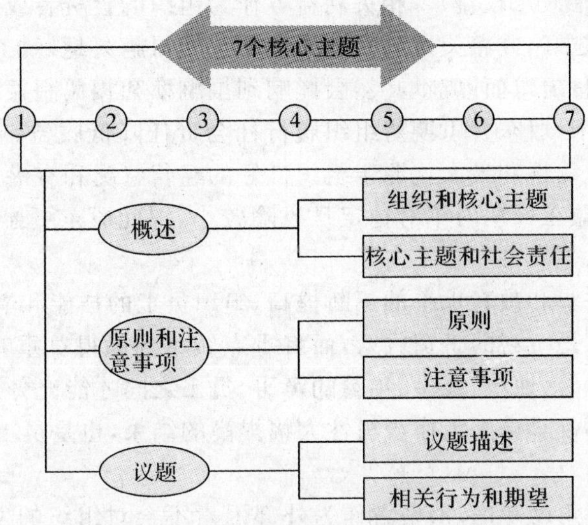

图 1.14　核心主题的编写结构和逻辑框架

核心主题一:组织管理。

组织管理与社会责任的关系表现在两个重要方面:一方面是组织的决策、活动会对社会、环境造成影响,组织应该对这些影响承担社会责任;另一方面是组织管理是将社会责任融入组织的有效载体和途径。尽管组织管理在不同理论背景下有不同的定义和属性,但是在社会责任背景下,组织管理潜移默化地存在于核心主题中,也存在于组织融入社会责任实践的能力和方式中。有效的组织管理不仅取决于高效、合理的监督机制和决策制定机制,还取决于领导者能力,这两个要素是相辅相成、相互渗透的,领导者能力往往与组织领导阶层的价值观、文化素养以及无形的文化积淀有关,这些隐形的因素可能对员工履行社会责任以及参与社会责任实践的积极性产生深远的影响。因此组织管理不仅是在法律法规限制下的制度方面的管理和引导,还是文化熏染和价值构建基础上的观念方面的疏导和提倡,正确认识组织管理对于社会责任的履行十分必要。

对于相关行为和期望的阐述,笔者认为,最有必要强调的是社会责任文化氛围的营造,最近"染色紫菜"、"染色馒头"、"瘦肉精"等事件频频披露于媒体,使国际社会对中国产品的定义产生极端不良的印象,甚至有外国友人感叹中国人民"民生之多艰",既是对像双汇这样知名的民族企业的有力讽刺,也是对中国社会责任文化氛围的问责。为什么这类"有毒"食品能在市场上流通多时才被发现?尽管生产类似产品的企业存在不可原谅的过错,但为这些有毒产品提供销售场所、销售渠道的零散供货商也难辞其咎,甚至连为生产有毒产品提供原料的原材料厂家也难脱干系。左伟、潘涌璋(2010)指出在组织、管理中推行社会责任的同时,企业仪器安全将得到改善,企业竞争力将得到有效提高。[①] 可见社会责任氛围的营造是个长期持久且影响深远的过程,它既要求组织内部的文化价值观念中要时刻渗透社会责任的营养,还要求与组织相关的价值链具备输送"营养"畅通管道和基础设施,这些活动均围绕组织管理展开,并在组织管理中得到落实。

核心主题二:人权。

人权是一种道德权利。尽管各种法律法规中都有对人权的规定,包括生命权、受助权、诚实对待权、礼貌权、自由权、儿童受照顾的权利以及公民的政治权、经济权、社会权、文化权,等等,但人权在坚硬的法律外壳下包裹的却是一颗柔软的道德灵魂,之所以说道德灵魂是柔软的源于人的特异性标志,即人之所以为人是建立在互相尊重权利、履行义务的基础之上的。社会责任的起点和终点均与人权有密不可分的关系,人权的诉求和尊重是组织社会责任的起点,人权的实现和延伸是社会责任的终点。

组织履行社会责任需考虑人权因素,主要基于以下几种原因:

① 左伟,潘涌璋. 从 ISO 26000 角度看食品安全管理[J]. 企业社会责任,2010(3.4).

(1)相关利益方(主要是指股东权益)。相关利益方作为组织的投资者或与组织绩效直接相关的群体,往往期望组织的报酬率越高越好,并希望这种高回报率能持续得越久越好。在完全竞争的市场中,组织承担社会责任就意味着成本的付出,这种成本必然会影响到报酬率和相关利益方(尤其是股东)的利益,所以在短期的完全竞争市场状况下,股东并不期望组织履行社会责任降低收益。然而现实生活中完全竞争市场是理想化的,股东收益的持续性和最大化源于组织良好的经营状况和有潜力的发展前景,适当支付社会责任成本能够保证股东的权益在长期内相对稳定且风险较小,因此股东更愿意支持组织履行社会责任谋求长远发展。

(2)员工。随着科技的进步和教育水平的不断提高,组织员工的技能和文化层次也在原有基础上有了飞速的发展,人们追求的不再是可观的工资收入,而将重点转移到赢得尊重和员工福利,只有在相互尊重的前提下,没有种族、性别、身份、地域、残疾、年龄的障碍,员工之间才能充分进行沟通和交流,组织的业绩才能从根本上得以提升,这不仅是员工工作积极性大幅提高的结果,也是员工忠诚度和归属感不断深化的结果。

(3)消费者。尽管从组织角度考虑,消费者作为外部因素不会对组织的发展造成严重影响,但是消费是组织利益的直接来源。20 世纪 90 年代西方社会爆发的消费者运动正是由于部分知名国际品牌没能保证工人的基本权利,消费者集体抗议、抵制购买这些知名企业的产品,使得这些企业不得不制定相关的生产守则保障工人的基本权利和适宜的工作环境,因此消费者实际上代表的是组织的市场利益,组织若要持续占领市场谋求发展,就必须尊重消费者关于社会责任的诉求,生产具有高质量、高安全性、健康的产品,这不仅保证了消费者自身的人权不受侵害,也保证了组织内部员工的基本福利和发展期望。

核心主题三:劳工实践。

ISO 26000 和其他部分社会责任倡议(如 SA 8000)中均强调劳工实践,可见劳工实践在 7 项核心主题中占有举足轻重的地位。ISO 26000 将劳工实践作为其中一项核心主题,尽管具体内容和细节条款还不够详尽,但至少避免了诸如 SA 8000 这类社会责任文件的认证弊端,成为适用于任何形式、任何规模组织的全球普遍性标准,以弘扬组织主观能动性和自觉性为制定宗旨,并对劳工实践这部分内容做出新的阐释。①

笔者就 ISO 26000 劳工实践中的 3 个重要议题予以解读,分别是工作环境和社会保障、社会对话、个人发展和职业培训等。

(1)工作环境和社会保障。良好而相对轻松的工作环境能够最大限度地激发员工的创造力和想象力,激励员工在愉悦的环境中进行沟通、合作,从而为组织绩效的顺利实现营造和谐的氛围。工作环境不局限于狭义的工作场所、设施配备等硬件,还包括工作时间、假期长短、加班补偿等软件,因此组织在改善工作环境时应兼顾硬件和软件的兼容性,不能仅注重硬件方面的更新和表面的福利,而应切实以员工利益出发,根据组织实际情况全面改善工作环境。社会保障有力地促进了人权的实现,它在保留人格尊严和建立社会公平、公正意识等方面发挥着重要的作用,包括对残疾人、老年人、失业、疾病等情况的缓解和救助。但目前国内组织通常只为员工提供五险一金,社会保障的实现和提升还有赖于国家的支持和政府的重视。

(2)社会对话。科赛曾经这样说过:“在开放的社会里,冲突的目标在于消解对抗者之间的紧张,它可以具有稳定和整合的功能。由于允许对抗的要求直接和立刻表达出来,这样的社会系统能够通过消除不满的原因重新调整他们的社会结构。”社会对话作为缓解劳资双方摩擦的润滑剂,不仅在解决冲突方面发挥着重要的作用,也对劳动者参与组织管理、明确组织战略规划起积极作用。由于国内企业存在诸多劳资双方矛盾冲突不能化解的情况,诸如“新疆工地强行雇佣虐待智障人士”、“富士康员工跳楼案”、“洛阳公安局纪委书记自杀案”等均为沟通不善引发的严重后果,这些问题的动因存在很大差异,部分由于劳资双方地位严重不平等造成人权侵犯和权利剥夺,部分由于劳动者压力过大却无良好渠道与组织管理者沟通所致,但无论出于何种原因,严酷的事实告诉我们社会对话在组织可持续发展中起至关重要的作用。社会对话的形式多种多样,组织应该尊重工人根据真实意愿自发组织的工会组织,并尽量保证在劳资双方磋商中

① 黎友焕,魏升民. 标准的飞跃:从 SA 8000 到 ISO 26000[J]. 中国标准化,2011(4).

力量的均衡，在处理利益问题时，保持对工人发言权和陈情权的尊重。

(3)个人发展和职业培训。若将组织发展比作龙舟，则个人发展可视为划龙舟的赛手们，只有赛手们士气昂扬、力量强大，龙舟才能飞速前进。促进赛手们士气昂扬的途径不胜枚举，诸如为员工提供发挥创造力和想象力的平台，使其享受自我尊重和组织归属感，并在组织的成长和成功中发现自我价值等，组织还可抵制歧视行为、平衡家庭责任、提升健康福利，为员工子女的教育问题提供援助；促进"赛手们"力量强大的有效途径是提供职业培训，针对不同员工的兴趣及职位需求，组织可适当开设职业培训课程和技能训练指导，使员工发挥主观能动性并积极参与到学习培训中，不仅能够提高员工的受聘价值，为其向更高职位晋升提供机会和条件，还能够为组织的长期持续发展提供源源不断的动力。

核心主题四：环境。

组织环境社会责任是指组织应该对生态环境和自然资源进行合理的开发和利用，使之既能满足经济发展的需要，又不损害生态系统的整体平衡。尽管我国近年来经济发展速度迅猛，人民生活水平大幅提升，但随着人们对健康、安全、绿色等理念的深入认识，"低碳""环保""经济"等词汇在媒体报道中出现次数日渐频繁，胡锦涛同志在党的十七大报告中也明确提出"生态文明"的要求，所谓生态文明是继原始文明、农业文明、工业文明之后的全新概念，它的提出既符合历史发展的需要，也符合现实经济状况的需要。① 国际经验表明，组织的发展模式若仍保持以牺牲环境、浪费资源、破坏生态环境、危害生物多样性、损害自然栖息地为代价，那么自然环境与组织发展之间的矛盾将必然被激化，一旦该矛盾发展到不可调和的地步，组织的发展将面临严重的瓶颈问题，因此组织必须与自然生态环境和谐相处才能谋求长远发展。

组织为什么履行环境责任是国内不断争论的话题，江苏大丰电池企业的铅污染事件、日本福岛的核污染事件、安徽怀宁的重金属污染事件等频频曝光于媒体，不得不引起企业、政府、民众的强烈反思。我们课题组的调查显示，有部分企业家认为：既要满足企业股东权益的最大化要求，又要符合国家政策的规定，实现环境绩效最大化，这显然是相互矛盾的。究竟企业利润最大化和环境绩效最大化之间是否存在矛盾？答案是否定的。首先，履行环境责任是组织发展的内在要求。尽管采用清洁可再生的能源、购进污染防治设备、减少废弃物排放量、加大废弃物处理的投入短期内增加了组织的运营成本，账面上显示的净利润额会不尽如人意。但从组织长远发展角度，组织只有满足利益相关方关于环境保护的要求，才能与周边社区和谐共融、获得政府的政策援助、保证稳定的市场占有额。其次，履行环境社会责任是生态文明建设的需要。国家"十二·五"规划文件中指出："面对日趋强化的资源环境约束，必须增强危机意识，树立绿色、低碳发展理念，以节能减排为重点，健全激励和约束机制，加快构建资源节约、环境友好的生产方式和消费模式，增强可持续发展能力。"组织应该推广节能减排技术，开发资源节约型项目，调整能源消费结构，尽快改造高能耗、低效率的产业结构，将组织发展目标与环境保护目标保持一致，并对废水、废渣、废气等严重影响生态平衡和居民健康水平的排放物进行严格的量化处理，最大限度地实现经济、社会、环境三者之间的和谐共荣。

核心主题五：公平运营实践。

公平运营实践是基于道德行为准则的组织运营活动，它涉及反腐败、反不正当竞争，尊重组织之间平等的地位和关系、尊重财产所有权等。其中包含 4 个议题：反腐败、公平竞争、负责任地政治参与以及提升价值链中的社会责任。下面就其中两个相对重要且普遍存在的议题展开评论。

(1)反腐败。组织实施腐败行为的主要目标是获取利益，有贿赂官员、洗钱、公款私用、欺诈、隐瞒司法制裁等多种表现形式，但腐败也是有成本的，其成本表现在物质成本和精神成本两个层面，物质成本主要是指腐败一旦被提起诉讼，将接受法律制裁和经济损失，预期的利益也化为泡影；精神成本主要是指名誉、信誉和个人声望方面的损失，要遭遇亲友的唾弃和社会的嫌弃这些精神压力。根据武汉大学社会学系闫海燕的研究发现：如果用 I 表示腐败收益，则 $I=g(AC)$，在这一关系中，腐败收益 I 是反腐败成本 AC 的函数。在反腐败成本 AC 很低，腐败收益 I 很高的情况下，腐败分子就有机可乘，腐败活动就会猖獗；相反，在反腐成本 AC 很高，腐败收益 I 很低的情况下，腐败分子就需要花费更多的时间和精力才能获得腐败的

① 戚志敏. ISO 26000 对我国经济社会的影响及其对策[J]. 广东省社会科学：增刊，2010(12).

机会。因此，很明显，$g'(AC)<0$，$g(AC)$是单调递减函数，即 I 随着 AC 的增大而减小。如用 AI 表示反腐败收益，AC 仍然代表反腐成本，则 AI 是 AC 的函数，即 $AI=h(AC)$。很明显，该函数是递增函数，即 $h'(AC)>0$，随着反腐成本的增大，反腐收益也随着增大。[①] 我们发现腐败函数是边际收益递减的函数，而反腐败函数是边际成本递增的函数，作为理性的腐败分子都会选择避免腐败以缓解腐败成本和收益之间不对等的关系。根据以上论证，组织履行反腐败的责任不仅有利于社会风气的净化和营造良好的运营环境，还有利于组织自身的发展，避免招致刑事诉讼、民事责任和行政处分。

(2)公平竞争。公平竞争系指组织以公平、正当的方式参与市场竞争并获得合法收益。广泛的公平竞争能够促进组织改进生产技术、提高生产效率、优化组织结构、减少运营成本和能源消耗，鼓励创新型技术的开发和创新型企业的产生，有利于科学技术的进步和国民经济的发展。就组织自身而言，公平的竞争环境能够敦促组织对落后产能项目进行改进，不断寻求新的途径完善销售网络、实现产品创新，加大产品研发的投入，生产并提供适应于市场需要的产品和服务。就行业而言，良好有序的市场竞争能够为行业的发展提供稳定的发展平台，有利于内部规模经济和外部规模经济的形成，个别组织的技术创新能够在行业内形成示范效应，并促进先进技术在没有垄断的情况下快速扩散，快速提高整个行业的发展水平。就市场整体而言，有效且公平的竞争不仅能够促进外部范围经济的形成(外部范围经济是指把具有产业联系的生产分工到不同的企业进行，各个企业实现专业化生产，在地理空间上形成集聚并形成合作的网络)，还能够加强各行业之间的联系程度，推动整个价值链上的各个组织的共同发展，降低生产运输成本和组织间沟通的成本，提高整个产业区的核心竞争力，使组织能够共享熟练劳动的好处和知识外溢的果实，营造良好的竞争环境。

核心主题六：消费者问题。

ISO 26000 将消费者问题纳入其主要核心内容，充分体现出消费者问题社会责任理论中的重要性，同时强调了组织承担社会责任的必要性。[②] 2011 年 1 月，昆明市家乐福世纪城店、武汉市汉福超市洪山广场店、重庆市沃尔玛北城天街店、长沙市家乐福芙蓉广场店、家乐福韶山路店等频频爆出价格欺诈行为，即以虚构原价、误导性价格、抬高结算价格的方式低价招揽顾客，高价进行结算，不履行价格承诺，使得各地消费者遭受损失。国家发改委对该事件表示密切关注，并责成当地价格主管部门对其进行严肃调查，没收违法所得，并处违法所得 5 倍罚款；没有违法所得的或无法计算违法所得的，最高处以 50 万元的罚款。该事件表明：消费者问题在我国普遍存在且消费者处于劣势地位现象明显，改善消费者在正常交易中的公平地位成为社会广泛关注的课题。ISO 26000 中提及的消费者主题与以下内容有关，即公平的营销实务、针对健康和安全的保护、可持续的消费、争端的处理和赔偿、资料和隐私的保护、必要产品和服务的使用、弱势群体消费者需求的处理、教育等。

避免消费者问题的途径多种多样，但归结起来有如下几点：

(1)提供关于产品和服务的必要、准确、客观的信息。社会上广泛存在的广告欺诈、标签欺诈、质量欺诈问题不胜枚举，这些虚假、错误的信息对消费者的选择造成误导：一方面不能满足消费者的需求，造成资金、时间、资源的浪费，不利于社会资源的有效配置，同时对消费者生活质量和健康安全造成一定影响；另一方面误导了社会生产和再生产的方向，产生供给和需求的错位，市场的调节机制是根据消费者的需求数量和需求取向的变化来决定生产产品的数量和种类，而这些欺诈行为对消费者购买选择造成误导，则消费需求所反映出来的信息也不能真实反映市场的需求状况，生产者根据这些不实的需求信息进行生产决策，最终导致市场秩序混乱。

(2)尊重消费者隐私，保护消费者个人资料。诸多企业为了获得消费者个人信息而采取会员制度、积分制度，不但保证了稳定持续的消费需求，还能掌握消费者信息及个人偏好，从而在提供产品和服务适应于不同消费者口味、满足不同消费者需求，这是有利于维护正常市场秩序和维持组织长远发展的行为。然而现实生活并没有我们预期的那么美好，组织获取消费者信息和个人资料的目的往往在于获取利益，部分

① 闫海燕. 腐败与反腐败的成本效益分析[J]. 社会纵横，2011(1).

② 路媛，王星. ISO 26000 视角下的消费者权益保护问题[J]. 企业社会责任，2011(1).

组织出卖消费者信息给动机不良的群体，帮助这些不良群体假造身份证、学位证等重要证件以牟取暴力或进行违法犯罪活动，还有部分组织借助消费者移动通信信息、邮箱、住址等进行推销活动，影响消费者正常的生活。这些行为的直接后果是使消费者不愿向组织提供个人信息或隐私信息，而那些有意向通过改进产品质量、提高产品适用性的组织将无法对消费者提供帮助。

(3)可持续的消费。1994 年联合国环境署发表《可持续消费的政策因素》的报告对可持续消费这样定义："提供服务以及相关的产品以满足人类的基本需求，提高生活质量，同时使自然资源和有毒材料的使用最少，使服务或产品的生命周期中所生产的废物和污染最少，从而不危及后代的需求。"此外在 ISO 26000 中还强调了动物福利，即尊重动物的身体完整性、避免残酷的杀戮行为。消费既是自然行为，也是经济行为，还是社会行为，消费的自然性决定了人类消费应该与自然的承载能力和再生能力相适应，过度消耗只能导致环境恶化、生态系统失衡，最终影响到人类赖以生存的家园；消费的经济性决定了持续性消费是与个人需要和收入水平直接相关的，超额消费不仅会给家庭和个人带来巨大的压力，也会影响个人幸福指数；消费的社会性决定了居民的消费水平应该与国民经济的增长速度和生产力发展水平相适应，不合理的生产消费模式将严重阻碍国民经济的发展和人民生活水平的提高，同时还会造成社会福利的下降甚至社会动荡。因此，提倡可持续的消费，既是组织履行社会责任必须考虑的因素，也是组织进行技术革新、产业结构调整、产能扩大等活动必须处理的问题(黎友焕、陈小平，2011)。①

核心主题七：社区参与和其发展。

社区通常是指组织所在地或者组织影响区域范围内地理距离最近的居民定居点或者其他社会居住地，受组织影响的区域范围以及社区成员数量没有特定的划分标准，而是根据组织的影响规模和性质确定。组织作为社区的利益相关方对社区的发展负有义不容辞的责任，组织除了履行相关利益方的参与识别义务之外，还应积极构建社区关系并促进社区福利水平的提高。ISO 26000 中关于社区参与和发展的相关议题共有 7 项，笔者根据重要性程度挑选其中 3 项作为阐述重点。

(1)创造就业机会和发展职业技能。组织可通过提供就业岗位促进社区经济的发展和人民生活水平的提高，降低贫困程度和贫富差距，从而为社区的可持续发展做出贡献。组织在进行项目决策时应注意服务外包之后对社区居民产生的影响，考量社区居民就业率的变化以及劳资关系的变化，同时根据社区的特色和社区居民的文化教育水平，提供有利于提高社区劳动者娴熟程度的职业技术培训，帮助社区开展各种技能普及活动，不仅能够为组织输送高质量的工作人员，也能为社区的整体发展提供动力。尽管组织在履行社区参与的社会责任时需要付出相应的成本，包括劳动力的培训，响应政府部门号召创造工作岗位等，但组织作为社区的利益相关方，社区的发展会为组织的长远发展提供稳定的根基和良好的信誉基础，避免组织与社区发生冲突，出现类似于居民静坐示威、居委会联名起诉等事件，这对于组织声誉和正常运营都产生极坏影响。

(2)创造财富和收益。组织的多样性和竞争的公平性对社区获得财富和收益至关重要，组织应该将社区或社区团体融入组织活动和价值链中，使其分享组织运作的利益并积极参与其中，从而为社区创造更多的财富和收益。组织履行此项社会责任的根本目的在于营造良性的社区运作环境，重视组织与社区之间的关系，在充分满足组织自身发展需要的同时兼顾社区的福利水平，帮助社区居民完善基础设施建设，促进财富在社区成员中的公平分配，并积极向社区政府缴纳企业所得税以处理社区的发展问题。其中价值链环节中尽量吸纳社区的消费者和供应商，优先考虑当地的供应商并尽量为其提供发展空间，当地供应商的供应能力对组织的发展起至关重要的作用，这将进一步拉近组织与社区的联系，为社区提供更多的财富和收益。

(3)社会投资。社会投资的形式包括与教育、培训、文化、医疗健康、工薪阶层、基础设施建设相关的项目、改进信息的获取路径或其他可能促进经济或社会发展的活动。组织进行社会投资时应着重考虑两方面的问题：一方面是组织和社区的共同利益立足点，组织进行投资并非单纯的慈善行为，而是既能帮助社区发展又能提高组织利益所得，这就要求组织在进行投资时与社区成员代表进行充分磋商和信息共享，找

---

① 黎友焕，陈小平. 从 ISO 26000 看我国消费新理念[J]. 广东消费蓝皮书 2010，2011(8).

寻两者均可获益的投资标的和投资方式，同时还应注意将与社区有关的国家重点扶持项目考虑在内；另一方面是组织应注意社区在投资项目中的独立性，即当组织撤离该项目时，社区仍然能够保证该项目的蓬勃发展，使项目能够长期持续地发展。例如组织投资社区的教育机构、医疗机构或其他公益事业，不能因组织的退出而宣告倒闭，这将给社区居民的生活秩序带来严重影响。

七、条款 7：社会责任融入组织的指导准则

ISO 26000 社会责任国际标准适用于所有类型的组织的隐含条件是：无论组织的起点如何，该社会责任指南都能够对其履行社会责任起指导作用。尽管部分学者认为本国标准还存在缺陷，对于极为特殊的组织形式未必能起到关键作用，但就广泛性而言，目前还没有出现比 ISO 26000 更为全面、具体、统一的国际标准，因此研究社会责任实践问题时，我们往往鼓励组织采用本国际标准作为指导实践的有力依据并积极研读其核心精神，在编写社会责任报告或可持续发展报告时采用全球统一的编写规范。

图 1.15 是由 ISO 26000 社会责任国际标准原文中翻译而来，该图系统地反映了社会责任融入组织的横向、纵向的空间关系和过程，从横向来看，社会（环境）、组织、利益相关方三者组成了社会责任体系的基本构件，其中组织与利益相关方具有基于各种利益的密切联系，社会责任也主要是在这两个构件中产生，组织一方面要就其决策、活动对利益相关方造成的影响负责，另一方面则应该就其决策、活动对社会环境造成的影响负责。组织和利益相关方都处在社会的整体集合之中，三者之间相互关联、密不可分。组织对利益相关方履行社会责任的首要任务是寻找衔接点，衔接点的表现形式多种多样，但归结起来都可以在核心主题的相关议题中找到依据，因此组织只需进行严格的评估并确定核心主题和议题的相关性和重要性，便可顺利展开实践工作，但不可忽视履行实践中可能存在的风险和错误的认知，这将根据不同组织的具体情况灵活处理。从纵向来看，图 1.15 描述的社会责任实践范围是以组织为圆点、以组织影响力为半径所做的圆。组织影响力中包含对相关利益方的影响、对其影响区域范围内其他组织的掌控或诱导、对组织所在社区的影响等，我们将目光聚集于单个组织的社会实践，则可以按图中所述原理推导梳理所有组织的社会责任关系。组织履行社会责任的准备阶段在于对社会责任的全面、深刻的认识，只有意识到社会责任的重要性和必然性，才能够主动地、自觉地承担社会责任。主体工作阶段在于衔接点的寻找，同时根据衔接点所描述的核心主题及其议题在组织的管理体系和运作程序中贯彻社会责任，其中还包含良好的沟通环节和有效可信的社会责任报告披露。高级阶段或终极目标则是图中所示的“促进可持续发展”，组织贯彻实施社会责任的宗旨便是最大限度地为可持续发展做出贡献，这种可持续发展不仅指组织自身的可持续发展，要求企业目前的发展必须考虑到对未来发展的影响，其核心是可持续发展能力的构建，还指组织与社会、组织与环境的全面协调可持续发展，要求组织不能仅注重自身利益的获取和增长，还应注重与社会、环境之间的协调关系，不以牺牲社会利益和环境利益为代价，强调生态文明的重要性和环保意识的必要性，因此明确可持续发展含义的广度和深度显得尤为重要。

笔者认为，ISO 26000 社会责任国际指南的实践指导部分可分为 3 个阶段，即认知阶段、实施阶段、修正阶段，其中认知阶段包括概述、组织特征与社会责任之间的关系、理解社会责任 3 个部分，实施阶段包括组织融入社会责任的实践、社会责任沟通和提高社会责任可信度 3 个部分，而修正阶段主要是指审核和改进组织社会责任行为和实践环节，此外社会责任自愿性倡议作为国际标准的必要延伸和补充，其作用在于为组织提供部分履行社会责任的典范，尊重附 A 中社会责任倡议和工具的存在价值，并共同促进科学发展和可持续发展。

我国大型企业对于 ISO 26000 的认知和理解可能较中小企业而言相对容易，这是由于大型企业具备相对完善的企业文化背景和组织管理体系，在审查社会责任基本原则时具有较强的符合度或较多的衔接点，可利用现有的管理体系、运作流程和企业文化网络，将社会责任根据具体情况融入不同的运作环节和部门，而中小型组织由于规模限制，能够满足社会责任的程度可能相对较低，但无论何种规模的企业，ISO 26000 的普适性决定了任何组织都能够根据 ISO 26000 国际标准进行灵活的运用，充分利用标准中的建议打造核心竞争力，增加市场占有率，在满足利益相关方利益的同时最大限度地为可持续发展做出贡献。

在讨论社会责任实施步骤之前，我们需要明确国内普遍存在的社会责任认识误区。很多大型企业将捐赠、慈善事业和公益事业作为履行社会责任的表现，这是一个错误的认识。这种错误的认识也往往误导了诸多消费者、行业协会、社会公众，使消费者、客户更倾向于这些具有良好声誉的慈善大户。然而事实上，慈善、捐赠并不作为履行社会责任的核心业务被国际学术界认可，它仅仅是履行社会责任的必要补充，组织慷慨捐赠、支援灾区、热心公益慈善、建立慈善基金等方面的投入并不表明组织就富有社会责任。归根结底，ISO 26000 中所述的核心主题（组织管理、人权、劳工实践、公平运营实践、环境、消费者问题、社区参与和发展）才是组织是否具有社会责任感的有效判别依据。

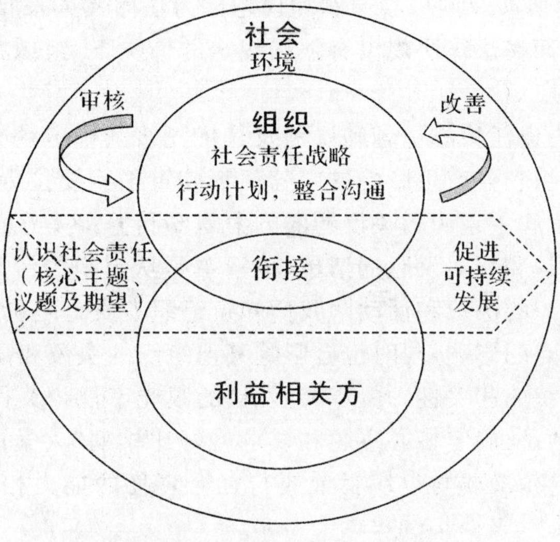

图 1.15 社会责任融入组织

由于社会责任理念在我国起步较晚，很多企业基于各种错误的认知而不能系统、全面、正确地了解社会责任的实施步骤，往往处于不能理解却又事在必行的尴尬之中。我们在端正认识的基础之上展开对如何实施社会责任的讨论，其步骤归结于以下 8 点：

——考虑社会责任的基本特征。

——考虑社会责任和可持续发展的关系。

——考虑组织特征和社会责任的关系。

——＊对照社会责任基本原则进行严格的评估。

——识别利益相关方并鼓励参与。

——＊确定与组织相关的社会责任主题和议题及其优先级。

——＊将社会责任融入整个组织的决策与活动。

——＊审核和完善组织的社会责任实践。

ISO 26000 的使用关键在于根据组织自身实际情况选择对组织发展有效的内容，这要求组织在充分理解社会责任的基础上，对核心主题和议题的关联性及重要性做出判断，并依照一切从实际出发的原则，灵活运用标准中所述的各种相关行为和期望。因此，组织在运用该标准时切忌生搬硬套，在不了解社会责任核心精神的情况下滥用各种倡议和工具，这会导致管理体系的混乱和组织内部结构的失衡。尽管运用 ISO 26000 存在诸多风险，例如内容理解错误、内容解释错误、应用方法不当、忽略适用范围等，但只要组织正确认识理解了 ISO 26000 的宗旨和核心思想，在理解和使用国际标准时尽量规避这些风险，ISO 26000 将能最大限度地促进组织的可持续发展。

以上 8 个步骤的关键步骤主要为"＊"表示的 4 个环节，下面将根据 ISO 26000 国际标准的阐述对这 4 个环节分别加以诠释：

(1)对照社会责任基本原则进行严格的评估。社会责任的基本原则包括负责制原则、透明度原则、道德行为、尊重相关利益方利益、尊重法律法规、尊重国际行为规范、尊重人权等。组织首先应该了解各个原则的内涵和外延，然后根据组织结构特点和运营流程，对每一个原则进行审核，确保组织的各个环节均符合上述基本原则。以尊重法律法规为例，法律法规作为组织履行社会责任的最低限度标准，往往与道德行为原则共同规范组织的社会责任行为，组织的任何行动、决策都应该设法确定组织适用的法律并确保符合相关法律条款的规定。尽管 ISO 26000 中并没有明确提出通行法律法规的名称、管辖或适用，但组织在制定社会责任方向和履行社会责任行为时必须保证不违背当地立法和活动所涉及的法律，在当地立法和法律体系不完善或没有做出明确规定的情况下，组织应该考虑遵守国际惯例或国际行为规范；在当地立法和法律法规覆盖了 ISO 26000 所述的部分主题和议题时，这就需要组织根据法律法规的实际规定来确定与 ISO 26000 的相关性，并将法律所涉及的核心主题和议题作为法律义务来履行，此时的自愿性原则会因为当地立法的约束而暂时失效。而在法律法规没有强制规定的情况下，组织在选择履行社会责任条款时仍然适用于自愿性原则。

(2)确定与组织相关的社会责任核心主题和议题及其优先级。确定社会责任核心主题和相关议题并不是凭组织想当然地认为对组织利益产生影响的内容便将其置于重要位置上，与组织经济利益无关的内容便认为无关紧要，组织制定核心主题和相关议题的方案需要利益相关方的参与，只有充分考虑利益相关方的态度之后才能确定核心主题和相关议题的清单，该清单是从组织的活动、决策中提炼而得，其中也包含组织影响区域范围内其他组织的决策和活动。我们知道组织本质上是价值链中的一个结点，它的决策、活动受到价值链中其他相关结点的影响，同时也会影响其他组织的决策和活动，这就需要我们在确定核心主题和相关议题时考虑到与组织的相关性，并以动态发展的眼光审视相关程度，将相关性强的核心主题和议题作为阶段重点，需要注意的是，确定核心主题和议题就好比排列"大学课程表"，"课程表"往往既要符合组织当前亟待解决问题的需要，又要与组织目前履行社会责任的能力相适应，急于求成的做法往往不可取。

此外，确定核心主题和相关议题时还需要考虑这些内容的重要性级别，不同议题对于不同组织的重要性是不同的，组织只有在充分认识了组织特征属性之后才能对议题重要性加以甄别，还是以"课程表"为例，大学课程表都是采用学分制，即与专业密切相关的课程学分比重大且上课时间长，对专业起辅助作用的课程学分比重小且上课时间短，同理，组织履行社会责任时往往应该注重与可持续发展密切相关的议题，并根据这些议题的轻急缓重确定优先级。正如比尔·盖茨先生所言："如果我们的项目都成功了，那么我们的项目反而是失败的。"也就意味着在确定优先级时要有一定的弹性空间，这种弹性空间有助于激发组织不断履行社会责任的积极性，如果组织在某阶段内设立的所有主题和相关议题都达到标准，那么说明组织的潜力还没有发挥到极致，还有部分相关议题是可能达成却没有列入计划清单的。因此组织在确定议题重要性优先级的时候，应该就自身履行能力制定一份对自己有一定挑战性并很可能实现的清单，这样能够激励组织持续履行社会责任并不断提升履行社会责任的能力。

(3)将社会责任融入整个组织的决策与活动。组织融入社会责任实践的内容包含甚广，主要阶段包括实践阶段、沟通阶段和提高可信度阶段。

实践阶段是组织融入社会责任的基础和关键环节，首先组织应该提升社会责任意识，构建社会责任能力，提升社会责任意识的形式多种多样，可以借助政府部门为企业领导阶层和员工开设专门的培训课程，在组织之间形成正确良好的社会责任氛围，该方式的难点在于专家的资质和开设课程的普适程度，不同组织之间的教育水平差异、员工素质差异和价值观念的差异均会影响课程的效果；还可以借助高峰论坛的形式，由 ISO 26000 资深专家主持，组织领导阶层参与的圆桌会议或论坛，能够帮助不同组织解决不同困惑，其优点在于避免了文化层次和教育背景良莠不齐的弊端，但是这种会议的参加人数毕竟有限，有机会发言和提问的组织代表数量也有限，只能针对性地帮助有限的组织而不能起到广泛的指导作用。其次，在组织具备履行社会责任的能力之后，制定社会责任的方向至关重要，社会责任的方向应该反映组织的战略目标、愿景和价值观念，同时有助于组织战略目标的实现。具体做法是将社会责任相关主题和议题的优先考虑事项转化为详细、可行、具有可操作性的目标，这些目标需有责任阐述、时间期限、预算及对其他组织活动可能产生的影响等，组织在制定发展战略时应该充分考虑这些计划，将社会责任的营养渗透到政策、组织文化、战略、结构、运营等各个部分。

沟通阶段是容易被人忽视的阶段，组织往往认为履行社会责任是组织内部的事情，与外界无关，这种意识造成组织履行社会责任却不能收到理想的效果，对可持续发展的作用效果并不明显。沟通的方式多种多样，包括会议、公众活动、论坛、报告、时事通讯、杂志、海报、广告、书信、语音信箱、现场表演、视频、网站、播客（网站音频广播）、博客（网络讨论论坛）、产品插页和标签，还可能采用新闻发布、访谈、评论和报道等。目前被国内企业广泛采用的是广告、网站、公益活动、播客、视频插播等，社会责任报告也逐渐成为稍有规模企业的"宠儿"，ISO 26000 的发布对组织编写社会责任报告提供了很多参考，组织参照 ISO 26000 发布的社会责任报告将实现全球范围内同行业、同性质组织之间的比较，这也是 ISO 26000 统一全球社会责任编写规范的价值所在。然而社会责任报告作为沟通形式的优点在于全面披露组织的各项业绩和社会责任建设方面取得的成就，多数社会责任报告中大量篇幅都是在阐述对教育事业、儿童公益事业、健康事业做出的贡献，然而弊端也十分明显，主观色彩浓重，不能全面反映负面信息，财务状况和相关利益方的反馈意见鲜少披露，第三方认证更微乎其微。因此建议我国组织在发布社会责任报告时注意与相关利益方的互动沟通并将沟通结果反映在报告中。

可信度的提升往往建立在沟通的基础之上，ISO 26000 中着重强调了与利益相关方之间的对话，使利益相关方明确组织决策和组织活动会对其利益造成怎样的影响，同时针对利益相关方的需求制定计划，并邀请利益相关方对组织的绩效进行定期审查和监督，利益相关方在知情的情况下才能增加对组织的信任。可信度提升的实质是使利益相关方对组织保持持续的信心和支持，国际通行的方法是邀请有资质的认证机构进行第三方认证，我们课题组的调研资料显示，在 2010 年跨国公司企业社会责任报告中发现，各行业的巨头企业中只有极少数的两个提供第三方认证，甚至有的企业标注为自评等级，这足以说明企业在社会责任报告的可信度方面做得远远不够，当然这与国内认证体系的不健全有密不可分的联系。令我们更为惊讶的是，从 2010 年以来，国内有好几家企业在其社会责任年度报告中声称："本年度报告根据 ISO 26000 制订"、"本年度报告将 ISO 26000 用作参考文件，提供社会责任指南"、"本公司已经应用 ISO 26000 作为指南，将社会责任融入到我们的价值和实际中"等等。而通读该报告，却没有发现哪部分内容与 ISO 26000 的原文有多大的联系。暂且不怀疑该公司或制订报告的人员是否看过 ISO 26000 原文，就报告发布在 ISO 26000 颁布实施之前就已经足够读者啼笑皆非。这些浮夸现象在当前我国的企业社会责任年度报告中相当普遍，充分反映我国企业还没有真正把社会责任纳入企业经营管理工作的重要内容来落实。

（4）审核和完善组织的社会责任实践。仅仅履行了社会责任行为而不进行监督和审核，就好比只有交通规则和红绿灯，而没有交警和电子测速仪一样，只要司乘人员不按章行使，道路秩序的混乱状况仍得不到解决。用于监督审核组织社会责任绩效的方式多种多样，包括定期审查、标杆管理、从利益相关方获取反馈信息，但是由于组织规模、职能的不同，履行社会责任的内容也不尽相同，在采用监督方式时应该根据组织的具体情况选择其中一种或几种方式进行审查。审查的作用表现在两个方面：一是进行过程控制，即保证组织履行的社会责任按计划如期进行，对于不符合指标的项目和过程及时予以修正，减少组织在时间和资源上无谓的浪费；二是组织可根据审核绩效的结果确定需要调整的区域，有利于组织集中优势力量发展项目，提高已有的绩效水平等。此外，定期审核的结果还有利于组织对当期和前期的社会责任实施情况进行比较，明确取得的进展和存在的不足，在下一期的计划中将不足事项考虑在内，同时还应该将最新的机遇和项目考虑在内，使审核不仅具有时效性和可读性，还具有指导组织进行决策的价值。

第三章　小　结

第一节　ISO 26000 的潜在影响领域

ISO 26000 进入中国是福是祸？一直是学术界、企业界、政界不断争论的话题，部分学者认为国际标准化组织的制定过程本质上由发达国家主导，尽管有资料显示：在标准开发史上，ISO 26000 首次打破传统的不平衡参与模式，发展中国家比重以 62%超过发达国家比重 37%。事实上，发达国家研究社会责任由来已久，长期的实践和摸索使得发达国家在社会责任建设方面更具经验和优势，在制定 ISO 26000 时将更具发言权和权威性。同时发达国家目前的发展阶段已经从高能耗阶段转入技术密集型和资本密集型阶段，这对于发展中国家的粗放式发展形成冲击，因此 ISO 26000 是发达国家获取经济利益的隐形工具。还有观点认为 ISO 26000 的核心宗旨是促进全球范围内的可持续发展，与我国科学发展观所倡导的全面、协调、可持续的发展理念不谋而合，正当国内企业苦于如何利用政策机遇谋求长远发展时，ISO 26000 无疑是协助企业解决发展瓶颈的福音。

由于 ISO 26000《社会责任指南》颁布时间不长，需要长期的社会实践加以检验，人们怀揣着各类猜测在摸索中前进，从而形成了褒贬不一的论断。黎友焕、魏升民(2010)认为 ISO 26000 对于中国而言既是机遇又是挑战，由于我国现阶段的基本国情是现在处于并将长期处于社会主义初级阶段，粗放型经济发展方式主导中国经济已有几十年，然而改革开放初期的中国技术水平落后、资本急剧匮乏，庞大的人口基数和丰富的资源决定了中国必须走劳动密集型、资源密集型之路才能获得比较优势，随着经济实力的日渐雄厚、综合国力的稳步提升，以牺牲环境、资源为代价的粗放型经济增长方式已经暴露出种种弊端，收入分配结构严重失衡、生态系统遭遇破坏、珍稀物种迅速灭绝等惨痛的教训促使社会各界意识到社会责任的重要性，ISO 26000 在关键时刻为组织提供履行社会责任的方法和建议，为组织有效贯彻科学发展观提供了实用指导。① 此外，未来的挑战和风险也不可避免，社会责任理念的全球传播使得众多企业重视履行社会责任，这对于国外企业的品牌推广和绿色形象起到积极的作用，随着这些企业的成长，势必对我国企业的发展造成威胁，日益残酷的国际竞争会加速部分高能耗、低附加值产品的淘汰，尤其对劳动密集型企业造成严重的冲击。由于国外企业的管理机制、管理理念、企业文化、组织结构以及运作程序都相对完善，在现有的较完善机制中融入企业社会责任的难度远远小于我国企业从零做起的难度，贯彻履行社会责任是长期的过程，在此长期过程中，中国企业在相当长一段时间内会处于竞争劣势地位，这对我国企业加速实施 ISO 26000 指导准则是一个严酷的挑战。

在机遇与挑战并存的前提下，我们对 ISO 26000 影响我国经济发展仍然应持乐观的态度，研究 ISO 26000 的潜在应用领域和前景预期成为诸多学者义不容辞的责任，本书由于编写结构平衡问题的限制，在此仅从以下 4 个方面对 ISO 26000 影响中国经济发展的方式及领域进行简要探讨，深层次地挖掘会在后续出版的 ISO 26000 系列丛书中详细阐述。

一、应用于转变经济发展方式，有利于实现科学发展

在中国共产党十七大报告中提出的经济发展方式理念已经深入人心，报告中指出：实现未来经济发展目标，“关键要在加快转变经济发展方式、完善社会主义市场经济体制方面取得重大进展”，“加快转变经济发展方式，推动产业结构优化升级”。由于我国长期以高能耗、高投入、低附加值、低环保意识的方式进行增长，尽管改革开放 30 年来在经济增长方面取得了可喜的成绩，但绿色 GDP(国民生产总值)为负值的现象却成为牵绊我国经济长期保持高增长率的主要阻碍，从“经济增长”理念到“经济发展”理念的转变也进

---

① 黎友焕，魏升民. 博弈视角下的社会责任分析[J]. 中国第 1 届 ISO 26000 国际论坛暨高级研修班入选论文，2010(12).

一步说明国家对于可持续发展的高度重视，要求高效利用资源、减少环境污染、注重质量效益。ISO 26000倡导的核心理念是对社会和环境的关怀，这种关怀不仅表现在对人权、员工福利、消费者健康安全等方面的重视，还表现在对环境、生态系统、自然栖息地、能源、资源的重视。这些理念恰与科学发展理念不谋而合，可持续发展和社会责任观念已成为主导全球未来发展方向的主旋律。

ISO 26000 如何影响我国经济发展方式的转变以及组织如何利用 ISO 26000 迎合国家政策和自身发展的需要这两个问题已经成为我们关注的焦点。我国产能过剩、资源浪费、能源利用率低、环境污染严重、产品质量安全等现象极其普遍，不利于可持续发展的现象比比皆是，转变经济发展方式迫在眉睫，寻找 ISO 26000 与经济发展方式的切合点显得尤为重要。

以钢铁行业为例，我国目前钢铁行业的现状是典型的规模结构失衡，能源消耗高，污染严重，污染治理欠账多，治理难度大，中小企业占据钢铁行业企业总数的 93.7%，而中小企业中装备水平低，甚至连除尘设备和水处理设备都不健全，大量废弃物无法得到有效治理，废弃物污染了周边的环境，对社区居民的身心健康造成严重损害，废水排入江河造成水生生物生存环境恶化，生态系统严重失衡等。据中国钢铁工业协会统计：今年粗钢产量创下历史最高，因为这其中代表我国最高冶炼水平的 77 家大中型钢铁企业虽然产能占我国钢铁总产能的 80%，但一二月份产量只增加了 6.8%，而只占我国钢铁总产能 20%的地方中小企业，一二月份的粗钢产量却比去年同期增长了 52.7%，这种现象是不容乐观的。上海钢铁业预警专家组成员贾良群表示："许多地方小企业都是耗能比较高、污染比较严重的，如果他们的产量再保持这么高的速度增长下去，会对今年节能减排任务的完成造成非常不利的影响。"因此我国中小型钢铁企业参照 ISO 26000 逐步将社会责任融入组织的生产管理体系刻不容缓。ISO 26000 中 7 项核心主题里的环境主题、组织管理主题可作为这些企业首先关注的重点，将其设置为重点考虑事项，企业可先依照社会责任的基本原则对自身履行社会责任的状况加以评估，再根据评估结果与利益相关方（诸如社区居民、铁矿石供应商、客户、政府）等展开讨论，在充分采纳各方意见、考虑各方利益的前提下确定社会责任相关主题和议题，同时参考 ISO 26000 中所提及的构建社会责任能力的方法加强自身履行社会责任的能力、可持续发展能力方面的建设，制定切合钢铁企业实际情况的社会责任方向，从而让社会责任的履行服从并帮助钢铁行业发展方式的转变。

钢铁行业只作为例证阐述 ISO 26000 在转变经济发展方式方面的作用，但与钢铁行业类似的高污染、低效率行业仍有很多，例如煤炭、电力、造纸、化工等行业，可根据行业特点参照钢铁行业的转变模式进行改造，贯彻实施 ISO 26000 中的指导方案，在各行各业中开创共同转变、协调发展的良好局面。

二、应用于能源领域的创新改革，实现可持续发展

ISO 26000 的环境主题中强调可持续的能源利用议题，该议题这样描述："为确保将来资源的可用性，有必要改变当前的消耗和生产模式、数量以适应地球的承载能力。可再生资源的利用是指资源的使用速度小于或等于其自然补给的速度。对于非可再生资源（如矿物燃料、金属、矿产），长期的可持续性是指要求使用速度小于可再生能源替代非可再生资源的速度。"由此可见开发可再生的新能源十分必要。组织可根据 ISO 26000 所述的相关行为和期望记录、采集、报告能源损耗的类型和数量，积极研发新能源代替非可再生能源，降低非可再生能源的消耗速度，使用可回收的材料并重复利用等。此外为应对低碳经济的发展需要，组织应该加强对碳的跟踪、采集和捕捉，降低温室气体的排放数量，响应国家关于适应温室气候变化的相关政策。

新能源的种类多种多样，包括核能、太阳能、风能、生物质能、地热能、海洋能、氢能等。本书就最近兴起的生物质电厂履行社会责任问题做深入探讨，以此给其他能源的 ISO 26000 潜在适用范围提供参考。生物质电厂的原料品种繁多，如有玉米杆、稻壳、糠、木屑、树皮、棉杆、花生壳、油菜杆、麦杆等，这些原料多来自电厂所在地和周边地区的农户。使用这些原料为当地农民收入水平的提高做出贡献，恰好符合 ISO 26000 所述的社区参与和发展，为促进当地农民工就业和福利水平的增加，电厂往往雇佣当地居民作为非编制员工享受电厂福利待遇和可观的薪金。但是当地农民往往为谋取利益在原料中掺入水或砂土，影响了电厂原料的质量并对电厂设备造成了损失，同时给操作技术工人增加了工作强度，这种现象是多数生物质电厂经常遇到的问题。ISO 26000 的普及和推广则有助于电厂解决此项难题，电厂可在政府部门的协助下向农民工传输社会责任理念，使其了解社会责任的益处和对当地经济发展的影响，指导农民工在供应原料时做好质量检查工作，同时组织也可根据 ISO 26000 中的相关建议在组织管理体系中细化原料质量评价指标，严格评估供应者资质，从而解决原料质量问题。就宏观经济形势来看，国家电网不断新建小型生物质电厂作为示范实验项目，并对生物质电厂的供电价格实行价格补贴，对火电等高能耗电厂的供电价格以较低价格收购，在宏观政策的调控与 ISO 26000 内部驱动的共同作用下，电力行业的结构调整已成为未来发展的主流趋势，火力发电厂将根据 ISO 26000《社会责任指南》不断改进机组设备和节能工艺，在技术和环保方面加大研发力度，促进节能减排技术的创新。而新能源电厂（诸如风力发电厂、生物质电厂、核电厂等）将不断扩大规模，根据 ISO 26000 审核社会责任履行情况，并根据相关核心主题和议题确立发展方向，努力提高电厂设备的技术含量和生产工艺，进一步加强电厂员工的福利、关注员工的健康和安全，尤其是核电厂工人的健康保健工作，应保证其定期全面的体检需要。通过参考 ISO 26000《社会责任指南》的实践指导，帮助新能源电厂加快融入当地经济的产业链，同时促进社区经济的可持续发展；督促传统能源电厂改变生产模式和发展方式，在组织管理中融入社会责任，减少污染物、废弃物的排放数量。

生物质能源在电力行业的应用仅作为范例阐明 ISO 26000 对电厂结构的调整作用机理和促进电厂内部改革的作用机制。事实上，新能源的利用远远不止电力行业，还包括化工、制药、生物技术、机械制造、家电制造、IT 等诸多领域，根据这些行业的发展特点及自身属性，组织可根据 ISO 26000 灵活加以运用，将社会责任精神贯彻到各行各业，并将新能源的开发利用作为行业发展战略。

三、促进了绿色品牌的建立，有利于社会和谐稳定

绿色品牌是以“发展绿色产品”“打造绿色体系”“承揽绿色责任”为核心的新型品牌理念，绿色品牌的定位应该基于对企业社会责任、可持续发展、消费者健康等多种因素的考虑，才能在丰富品牌承载量、承担社会责任、关注员工福利、致力于消费者健康方面做出贡献，以此作为企业持续发展的动力引擎。

绿色品牌与 ISO 26000 究竟有怎样的辩证关系？社会责任是绿色品牌的核心内涵，ISO 26000 核心主题中强调的消费者问题、环境以及劳工实践是绿色品牌创建的基础；绿色品牌产品是社会责任理念宣传和推广的载体，ISO 26000 指导的社会责任实践通过令客户满意、令消费者放心的形式融入到产品和服务中，使人们切实感受到 ISO 26000 带来的益处。在环境问题上，组织（包括企业）只有把资源消耗、环境保护、生态平衡等观念融入到品牌核心价值中，才能生产出符合消费者需求、社会需求和环境保护要求的产品。在消费者问题上，随着“三氯氰胺”三鹿奶粉事件、“染色馒头”事件、“染色粉条”事件、双汇瘦肉精事件、日本食品辐射物事件、丰田召回事件等频频曝光，越来越多的消费者开始关注产品健康安全问题，并将产品是否安全作为衡量企业声誉和品牌信誉的核心标准之一，此外，绿色节能环保的理念也成为消费者心中的隐形天平，用以测量企业履行社会责任的状况和在消费者心目中的满意程度。① 在劳工实践问题上，“富士康员工跳楼案”在全国引起轩然大波，消费者乃至社会各界把企业对员工的福利、待遇和关怀作为企业品牌价值的重要衡量标准，尽管品牌价值在国内的认知并没有达到国际水平，人们对于品牌的认识仅仅局限在产品是否健康、服务是否到位上，但随着这些事件浮出水面，消费者将是否尊重员工人权、是否关心员工福利等问题作为衡量企业品牌价值的参考标准。对于尊重人权、保护环境、员工福利、社区经济等方面，ISO 26000 均作了详细而充分的介绍，指导组织如何通过评估、实践、审核、改进等行为履行社会责任，因此 ISO 26000 的实施无疑会增加组织绿色品牌的竞争力，也为国内绿色品牌的建立和成长提供良好的外部条件，符合中国共产党十七大提出的和谐社会理念。

四、规范海洋资源开发秩序，有利于拓展发展空间

我国海洋资源丰富，其中包括沿海滩涂和浅海资源、港口资源、矿产资源、海洋生物资源、海岛资源、海洋油气资源等。近几年随着无序开发和不合理利用的情况不断加剧，海洋资源的储量和开发潜力受到严重的破坏，这些资源的开发者多是未经许可的沿海渔民、缺乏社会责任和可持续发展意识的中小民营企业，加之政府监管方面的疏漏，导致海洋资源不可逆转的损失。

“无人岛”的开发成为近日投资商关注的焦点，小说中桃花岛主“黄药师”悠闲自在的生活成为人们向

① 路媛，王星. ISO 26000 视角下的消费者权益保护问题[J]. 企业社会责任，2011，(1).

往的天堂，但由于这些开发商社会责任意识薄弱，对环境和消费者的考虑甚少，使得我国大量海岛资源遭遇不同程度的破坏，大型娱乐度假村变成荒岛，珊瑚和红树林的生长环境受到严重威胁，生态链一旦遭遇破坏便不可恢复。ISO 26000《社会责任指南》不仅能够使开发商明确社会责任的内涵及其重要性，还能够帮助开发商在充分明确企业特征和海岛环境的情况下，评估各种开发计划可能对相关岛屿、海底环境、周边渔民造成的影响，并择优选择负面影响最小的项目进行开发，根据社会责任融入组织的指导准则这一条款的指导，开发商可参照 ISO 26000 所述的步骤实施负责任的开发活动，从而在无人岛开发项目上形成示范，指导和帮助其他开发商利用 ISO 26000 帮助其完成决策并展开实践。此外，行业协会、政府在开发秩序的维护中起至关重要的作用，ISO 26000 适用于任何形式的组织（除具有立法和执法功能的国家职能部门），行业协会和政府有关部门可根据 ISO 26000 制定具体的考核标准，考核开发商在履行社会责任方面是否绩效明显并经验丰富，同时对已实施开发的开发商进行过程监管，帮助其严格审核社会责任绩效评估报告，并在行业间展开社会责任绩效评估报告的比较对照。根据无人岛资源、特点和开发难度的不同，将无人岛分类开发并邀请社会责任绩效显著的开发商传授履行社会责任的经验以及 ISO 26000 利用中需要注意的问题，从而充分有序地利用海洋资源为我国创造更多财富。

第二节 ISO 26000 存在的不足之处

尽管 ISO 26000《社会责任指南》在全球具有极其广泛的影响力和优越性，甚至对其他社会责任倡议或工具产生影响，但仍然应该采用辩证的眼光认识事物，客观地看待 ISO 26000 的优越性和不足之处，笔者根据我国企业的具体情况，对 ISO 26000 可能存在的不完善之处加以阐述，希望能够帮助国家相关部门根据 ISO 26000 建立一套适用于我国具体国情的社会责任标准体系。

一、方法明确但欠缺细节指导

由于社会责任理念在我国的普及程度远远不及发达国家，企业的社会责任意识相对薄弱，该理念是在 20 世纪 70 年代改革开放之后，国际投资和跨国公司的踊跃发展将社会责任理念带入中国，因此国内企业还没有履行社会责任的经验，甚至把慈善活动作为社会责任的代名词。基于这样的社会背景，ISO 26000 中所述的原则和核心主题相对系统全面地规范了全球关于社会责任的理解，但就我国而言，充分理解社会责任还存在困难，履行和实施面临的困难将更为明显。例如 ISO 26000 建议组织应该就温室气体的排放和气候变化问题提交严格的排放数量、种类报告，这种建议的初衷和方向是正确的，可是根据怎样的指标体系进行追踪和报告以及依照国内标准还是国际标准进行评估都存在不明确的地方，使组织实施过程中往往不能采用一致的方案，降低了社会责任报告的可比性。又如，ISO 26000 中建议组织定期对社会责任绩效进行自我审核，并根据社会责任基本原则进行评估，审核体系和评估标准并未做明确的规定，我国多数中小企业接触社会责任概念时间较短，履行经验和履行能力都存在缺陷，在没有范例和参照系的情况下，往往履行社会责任就成了各家自成一派的空话，ISO 26000 即便规范了全球社会责任认知和框架体系，但对于细节部分没有给出告知性示范，使得社会责任的履行难度在无形中加大。

国家标准委员会可根据 ISO 26000 的相关条款以及我国组织的不同分类制定较为详细的示范指标，可以采取指导企业先进行实践，再从实践中不断领悟内涵、总结经验、改进方法，最终在全国范围内营造良好的社会责任氛围。

二、ISO 26000 的自愿履行原则导致实施力度缩水

前面介绍了我国目前履行社会责任的状况并不乐观，众多企业并不能完全意识到社会责任的重要性，业界普遍存在“好不过三年，活不过五年”的传言，基于这种认知误区，企业往往并不愿意履行社会责任增加运行负担和成本，缺乏长远发展的眼光和可持续发展意识。ISO 26000 的自愿履行是基于组织意识到履行社会责任和维护可持续发展战略是组织自身发展的内在需要这一事实，大型国企迫于国家政策的压力和自身发展的压力而被动履行社会责任，变被动履行为主动履行是长期的认知转变过程，大型国企亦是

如此，中小型企业更难形成主动履行的共识。[①] 就我国具体国情来看，ISO 26000 的自愿履行原则受到我国对于社会责任理念认知水平的约束而很难达到较高普及程度，为保证 ISO 26000 在组织中广泛被采用，由于 ISO 26000 不作为法律法规制定用途，所以政府部门加大监管和指导力度显得尤为重要，对不符合或不履行社会责任条款的企业实施软性指导，即在政策方面予以一定的限制，从而使其完成从被迫履行到主动执行过程的转变。

三、ISO 26000 对组织的履行能力要求较高，在发展中国家的普及受限

尽管 ISO 26000《社会责任指南》强调了适用于任何国家、任何规模、任何形式的所有组织，但是在条款中不难看出：只有组织在完全了解社会责任并能够融会贯通的情况下，才能根据自身实际情况灵活进行选择与之最相关、最接近、最有效的内容，其中隐含的潜在条件是对社会责任有高水平的认知。而多数发展中国家的经济发展水平较低，对于社会责任的认识几乎是空白，只有少数几个发展中国家能够对社会责任理念有较为模糊的认知，但限于发展水平和具体国情，还不能达到发达国家的水平，加之文化背景差异和经济发展阶段的差异，在这些发展中国家中形成统一的共识还具有一定难度，此外，笔者在前文中说到 ISO 26000 的风险问题，即 ISO 26000 对于欠发达国家的企业尤其是中小型企业存在很大的理解困难，甚至会产生理解错误，这些风险在发达水平不高的环境中往往会增加发生的概率，因此 ISO 26000 应该切实考虑到这些国家的利益和存在的困难，在今后的发展变化中不断完善和修正，真正实现服务于全球社会责任建设和可持续发展。

结 束 语

ISO 26000《社会责任指南》正处在试行阶段，其优越性和局限性还需在实践的检验中不断得出结论，组织应该充分认识和理解社会责任对于国计民生的重要性以及对可持续发展的重要性，履行社会责任不仅仅是满足和适应于当代人生产生活的需要，还应该考虑对后代人产生积极的影响。正如中山大学陈宏辉、邹黎（2010）所言："ISO 26000 标准已经出台，但其未来的发展之路还充满了不确定和挑战，让我们试目以待。"[②]正如美国教育家斯金纳（B. F. Skinner）所言："如果我们将学过的东西都忘得一干二净，最后剩下的东西就是教育的本质。"其本质是利用教育所学的思维独立解决问题的能力。同理，ISO 26000 所承载的是责任的灵魂和履行责任的思维框架，组织只有领悟了 ISO 26000 中所包含的精髓：关怀社会、关怀环境，并将这种精髓灵活运用于日常生产生活，使之潜移默化地沉淀在组织的文化中，展现在组织的运作中，凝结在组织的产品和服务中，ISO 26000 的真谛才得以真正地被掌握和传承，人类社会的责任精神才能薪火相传。

① 刘藏岩. ISO 26000 对我国中小企业的影响及应对思路[J]. 企业社会责任，2011(1).

② 陈宏辉，邹黎. ISO 26000：是指南还是标准？[J]. 企业社会责任，2010(3,4).

第二篇

标 准 译 文

地址:56 ＊ CH－1211 Geneva 20

传真:＋ 41 22 749 09 47

邮箱:copyright@iso. org

网站:www. iso. org

前言(ISO 26000)

国际标准化组织(ISO)是由各国标准化团体(ISO 成员团体)组成的世界性的联合会。制定国际标准工作通常由 ISO 的技术委员会完成,各成员团体若对某技术委员会确定的项目感兴趣,均有权参加该委员会的工作,与 ISO 保持联系的各国际组织(官方的或非官方的)也可参加。ISO 与国际电工技术委员会(IEC)在电工技术标准化方面保持密切的合作关系。

ISO 26000 国际标准是根据 ISO/ IEC 导则第 2 部分的相关规则起草。

技术委员会的主要任务是制定国际标准。由技术委员会起草的国际标准草案提交各成员团体投票表决,需至少 75%参与表决的成员团体投票表示同意后,国际标准草案才可作为国际标准正式发布。

需要提醒注意的是:本标准部分内容可能涉及专利权问题,国际标准化组织不负责识别任何此类专利权问题。

ISO 26000 由 ISO/TMB 社会责任工作组制定。

本国际标准的制定涉及多个利益相关方,参与制定工作的成员包括来自 90 个国家的社会责任专家和 40 个国际性或多元区域性社会责任相关组织。这些专家来自 6 个不同的利益相关方群体,它们分别是消费者、政府、企业、劳工、非政府组织以及服务、援助、研究、学术等其他群体。此外,我们制定了特别条款以实现参与制定的发展中国家和发达国家之间的平衡以及参与成员的性别平衡。尽管我们致力于确保所有利益相关方者团体公平参与,但利益相关方完全公正平衡地参与仍受制于多方面因素,其中包括资源的可用性和对英语语言技巧的要求。

导　论

全球各种组织及其利益相关方逐渐意识到社会责任行为的必要性和有益性，社会责任旨在促进可持续发展。

将一个组织的绩效与其所在社区和对环境的影响相联系，已经成为衡量该组织总体绩效和持续有效运营能力的关键指标。这从一定程度上反映了人们日益增长的确保生态系统的健康、实现社会的平等、保证组织管理的良好等方面的需要。从长远来看，所有组织的行为活动都有赖于健康的全球生态系统。企业将受到各种利益相关方更为严格的审查，一个企业在社会责任方面的表现和认知至少对以下几个方面产生影响：

——竞争优势；

——企业声誉；

——吸纳和留住员工、消费者、顾客及其用户的能力；

——保证员工的工作热情、工作投入程度和工作效率；

——投资者、业主、捐赠人、赞助者和金融界的意见；

——与企业、政府、媒体、供应商、同行、客户以及所在团体的关系。

ISO 26000 为社会责任基本原则、社会责任确认、利益相关方参与、社会责任核心主题等内容提供指引(见表 2.1)，并对社会责任行为如何融入企业提供指导(见图 2.1)。ISO 26000 标准着重强调了社会责任绩效的成果以及改进绩效的重要性。

ISO 26000 标准旨在适用于所有形式的企业组织，无论是私营企业、公共非营利性部门、大企业、小企业，还是发展中国家企业、发达国家企业均能从中获益。然而在本国际标准中，并非所有的内容都平等适用于所有类型的企业，也并非所有核心主题都与每个企业相关。所有核心主题均包含许多具体议题，个别企业的责任是通过对企业自身的考虑和与利益相关方的沟通这两种途径，确定哪些议题对于企业而言是相关的并且需要重点处理的。

像其他任何组织一样，政府组织也希望使用本国际标准。然而，这并不意味着 ISO 26000 取代、更改或是以任何方式改变国家的职责。

鼓励所有组织使用本国际标准以使其更富有社会责任感。

考虑到不同组织处于认知和融入社会责任的不同阶段，本国际标准主要适用于那些刚开始关注社会责任的群体，也适用于在社会责任实施方面颇有经验的群体。刚接触社会责任的新手会发现阅读本标准大有裨益并将其作为涉足社会责任领域的启蒙读本，而有经验的读者则使用本标准来改进现有的实践方法并将社会责任进一步融入到企业组织中。人们普遍认为本标准是作为一个整体来阅读和使用的，但那些查找特定类型社会责任信息的读者也会发现表 2.1 的概要非常有用。(表 2.2 为本国际标准的使用者提供汇总信息)

本国际标准只为使用者提供指导用途，并不适用于认证目的。任何提供 ISO 26000 认证或声称获得 ISO 26000 认证的情况都是对本国际标准目的旨意的误用。

本国际标准附录 A 中所提及的自愿性倡议或工具并不表明国际标准化组织支持或给予这些倡议或工具以特殊地位。

表 2.1 ISO 26000 概要

条款标题	条款编号	条款内容描述
范围	条款 1	界定本国际标准的范围及确定某些限制条款和除外责任(法律术语)
术语和定义	条款 2	确定并提供理解社会责任和使用本国际标准至关重要的关键术语定义
理解社会责任	条款 3	描述对社会责任发展产生影响并持续影响其性质和实践的重要因素和条件
社会责任原则	条款 4	介绍和阐释社会责任原则
识别社会责任和利益相关方	条款 5	探讨两方面的社会责任实践:组织对自身社会责任的识别以及利益相关方的确定及其参与。本标准为组织、利益相关方、社会三者之间的关系、核心主题的判定、社会责任的议题以及组织的影响区域均提供指导
社会责任核心主题指南	条款 6	解释与社会责任相关的核心主题和有关问题(见表 2.1),对于每一个核心主题,标准均提供了范围、与社会责任的关系、原则和注意事项以及相关行为和期望方面的信息
社会责任融入组织指南	条款 7	为组织实施社会责任提供指导,其中包含相关指引:了解组织的社会责任,将社会责任融入组织中,与社会责任相关的交流,提高重视社会责任的组织的公信力,回顾社会责任进展,提高社会责任绩效以及对社会责任自愿性行为作出评估
社会责任自愿性倡议和工具的举例说明	附 A	列举一份有关社会责任的自愿性倡议和工具的不完全清单,该清单讨论一个或多个核心主题的多方面内容,或者讨论将社会责任融入组织的问题
缩略术语	附 B	包含国际标准使用的缩略术语
参考文献		包含权威性国际文件的参考文献以及与国际标准原始资料主体部分相关的国际标准化组织标准

表 2.2 社会责任核心主题及其议题

核心主题和议题	副条款
核心主题:组织的管理	6.2
核心主题:人权	6.3
议题 1:严格评估	6.3.3
议题 2:人权风险状况	6.3.4
议题 3:避免合谋	6.3.5
议题 4:处理申诉	6.3.6
议题 5:歧视行为和弱势群体	6.3.7
核心主题和议题	副条款
议题 6:公民权利和政治权利	6.3.8
议题 7:经济权利、社会权利和文化权利	6.3.9

续 表

核心主题和议题	副条款
议题 8:工作的基本准则和权利	6.3.10
核心主题:劳工实践	6.4
议题 1:雇佣和雇佣关系	6.4.3
议题 2:工作环境和社会保障	6.4.4
议题 3:社会对话	6.4.5
议题 4:工作中的健康与安全	6.4.6
议题 5:个人发展和职业培训	6.4.7
核心主题:环境	6.5
议题 1:防范污染	6.5.3
议题 2:可再生资源的使用	6.5.4
议题 3:减缓和适应气候变化	6.5.5
议题 4:保护环境和生物多样性以及恢复自然栖息地	6.5.6
核心主题:公平运营实践	6.6
议题 1:反腐败	6.6.3
议题 2:负责任的政治参与	6.6.4
议题 3:公平竞争	6.6.5
议题 4:提升社会责任在价值链中的地位	6.6.6
议题 5:尊重财产权	6.6.7
核心主题:消费者问题	6.7
议题 1:公平的市场营销和合同业务,准确客观的信息	6.7.3
议题 2:保护消费者的健康和安全	6.7.4
议题 3:可持续的消费	6.7.5
议题 4:消费者服务、支持、申诉及争端解决	6.7.6
议题 5:保护消费者资料和隐私	6.7.7
议题 6:获取必要服务	6.7.8
议题 7:教育和认知	6.7.9
核心主题:社区参与和发展	6.8
议题 1:社区参与	6.8.3
议题 2:教育和文化	6.8.4
议题 3:创造就业机会和发展职业技能	6.8.5

续 表

核心主题和议题	副条款
议题 4:技术的发展及其应用	6.8.6
议题 5:创造财富和收益	6.8.7
议题 6:健康	6.8.8
议题 7:社会投资	6.8.9

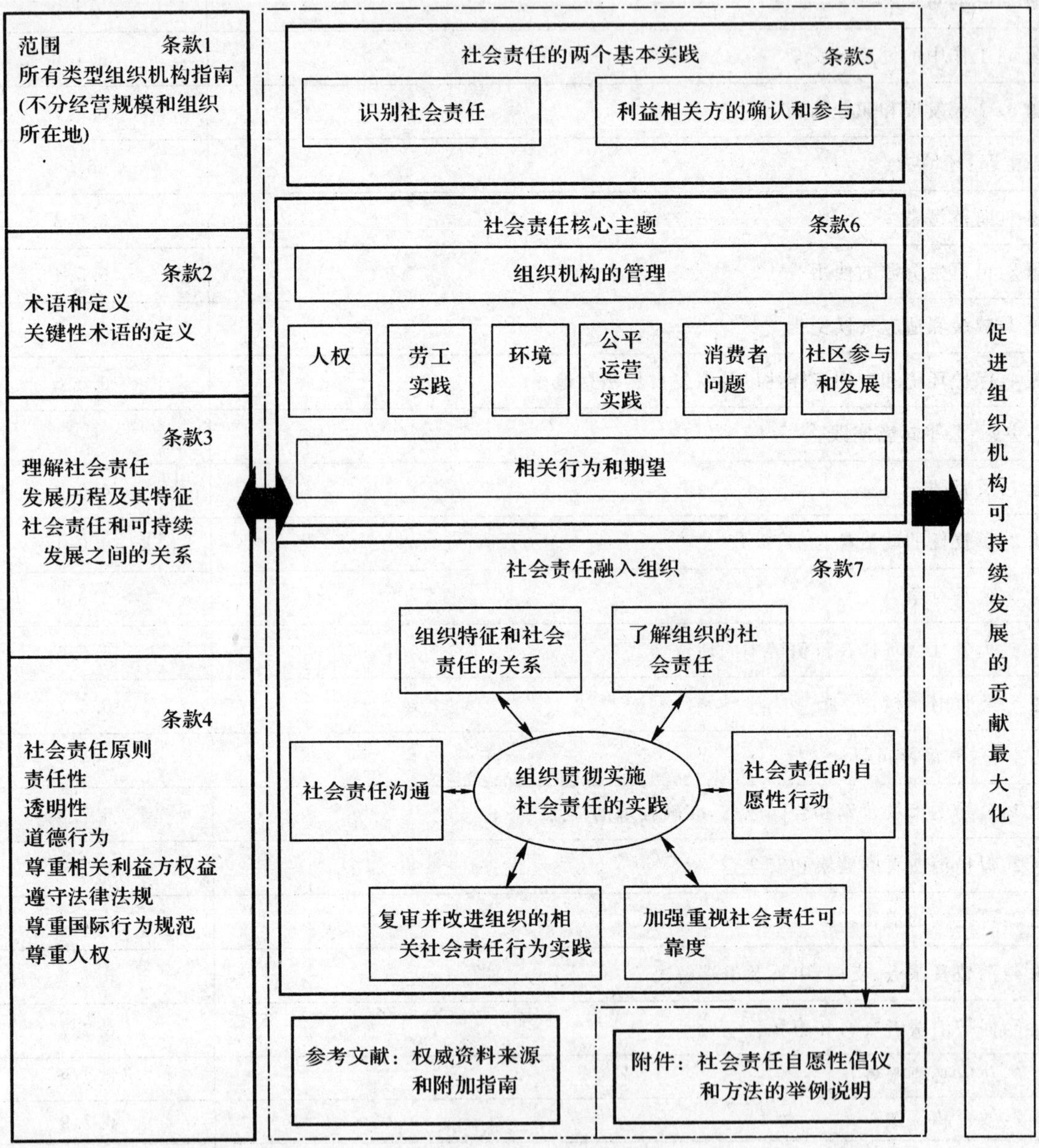

图 2.1 ISO 26000 原理概览图

如图 2.1 所示 ISO 26000 原理概览图,旨在协助组织机构了解如何使用本国际标准。以下几点内容为读者使用本标准提供指导:

(1)在考虑社会责任的特点以及它与可持续发展(条款 3)之间的关系之后,建议组织机构应该重新审查条款 4 中描述的社会责任原则。在社会责任履行过程中,组织应尊重和落实这些原则,其中包括每一个核心主题具体的原则(条款 6)。

(2)在分析社会责任核心主题、议题及其每一个相关行为和期望(条款 6)之前,组织应考虑社会责任的两个基本实践:影响区域内社会责任的识别,利益相关方的确认和参与(条款 5)。

(3)一旦组织理解了社会责任原则,并确认了社会责任核心主题和与之相关的重要的议题,组织就可以利用条款 7 探寻将社会责任贯彻到组织决策和经营活动中的方法。所包含的方法有:将社会责任融入组织政策、组织文化、发展战略和组织运作中;提高自身社会责任履行能力;进行社会责任内部和外部的沟通;定期复审这些与社会责任相关的行为与实践。

(4)关于社会责任核心主题和贯彻方法的更多指导是从权威出处(参考文献)和大量自愿性倡议及其工具(附录 A 中的部分国际案例)中获取的。

当组织接触并践行社会责任时,其首要目标是促使组织对可持续发展的贡献达到最大化。

专栏 1——协助用户使用国际标准的汇总信息

国际标准化组织通过统一制定并经认证机构批准通过后,将标准定义成文件。该文件为组织活动或组织绩效提供规章准则、指导方针和属性信息(通常可重复使用),旨在获得特定背景下标准践行的最佳水平。(ISO/IEC 指南 2:2004 [39]. 定义 3.2)

国际标准化组织术语(基于 ISO/IEC 2004 导则第 2 部分附件 H)

本国际标准不包含任何必须要求,也不使用表明国际标准化组织语言要求的措辞"shall",而是推荐使用单词"should"。ISO 26000 的某些建议已并入部分国家的法律条文,并合法化。

单词"may"用以表明对某些行为的许可。单词"can"用以表明某些行为是在可接受范围内的。例如,组织或个人可以实施某些行为。

提供指导的 ISO 26000 虽不包含任何必须履行的条文,但包含某些建议倡导。

建议倡导在 ISO/IEC 导则第二部分定义如下:该词表示在几种可能的选择中推荐使用最恰当的一个,除此之外还包括两种情况,即某些行为虽广受推崇却并非必须履行,或者某些选择或者行为(从消极角度)虽遭强烈反对却未明令禁止。

条款 2 中未作出明确定义的术语参照其字典释义作常用词义理解。

提供附件信息的目的(基于 ISO/IEC 2004 导则第 2 部分 6.4.1)

本国际标准附录 A 信息表旨在提供附加信息以帮助用户理解和使用该文件,它既不是实施指南自身的组成部分,也未涉及国际标准的正文内容。附录 A 不仅提供了目前与社会责任相关的自愿性行动、方法和相关案例的不完全清单,还着重关注了可适用的附加指南,旨在帮助指南用户比较他们的行为与其他组织机构行为的差别。但我们必须明确一个事实:附录 A 中虽然罗列出了自愿性倡议和工具,但并不意味着这些倡议和工具被国际标准化组织认可。

参考文献

参考文献作为本国际标准的有机组成部分,提供了与标准正文相关的文件的确切信息和出处。它是由国际性正式文件的参考引文构成的,这些正式文件被视为本国际标准对策建议的权威资料来源,其中还包含了额外的有用指南和信息;鼓励该标准用户参阅这些资料以更好地理解和应用本国际标准。参考文献的特殊编码标注在正文内容中的方括号内。

备注:参考文献编码并不是按标准正文中文件出现的顺序排列,国际标准化组织文件置于首要位置,剩余文件按照公布组织机构的字母顺序排列。

文本框:文本框提供附加指南和详尽案例,方框中内容应视为与其他内容同等重要。

社会责任实施指南

条款 1　范围

国际标准为所有类型的组织机构提供指导，不分组织规模和机构所在地：

(1)社会责任相关概念、术语和定义；

(2)社会责任的背景、趋势和特征属性；

(3)社会责任相关原则和实践；

(4)社会责任核心主题和议题；

(5)组织通过政策和实践在其影响区域内贯彻、落实、推进社会责任行为；

(6)利益相关方的确认和参与；

(7)沟通交流社会责任相关的义务、绩效和其他信息。

本国际标准旨在协助组织机构为可持续发展做出贡献，同时也鼓励组织超越法律规定的范畴履行责任，组织应该意识到服从法律规定是任何组织的基本义务，也是履行社会责任的必要内容。此外，本标准还旨在促进社会责任领域达成共识，对其他社会责任的文件和行动进行必要补充而非取而代之。

在实施 ISO 26000 时，建议组织机构应将社会、环境、法律、文化、政策、组织等方面的多样性考虑在内，同时兼顾经济条件的差异，并做到与国际行为规范相一致。

本国际标准并不是管理系统标准，它不是专门用于认证目的或监督性、契约性用途。任何提供认证资质或声称通过认证的行为，都是对 ISO 26000 目的、意图的误解以及对本国际标准的误用。由于本标准不包含具体要求，因此任何类似资质认证的证明都是不符合本国际标准的证明文件。

本国际标准为组织提供指导以关注社会责任，也可作为公共政策活动的一部分。然而，为了符合马拉喀什协定(该协定成立了世界贸易组织，即 WTO)的宗旨，本标准并不是有意解释成“国际标准”、“指导守则”或是“对策建议”，也并不为任何假设提供基础或者有意找出与世界贸易组织职责相符的方法措施。此外，ISO 26000 也不为法律行为、申诉、抗辩、国内外索偿或其他诉讼行为提供依据，也不可作为普通国际法律演变发展的依据。

ISO 26000 并不阻碍国家标准的发展，这些国家标准可能更加详尽、苛刻或是以不同形式存在。

条款 2　术语和定义

为方便用户使用本文件，给出以下术语和定义：

2.1　责任

决策、活动应对组织的领导机构、法律当局及更为广泛的利益相关方负责。

2.2　消费者

以私人目的对财产、产品、服务进行正常公共购买或使用的人员群体。

2.3　客户

以商业、私人、公共目的对财产、产品、服务进行正常公共购买的组织或个人。

2.4　严格评估

它是一个旨在避免或减缓负面影响的全面而主动的过程，该过程评定了组织决策、活动的现存或潜在的负面影响，这些负面影响贯穿在项目或组织活动整个生命周期中并涉及社会、环境、经济等各个方面。

2.5　雇工

在国家法律或实践中被视为具有雇佣关系的个人。

注　雇工是比工人狭义的术语(2.27)。

2.6　环境

组织运作的自然环境，包括空气、水、土地、自然资源、植物群、动物群、人类、外部空间和他们之间的内部关系。

注　本文中的环境从组织延伸至全球系统。

2.7　道德行为

根据文中具体情况，符合公认的权利准则或良好管理方式的行为，该行为与国际行为规范相一致(2.11)。

2.8　性别平等

平等对待女性和男性。

注　这包括公平待遇或某些情况下的区别待遇，但应考虑权利、利益、义务和机会等方面的平等性。

2.9　组织影响

全部或部分由于组织过去或现在的决策、活动，对社会、经济、环境(2.6)造成积极或消极的变化。

2.10　社会责任的倡议

专门致力于实现社会责任相关特定宗旨的计划或活动(2.18)。

注　任何形式的组织均可开展、主办、执行社会责任倡议。

2.11　国际行为准则

从普通国际法律、公认的国际法律原则、普遍认可或接近普遍认可的政府间的协定中衍生出来的组织社会责任行为的期望。

注 1　政府间协定包括条约和协议。

注 2　虽然普通国际法律、公认的国际法律原则、政府间的协定首先由国家指引实施，但这些条文中表达的目标和原则却是所有组织不懈追求的目标。

注 3　国际行为规范随时间推移而不断发展。

2.12　组织

合理安排责任、权力、关系和确定目标的人类群体和场所设施。

注 1　根据本国际标准的宗旨，组织机构不包括完全独立制定和实施法律、行使审判权、基于公共利益或国际义务而制定政策的政府机构。

注 2　明确小型和中型组织的含义。(详见 3.3)

2.13 组织管理

组织(2.12)为追求其目标制定和实施决策的体系。

2.14 原则

组织制定决策或采取行动的重要依据。

2.15 产品

组织用于销售或作为部分服务交付的物品。

2.16 服务

组织满足客户要求或需要的行为。

2.17 社会沟通

就与经济、社会政策相关的共同利益，在政府代表、雇主、工人之间进行信息谈判、磋商和简单交流。

注 在 ISO 26000 国际标准中，社会沟通仅采用国际劳工组织的释义。

2.18 社会责任

组织的决策和活动对社会、环境产生影响并应负有责任，可采取如下透明的、道德的行为：

——促进可持续发展，包括社会的健康和福利；

——考虑利益相关方的期望；

——遵守相应法律并符合国际行为规范；

——将责任融入组织并落实到组织关系中；

注 1 活动包括产品、服务、工艺流程。

注 2 关系是针对影响区域内的组织活动。

2.19 影响区域

组织有能力影响个人或其他组织的决策活动，这种影响的幅度或范围涉及政策、契约、经济或其他关系多个方面。

注 1 这种影响能力并不意指施加影响的责任。

注 2 该术语在国际标准中出现的地方，在指南 5.2.3 和 7.3.3 中的内容中可得到解释。

2.20 利益相关方

关注组织一切战略决策或行为活动的个人或群体。

2.21 利益相关方关系

为组织与一个或多个利益相关方之间对话沟通创造条件的活动，该活动旨在为组织决策提供信息畅通的基础。

2.22 供应链

为组织(2.12)提供产品(2.15)或服务(2.16)的一系列活动或当事人。

注 在某些情况下，供应链术语可与价值链等同理解。然而应本国际标准需要，供应链按上述定义理解。

2.23 可持续发展

既能满足当代人需求，又不对后代人满足其需求的能力构成危害的发展。

注 可持续发展是将高品质生活、健康、繁荣的目标与社会法制相结合，维持地球生命多样性的承载能力。这些社会、经济、环境的目标是相互依存、相互促进的，可持续发展可视为一种将社会看作一个整体来表达更广泛期望的发展方式。

2.24 透明度

以清晰、明确、及时、坦诚、全面的方式，将影响社会、经济、环境(2.6)、的决策行为以及沟通意愿公之于众。

2.25 价值链

以产品(2.15)或服务(2.16)的形式提供或接受价值的活动或当事人的整体序列。

注 1 提供价值一方包括供应商、外包员工(2.27)、承包商及其他。

注 2 接受价值一方包括客户、消费者(2.3)、顾客(2.2)、成员及其他。

2.26 弱势群体

扮演一个或多个角色的群体，这些角色以歧视为基础或损害社会、经济、文化、政治、健康环境并导致他们无法获得权力或享受公平机会。

2.27 工人

执行工作任务的人，包括雇工(2.5)或个体经营者。

条款 3 理解社会责任

3.1 组织社会责任发展历程

早在 19 世纪末期(甚至更早)，尽管组织、政府在行动目标等方面的社会责任内容不尽相同，但是社会责任术语在 20 世纪 70 年代早期仍然得到广泛传播。

人们对社会责任的关注主要集中在商业领域，因而“企业社会责任”(CSR)术语比“社会责任”术语更为人们熟知。

社会责任适用于所有以不同形式存在的组织，这一观点认为，所有组织均有责任促进可持续发展，而非仅限于商业领域。

社会责任的构成要件反映了特定时期社会的期望，并容易受其影响而发生变化。随着社会关注的变化，组织的期望也随之变化以反映这些社会焦点。

早期的社会责任概念专注于类似捐赠慈善团体这样的慈善活动。劳工实践和公平运营实践之类的主题在一个多世纪之前就已出现，随着时间的推移，人权、环境、消费者保护、反欺诈、反腐败等主题受到人们更多的关注后因此被陆续加入其中。

本国际标准中确定的核心主题和议题反映了当前最佳实践的观点。毋庸置疑，最佳实践的观点在将来会产生变化，附加议题也会逐渐成为社会责任的重要组成部分。

3.2 社会责任的最新动向

由于多方面因素影响,组织的社会责任意识在不断增强。

流动性、可获性日益便捷的全球化和实用性日益增强的即时沟通,意味着全球的个体或组织更容易获知近距离和远距离的其他组织的决策信息和行为活动信息,这些因素为组织机构以从学习处理事件和解决问题的新方法中获益提供了有利条件。这也意味着组织的决策、活动将受到众多广泛群体或个人的监督,同时组织可以更容易地比较不同地区间组织的政策和实践。

随着若干环境健康问题的全球特性日益凸显,世界范围内抵御贫困的共识增强,财政经济的相互依赖性深入,不同地域间的价值链增多,这些都意味着与组织相关的问题可能超越组织所在地的附近区域而进行良好的延伸。无论社会或经济的客观环境如何,组织履行社会责任是至关重要的。诸如《关于环境和发展的里约热内卢宣言》[158]《关于可持续发展的约翰内斯堡宣言》[151]《千年发展计划》[153]《国际劳工组织关于工作中基本原则和权利的宣言》[54]等文件强调了全球范围内的相互依存性。

在过去的几十年里,全球化导致了不同形式组织间(私营部门、非政府机构、政府)在社区和环境方面影响的增加。

非政府机构和企业已经成为许多服务的提供者(这些服务通常应由政府来提供),特别是在政府面临严峻的约束挑战而没有能力提供健康、教育、福利等服务的国家里表现尤为明显。随着国家政府能力的增强,政府和私营组织的角色正经历着变化。

在金融危机时期,组织应想方设法维持其社会责任相关活动。这类危机对更多弱势群体产生重大影响,因而更有必要加强社会责任。这也为社会、经济、环境等方面的考虑因素更有效地融入政策改革、组织决策、行为活动展现出特殊的机遇,政府在抓住这些机遇方面发挥重要作用。

消费者、客户、捐赠者、投资者和所有者以多种方式针对社会责任向组织施加财政影响。对组织绩效社会期望的重视在不断增长,许多领域的知晓权法规使人们能够获得某些组织决策活动的详细信息,从而使越来越多的组织机构与他们的利益相关方进行沟通,包括发布社会责任报告以满足他们对组织绩效信息的需求。

诸多因素构成了社会责任的主体内容并提倡组织履行其社会责任。

3.3 社会责任的特征属性

3.3.1 概论

社会责任(2.18)的基本特征是组织将社会环境等因素融入决策制定中,并就其决策和活动对社会环境造成的影响承担责任。这表明促进可持续发展的透明度和道德行为应符合适当的法律并与国际行为准则保持一致,此外还表明了社会责任是贯穿于组织中、实践于组织关系中并将利益相关方考虑在内的行为。

一个利益相关方有一个或者多个利益受到组织决策、活动的影响。这种利益成为利益相关方与组织建立关系的风险,与组织建立的这种关系不必很正式甚至不必被利益相关方或者组织所承认。利益相关方可以被认为是"有利害关系的群体",在确定利益相关方关系时,组织应考虑到利益的合法性和与国际行为准则的一致性。

3.3.2 社会期望

社会责任包含对更为广泛的社会期望的理解。社会责任的一个基本原则是遵守法律法规并符合法律规定应尽的义务。然而,社会责任也需要超越法律范围之外的行为以及并非法律约束的义务行为,这些义务产生于广泛共享的道德价值和其他价值。尽管社会责任行为的期望会因国家和文化差别而有所差异,组织仍然应该遵守国际行为规范,诸如《世界人权宣言》[156]《关于可持续发展的约翰内斯堡宣言》[151]及其他文件。

条款 6 深入探讨了社会责任的核心主题。每一个核心主题都包括多个确保组织识别其对社会造成主要影响的议题，每个议题的探讨则描述了处理这些影响所应采取的措施。

3.3.3　社会责任利益相关方的作用

利益相关方的确认和参与是社会责任的基础。组织应该确定在决策、活动中享有利益的群体或个人，从而能够了解造成的影响并明确怎样处理。尽管利益相关方能够帮助组织确定具体问题与其决策活动的相关性，但利益相关方却不能取代更广泛团体在决定行为规范和期望方面的地位。此外，利益相关方可能没有明确确定某些问题，但并不意味这些问题与组织的社会责任不相关。更多指导详见 4.5 或条款 5。

3.3.4　贯彻实施社会责任

由于社会责任关注组织决策、活动现存的或潜在的影响，那么组织正在进行的日常例行活动便构成了亟待处理的最重要的行为。社会责任应该是组织战略不可或缺的组成部分，并与组织指定的所有适当级别的责任和义务相联系。组织应该在制定决策时考虑社会责任，并在组织行为实践中落实之。

慈善事业（在标准中理解为提供慈善目标）能对社会产生积极影响。然而组织不能用慈善事业替代其履行社会责任。

组织决策活动的作用很大程度上受到它与其他组织之间关系的影响。组织可能需要与其他伙伴通力合作以实现其责任，这包括同行、竞争者（注意反竞争行为）、其他价值链群体或组织影响区域内的相关群体。

专栏 2 描述了性别平等的重要性以及它与社会责任的关系。

专栏 2——性别平等和社会责任

所有社团都分男性角色和女性角色，性别角色意识根据活动和责任的状况区分男性和女性的行为。性别角色意识有时候歧视女性，也有时候歧视男性。但在任何情况下，性别歧视都制约了个体、家庭、团体、社区的发展潜力。

在性别平等和经济社会发展之间存在着一个已被证实的正相关关系，这也是为什么性别平等成为联合国千年发展计划之一的原因，在组织活动中促进和拥护性别平等是社会责任的重要组成部分。

组织应该反复审查其决策行为以消除性别偏见并促进性别平等。这包含以下几个方面：

——组织的领导机构和管理部门实行男女搭配，旨在逐步取得性别平等从而消除性别障碍。

——男女员工在招聘、工作分配、培训、晋升机会、赔偿和解雇等方面享有平等待遇。

——男女员工在相同价值的工作中享有相同酬劳。

——对于男女员工涉及工作场所和社区安全健康等方面可能产生的不同影响。

——组织的决策、活动对于男女员工的需求给予同等考虑（例如，检查特殊性产品或服务对男女员工产生的不同影响、审核男女员工在交流或组织宣传中呈现出的不同形象）。

——男女员工均从拥护组织中获益，对组织发展做出贡献，并对任何一种性别处于劣势的矫正区域给予特别的关注。

利益相关方的性别平等是取得组织活动中性别平等的重要手段。

为了促进性别平等，组织在处理性别问题时寻找专家意见是行之有效的措施。

鼓励组织利用指示、目标、最佳实践参照来系统地监督在获取性别平等方面取得的进步。专栏 3 描述了本国际标准如何涵盖中小型组织机构的各项活动。

专栏 3——ISO 26000 和中小型组织机构(SMOS)

中小型组织机构是指那些员工人数和经营规模低于某些规定条件的组织。这种规模大小的临界值因国家不同而有所差异,在本国际标准中,中小型组织也包括那些被称之为微型组织的规模很小的组织。

在中小型组织中贯彻实施社会责任,可以通过采取实用的、简单的、有能效比的措施来实现,而不需要采取复杂的、成本高昂的行动来实现。

由于规模小并更具灵活性和创新性潜力,因此中小型组织能够为社会责任提供特殊的良好机遇。它们通常在组织管理方面更加灵活,与当地社区保持更加密切的联系,并且他们的高层管理者对于组织活动的影响将会更加直接。

社会责任涉及管理组织活动及其影响的综合措施的选定。组织应以兼顾组织规模及其影响的方式处理和管理其决策、活动对社会环境造成的影响。对于组织而言,若想改进其决策活动的所有不良后果几乎是不可行的,但有选择地、有重点地改进却是十分必要的。

以下几点考虑因素或许对您有帮助,组织应该:

——充分考虑组织内部的管理程序并及时向利益相关方报告。假设透明化程度保持不变,相较其他规模较大的同行,中小型组织的其他过程可能更加灵活并且非正规。

——在审核核心主题和确定相关议题时,组织应该把自身背景、条件、资源和利益相关方利益考虑在内,此外还应明确:与每一个组织相关的是所有核心主题而不是所有议题。

——将注意力集中在议题和影响的起步阶段,这些议题和影响均对可持续发展产生最重要的意义。中小型组织机构还应该制定及时处理剩余议题及其影响的计划。

——为更好使用本国际标准,组织应该在改进实施指南和方案方面向相应的政府机构、同盟组织(行业协会、联盟或同行组织)、国家标准机关寻求帮助。这些指南和方案应该适应中小型组织及其利益相关方的具体性质和需要。

——在适当时候,应与同行组织部门集体行动而非单独行事,这样可为所采取的行动节约资源并增强实力。例如,组织和同行在相同环境下运营,集体行动有时候会使利益相关方的识别和参与更加高效。

根据国际标准中其他部分提及的原因,社会责任很可能使中小型组织从中获益。中小型组织也会发现对其提供支持的其他相关组织也是社会责任的组成部分。

在社会责任方面具有更强实力和经验的组织应该考虑帮助中小型组织,包括帮助它们提高关于社会责任和良好实践等若干问题的觉悟。

3.3.5 社会责任和可持续发展之间的关系

尽管很多人将“社会责任”和“可持续发展”这两个术语混淆使用,它们之间也存在十分密切的联系,但它们却是截然不同的两个概念。

可持续发展是个广为公众接受的概念,并自 1987 年《联合国世界环境与发展委员会报告:我们共同的未来》[174]公布之后受到国际的公认。可持续发展是在现有地球生态限制条件下,既满足当代人的需求,又不损害后代人满足其需求能力的发展。可持续发展有 3 个相互依存的特征:经济、社会、环境。例如,消除贫困要求提高社会法制、促进经济发展和加强环境保护。

从 1987 年起,许多国际论坛就反复重申这些目标的重要性,例如 1992 年的联合国环境发展会议、2002 年的可持续发展全球峰会等。

社会责任将组织对于社会和环境的责任作为关注的焦点。社会责任与可持续发展之间具有密不可分的关系，由于可持续发展是所有人关于经济、社会、环境的共同目标，它可以用以总结广泛的社会期望，组织需要考虑这些社会期望并做出负责任的行动。因此，组织社会责任的首要目标是促进可持续发展。

以下国际标准条款中所描述的原则、实践和核心主题是以组织社会责任的实际贯彻和组织对可持续发展的贡献为基础的，一个具有社会责任感的组织实施的决策和实践会对可持续发展做出有意义的贡献。

可持续发展的目标是获得社会整体与环境之间的可持续性，它并不关注任何个别组织的可持续性或现有生存能力。个别组织的可持续性可能与社会整体的可持续性相一致，也可能不相一致。可持续发展要求用相互协调的方式处理社会、经济、环境的各个方面。可持续的消费、可持续的资源、可持续的生活与每个组织密切相关，同时也与社会整体的可持续密切相关。

3.4 政府和社会责任

本国际标准不能以任何方式取代、更改或改变政府在维护公共利益中发挥的作用。本国际标准既不为法律规定应履行的义务提供指南，也不处理那些只能够被政府机构妥善处理的问题。国家在制定和实施法律时具有独一无二的权力，这与组织机构有着本质的区别。例如，本国际标准中强调的有关人权保护的组织责任和国家保护人权的职责之间截然不同。

政府发挥适当的作用是可持续发展必不可少的条件。政府有必要确保法律法规有效实施以便促进文化与法律相协调。政府和其他组织一样，也希望利用国际标准指导社会责任相关的政策、决策和活动。政府能够利用多种方式帮助组织履行社会责任，例如认可和提倡社会责任，但是，提倡组织社会责任不是也不能替代国家职责的有效履行。

条款 4 社会责任原则

4.1 概述

本条款为社会责任七项原则提供指导。

当着手实施社会责任时，组织的首要目标是促进组织对可持续发展的贡献最大化。然而关于这一目标，尽管没有最完整可靠的社会责任清单，组织仍然应该尊重以下 7 项原则以及条款 6 中标明的每个核心主题的具体原则。

即使当某些情况面临挑战的时候，组织仍然应该依照特定情况下公认的正确的标准、指南或规则来规范自己的行为。

在应用本国际标准时，建议组织将社会、环境、法律、文化、政策和组织等方面的多样性考虑在内，同时兼顾经济条件的差异性，并与国际行为规范保持一致。

4.2 负责制

该原则系指组织应该就其对社会、经济、环境产生的影响负责。

这个原则表明组织应该接受合理的监督，并承担对此监督做出响应的义务。

责任涉及两方面的内容：一方面是对控制组织利益负有责任的管理层的义务；另一方面是对与法律法规相关的法律机构负责的组织机构的义务。组织决策行为对社会环境造成总体影响的责任表明组织对这些受其决策、活动影响的群体负有责任，通常对社会也负有责任，只是根据环境和影响的性质不同而有所区别。

富有责任感对于社会和组织均会产生积极的影响，责任的级别会有所不同，但常常与组织职权的数量和大小相一致，那些拥有较多权力的组织可能会对其决策和监督的质量予以更多的关注。负责制还包含接受所犯错误的问责、对改正错误采取适当措施、防止此类错误再次发生等方面的内容。

组织应该对以下几方面负有责任：

——组织决策活动对社会、经济、环境造成影响，特别是不良影响。

——采取行动以防止非故意的、不可预见的负面影响的重复发生。

4.3 透明度

该原则系指组织应该将其对社会环境产生影响的决策行动透明公开。

组织应该在合理充分的程度上以清晰、准确、全面的方式向其利益相关方公布政策、决策及行动方面的信息，其中还包括他们可能对社会环境造成的可预知的影响。这些信息对于那些被组织显著影响的群体应该是马上可用、直接可获并易于理解的。同时它们还应该是及时确凿的，并以准确客观的方式呈现于利益相关者，以便利益相关者准确获知组织决策行为对其各自利益产生的影响。

透明度原则既不要求私有信息公开化，也不提供保密信息以及违反法律、商业、安全、个人隐私等义务的信息。

组织的透明度应涉及以下内容：

——活动的目标、属性及定位；

——组织在其活动中所控利益的特性；

——决策制定、实施、审核的方式，包括对分管组织不同职能的角色、责任、问责和执行机构的描述；

——组织评价自身与社会责任相关绩效的标准和指标；

——社会责任相关重要议题的工作进展；

——资金的来源、数量及运用；

——可能对其利益相关方、社会、经济、环境造成的已知影响；

——利益相关方及其鉴别、选择、参与的条件和流程。

4.4 道德行为

该原则系指组织的行为应该符合道德规范。

组织的行为应以诚实、公正、正直的价值标准为基础，这些价值标准既是对人类、动物、环境的关注，又反映了组织对利益相关方的承诺，该承诺具体指组织会合理解决其决策活动对利益相关方产生的影响。

组织应该通过以下途径积极完善其道德行为：

——确认并阐明核心主题和原则。

——通过组织决策或与他人合作的方式，建立并利用有助于提高组织内部道德行为的管理机构。

——鼓励提倡遵守道德行为规范。

——鉴定并交流管理机构、员工、供应商、承包商、所有者、管理者所期望的道德行为规范，特别是指那些有机会对组织或组织代理机构的价值、文化、合作、政策、运营产生重要影响(同时保持当地文化的特性)的群体。

——预防或解决组织内部可能诱发不道德行为的利益冲突。

——建立和维护监督机制和控制机构以管理、鼓励和实施道德行为。

——建立和维护机制以促进不道德行为的曝光，而免于遭受报复、威胁。

——确认并解决当地法律法规缺失或与道德行为相冲突的情况。

——在进行人体研究时应采用国际公认的道德行为准则。

——当影响到动物生存时，应尊重动物的福利权益，包括为动物的饲养、繁殖、生育、运输和使用提供适宜的条件。

4.5 尊重利益相关方利益

该原则系指组织应该尊重、考虑、回应其利益相关方利益。

组织的目标不仅受到所有者、成员、顾客、组成要素等利益的影响和制约，还应考虑其他个人或群体的权利、索赔或具体利益。总而言之，这些个人或群体构成了组织的利益相关方。

一个组织应该做到：

——确认利益相关方。

——确认并适当重视利益相关方的利益和合法权益，并对利益相关方表示关注的事项做出回应。

——认清某些利益相关方能够对组织活动产生重要影响这一事实。

——利用并重视利益相关方在接洽、合作、影响组织等方面的能力。

——重视利益相关方的利益与广泛社会期望之间、与可持续发展之间的关系，同时还应考虑利益相关方与组织之间的关系特性（见 3.3.1）。

——尽管有些利益相关方在组织管理中没有担任正式角色或未意识到其利益所在，组织仍然应该将这些可能被其决策或行动影响的利益相关方纳入考虑范围。

4.6　遵守法律法规

该原则系指组织应该认同遵守法律法规是其义不容辞的责任。

法律法规是指法律至高无上的权力，特别是指没有任何个人或组织能够凌驾于法律之上，政府也应受到法律的严格管制。法律法规与专制权力截然不同，法律法规通常隐含按既定程序起草、公开、公正执行等方面的信息。在社会责任背景下，遵守法律法规意味着组织应该服从所有适用的法律条例，这表明组织应该采取措施以确定适用的法律法规，并在组织内部通报其遵守和实施这些措施的责任义务。

一个组织应做到：

——即使组织运行辖区范围内的法律法规没有得到适当执行，组织仍应遵从法律的规定。

——确保组织的关系和活动符合专门的、适用的法律机制。

——保证组织自身获知全部法律条例。

——定期审查组织是否符合适用的法律法规。

4.7　遵守国际行为规范

该原则系指组织应该遵守国际行为规范，并坚持遵守法律法规这一原则。

——在法律或其执行没有对适当的环境、社会保障作出明文规定的情况下，组织至少应该努力遵守国际行为规范。

——在法律或其执行与国际行为规范相冲突的国家里，组织应尽最大可能遵守国际行为规范。

——在法律或其执行与国际行为规范相冲突以及不遵守国际行为规范将会导致严重后果的情况下，组织应合理、适当地审核其辖区范围内关系和活动的性质。

——组织应考虑使用合法的机遇和途径探求相关组织机构的影响以处理类似矛盾冲突。

——组织应避免在活动中与其他不遵守国际行为规范的组织发生冲突。

专栏 4——关于合谋的理解

合谋有法律和非法律两种含义。

在法律语境中，合谋在司法领域被定义为：作为团伙对类似犯罪这样的不法行为产生重大影响的作为或者不作为的行为，通常是明知情况还有意促成该不法行为。合谋是与协助教唆不法行为密切相关的概念。

在非法律语境中，合谋源于广泛的社会行为期望。

在此情况下，当组织对不服从或不遵守国际行为规范的组织的不法行为提供协助时，该组织被认定为具有合谋关系。这些不法行为通常是指组织通过努力可以获知或本应知道的对社会、经济、环境造成严重消极影响的行为。此外，组织对于不法行为保持缄默或从中获益也被认定为具有合谋关系。

4.8 尊重人权

该原则系指组织应该尊重人权并意识到它的重要性和普遍性。

组织应该做到以下几个方面：

——尊重并在可能的情况下推进国际人权法案中提出的权利倡议。

——尊重这些权利的普遍性，也就是说它们不可分割地适用于所有国家、文化和地域。

——在人权不受保护的情况下，应采取措施尊重人权并避免趁机从中获益。

——在法律或其执行没有对充分保护人权作出明文规定的情况下，组织应坚持遵守国际行为规范这一原则（见 4.7）。

条款 5 社会责任的确认和利益相关方的参与

5.1 概述

该条款阐述了社会责任的两个基本实践：组织社会责任的确认和组织利益相关方的识别和参与。正如条款 4 中原则描述的那样，在处理条款 6 中描述的社会责任核心主题时，应该做到这两个基本实践。

社会责任的确认包括由组织决策、活动的影响引起的相关议题的确认，还包括这些议题的解决方法以便促进可持续发展。

社会责任的确认还包括组织利益相关方的确认。如 4.5 中所述，社会责任的一个基本原则就是组织应该尊重和考虑受其决策、活动影响的利益相关方的利益。

5.2 确认社会责任

5.2.1 影响、利益和期望

在履行社会责任时，组织应理解以下 3 种关系：（见图 2.2）

组织和社会的关系——组织应了解和确认其决策、活动如何对社会、环境产生的影响。组织应该知道关于这些影响的负责任行为的社会期望，社会期望可通过重视社会责任核心主题和议题得到落实。（见 5.2.2）

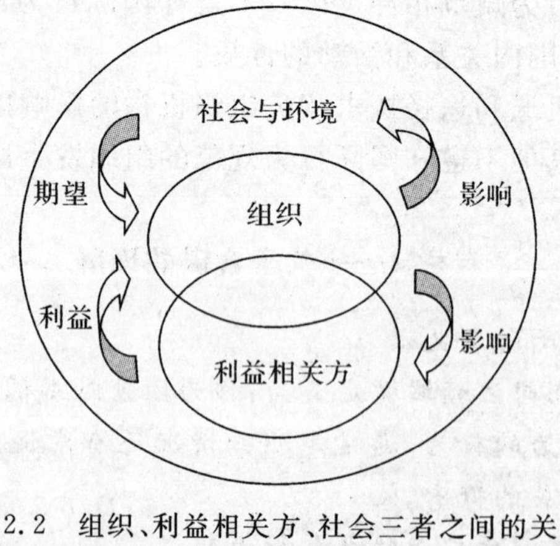

图 2.2 组织、利益相关方、社会三者之间的关系

注：利益相关方可能存在与社会期望不一致的利益

组织和利益相关方的关系——组织应该知道它的各个利益相关方，他们是一些利益受组织决策、活动影响的个体或群体。

利益相关方和社会的关系——一方面组织应该明确受组织影响的利益相关方的利益，另一方面是社会期望。尽管利益相关方是社会的组成部分，但他们的利益并不与社会利益保持一致。利益相关方掌握与组织有关的特定的利益，而这些利益能够从相关议题的社会责任行为的社会期望中区分出来。例如，即使在相同问题上，有偿的供应商利益和合同中承兑的社会利益却有着不同的期望。

在确认社会责任时，组织需将3个关系考虑在内。由于组织、利益相关方和社会的目标不尽相同，因此它们三者很可能存在不同的期望。我们应该明确一点：个体或者组织可能存在许多不同的受到组织决策、活动影响的利益。

5.2.2 确定社会责任核心主题和相关议题

确定组织社会责任的一个有效途径是先熟悉以下7项社会责任核心主题的有关议题，这7项核心主题分别是组织的管理、人权、劳工实践、环境、公平运营实践、消费者问题、社区参与和发展（见6.2至6.8）。

这些核心主题涵盖组织理应处理的很可能发生的经济、社会、环境方面的影响。条款6中阐述了每一个核心主题，这些核心主题均包含了组织确定社会责任时理应考虑在内的具体议题，每一个核心主题（而非每个议题）与所有组织之间都存在一定的相关性。

每一个议题指南都包含了许多组织应该采取的行动和所采取行动方式的期望。在考虑社会责任时，组织应该确定每一个与其决策、活动、行为、期望相关的议题，确定议题的附件指南可见于7.2和7.3。

可以根据这些议题对组织决策、活动产生的影响加以考虑。此外，核心主题及其各自的议题可以用多种方式加以描述和分类，条款6中多个核心议题论述了某些重要的论题（包括健康和安全、经济和价值链）。

组织应该审核所有核心主题以确定哪些议题与之相关，相关议题可根据影响的重要性进行评定，影响的重要性应该和两个方面一起考虑：即关注的利益相关方和影响可持续发展的方式。

在确认社会责任核心主题和议题时，组织会从考虑与其他组织之间的相互影响中获益，同时组织还应考虑其决策、活动对利益相关方的影响。

试图确认社会责任的组织应该将法律约束和存在的其他义务一并考虑在内。法律义务包括适当的法律法规和强制性条款中存在的与社会、经济、环境议题相关的义务。组织还应该考虑对社会责任做出的承诺，这些承诺可能存在于道德行为准则中或指导方针中，也可能存在于组织所属协会的成员义务中。

确认社会责任是一个持续不断的过程。在活动计划阶段就应确定并考虑决策、活动带来的潜在影响，在必要时候应慎重审核正在进行的活动，以便组织确信其社会责任正在执行，同时还能决定是否将附加议题考虑在内。

5.2.3 社会责任和组织影响范围

组织通过形式上或实质上的控制来对其决策活动产生的影响负责（实质控制：即使在组织没有合法正式的机构执行支配行为的情况下，组织仍然有能力支配其他组织决策、活动），这样的影响可能是广泛而深远的。此外，组织还应对自身的决策、活动负责。在某些情况下，组织有能力影响与之相关的组织或团体的行为，一般认为这些情况归属于组织的影响范围。

组织影响范围包括组织价值链内部或者超越价值链的关系。但是，并非组织的所有价值链都必然属于其影响范围，它还包括正式或者非正式的行业协会、同行或者竞争者。

虽然组织有能力对其造成的影响负责，但是组织并不总是对其造成的影响负完全责任。例如，如果其他组织所受影响不是由组织决策、活动造成的，组织可以不必对这些影响负责，然而也存在组织应对其造成影响负责的情况，这些情况是由组织关系促成负面影响的程度决定的。

此外还存在这种情况：尽管组织对其造成的影响不必负责，但它仍然有意愿或者被要求自愿对这些影响负责。

组织可以决定是否应与其他组织建立联系，也可以决定这种联系的性质和程度。组织有责任警惕其他组织的决策、活动对其造成的影响，还应该避免和减小该相关组织对其造成的负面影响。

在确定影响范围和决定社会责任时，组织应该凭借其关系努力避免可能发生的负面影响（更多信息详见7.3.3）。

5.3 利益相关方的确认和参与

5.3.1 概述

利益相关方的确认和参与对探讨组织社会责任至关重要。

5.3.2 利益相关方的确认

利益相关方是指在组织任何决策活动中持有一个或多个利益的组织或个人。由于这些利益受到组织的影响,因此便与组织建立起关系。无论组织是否察觉,这些关系确实是由现存的利益造成的。虽然组织试图确认利益相关方,但并不总是知晓其所有利益相关方。同样,许多利益相关方也不知晓影响其利益组织的潜在能力。

由此而论,利益是利益相关方提出要求的现实的或潜在的基础,换言之,是指索取应给予的东西或要求应给予尊重的权利。这样的要求不必包含财务请求和合法权利,有时它被简单地理解为发表意见的权利。利益的相关性和重要性最好由其与可持续发展之间的关系决定。

理解个人或群体如何受到组织决策、活动的影响这一命题使得利益确认成为可能,而这些利益建立了它与某个组织之间的关系。因此,组织对其决策、活动影响的判定将会有助于它确定最重要的利益相关方(见图 2.2)。

组织可以有多方利益相关者,其中包括组织的成员、员工和业主。这些利益相关方在组织目标和业绩中享有共同的利益。然而,这并不意味着他们关于组织的所有利益都完全相同。

多数利益相关方的利益与组织的责任有关,也与部分社会利益十分相似。例如,一个新的污染源导致财产所有者的财产失去了价值。

并非所有利益相关方都属于有意向特定组织表示其利益的有序群体。许多利益相关方根本就是无组织的,因此他们常被忽视或不予理会,这个问题在弱势群体和下一代上表现尤为突出。

倡导社会或环境事业的群体可以是那些决策、活动对该事业产生重要影响的组织的利益相关方。组织应审核那些声称为特定利益相关方代言或倡导特定运动的群体是否具有代表性和可靠性。例如,孩子很少能拥有或者控制有组织的群体,野生动物亦是如此。组织应该对保护这些利益的可靠群体的意见予以重视。

组织为确认利益相关方应自问以下几个问题:

——组织对谁负有法定义务?

——谁将受到组织决策活动积极或消极的影响?

——谁可能对组织的决策、活动表示关注?

——当类似问题急需解决时,谁曾经牵涉在内?

——谁能帮助组织处理具体的影响事件?

——谁能影响组织履行责任的能力?

——若被利益相关方协定排斥在外,谁将处于不利地位?

——谁在价值链中受到影响?

5.3.3 利益相关方参与

利益相关方参与包括组织与一个或多个利益相关方之间的对话,这能为组织决策提供信息基础以协助其处理社会责任相关问题。

利益相关方参与可以有多种形式。它既可以是由组织发起的,也可以起始于组织对一个或多个利益相关方做出的回应;它可以发生在正式或者非正式的会议上,也可以呈现多种表现形式,例如个人会晤、商讨会、研习会、公开听证会、圆桌会议、咨询委员会、经常性和有组织的信息磋商程序、集体会议和网上论坛等。利益相关方参与应该是交互式的,旨在为聆听利益相关方见解提供条件,其最基本特征是沟通的双向性。

组织基于多方面原因与利益相关方交流接洽。利益相关方参与通常是:

——促使组织了解其决策、活动对特定利益相关方造成的可能后果。

——确定怎样全力提高组织决策活动的有利影响以及怎样减少负面影响。
——确定组织有关社会责任的声言是否可信。
——帮助组织审核其成效促进组织改进。
——缓解自身利益冲突，并将利益相关方利益及其社会期望视为一个整体。
——详细讨论利益相关方的利益和组织社会责任的关系。
——促进组织坚持不懈地学习。
——履行法定义务(例如对员工的义务)。
——处理利益矛盾，包括组织和利益相关方的矛盾以及利益相关方之间的矛盾。
——有利于组织获取多种预期前景。
——提高决策、活动的透明度。
——形成伙伴关系以达到互惠互利的目标。

在大多数情况下，组织已经获知或能够轻而易举地了解到处理其影响的社会所期望的方式。在这种情况下，尽管利益相关方的参与过程能够为组织提供其他的额外利益，但是了解这些社会期望并不必依赖于特定利益相关方的参与。团体期望也常见于法律法规中并被社会期望和文化期望广泛接受，它还可以是与特定问题相关的标准或最佳实践。关于利益相关方的利益期望可见于条款 6 中不同议题描述下的“相关行为和期望”章节。通过利益相关方参与确立的期望应该是已确立的组织行为期望的补充而非替代。

应该开发基于最多利益相关方参与的公平合理的程序方法。被确认为利益相关方的组织或者个人的利益理应是真实的，该确认过程应设法确定利益相关方是否已经受到或者很可能受到决策、活动的影响。在实际条件允许的情况下，利益相关方参与应该与反映其利益的最具代表性的组织相联系，有效的利益相关方参与建立在诚实友善的基础上并且超越了公共关系。

在吸引利益相关方参与时，组织不应由于有组织的群体更加“友善”或者比其他群体更支持组织的目标而偏好于选择有组织的群体，组织也不能仅仅因为利益相关方保持缄默而对其忽视。当假定的伙伴并非事实上的独立自主时，组织不应建立或者支持特定群体制造其有对话伙伴的假象，真正的利益相关方对话应该包含独立的参与方以及财政等类似支持的透明性披露等内容。

组织应该意识到其决策和活动对利益相关方的利益、需要的影响，组织应该适当重视利益相关方及其联系、参与组织的不同能力和需要。

当具备以下要素时，利益相关方参与可能会更有意义。这些要素分别是：明确参与目标；确认利益相关方的利益，组织间的利益关系是直接而重要的，利益相关方的利益与可持续发展之间具有相关性和重要性，利益相关方具备必要的情报和理解能力以做出决策。

条款 6　社会责任核心主题指南

6.1　概述

为了界定社会责任范围、确定相关议题并设置其优先级，组织应正确处理以下核心主题：(见图 2.3)
——组织的管理；
——人权；
——劳工实践；
——环境；
——公平运营实践；
——消费者问题；
——社区参与和发展。

经济、健康和安全以及价值链方面的内容均贯穿在这 7 个核心主题中并适时予以讨论，同时考虑男性和女性受到每个核心主题影响的不同方式。

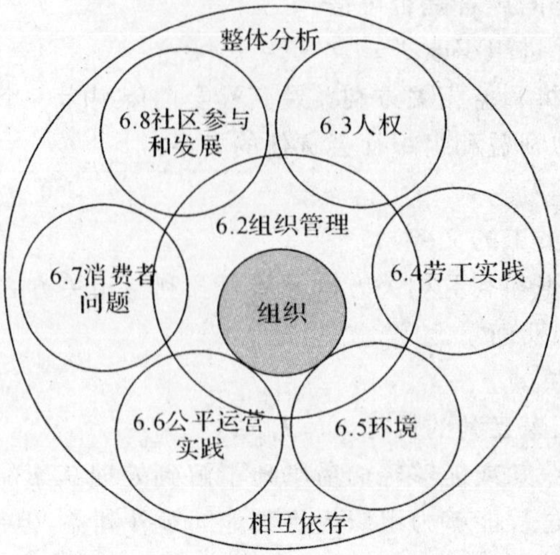

图 2.3　7 项核心主题

每个核心主题涉及一系列社会责任议题，这些都与相关行为和期望一并描述在条款中。由于社会责任动态地反映社会、环境、经济方面的进展，所以后续议题会在将来陆续出现。

与核心主题和议题有关的行为应该以社会责任的原则、实践为基础(详见条款 4 和条款 5)。对于每一个核心主题，组织应该确认和处理与其决策、活动相关的重要议题(见条款 5)。在评估议题相关性时，应把短期和长期的目标考虑在内。然而，组织处理核心主题和议题并没有预定的顺序，这与组织及其特定环境有所不同。

所有核心主题是相互联系、相互补充的，但组织管理的特性与其他核心主题略有不同(见 6.2.1.2)。有效的组织管理能够促使组织对其他核心主题采取行动，并确保其贯彻实施条款 4 中强调的原则。

组织应该全面审视核心主题，即组织应当考虑所有核心主题、议题及其相互依赖性，而不是将注意力集中于单个主题之上。组织应意识到：在处理一个议题时，应与其他议题相权衡。针对特定议题的特殊改进不应对其他议题造成不利影响，也不能够对产品或服务的生命周期、利益相关方或价值链造成负面影响。

更多社会责任综合指南见条款 7。

通过讨论这些核心主题和议题以及将社会责任融入决策、活动中，组织能够获得重要的利益(见专栏 5)。

专栏 5——组织的社会责任效益

社会责任能够为组织带来诸多好处：

——在提升对社会期望认知的基础上，鼓励制定更多知情决策，与社会责任相关的机遇(包括更好的法律风险管理)以及不履行社会责任的风险。

——提高组织的风险管理能力。

——提高组织声誉，培养更佳公信力。

——支持组织的社会运营许可。

——提高组织的竞争力，包括利用财务手段和合作伙伴的地位。

——改善组织与利益相关方的关系，披露组织最新前景并与利益相关方保持联系。

——提高员工忠诚度、参与度、合作精神和工作风貌。

——改善男女员工的安全和健康状况。

——积极影响组织在招聘员工、激励员工和留住员工方面的能力。

——节约与提高生产力和能源利用率有关的开支，降低能量和水的消耗，减少浪费，回收副产品价值。

——通过负责的政治参与、公平竞争、杜绝腐败以提高处理措施的可靠性和公平性。

——预防或减少与消费者在产品或服务方面的潜在摩擦。

6.2 组织的管理

6.2.1 组织管理综述

6.2.1.1 组织和组织管理

组织管理系指组织制定并实施决策以达成其目标的体系。

组织管理由基于明晰结构和程序的正式管理机制和隐现在组织文化价值关系中的非正式管理机制构成，这种非正式管理机制常常受到组织领导人的影响。由于组织管理是组织内部决策的构架，因此它是每种类型组织的核心职责。

管理系统是多种多样的，主要取决于组织的规模和类型及其在环境、经济、政治、文化、社会等方面的运营境况。该系统由一个或者一群（所有者、成员、涉众及其他）有权力和有责任追求组织目标的人来管理。

6.2.1.2 组织管理和社会责任

组织管理最重要的因素表现在两方面：一方面是确保组织对其决策、活动造成的影响负责；另一方面是将社会责任融入组织及其关系。

组织管理在社会责任背景下有其特殊的属性，它既存在于组织所践行的核心主题中，又存在于提高组织以对社会负责的态度践行其他核心主题的能力方式中。

该特殊属性源于这样一个事实：旨在履行社会责任的组织应该拥有一个组织管理系统以确保组织提供监督以及将条款 4 中所述社会责任原则付诸实践。

6.2.2 原则及其注意事项

有效的管理应该建立在把社会责任原则（见条款 4）融入组织决策的制定和实施的基础之上。这些原则是问责制、透明度、道德行为、尊重利益相关方的利益、尊重法律法规、遵守国际行为规范以及尊重人权（见条款 4）。此外，在建立和审核管理系统时，组织应该考虑到社会责任的实践、核心主题及其议题等诸多方面。更多关于社会责任融入组织的指南请见条款 7。

领导者能力对于有效的组织管理也至关重要，这一观点不仅对于组织决策的制定有据可考，而且对于员工履行社会责任以及将社会责任融入组织文化的积极性也是有理有据的。

严格评估对于组织处理社会责任相关问题是一个行之有效的方法（更多指南见 7.3.1）。

6.2.3 决策制定流程及其结构

6.2.3.1 议题描述

有益于社会责任的决策制定流程及其结构是指条款 4 和条款 5 中所描述的内容，这些内容能够促进原则和实践发挥作用。

每一个组织都有决策制定流程和相应的机制。在某些情况下，它们是正式的、复杂的，甚至受制于法律法规；在其他情况下，它们是非正式的、根植于组织的文化和价值。所有组织都应该将那些能够应用社会责任原则实践的程序、系统、结构或其他机制落到实处[126,159]。

6.2.3.2 相关行为和期望

组织的决策制定流程及其结构应该使组织能够做到：

——发展反映社会责任承诺的战略、目标和标的。

——说明领导阶层的承诺和责任。

——创造和培养社会责任（见条款 4）付诸实践的文化和氛围。

——建立一个与社会责任绩效有关的经济的或者非经济的激励体系。

——有效利用财政的、自然的以及人力方面的资源。

——为弱势群体(包括妇女、种族的和少数民族的群体)占据组织中的高级职位提供公平的机会。

——权衡组织和利益相关方的需要,包括当前需要和后代人的需要。

——与利益相关方建立双向沟通机制,确定达成共识的领域和未达成共识的领域,谈判解决可能存在的矛盾。

——鼓励所有阶层的员工积极参与组织的社会责任活动。

——权衡代表组织做出决策的人在职权、责任和能力等方面的水平。

——记录组织决策的实施路径以确保这些决策是以对社会负责的方式执行,同时还能确定组织决策、活动产生后果的责任承担程度,这些后果可以是消极的,也可以是积极的。

——定期复核和评估组织的管理程序,根据复核结果调整程序并沟通组织发生的变化。

6.3 人权

6.3.1 人权概述

6.3.1.1 组织和人权

人权是每一个人都应享有的基本权利。人权有两个广义的分类:第一种分类关注公民权利和政治权利,包括生存权和自由权、法律面前人人平等的权利以及言论自由等类似权利。第二种分类关注经济权、社会权和文化权,包括工作权、饮食权、获得最高健康水平的权利、受教育权以及社会保障权。

各种道德的、法律的以及理智的标准都基于一个前提:人权超越了法律和文化传统的界限。人权的重要性已由国际团体在国际人权宪章和核心人权法案中反复强调(在专栏 6 中探讨),更广泛地说,组织将会从充分实现人权和自由的社会秩序、国际秩序中获益。

然而大多数人权法都涉及国家和个人关系,人们普遍认为非政府组织对于个人人权产生影响并有义务对其表示尊重[42,43]。

专栏 6——国际人权宪章和核心人权法案

《世界人权宣言》(简称世界宣言)[156]于 1948 年由联合国大会采纳通过,是最受公认的人权法案.它既是人权法的基础,又是它所代表的国际惯用法律的构成要素,这些法律对所有国家、个人及组织都具有约束力。宣言呼吁所有公民和社会机构都为保护人权贡献力量,联合国大会于 1966 年采纳通过了《公民权利和政治权利国际公约》和《经济、社会、文化权利国际公约》,这些国际公约得到多个国家的认可并于 1976 年执行生效。《国际人权宪章》由《世界人权宣言》、《公民权利和政治权利国际公约》[143]、《经济、社会、文化权利国际公约》[144]和旨在废除死刑的《任择议定书》[152]四部分构成。

此外,7 个核心国际人权法案构成了国际人权法的主体部分,主要处理:消除各种形式的种族歧视[41],消除各种形式的妇女歧视[133],采取措施预防和消除酷刑或其他残忍的、非人性化的、有辱尊严的待遇或惩罚[132],儿童权利[135],武装冲突中的涉案儿童[147],贩卖儿童、儿童卖淫和儿童色情活动[148],移民工作者及其家庭的保护[78,79,80,142],强制失踪人群[140]和身心障碍者的保护[134]。综合而言,这些法案形成了世界人权国际标准的基础,并且对获批成员国形成约束力。某些法案允许个人提出申诉,但须受到《任择议定书》中标明的程序法的约束。

6.3.1.2 人权和社会责任

人们普遍认为重视和尊重人权对于法律法规和社会正义公平理念是必不可少的,同时还认为它是社会必要机构(如司法体系)的基本支撑点。

政府有责任和义务尊重、保护、履行人权。组织有责任尊重人权,包括其影响范围内的人权。

6.3.2 原则和注意事项

6.3.2.1 原则

人权是与生俱来、不可剥夺、普遍存在、不可分割和相互依存的。

——人权是与生俱来的，这是因为它以人类美德的形式属于每一个人。

——人权是不可剥夺的，这是因为人们不允许政府或者其他机构放弃或者剥夺其人权。

——人权是普遍存在的，这是因为它适用于每一个人而与其地位无关。

——人权是不可分割的，这是因为人权不应被选择性忽视。

——人权是相互依存的，这是因为一种权利的实现有助于促进其他权利的实现。

6.3.2.2 注意事项

国家有责任保护个人或者群体免遭人权侵害，同时还应在其管辖范围之内尊重和履行人权。国家应逐步采取措施鼓励那些总部设在辖区内甚至在辖区外经营的组织尊重人权。人们普遍认为组织或个人对人权有可能产生直接或者间接的影响，无论该国家是否能够或者愿意履行其保护职责，组织都有义务尊重所有人权。尊重人权首先意味着不能侵害其他人的权利。这项责任要求组织采取积极的措施以确保组织避免被动接受或主动参与人权侵害活动。履行尊重人权的责任要求进行严格的评估。当国家疏于履行保护职责时，组织应特别注意以保证其履行尊重人权的责任；对人权实现进行严格评估强调正常商务进程中超越必须履行范围的行为的必要性。

一些刑法中的基本规范将法定义务和责任强加于个人、组织以及国家，以此对国际人权造成严重侵害。这些法规包括禁止酷刑、反人道主义犯罪、反奴役和种族屠杀。在一些国家，组织在以国际公认犯罪为基础的国内立法环境下运作经营，而其他人权法案规定了组织关于人权及其执行方式的法定职责范围。

非政府组织的职责底线是尊重人权。但是，组织应该正视利益相关方的期望而非局限于尊重层面，同时组织应促进人权的实现。影响范围概念有助于组织理解、支持不同权利人的人权的机会程度，因此该理念能够帮助组织分析它的影响以及鼓励其他团体的能力，还有利于分析影响最大并与权利人有关的人权问题。

在组织经营运作中以及员工中维护人权的机会程度是最大的，此外，组织还有机会与其供应商、同行、其他组织以及更广泛社会团体合作，在某些情况下，组织希望通过与其他组织或个人合作以增加其影响力。组织行动或者更大影响力的机会程度评定不仅取决于特殊的情况，还取决于一些特定的组织及其运作的特殊环境。然而，组织在设法影响其他组织时应该时常考虑到潜在负面影响或无意识的后果。

组织应重视人权教育以提高权利持有人以及有可能对其产生影响的群体的人权意识。

6.3.3 人权议题 1：严格评估

6.3.3.1 议题描述

为尊重人权，组织有责任进行严格评估以辨别、预防和处理由组织活动或与组织活动有关的活动造成的现存的或潜在的对人权的影响。当一些行为导致人权遭受侵害时，组织或许牵连在内，而严格评估则使组织意识到它有责任影响其他人的这些侵犯人权的行为。

6.3.3.2 相关行为和期望

由于严格评估方法适用于所有核心主题，包括人权在内。更多关于严格评估方面的指南详见 7.3.1。针对人权而言，严格评估程序应该以合乎组织规模和运作环境的方式进行，它应该包括以下几个构成要件：

——为组织内部群体或是与组织有紧密联系的群体提供有指导意义的人权政策；

——关于现行的或者计划中的活动如何影响人权的评价方法；

——能够随着时间对优先级和方法作出必要调整的绩效跟踪方法；

——处理决策、活动负面影响的行为。

6.3.4　人权议题 2:人权风险状况

6.3.4.1　议题描述

组织可能面临与人权有关的挑战和困境,这种情况确实存在。在此情况下,人权滥用的危险局面将会恶化。这包括:

——冲突[129]或极端的政治动荡,民主系统或司法系统失职,政治权利或公民权利缺失;

——贫困、干旱、极端健康挑战或自然灾害;

——参与对自然资源(例如水、森林、大气等)造成严重影响的开采活动或其他活动,也包括参与破坏性群体

——靠近土著居民社区的作业[75,154];

——影响或者牵涉儿童的活动[81,82,116,117,135,147,148];

——腐败的文化氛围;

——基于非正式的、无法律保护下进行的职业(作业)的综合价值链;

——需要采取大量措施以确保经营场所或其他财产安全。

6.3.4.2　相关行为和期望

组织应该在处理具有以上特征的情况时特别小心。这些情况需要加强严格评估过程以保证对人权的尊重,例如通过独立人权影响评估加以实现。

当在一个或多个这样的环境中运作时,组织可能会面临关于如何进行自我管理方面的困难和复杂判断。但是简单的公式法则和解决方法是不存在的,组织须将其决策建立在尊重人权这一基本义务的基础之上,同时还应为提升和保卫人权的全面实现做出贡献。

在做出回应时,组织应考虑到其行为的潜在后果以使尊重人权这一预期目标得以真正实现。特别指出,切勿参与或发起其他侵权行为显得极其重要,情况的复杂性不能够成为不作为(法律术语)的托辞。

6.3.5　人权议题 3:避免合谋

6.3.5.1　议题描述

合谋有法律和非法律两种含义。

在法律语境中,合谋在司法领域被定义为:作为团伙对类似犯罪这样的不法行为产生重大影响的作为或者不作为的行为,通常是明知情况还有意促成该不法行为。

合谋是与协助教唆不法行为密切相关的概念。

在非法律语境中,合谋源于广泛的社会行为期望。在此情况下,当组织对不服从或不遵守国际行为规范的组织的不法行为进行帮助时,该组织被认定为具有合谋关系。这些不法行为通常是指组织通过努力可以获知或本应知道的对社会、经济、环境造成严重消极影响的行为。此外,组织对于不法行为保持缄默或从中获益也被认定为具有合谋关系。

然而它们的界定是模糊且不断发展变化的,以下描述 3 种形式的合谋行为:

直接合谋——当组织蓄意协助人权侵害行为时,此情况认定为直接合谋。

可享利益的合谋——它是指组织或其附属子公司从他人实施的人权侵害行为中直接获益。例如组织纵容安全武装力量镇压反对其决策、活动的和平抗议行为,或是在保护组织设施时采用压制手段,或是组织从侵害供应商基本权利的行为中获取经济利益。

默认合谋——它是指组织疏于向有关部门提出系统性、持续性的侵害人权问题,例如组织没有言明反对劳工法中对于特殊人群的系统性差别待遇问题。

6.3.5.2　相关行为和期望

在人权侵害方面可能产生合谋的显著领域是与保障措施相关的领域。除此之外,组织应该就这一领域进行核实:组织的保障措施是否尊重人权并符合严格执行的国际惯例标准。保障人员(雇佣工、合同工、分包工)应该接受适当的培训,包括遵守人权法则以及对那些应予立即调查和处理的保障程序和保障人员

进行申诉,在适当的时候可以进行单独处理。此外,组织应该进行严格评估以保证其不参与、不促成或不受益于公共安全武装所实施的人权侵害行为。

除此之外,组织还应做到:

——不为实施人权侵害行为的团体提供其所需的商品或服务。

——在合作关系的前提下或在执行合同规定的工作过程中,组织不应与侵犯人权的合作伙伴建立正式的或者非正式的合作关系或合约关系。

——了解所购产品或服务生产制造的社会、环境状况。

——除非组织行为符合国家法律和国际标准的规定,否则组织应保证不与任何国家的公民构成合谋,这些措施包括探讨可供选择的解决方案以及保证受害群体得到适当的补偿。

——考虑发表公开声明或采取其他措施表明组织不会纵容发生在有关国家就业领域中的人权侵害问题,如歧视行为。

——避免与参与反社会活动的群体建立关系。

组织能够通过把法律的、社会的基准共同点融入到严格评估过程来了解、预防和处理合谋风险。

6.3.6 人权议题 4:处理申诉

6.3.6.1 议题描述

在组织运营状况很好的情况下,关于组织决策活动对人权造成影响的争端也会发生。有效的申诉机制在保护人权的国家职能中发挥着重要的作用。同样地,为了履行尊重人权的责任,组织应该为那些坚信其人权已遭侵害的人建立一个机制以引起组织重视并寻求解决方案,该机制不应歧视利用相关法律渠道解决问题的人。非国家机制不得破坏国家机制的稳定性,例如司法体系,但是它能够为追索和求偿提供额外的机会。

6.3.6.2 相关行为和期望

组织应为其自己和利益相关方建立(或在其他方面保证其可用性)赔偿机制。为使这些机制产生效果,应该做到:

合理性——它涉及明确、透明和充分独立的管理机构,以确保任何一方特定申诉过程中的当事人都不会妨碍该过程的公平操作。

可得性——公布该机制的存在并为那些权利受不法侵害的群体提供适当的帮助,这些群体可能面临寻求帮助方面的障碍,例如语言、文盲、缺乏意识或资金不足、距离、残疾或者害怕报复行为等。

预见性——应建立清晰熟知的规程,确定各阶段时间框架并明确程序类型和预期效果,以及监督实施情况的方法。

公平性——权利受到不法侵害的群体应该可以获得其参与公平申诉的必要信息、建议和专家意见等来源。

权利符合性——效果和救济方法应该符合国际公认的标准。

清晰度和透明度——尽管保密性有时候是合理的,但进程和成果应该对公众监察充分公开,对公众利益给予适当的重视。

基于沟通和调解——该过程应该通过当事人的参与寻求相互认同的申诉解决方案。在要求裁定时,当事人保有通过独立机构解决申诉的权利。

6.3.7 人权议题 5:歧视行为和弱势群体

6.3.7.1 议题描述

当考虑因素建立在偏见而非正当理由基础上时,歧视就牵涉到了差别待遇、排斥待遇和对取消公平待遇及机会产生影响的组织的偏好这三方面内容。不正当理由包括(不仅限于下列几项):种族、肤色、性别、年龄、语言、财产、国籍或原国籍、人种或社会出身、社会地位、经济基础、残疾、怀孕、土著居民、工会从属关系、政治背景、政治或其他舆论等。新出现的不正当理由还包括婚姻或家庭状况、人际关系以及健康状况,例如艾滋病患者。这些有关歧视的禁令是国际人权法中最基本的原则。

社会上所有群体(包括弱势群体)的全面有效参与为所有组织及其相关人员提供并增加了更多机会。组织将会从采取积极措施确保所有个人都能获得公平的机会和尊重中获益匪浅。

遭遇持久性歧视并导致其难以改变劣势地位的群体,容易遭受进一步的歧视待遇,他们的人权应该成为组织在保护和尊重方面额外关注的焦点。这类弱势群体通常包括 6.3.7.2 中包含的典型情况,还包括组织运营中特定社区的其他弱势群体。

歧视也可以是间接的。表面上中立的规定、准则、惯例会较之他人而言把一些人归类到处于不利地位的特殊属性中,这样便构成间接歧视。而如果那些规定、准则、惯例以合法目标证明其合理性或其实现手段是以恰当、必要为宗旨,则该情况不属于间接歧视。

6.3.7.2 相关行为和期望

组织务必保证不歧视其员工、合作伙伴、消费者、利益相关方、成员及其他与之有关或受其影响的群体。

组织应该检查其自身运营情况及其影响范围内的其他合作伙伴的运营情况以判断是否存在直接歧视或者间接歧视的现象。组织还应该保证没有通过利用与之活动有关的业务关系促成差别待遇行为,如果是这种情况,组织应该鼓励和协助其他组织履行责任以防止歧视现象,倘若以上措施不奏效,组织应该重新考虑它与这样的组织之间的关系。例如,着手做一项关于女性相互影响(与男性比较而言)的典型方法研究,同时还考虑到就这一问题的政策、决定是否客观或是否反映一成不变的偏见,也可以是希望向当地组织或国际组织寻求关于人权方面的专家意见,国际或国内监督机构的检测结果或推荐规程以及调查程序都可能对组织进行指导。

组织应该注重促进和提升弱势群体成员的权利意识。

在切实可行的情况下,组织还应该补偿受歧视人群或过去歧视行为遗留的受害人群,例如,组织应该尽量雇用这类受害人群或者与历史上受歧视人群经营的企业进行商务往来。在条件允许的情况下,组织可以帮助被拒绝入学的群体增加受教育的机会、扩充基础设施和社会服务。

组织应该对相互作用群体的多样性持积极乐观的看法。组织不仅要考虑到人权方面的内容,而且要考虑到其自身运营的价值所得,这些价值是通过多方面的人力资源和人际关系的全面发展得以提升的。

以下是弱势群体及特殊相关行为和期望的举例描述:

——妇女和女孩构成了世界一半的人口,但在与男性同等条件下,她们在获取资源和机会时却屡屡遭拒。女性有权在不受歧视的情况下享受所有人权,包括受教育、就业、社会活动的权利,还有在婚姻家庭事务上的决策权以及决定自身生殖健康的权利。组织的政策、活动应充分考虑女性权利,并促进女性和男性在经济、社会、政治领域的公平待遇[133,149]。

——残疾人往往是弱势群体,这在某种程度上是由于人们对他们的技术、能力进行了错误的认知。组织应该确保残疾男性和女性获得尊严和自主权以及全面参与社会的权利,还应遵守非歧视原则并为其利用设施制定合理的规章。

——儿童是特殊的弱势群体,部分是由于其依赖性地位。在采取影响儿童的措施时,组织应主要考虑儿童的最佳利益。组织应遵守和重视《儿童权利公约》中的基本原则[81,82,116,17,135,147,148],其中包括非歧视性原则(即儿童享有生命权、生存权、发展权和言论自由权)。组织应该制定措施以防止其员工参与儿童性侵犯或其他形式的侵犯行为。

——土著居民被认定为弱势群体是由于他们饱受系统性歧视,包括殖民地、驱逐出境、与其他公民的地位区分以及侵犯人权等。土著居民享受共同权利,同时土著居民中的个别人享有普遍性人权,特别是享有公平待遇和机会平等的权利。共同权利包括:自主决定权(即有权决定其身份、政治地位和发展方式);利用和管理土地、水及其他资源的权利;免遭歧视地保持和享受其风俗、文化、语言及传统语言(母语)的权利;管理其文化智慧财产[75,154]的权利。在实施决策、活动时,组织应该承认并尊重土著居民的权利,与此同时组织还应承认并尊重非歧视原则和土著居民的个人权利。

——移民、外籍务工者及家庭由于其外籍身份或地区来源而成为弱势群体，特别是那些非正式移民或未登记的移民。组织应该尊重他们的权利并致力于弘扬尊重移民、外籍务工者及其家庭人权的良好风气[78,79,80,142]。

——基于血统的人类歧视，包括种姓。成千上万的人因其遗传地位或血统而遭遇歧视，这种形式的歧视是建立在权利侵害史基础上的，该权利侵害史由错误的观念提供依据，而这些错误观念认为有些人由于其出生的族群差异而行为不检点或一无是处。组织应避免这种歧视行为或在条件允许的情况下努力消除这些偏见。

——基于种族差异的人类歧视。这类人由于其种族、文化认同及种族本源而遭遇歧视。这样一部由错误观念主导的权利侵害历史确实存在：错误的观念认为某些人由于其肤色、文化而低人一等。种族歧视常常出现在具有奴隶史或者某一种族受其他族群压制的地区[141,150,156]。

——其他弱势群体，例如老年人、无家可归者、贫困人群、文盲、艾滋病携带者、少数民族和宗教团体。

6.3.8 人权议题6：公民权利和政治权利

6.3.8.1 议题描述

公民权利和政治权利包括绝对权，例如生存权、人格尊严权、免受酷刑权、人身安全权、财产所有权、人身自由权和人身完整权，以及在面对刑事诉讼时有权通过正当法律程序获取公平申诉的机会。它还包括言论自由，和平集会自由，宗教自由，信仰自由，隐私、住所、家庭、通信不受干涉的权利，名誉免遭侵犯的权利，享用公共服务的权利以及参与选举的权利[143,152]。

6.3.8.2 相关行为和期望

组织应该尊重所有公民的公民权利和政治权利，包括但不限于下列例子：

——个体公民的生命权。

——言论自由。组织不应试图压制任何人的言论观点，即使是对组织内部或外部的批判性表述也不例外。

——和平集会结社的自由。

——不考虑国界限制，以任何方式搜寻、获取、传递信息的自由。

——财产所有权。无论是独立拥有的财产还是与他人相关的财产均享有该权利，同时享有财产免受任意剥夺的权利。

——在法律惩处生效之前，公民有权利用正当的法律程序获取公平申辩的机会，法律惩处措施应该是适当合理的，不包括体罚、非人道待遇或有辱尊严的待遇。

6.3.9 人权议题7：经济权利、社会权利和文化权利

6.3.9.1 议题描述

每一个人作为社会成员都有权享有其人格尊严和个人发展所必需的经济权利、社会权利和文化权利。这些权利包括：受教育的权利，在良好舒适的环境中工作的权利，结社自由，适度的健康水平，身心健康以及家庭幸福的生活标准，衣食住行、医疗保健及必要的社会保障(例如失业、生病、残疾、配偶死亡或者超其所能的其他生活障碍等方面的保障措施)，宗教文化行为，在制定与这些权利相关的决策时免受歧视的参与机会(主要指支持积极做法而反对消极做法的权利)[144]。

6.3.9.2 相关行为和期望

为尊重这些权利，组织应该进行严格评估以确保其未参与损害、妨碍权利人享受该权利的活动。组织应该为尊重这些权利采取如下措施：组织应该评估关于这些权利的决策、活动、产品、服务及新项目的可能影响，其中也包括当地居民的权利。此外，组织也不能直接或者间接地限制或禁止类似于水这类必需品或资源的使用。例如，生产过程不能危害稀缺饮用水资源的供应。在适当的情况下，组织应考虑采纳或者维护特殊性政策以确保资源分配严重不均地区的必要商品和服务的有效分配。

在适当的时候，具有社会责任感的组织应促进这些权利的实现，并牢记与这些权利规定相关的政府和其他组织的不同角色和职能。

组织可以考虑以下几点，例如：

——促进社区成员接受教育和终身学习，在可能情况下为其提供援助设施；

——与其他组织和政府机构通力合作促进经济权利、社会权利和文化权利的尊重和实现；

——探索关于促进这些权利全面实现的核心活动的方式；

——调整贫困人群对商品或服务的购买力。

组织应该将经济权利、社会权利、文化权利及其他权利与当地环境结合考虑。更多相关行为和期望的指南可见 6.8 中社区参与和发展章节。

6.3.10 人权议题 10：工作基本原则和权利

6.3.10.1 概述

工作基本原则和权利的重点问题是劳工问题。它已经被国际团体作为基本人权采纳，并包含在人权范畴之内。

6.3.10.2 议题描述

国际劳工组织已经确定工作的基本权利[54]，包括：

——对于劳资双方代表进行的谈判享有结社自由和有效认可的权利；

——消除各种形式的强制性劳动或义务劳动；

——有效废废除童工；

——消除关于就业和职业方面的歧视。

6.3.10.3 相关行为和期望

尽管这些权利在很多领域已经通过立法加以规定，但是组织仍然应该保证独立处理以下事务：

结社自由和劳资谈判[62,103]——员工和雇主在仅受与组织有关的规则约束下，毫无差别的享受建立和参与其自选组织而不必提前获批的权利。员工创立或者参与的代表性组织应经过劳资谈判目标的确认，就业的工资和工作条件应该由员工所选的自愿性劳资谈判来确定，组织应给予工人代表适当的设施场所以确保其工作效率并在不受干扰的情况下履行职责。集体协议应该包括争端解决相关规定，同时组织还应给工人代表提供重要谈判所必需的信息。（更多信息见 6.4 结社自由以及结社自由、劳资谈判与社会对话之间个关系阐述）。

强制性劳动力[49,60]——组织不应参与使用强制性、义务性劳动力或从中获益。组织也不应要求遭遇惩戒性待遇或非自愿工作的劳动者提供产品或服务，同时组织还不应该雇佣监狱服刑劳动者或从中获益，除非该囚犯已被法庭定罪并在政府当局的管理和控制之下从事劳务。此外，劳务只能建立在自愿执行的基础上并由公平良好的就业环境（或其他证据）加以证实，否则私营组织不得使用监狱劳动者。

平等的机会和非歧视性原则[55,57,58]——组织应确保其雇佣政策不受种族、肤色、性别、地域、国民血统、社会出身、政治立场、年龄或残疾等歧视行为的影响。新兴出现的拒绝依据还包括婚姻或家庭地位、人际关系、健康状况（例如艾滋病患者）。这些行为应该符合通用原则，而通用原则包括雇佣政策实务、工薪水平、就业环境、培训和晋升机会以及仅基于职业要求的解雇等。组织应该通过采取以下措施预防工作中的困境：

——定期评估组织政策、活动在促进公平机会和非歧视性原则方面产生的影响。

——采取积极的行动为弱势群体提供保护和晋升的机会，其中包括为残疾人建立工作场所以帮助他们在适宜的工作环境下谋生，确立或实施处理问题的方案，例如促进年轻人和老年人就业，为女性提供公平就业机会以及女性在高级职位中获取更多均衡代表性职位。

雇佣童工[81,82,116,117]——国际法案已经对最小就业年龄作出规定（见专栏 7），组织不应参与使用童工或从中获益。如果一个组织在其运营过程中或影响范围内使用童工，组织不仅应尽可能确保该儿童停止其工作,还应为其提供合适的备选方案,例如接受教育。那些不伤害儿童或不影响其学校出勤或其他不干扰儿童全面发展的必要性活动等轻工作不属于雇佣童工的情况。

专栏7——雇佣童工

《国际劳工组织公约》[81,116]为各国立法提供构架以规定允许就业的最小年龄不得小于完成义务教育的年龄,并规定在任何情况下工作年龄都不得小于15岁。在经济和教育设施欠发达的国家或地区,允许就业的最小年龄可低至14岁,适于12岁或13岁以上儿童从事的轻量工作[81,82]也可视为特例。所有国家从事危险性工作的最小年龄均为18岁,危险性工作是指该工作的性质或实施环境很可能对儿童的健康、安全或道德造成危害[116,117]。(详见下表)

"雇佣童工"术语不能和与"青年就业"、"学生工作"等混为一谈,如果"青年就业"、"学生工作"被作为符合相应法律规定的学徒或培训项目的一部分来执行,则这两个术语是合法可取的。

雇佣童工是侵犯人权的剥削方式,该方式对儿童身体、社会、心理、精神、心灵等方面的发展均造成损害,还剥夺了孩子们的童年幸福及其尊严,也使儿童丧失了受教育权并与家庭相分离。未能完成国民基本教育的儿童将很可能一直是文盲并且不能获得保证其为当代经济发展作出贡献的必要工作技能。因此,雇佣童工导致了不熟练、不合格的工人并危害了工厂技能的进一步提升和经济社会的进一步发展,童工还剥夺了青年工人和成年工人的就业机会,并使其工资降低。

	发达国家	发展中国家
常规工作	至少15岁	至少14岁
危险性工作	18岁	18岁
轻量工作	13岁	12岁

组织应该尽力消除各种形式的雇佣童工情况,消除了最恶劣形式的雇佣童工情况不能用以证明其他形式的雇佣童工合理合法。组织应具体分析男童、女童的不同情况以及来自不同种族或遭遇歧视群体的儿童所受影响的不同方式。当在工作场所发现法定工作年龄以下儿童时,组织应采取措施使他们停止工作。组织应该帮助那些停止工作的童工及其家庭获取适当的服务或可行的备选援助方案以确保他们不至于陷入相同或者更糟的境况,无论是在其他工作场所继续工作还是继续遭受剥削。

有效消除雇佣童工现象需要社会各界的广泛合作,组织应该与其他组织及政府机构合作以使儿童从工作中解脱,获得免费的、全日体制的素质教育。

6.4 劳工实践

6.4.1 劳工实践概述

6.4.1.1 组织和劳工实践

组织的劳工实践包含与执行工作相关的、由组织提供或代表组织利益的所有政策实践,包括转包工作项目。

劳工实践的概念可延伸到组织与其直属雇员的关系以及组织对其拥有或直接控制的运营场所的责任之外的其他意义。

劳工实践包括员工招聘和晋升；惩戒和申诉程序；员工的转移和重新安置；员工解雇；培训和技能提升；健康、安全和工业卫生；以及所有影响工作条件的政策和实践，特别是工作时间和薪酬。劳工实践还包括工人组织的确认以及劳资双方在劳资谈判、社会对话、三方磋商（见专栏 8）中的参与，从而解决与就业相关的社会问题。

专栏 8——国际劳工组织

国际劳工组织（ILO）是一个由三部分构成的联合国机构，它是为制定国际劳工标准而建立的。这些最低限度的标准都是阐述现行通用基本准则和权利的法律文案，它们适用于任何地方、在任何组织形式中工作的员工，并且旨在预防以剥削和侵权为基础的不公平竞争。国际劳工组织标准是由国际层面上的会员国政府、劳工、雇主的三方谈判发展起来的，并由这三方成员投票表决一致通过。

国际劳工法案通过审核程序和诠释国际劳工标准含义及应用的正式监督机制这两种途径不断保持更新。《国际劳工组织公约及建议书》、《国际劳工组织关于工作中基本原则和权力的宣言》（1998 年）、《国际劳工组织关于跨国公司和社会政策原则的三方声明[74]》（出台于 1977 年，修订于 2006 年）这 3 个法律文书构成了有关劳工实践和其他社会议题的最具权威性指南。

国际劳工组织力求促进男女员工获得体面而富有成效的工作机会，而体面而富有成效工作是指在自由、公平、安全和人格尊重条件下进行的工作。

6.4.1.2 劳工实践和社会责任

劳动的产出以及劳动所得的薪酬和其他补偿都包含在组织最重要的经济、社会贡献之中。具有意义而富有成效的工作是人类发展的必要构成元素，生活水平通过全面稳定的就业加以提高，而就业方面的缺失是导致社会问题的主要原因。劳工实践对于法律法规的遵守和当前社会的公平意识都产生重要的影响，具有社会责任感的劳工实践对于社会公平、稳定以及和平必不可少[67]。

6.4.2 原则和注意事项

6.4.2.1 原则

1944 年的国际劳工组织《费城宣言》[72]中的一个基本原则就是劳动不能被视为一种商品，这就意味着工人不应被看做是生产要素，也不应受制于相同的商品市场。工人固有的弱点和保护基本权利的需要在《世界人权宣言》和《经济、社会、文化权利国际公约》[144,156]中均有体现，相关原则还包括每个人都有权通过自由择业谋求生存，有权在合理良好的环境下进行工作。

6.4.2.2 注意事项

由国际劳工组织认定的人权作为工作中的基本权利在 6.3.10 中加以论述。《世界人权宣言》及其两个公约中的许多其他的国际劳工组织公约及其建议书的补充条款在专栏 6 中有所提及，也可视为各种人权实践指南的原始资料。

确保公平公正待遇的基本职责有赖于政府。它可以通过以下途径加以实现：

——采用符合《世界人权宣言》和国际劳工适用标准的法律；

——强制执行上述法律，包括发展和建立国内劳动检查系统；

——确保工人和组织能够通过必要的途径诉诸司法。

劳工法律和实践因国家而异。

在政府部门疏于立法的情况下，组织应该遵守以国际公约为基础的原则。在立法完善但政府的强制执行欠充分的情况下，组织也应遵守该法律。

区分政府作为国家机构的角色和作为雇主的角色至关重要，政府单位或国有机构与其他组织一样对其劳工实践负有相同的责任。

6.4.3 劳工实践议题 1:雇佣和雇佣关系

6.4.3.1 议题描述

雇佣对于人类发展的重要性是普遍公认的。作为一个雇主,其组织促成了最被广泛认可的社会目标之一:即通过全面稳定的就业和良好的工作使人民生活水平得以改善。

每个国家都应出台一个规定雇主雇员关系的法律体制,尽管检验雇佣关系是否存在的精确测试标准因国家而异,但是合同当事人的地位不平等以及雇员需要额外保护这两个事实是普遍公认的,进而形成了劳动法的基础。

为了符合组织和社会的利益,雇佣关系赋予雇主和雇员权利和强制性义务。

并非所有的工作都必须在雇佣关系范围内进行,产品和服务也可由个体经营者提供,在这种情况下,经营商被视为是相互独立的,并且更加具有公平性和商业性的关系。雇佣和商业关系的区别并不总是清晰可见的,时常会发生张冠李戴现象,结果工人应该享有的权利和保护常常无法获得。对于执行工作的社团和个人而言,确定和应用适当的法律和制度框架是至关重要的。无论是在雇用合同还是在商业合同项下执行工作,所有合同当事人都有权了解其权利和责任,也享有违约情况下的适当追索权[56]。

在此背景下,劳工被认为是为工薪报酬而进行劳动,不包括诚恳的志愿者活动。但是,组织应该采取政策措施以履行对于照顾相关志愿者的责任和职责。

6.4.3.2 相关行为和期望

组织应该:

——确保其所有工作都是由依法确认为雇员或依法确认为个体经营者的男女劳动者完成。

——不应试图通过掩饰关系而逃避法律赋予雇主的义务,这些被掩饰的关系在法律上被认定为雇佣关系。

——意识到稳定的就业对于个人劳动者和社会的重要性,采用积极的劳动力计划,避免使用或过度使用临时工作者,除非其工作性质是短期或季节性的。

——提供合理的公告和及时的信息,并与其所在的工人代表相联合。当顾虑之事在其运行过程中发生变化时,组织应考虑如何尽最大可能地减小负面影响,例如停止其影响雇佣关系[107,108]。

——确保所有员工享有公平机会,不在任何劳工实践中直接歧视或间接歧视员工。

——消除任何任意的或差别对待的解雇行为[107,108]。

——保护员工的个人资料和隐私[52]。

——采取措施以保证仅与满足这样条件的组织订立合同或子合同:法律认可或有能力并愿意承担雇主责任、能够提供良好工作条件。组织应该仅使用那些法律认可的或在其他工作绩效安排中赋予合法权利的劳动中介机构[95,96],不应将家庭工作者看作比其他雇佣劳动者低等[68]。

——不从其合作伙伴、供应商、转包商的非公平的、剥削性的、侵权的劳工实践中获益,其中包括家庭劳动者。组织应作出合理的努力鼓励其影响范围内的组织践行负责任的劳工实践,并认识到高水平的影响力很可能与践行该影响的高水平的责任感相一致。根据情况和影响的差异,合理的努力应该包括:确立供应商和转包商的合同义务,进行突击访问和检查,在监管承包商和中间商时进行严格评估。在组织希望其供应商和承包商遵守劳工实践行为准则的情况下,该准则应符合《世界人权宣言》及国际劳工使用标准项下的原则。(详见 5.2.3 中关于影响范围内责任的附加信息)

——在国际间经营的情况下,力图促进东道国侨民的就业、职业发展及晋升,这包括当地企业的采购和分配[74]。

6.4.4 劳工实践议题 2:工作环境和社会保障

6.4.4.1 议题描述

工作环境包括薪酬及其他形式的补偿、工作时间、工间短休、假期、惩戒和免职处罚、孕妇保护和福利事项(例如饮用水安全、环境卫生、食堂、获取医疗服务等)。许多工作条件都是由国家法律或劳资双方之间合法的具有约束力的协议设定的,雇主也规定了许多工作条件。

工作环境很大程度上影响了工人及其家庭的生活质量以及经济社会的发展，组织应该对工作环境的质量予以公平适当的关注。

社会保障包括所有法律保障、组织政策以及减缓工伤、疾病、怀孕、生育、年老、失业、残疾或经济困难情况下工资收入的下降幅度和损失情况的措施，并为其提供医疗护理和家庭救济，社会保障在保留人格尊严和建立社会公平、公正意识等方面发挥着重要的作用。通常情况下，社会保障的基本责任还有赖于国家履行。

6.4.4.2 相关行为和期望

组织应该做到：

——确保工作环境符合国家法律法规的要求并与适用的国际劳工标准相一致。

——遵守基于其他适用的具有法律约束力的文案而制定的更高层次的条款规定，例如集体协议。

——至少要遵守国际劳工组织制定的国际劳工标准中所规定的最低限度的条款，尤其是在国家立法还未被采纳的情况下。

——提供关于工资[83,84,97,98]、工作时间[61,65,66,85,86,102]、每周休假、假期[63,64,109,110,111]、健康和安全、妊娠保护[76,77,106]以及工作和家庭责任相结合的能力[114,115]等方面的适宜工作条件。

——在任何可能的情况下，容许民族或宗教的传统风俗仪式。

——尽最大可能性为所有具有工作许可的员工及其工作与生活之间的平衡提供工作条件，并与有关区域的同类雇主所雇员工的情况相比较[74]。

——根据国家法律、条例、集体协议支付工资或其他形式的报酬。组织支付的工资应该至少足以满足员工及其家庭的需要。在这种情况下，组织应该考虑到国家的总体工资水平、生活支出、社会保障福利金及其他社会群体的相对生活水平。组织还应该考虑诸多经济因素，包括经济发展的需要、生产力水平、实现以及保持高水平就业率的可达性等。在确定反映这些考虑因素的工资水平和工作条件时，组织应该根据国家体制与工人或其代表（特别是与他们所希望的工会）进行集体谈判[74,103]。

——等价值工作支付同等报酬[57,58]。

——将工资直接支付给员工，并仅受法律、条例、集体协议的约束和扣减[97-99]。

——对运营所在国员工履行社会保障条款中规定的所有义务[74]。

——尊重员工坚持按法律、条例、集体协议规定的标准工作时间或双方商定的工作时间内进行工作的权利，还应该为员工提供每周休假和带薪年假[63,64,109,110]。

——为员工提供有助于达成工作与生活平衡的合理工作时间、亲职假，并在可能的情况下提供儿童保育和其他设施，以此做到尊重员工的家庭责任。

——根据法律、条例及集体协议为员工加班提供补偿。当要求员工加班时，组织应该将相关员工的利益、安全、幸福感以及工作中固有的任何危害考虑在内。组织应遵守法律法规禁止强制性和无偿性加班[83,84,97,98,99]，并尊重员工有关强迫性劳动的基本人权[60]。

6.4.5 劳工实践议题 3：社会对话

6.4.5.1 议题描述

社会对话包括各种形式的谈判、磋商以及政府、雇主、雇员三方代表在与经济、社会焦点有关的共同利益问题上的信息交换。既可以就影响利益的问题在雇主和工人代表之间展开对话，也可以在政府、雇主、工人这三者之间就更广泛因素（例如法律、社会政策）出现的问题展开对话。

独立团体需要进行社会对话。工人代表应由工会成员或是有关员工根据国家法律、法规、集体协议通过自由选举产生，他们不应由政府或者雇主指定产生。组织层面上的社会对话可采取多种形式，包括信息和磋商机制（例如劳资协议会和劳资双方代表谈判）。工会和雇主团体作为各方选出的代表，在社会对话中发挥着特别重要的作用。

社会对话是以劳资双方对立而又统一的利益认可为基础的，并在许多国家的劳资关系、政策规划管理等方面发挥至关重要的作用。

有效的社会对话为兼顾劳资双方优先次序及其需要的发展政策和解决方案提供机制参考，并且这将对组织和社会产生意义深远且长期持久的效果。社会对话有助于在工作场所中制定民主原则，有助于组织及其执行者之间更好的理解沟通，有助于维持健康的劳资关系，这些都能将劳资纠纷的诉讼减到最少。社会对话对于管理变革是一个强有力的工具，它可用于构思有助于人类发展和生产力提高的技能发展项目，或将组织运营方面发生的变化所产生的负面社会影响降到最低，社会对话还包括转包商社会条件的透明性。

社会对话既可以采取多种形式又可以发生在多个阶层之间，工人们或许希望与职业的、职业内的或区域内的更广泛范围的群体结成团体。雇主和工人都是在最优定位共同决定最合适的水平线，其中一种方法是根据国家法律或实践采用由当地组织协议增补的框架协议。

有时，社会对话能够解决具有争议的问题，在这种情况下代表团体可以据此建立一个争端解决机制。社会对话还能够关注申诉，因此投诉机制是至关重要的，特别是在工作中的基本原则和权利没有得到充分保护的国家，这样的投诉机制也可以适用于转包工作场所。

国际间社会对话包括地区与全球的对话以及跨国经营组织和国际贸易工会组织之间的协议，有不断发展的趋势。

6.4.5.2　相关行为和期望

组织应该[53,59,113]：

——意识到具有社会对话机构和合适劳资谈判方式的组织的重要性(包括国际级的组织)。

——始终尊重工人建立或加入其自身团体的权利以促进工人利益或集体谈判。

——不要阻止工人建立或加入其自身组织及集体谈判，例如通过报复行为或制造直接、间接的威胁以营造恐吓氛围实施解散行为或歧视性待遇。

——当运营方面的变化对就业产生主要影响时，组织应该对相应政府部门和工人代表发送合理的通知，这样所牵涉的关系就能够被调查得知从而最大限度地减少任何负面影响。

——在可能情况下，为正式认定的员工代表提供机会以使他们了解授权决策者、工作场所、所代表工人、执行工作必要设施等情况，并向他们提供信息以便对组织资金活动有真实、公平的了解，这些措施在某种程度上是合理而有益的。

——避免纵容政府限制结社自由和集体谈判等国际公认的权利的实现。例如，在结社自由受限或遭禁的地区，即使国家法规认可该项权利，组织仍然应该避免在这些地区设立子公司或者从特殊工业区内的企业获取资源，同时组织还应该拒绝参与基于这类限制条款的激励性计划。

在适当情况下，组织希望参与雇主组织以此作为一种为社会对话创造条件的途径，并愿意通过这些渠道扩展其对社会责任的表达方式。

6.4.6　劳工实践议题4：工作中的健康和安全

6.4.6.1　议题描述

工作中的健康和安全涉及人们在生理、精神、社会幸福感等方面水平的提升和最佳水平的维持，还包括由工作条件导致的健康问题的危害预防。它还与保护工人免受健康威胁以及调整职业环境以满足工人生理和心理需求这两方面内容有关。

与工作相关的疾病、工伤、死亡对社会造成的财政负担相当沉重，偶然意外污染、长期慢性污染以及其他有害员工的工作危险都会对社区和环境造成影响。(更多有关环境危害的资料详见6.5)。健康和安全议题关注危险性设备、程序、操作、药物(包括化学、物理和生物3种类型)等问题的出现。

6.4.6.2　相关行为和期望

组织应该做到[50,51,70,72,86,87,88,89,90,99,100,101,103,104,105,112]：

——发展、落实和维护职业健康安全政策，这些政策是以共同支持或反对的稳定性安全健康标准和组织绩效等原则为基础的。

——理解和应用健康安全管理的原则,包括控制层级:淘汰、替换、工程控制、行政管理、工作程序及个人防护设施。

——分析和控制活动中涉及的安全隐患。

——沟通探讨工人应该始终遵守的所有安全操作规程的相关要求,并确保工人按照适当的操作规程完成操作。

——提供保障安全所需的设备,包括个人防护设施以防止工伤、疾病、意外事故等,同时有助于紧急事故的处理。

——记录和调查所有健康安全事故和问题,以便减少或消除此类问题。

——对以下情况采取特殊的措施:职业安全健康风险对女性(如怀孕、临产、育婴)和男性产生不同的影响;或者对有特殊情况的工人造成不同影响(如残疾人、无经验者或者青年工作者)。

——为业余工作者和临时工提供同等的健康安全保护,还包括转包合同工。

——努力消除工作场所里促成或导致压力和疾病的社会心理危害。

——为所有相关员工提供适当的职业培训。

——遵守工作场所的健康安全措施不能涉及员工的财务开支这一原则。

——把健康、安全和环境体系建立在相关员工的参与的基础之上,员工权利的确认和尊重应该做到:及时、全面、准确地获取健康安全风险方面的信息并采用最优方案解决这些风险;自由调查和咨询与其工作相关的所有健康安全的各个方面的内容;拒绝那些理性认为会对自己生命健康或其他人生命健康造成迫在眉睫或严重危险的工作;向工人的组织、雇主的组织或其他有专业经验的人士寻求外部建议;向相应的官方部门报告健康安全问题;参与健康安全决策及活动,包括事件及事故的调查;履行任何上述措施而免遭报复[18,19,36,38,55,56,57,58,68,69,72,73,80]。

专栏 9——劳资健康安全联合委员会

有效的职业健康安全项目有赖于广大工人的参与。劳资健康安全委员联合会是组织健康安全项目的重要组成部分,联合委员会能够:

——搜集汇总信息;

——发展和传播安全指南及培训项目;

——报告、记录和调查事故;

——审查并回应劳方或资方提出的问题。

委员会中工人代表不应由资方指定,而应由其自身选举产生。委员会的成员资格应该在劳方代表和资方代表中平等分配,并且应该尽可能做到男女兼顾。委员会应该有足够的规模与组织所呈现的所有变化、区域及位置相协调,它不是劳资联合委员会和工人组织的替代组织。

6.4.7 劳工实践议题 5:个人发展和职业培训

6.4.7.1 议题描述

员工发展包括通过扩展员工的能力和作用以扩大员工的选择范围,这样使得员工过上长久健康的生活,变得博学多识并获得良好的生活水平。员工发展还包括充分利用政治的、经济的、社会的机遇,从而变得具有创造性和富有效率性、享受自我尊重、拥有企业归属感并对社会做出贡献。

组织可以通过处理重要的社会关注点并利用组织政策及其积极性以促进员工发展,例如抵制歧视行为,平衡家庭责任,提升健康和福利以及改善员工多样性。组织还可以利用组织政策及其积极性提高个别员工的工作能力和受聘价值。受聘价值是指提升个人获取和维持得体工作的能力的经验、能力素质和任职资历。

6.4.7.2 相关行为和期望

组织应该[69,70,74,91,92,93,94]：

——在平等和非歧视基础上，为不同阶段工作经验的所有员工提供技能发展、培训和见习期，并为其职业提升创造机会。

——在必要情况下，确保为解雇员工提供新的岗位、培训、咨询等援助。

——建立促进健康和福利的联合劳资项目。

6.5 环境

6.5.1 环境概述

6.5.1.1 组织和环境

无论组织所处何地，其决策、活动始终会对环境造成影响。这些影响可能与组织的资源利用、组织活动所在地、污染和废弃物的产生、组织活动对自然栖息地的影响等行为有关。为了弱化对环境的影响，组织应该采取综合方案，该综合方案应该将组织决策、活动造成的直接的或间接的经济、社会、健康、环境方面的影响考虑在内。

6.5.1.2 环境和社会责任

社会正面临着诸多环境方面的挑战，包括自然资源的消耗、污染、气候变化、栖息地的破坏、物种的丧失、整体生态系统的崩溃、城乡居民居住区的恶化等。由于全球污染的增长和消耗的增加，这些变化对人类安全、健康、社会福利造成日益增长的威胁。选择降低和消除不可持续的生产、消耗的总量和模式并确保人均资源消耗变成可持续的发展方式是有必要的。局部、区域、全球各级环境问题都是相互联系的，需要一个综合、系统、共同的方法进行处理。

环境责任是人类生存和繁荣的先决条件，它是社会责任的重要组成部分。环境问题和其他社会责任核心主题和议题关系密切，环境教育和能力建设是促进社会和生活方式可持续发展的基础。

相关的技术性工具(例如 ISO 14000 的一系列标准[7-33])可作为帮助组织用系统方法处理环境问题的整体框架，也可在评估环境绩效、量化和报告温室气体排放、生命周期评价、环保性设计、环境的标记和沟通等工作中，将相关的技术性工具考虑在内。

6.5.2 原则和注意事项

6.5.2.1 原则

组织应该遵守和弘扬以下环境原则：

环境责任——除了遵守法律法规之外，组织还应该承担其在农村或城市乃至更远区域内的活动对环境造成影响的责任，在确认生态范围时，组织应该提高其自身绩效以及影响区域范围内其他成员的绩效。

预警方法——这来自《关于环境和发展的里约宣言》[158]及其后续宣言和协议[130,145,172]，该宣言推动了以下理念：当存在对环境或人类健康造成严重或不可逆转威胁时，缺乏充分科学依据的事情不可作为推迟用于防止环境退化或防止对人类健康造成危害的成本效益措施的原因。

环境风险管理——组织应该用风险和可持续的眼光来对待项目，从而处理、避免、减少、缓解来自其活动的环境风险及影响。组织应该开展提高警惕意识的活动并实施紧急应对程序以减少和缓和事故引发的环境、健康、安全方面的影响，还可以与相关部门和当地社区就有关环境事故的信息进行沟通。

污染者付费——无论是根据对社会造成环境影响的程度和所需的补救行动，还是根据污染超过可接受的水平(见《里约宣言》原则 16[158])，组织都应该对其活动导致的污染承担费用。组织应该争取内化其污染成本并根据“污染付费”原则量化环境效益以期防止污染优先于缓解影响。组织应该与其他组织合作开发经济工具，例如处理主要环境事故的应急费用。

6.5.2.2 注意事项

在环境管理活动中，组织应该评估以下方法策略的相关性并适时采用：

生命周期法——生命周期法的主要目的在于弱化产品和服务对环境的影响，同时通过生命周期改善其社会经济绩效，换言之，从原材料的提取和能量生成，经过生产和使用，最终到生活处置或复原的过程。组织应该将注意力集中在创新上，而不仅仅是屈从效仿，还应该致力于环境绩效的持续性改善。

影响评价——组织应该在着手一项新的活动或项目之前对其环境影响进行评估，并采用评估结果作为决策制定程序的依据。

清洁生产和生态效益——这是通过更加有效地使用能源或产生更少的污染、垃圾来满足人类需求的战略，实施改善的重点应该集中在程序或活动的源头而非终点。清洁安全的生产和生态效益措施包括：改善维护程序；升级或引进新的科学技术或方法；减少材料和能源消耗；采用可再生能源；合理用水；消除或安全管理有毒有害材料和废弃物；改进产品和服务的设计。

产品服务系统方法——该方法常用来将市场交易的重心从销售或提供产品（也就是通过一次性销售或租赁将所有权转让）转换成销售或提供产品和服务系统（凭借多种多样的服务、交付机制），这种产品服务系统兼顾满足消费者需求。产品服务系统包括产品租赁、产品出租或共享、产品联营和偿付服务。该系统能够降低材料消耗，从物质流中分离营业收入，并使利益相关方通过产品生命周期和伴随服务参与促进生产者责任延伸。

环境无害化技术和方法的使用——在适当情况下，组织应该是力图采纳和推动环境无害化技术和服务的发展和传播，（见里约宣言原则第九条[158]）。

可持续的获取——在做购买决策时，组织应该将所获产品或服务在整个生命周期中的环境绩效、社会绩效以及道德绩效考虑在内，并且应该尽可能的优先考虑影响最小的产品或服务，这些产品或服务采用可靠有效的独立认证贴标方案或其他认证方案，例如加贴生态保护标签或审计活动等。

认知和意识提升——组织应树立意识并提倡适当的学习认知以支持在组织内部及其影响范围内对环境做出的努力。

6.5.3　环境议题 1：预防污染

6.5.3.1　议题描述

组织能够通过预防污染增加其环境绩效，这包括：

大气排放物——组织排放入大气的污染物能够对个体造成不同的环境、健康影响，例如铅、汞、挥发性有机化合物（VOCs）、硫氧化物（SO_x）、氮氧化物（NO_x）、二氧（杂）芑、大气中的微小颗粒和耗蚀臭氧层的物质等。这些排放物可能直接来自组织的设备及其活动，也可能间接来自组织对产品或服务的使用或废弃处理，或者是来自组织消耗能源产生的排放。

排放入水——组织可能通过直接地、蓄意地或偶然地将废物排入地表水体（包括海洋环境），无意地流经地表水或渗透入地下水等途径导致水体污染，这些排放物可能直接来自组织设备或由组织使用的产品或服务间接导致。

废弃物管理——组织的活动可能导致废气、废液的产生，这些如果处理不当，将会导致大气、水体、陆地、土壤以及外太空的污染。负责任的废弃物管理力求避免排放废气物，并遵循废物减排等级制度：即源头消减、重复使用、循环利用和重复加工、废物处理和废物清理。废物减排等级制度作为一种基于生命周期理论的灵活方法被组织广泛采用，危险废弃物（包括放射性废弃物）应该用恰当透明的方法来处理。

使用和处理有毒有害化学制品——组织使用和生产有毒有害化学制品能够通过排放或释放的方式对生态系统或人类健康造成急性的（即期的）或慢性的（长期的）负面影响。这些化学制品根据年龄和性别的差异对个体产生不同的影响。

其他可识别形式的污染——组织活动、产品和服务可能会导致其他形式的的污染，这些污染会对社区健康福利产生负面影响并因个体差异而有所不同，包括噪声、臭气、视觉污染、光污染、震动、电磁排放、辐射、致病原（包括病毒或细菌）、分散的污染源排放以及生物性危害（例如入侵物种）。

6.5.3.2　相关行为和期望

为提高组织活动中的污染预防工作，组织应做到以下几点：

——确定组织的决策或活动对于周边环境的方方面面的关系及其影响；

——确定污染源和与组织活动相关的废弃物；

——关于重要污染源、污染减少量、水资源消耗量、废弃物产生量和能源消耗量的测量、记录和报告；

——采取措施以防止污染以及废弃物排放，采用废弃物管理等级制度，并确保对不可避免的污染或废弃物排放进行合理的治理[118]；

——与当地社区就现存的或潜在的污染排放物、相关健康威胁、现行的或被提议的减缓措施等问题进行接洽讨论；

——采取措施逐步减少或缩小其控制或影响范围内直接和间接的污染，特别是开发和推广环境友好型产品和服务的快速入市；

——公开披露所使用和释放的相关重要有毒有害物质的数量和类型，包括正常操作或意外释放情况下已知的对人类健康和环境造成的威胁；

——系统地识别和避免使用以下药品：①法律明令禁止的化学制品或国际协议中罗列出的有害化学制品；②关注经科研机构或其他利益相关人以合理确凿证据确定的化学药品。组织还应设法阻止其影响区域范围内的其他组织使用该类化学制品。化学药品至少包括：消耗臭氧层物质[166]，持久性有机污染物(POPs)[172]，鹿特丹协定中所涵盖的化学制品[173]、有毒化学药品和杀虫剂(由世界健康组织界定)，致癌化学药品(包括烟草产品散发的烟雾)和诱变化学制剂，影响生育的化学药品，引起内分泌紊乱的化学药品，持久性生物积聚的有毒化学药品(PBTs)，或仅具有持久性或仅具有生物积聚性的化学药品(vPvBs)。

——实施环境事故预警和防备计划，筹备覆盖厂区内外的事故和事件的应急计划，倡导员工、同行、政府部门、当地社区和其他利益相关方的参与。这种应急计划应该至少包括危险鉴定和风险评估，通报和召回程序、沟通系统以及公众教育和报导。

6.5.4　环境议题 2:可再生资源的使用

6.5.4.1 议题描述

为确保将来资源的可用性，有必要改变当前的消耗和生产模式、生产数量以适应地球的承载能力。可再生资源的使用是指资源的使用速度小于或等于其自然补给的速度。对于非可再生资源(如矿物燃料、金属、矿产)，长期的可持续性是指要求使用速度小于可再生能源替代非可再生资源的速度。组织可以通过更负责地使用电力、燃料、未加工及已加工材料、土地和水资源推进可持续的资源利用，还可以用可持续可再生的资源结合或者替代非可再生资源实现这一目的，例如采用创新技术。提高效率的 4 个关键领域分别是：

能源效率——组织应该启动能源效率项目以减少建筑、运输、生产过程、电气电子设备、服务供应或其他目的的能量需求。能源使用效率的提升应该对可再生资源的持续性使用做出补充，例如太阳能、地热能、水利电气能、潮汐能、风能和生物能。

水资源的保护、利用和获取——获得安全可靠的饮用水供应和卫生服务是人类的基本需要和基本人权。《千年发展目标》(见专栏 13)涉及安全饮用水的可持续获取条款，组织应该在其运营过程中保护、减少使用及循环使用水资源并在影响范围内鼓励保护水资源。

材料的有效使用——组织应实施材料效率计划以减少由生产过程中的原材料使用或其活动过程中、服务交付过程中的制成品使用所造成的环境影响。材料效率计划是以识别方法为基础，以提高影响区域范围内组织的原材料使用效率为目的的项目。原材料使用对环境造成诸多直接和间接的影响，例如对矿产生态系统和对森林生态系统的影响以及由原材料使用、运输、加工产生的废弃物。

缩小产品的资源需求——组织应考虑制成品在使用过程中的资源需求。

6.5.4.2　相关行为和期望

组织应该就其各项活动做到以下几点：

——确定能量、水及其他所用资源的来源；

——测量、记录、报告其能量、水及其他资源的重要损耗情况；

——考虑参照最优实践指南或其他基准，实施资源效率措施以减少能量、水及其他资源的使用；

——在可能情况下，用可供替代、可持续、可再生、低冲击性的能源补充或代替非可再生资源；

——尽量使用可回收材料并重复利用水资源；

——合理管理水资源以确保流域内所有用户公平使用；

——提倡可持续的物资采购；

——考虑采用生产者责任延伸；

——提倡可持续的消耗；

6.5.5 环境议题 3:减缓和适应气候变化

6.5.5.1 议题描述

人们普遍认为人类活动产生的温室气体（缩写 GHG）——如二氧化碳（CO_2）、甲烷（CH_4）、二氧化氮（N_2O）——很可能成为导致全球气候变化的原因之一，而全球气候变化会对自然环境和人类环境造成重大影响。已观测到或预料到的趋势有：温度上升、降水分布的变化、极端天气情况的频发、海平面上升、水荒恶化、生态系统、农业、渔业的变化等，专家预测：气候变化可能会超过某一特定点而变得更加剧烈和难以处理。

所有组织都应对某些温室气体的排放（包括直接排放和间接排放）负有责任，并在一定程度上受到气候变化的影响，组织应该就减少温室气体排放（减缓）和筹备气候变化（适应）采取措施，适应气候变化应该以影响健康、繁荣、人权的方式而富有社会内涵。

6.5.5.2 相关行为和期望

6.5.5.2.1 减缓气候变化

组织为减缓其活动对气候变化造成的影响应该做到：

——确定直接和间接积累温室气体排放的来源并界定其责任边界。

——测量、记录、报告主要的温室气体排放，最好使用国际公认标准中明确规定的措施[47]（见附 A 中处理温室气体排放主动行为和工具的案例）。

——实施最佳方案逐步减少其控制范围内的直接或间接的温室气体排放并鼓励影响区域范围内其他组织实施类似行为。

——复审组织内部主要燃料的使用数量和类型，即使在慎重考虑低排放技术和可再生能源的情况下，也应该采用生命周期法保证温室气体排放的净减量。

——阻止或减少温室气体的释放（特别是引起臭氧层损耗的气体）免受土地使用或改造、技术、设备等造成的影响，至少包括：热水器、通风设备、空调系统等。

——组织应具备节能意识，包括购买节能产品、发展节能产品和服务。

——针对碳平衡采取措施以补充剩余的温室气体，例如支持以透明方式操作的可靠减排项目、碳的捕捉封存或碳的回收。

6.5.5.2.2 适应气候变化

为降低气候变化的脆弱性，组织应做到：

——预测未来全球和局部的气候以确定风险并将适应气候变化的措施融入决策制定过程。

——寻找时机以避免或减小与气候相关的危害并尽可能抓住时机调节变化条件。

——采取措施回应目前存在的或预期的影响并在其影响范围之内促进利益相关方适应性能力的建设。

专栏 10——适应气候变化的行为举例

适应气候条件变化的行为举例如下：

——为土地的使用分区和基础设施的设计维护做出计划，思考气候变化、气候不确定性增加、恶劣天气可能性日益增长等暗含的意义，其中恶劣天气包括洪水、狂风、干旱和水荒、酷暑等。

——发展农业、工业、医药以及其他方面的技术方法并使它们应用于所需人群，确保饮用水、卫生设备、食物及其他对人类健康至关重要的资源的安全。

——支持区域性措施以降低洪水的易发性，这包括恢复有助于控制洪水的湿地，减少城市地区无孔地表的使用。

——为提高适应重要性意识创造广泛的机会，并通过教育或其他方式加强针对社会适应力的预防措施。

6.5.6 环境议题 4：保护环境和生物多样性以及恢复自然栖息地

6.5.6.1 议题描述

自 20 世纪 60 年代起，人类活动对生态环境的改变比历史上任何一个时期都迅猛广泛，急剧增长的自然资源需求导致地球上大量栖息地和生物多样性遭遇不可逆转的破坏，人类活动改变了包括城乡在内的广阔区域。

组织可通过保护环境、恢复自然栖息地及其各项功能、恢复生态系统提供的服务（例如食物和水，气候调节、土壤形成和娱乐消遣机会）[119]等措施提高社会责任感。该议题的关键内容包括：

评估和保护生物多样性——生物多样性是指各种形式、等级、组合的生命种类。它包括生态系统多样性、物种多样性和遗传基因多样性，保护生物多样性[167]旨在保护陆生物种和水生物种的生存、遗传基因多样性和自然生态系统[168,169]。

评估、保护和恢复生态系统服务——生态系统通过提供食物、水、燃料、洪水调节、土壤、传粉者、天然纤维、娱乐、吸收污染物及废弃物等服务为社会福利做贡献。

可持续地使用土地和自然资源——组织的用地项目应保护或降低对栖息地、水、土壤和生态系统[170,171]的影响。

推进环境无害型城乡发展——组织的决策活动会对城乡环境及其生态系统造成严重影响，例如，这些影响可能与城市规划、建设、运输系统、废弃物和污水治理 、农业技术有关。

6.5.6.2 相关行为和期望

组织对于其所有活动应该做到；

——确定对生物多样性和生态系统服务的潜在负面影响后，采取措施消除或最小化这些影响。

——在可行和适当的情况下，参与市场机制内化环境造成影响的成本，并在保护生态系统服务的过程中创造经济价值。

——优先考虑避免自然生态系统的损失，其次是修复生态系统，如果在前两个行为措施都不可能实现或不充分奏效的情况下，最后采取增加生态系统服务净收益的行为来补偿这些损失。

——针对土地、水、生态系统的管理制定和实施整合策略，该策略以社会公正的方式提倡保护和可持续利用。

——采取措施保护那些地方性的、受到威胁的、濒临灭绝的物种或受到不利影响的栖息地。

——实施计划、设计和运作等措施作为一种减小潜在环境影响的方法，这种影响由用地决策造成，包括与农业发展和城市发展相关的决策。

——把自然栖息地、湿地、森林、生物廊道、保护区、农业耕地的保护融入到房屋建设和施工项目的发展中[128,169]。

——实施包括动物福利相关内容在内的农业、渔业、林业方面的可持续性实践行为。例如，重要标准和认证方案中规定的行为[137,175]。

——逐步提高这类产品的比例：这些产品的供应商采用可持续技术和工艺进行生产。

——明确野生动物及其栖息地作为自然生态系统的一部分应该对其评估和保护，同时还应对动物福利予以考虑。

——避免采用威胁生存的、导致全球、区域、局部物种灭绝的或允许侵略性物种散布增殖的方法。

6.6 公平运营实践

6.6.1 公平运营实践概述

6.6.1.1 组织和公平运营实践

公平运营实践涉及组织对待其他组织时的道德行为，这包括组织与政府机构的关系以及组织与同行、供应商、客户、竞争者、行业协会的关系。

公平运营实践出现在诸多领域：反腐败、负责任地参与公共领域事务、公平竞争、社会责任行为、组织关系、尊重财产所有权。

6.6.1.2 公平运营实践和社会责任

在社会责任领域，公平运营实践侧重于组织利用与其他组织的关系以促成积极效果的方式，这种积极的效果是通过在其影响范围内提供领导能力并提倡承担更广泛的社会责任得以实现的。

6.6.2 原则和注意事项

道德行为是建立和维护组织之间合法有效关系的基础。因此，遵守、推进和鼓励道德行为准则成为所有公平运营实践的基础，预防腐败以及进行负责任地政治参与还取决于遵守法律规定，坚持道德准则、问责制以及透明性原则。如果组织之间不以公平、诚实、公正相待，那么公平竞争和尊重财产所有权将无法实现。

6.6.3 公平运营实践议题 1：反腐败

6.6.3.1 议题描述

贪污腐败是指为了获取私人利益而滥用所授予的权力。贪污腐败有许多种表现形式，如涉及政府官员或私营部门人员的贿赂（以金钱或实物的形式招募、提供或接受贿赂），利益冲突、欺诈、洗钱、挪用公款、隐瞒或妨碍司法制裁、影响力交易罪等。

腐败破坏了组织的效率和道德声誉，也容易招致刑事诉讼、民事处罚和行政处分。腐败不仅会导致人权侵害、政治过程的腐蚀、社会贫困、环境破坏等，还会扭曲竞争、财富分配和经济增长[41,44,45,46,120,121,131]。

6.6.3.2 相关行为和期望

为了预防腐败，组织应做到以下几点：

——明确腐败风险，实施并维护反腐败和反敲诈的政策实践；

——确保领导阶层为反腐败树立榜样并为反腐败政策的实施提供承诺、激励和监管；

——在根除贿赂和腐败方面尽力支持和培训员工及其代表，并为员工的进步提供奖励；

——提高员工、代表、承包商、供应商关于贪污腐败的认识以及抵制贪污腐败的意识；

——保证员工及其代表的薪酬合理，并仅针对合法服务提供薪酬；

——建立和维护有效的反腐败系统；

——采用哪些确保举报及其后续行为免受报复威胁的机制，鼓励员工、同行、代表及供应商通报组织政策违规行为及不道德、不公平的待遇；

——将违反刑法的犯罪行为告知相应的司法部门；

——通过鼓励与组织有业务关系的其他组织采取类似反腐败行为而实现反腐目标。

6.6.4 公平运营实践议题2:负责任地政治参与

6.6.4.1 议题描述

组织应该支持公共政策实施进程并鼓励有益于社会的公共政策的发展。组织应禁止使用不正当的影响力并避免那些有损公共政策实施进程的行为,如伪造账目、恐吓、强迫等。

6.6.4.2 相关行为和期望

组织应做到:

——对员工及其代表进行培训,提高员工及代表关于负责任地政治参与、捐献以及如何解决利益冲突等方面的意识;

——对于游说、政治贡献、政治参与有关的组织政策、活动进行透明化处理。

——制定和实施政策指南以管理那些拥护组织利益的员工活动;

——避免支付政治献金,该献金旨在对支持特殊案件的政府官员或政策制定者加以控制或施加不合理影响;

——禁止涉足误报、误传、恐吓或强迫的活动。

6.6.5 公平运营实践议题3:公平竞争

6.6.5.1 议题描述

公平而广泛的竞争促进创新和高效,降低产品和服务的成本,保证所有组织获得公平机会,鼓励新型的或升级的产品、技术的发展,从长远来看,提高了经济增长和人民生活水平。相反,反公平竞争的行为将迫使组织冒损害名誉之险并可能产生法律问题,当组织拒绝参与反公平竞争行为时,他们将有助于营造绝不容忍该行为的氛围以使所有人获益。

反公平竞争的行为有多种形式,举例如下:在组织串通以相同价格售出相同商品或服务的地区实行价格补贴;在组织串通操纵竞争价格的地区实行出价操纵;掠夺性定价,即旨在将竞争者逐出市场并对其进行强制性非公平制裁而采用极低价格出售产品或服务。

6.6.5.2 相关行为和期望

组织为促进公平竞争应做到:

——应以符合竞争法规的方式从事经营活动并与有关部门通力合作;

——制定规程或其他保障措施以防止参与反竞争行为或防止与其发生共谋关系;

——提高员工遵守竞争法规的重要性意识和公平竞争意识;

——支持反垄断、反倾销的行为,鼓励关于竞争的公共政策;

——留意组织运营的社会环境,做到不利用薄弱社会条件(如贫困)获取非公平竞争的优势。

6.6.6 公平运营实践议题4:提升社会责任在价值链中的地位

6.6.6.1 议题描述

组织通过其采购和采购决策影响其他组织,凭借价值链中的领导地位和指导资格,组织能够推动社会责任原则实践被价值链其他组织采纳和支持。

组织应思考其采购及采购决策对其他组织造成的潜在影响或无意后果,适当注意避免或减小这些负面影响,同时还能刺激对富有社会责任感的产品和服务的需求,这些行为不能被视为政府部门贯彻执行法律法规的替代行为。

价值链中的每一个组织都有责任遵守相关法律法规,并对社会环境造成的影响负有责任。

6.6.6.2 相关行为和期望

为促进价值链中的社会责任,组织应该做到:

——将道德、社会、环境、性别方面的公平准则、健康和安全融入采购、配送、承包策略和实践中以提高其与社会责任目标的一致性。

——鼓励其他组织采取类似措施,在此过程中不沉溺于反竞争行为。

——为了防止组织对社会责任承诺的妥协，组织应进行适当的严格评估审核并对与其相关的组织进行监督。

——考虑为土壤湿度和海水盐度对地探测卫星提供支持以满足社会责任目标，包括对社会责任、最优实践方案、额外援助（如技术、能力建设或其他资源）等议题的认知。

——积极参与提高相关组织在社会责任原则和议题方面的认知。

——改进公平实用的成本收益处理方式，这些成本收益产生于价值链中的社会责任实践。它包括尽可能的提高组织在价值链中的能力以符合社会责任目标，还包括合理的采购行为，例如以公平价格支付、适当的交货期以及稳定可靠的合同。

6.6.7 公平运营实践议题 5：尊重财产权

6.6.7.1 议题描述

拥有财产的权利是《世界人权宣言》中公认的人权，财产权利既包括物质财产也包括精神财产，还包括土地权益和其他物质财产、著作权、专利权、地理标志权、基金、道德权利及其他权利。它还涵盖了更为广泛的财产政策，例如特殊群体的传统知识、原著居民、员工或其他人的知识产权。

确认财产权不仅促进了投资、经济、物质等方面的安全，同时还鼓励了创造革新。

6.6.7.2 相关行为和期望

组织应该：

——落实关于提倡尊重财产权和传统知识的政策措施。

——进行适当的调查以确认其享有获准使用或处理财产的合法权利。

——不参与侵犯财产权的活动，包括误用支配地位、伪造和剽窃等。

——为财产的取得和使用支付合理的报酬。

——在行使和保护智慧财产权、物质财产权时，考虑社会期望、人权和个人基本需要等方面的内容。

6.7 消费者问题

6.7.1 消费者问题概述

6.7.1.1 组织和消费者问题

为消费者及其他客户提供产品和服务的组织对这些消费者和客户负有责任。该议题主要适用于 6.6 中讨论的商业目的的消费者购买，还适用于当前条款中讨论的私人目的的消费者购买。此外，6.6 和当前条款中的具体内容均适合消费者和客户。

责任包括：提供教育机会和准确信息；使用公平、透明和有益的市场信息及合同程序，促进可持续的消费，设计对所有顾客均可用的产品和服务并尽可能满足弱势群体的需要。消费者术语是指那些使用组织决策活动最终产品的个人或群体，但并不一定意味着消费者必须对产品和服务付费。责任还包括通过设计、制造、分配、信息供给、辅助服务和召回程序等途径降低产品或服务在其使用过程中的风险。多数组织都会搜集或掌控个人信息，他们有义务保护个人信息和消费者隐私的安全。

该条款中的原则可应用到所有服务于消费者的组织中。但是，根据组织类型（如私营组织、公共服务、当地福利性组织或其他）和情况的不同，这些问题的相关性也存在很大差异。组织通过其提供的产品、服务和信息（包括信息的使用、恢复和处理）等渠道获得大量机会为可持续消费和可持续发展做出贡献。

6.7.1.2 消费者议题和社会责任

关于社会责任的消费者议题至少与以下内容有关：公平的营销实务、针对健康和安全的保护、可持续的消费、争端的处理和赔偿、资料和隐私的保护、必要产品和服务的使用、弱势群体消费者需求的处理、教育等。联合国《保护消费者准则》[155]为消费者问题和可持续消费提供基本参考。（见专栏 11）

专栏 11——联合国《保护消费者准则》

联合国《保护消费者准则》是消费者保护领域最重要的国际性法案，联合国大会于1985年一致通过了该准则。1999年，该准则扩展了包括可持续消费在内的相关条款，这些条款号召国家保护消费者的健康安全免受侵害，提升和保护了消费者经济利益，保证消费者做出知情的选择，为消费者提供教育，做出可用有效的消费者补偿，改善可持续的消费模式，保证消费者的结群自由[155]。

这些保护消费者的原则在联合国准则文本中都经详细制定并加以阐述，通常这些原则被称为"消费者权利"[144]。

6.7.2 原则和注意事项

6.7.2.1 原则

联合国《保护消费者准则》[155]和《经济、社会及文化权利的国际公约》[144]表述了以下原则：应该针对消费者合法需求的社会责任实践进行引导，包括基本需求的满意度，所有人获得适宜生活水平的权利（包括适宜的食物、衣服和住房）、获得持续改善生活条件的权利，以及获得包括财政支持在内的必需产品和服务的权利等，除此之外还包括促进公正、公平、可持续的经济社会发展和环境保护的权利。

这些合法需求包括：

安全——有权使用无害产品，保护消费者免受由生产过程、产品和服务造成的伤害。

知情——使消费者获得充足信息以确保他们根据个人意愿和需要做出知情的决策，并保护他们免受广告、标签的欺诈和误导。

选择——消费者经济利益的提升和保护：包括消费者从一系列价格便宜且有满意质量保障的商品和服务中做出选择的能力。

表达权——成立消费者群体或其他相关群体或组织的自由，以及这类组织针对那些对其产生影响的决策制定过程表达观点的机会，特别是政府政策制定和实施的过程以及产品和服务的发展过程。

补偿——有效消费者补偿的可获性，特别是采用公平合理解决索赔的形式，包括对失实描述、劣质产品或不尽人意的服务的赔偿。

教育——消费者教育包括消费者偏好造成的环境、社会和经济等方面影响的教育，保证消费者在充分认识其权利义务并知道如何采取行动的情况下对有关商品和服务做出明智、独立的选择。

健康的环境——不威胁当代人和未来几代人[160]福利的环境。可持续消费包括以经济、社会、环境三方可持续的方式满足当代人和未来几代人对产品和服务的需求。

附加原则包括：

尊重隐私权——该原则援引自《世界人权宣言》第十二条[156]，该条阐述任何人的隐私、家庭、住所或通信都不应受到强行干涉，任何人的名誉声望都不应受到攻击，所有人都有权获得免受这类干扰和攻击的法律保护。

预防措施——该原则援引自《关于环境和发展的里约宣言》[158]和其后续声明协议[130,145,172]，该条推进了以下观念：在对环境或人类健康造成严重的或不可逆伤害的地区，缺乏充分科学证据不能作为推迟防止损坏环境和伤害人类健康的成本效益措施的理由。在考虑措施的成本有效性时，组织不仅应考虑短期经济成本，还应考虑措施的长期成本及其收益。

促进性别平等和提升女性权力——该原则援引自《世界人权宣言》和《千年发展目标》（详见专栏2，专栏6和专栏13），提供了关于分析消费者问题和防止性别偏见延续的基础。（见专栏12）

提高通用性设计——产品和环境的设计应该最尽可能地适用于所有消费者而非仅满足适应性需要或专门性设计。针对通用性设计有以下7项原则：使用公平性，使用灵活性，使用的简易直观性，信息的可知性，容许误差，降低使用的能耗、大小和空间[40,143]。

6.7.2.2　注意事项

尽管国家有责任保证消费者满足基本需要的权利受到尊重，组织还应该促进这一权利的实现。特别是在国家不能满足人们基本需要的地区，组织应该就其活动对人们满足这些需求的能力产生的影响保持高度敏锐，还应该避免那些损害该能力的行为。

弱势群体作为消费者具有不同的能力(见 6.3.7.2)，弱势群体有亟待处理的特殊需求并且有时需要专门定制的产品和服务，产生特殊需求是由于弱势群体不了解其权利和义务或不能按照他们的认知采取行动，弱势群体不能察觉或者不能评估相关产品或服务的潜在风险从而不能做出平衡的判断。

6.7.3　消费者议题 1：公平的市场营销和合同业务，准确客观的信息

6.7.3.1　议题描述

公平的市场营销、准确客观的资讯以及公平的合同业务以消费者可理解的方式向消费者提供产品和服务的信息，这些信息使得消费者对于消费、购买产品或比较不同产品特征能够做出知情的决定，公平的合同程序旨在通过减少各方谈判能力上的不平衡而保护供应商和消费者的合法利益。负责任地营销涉及提供贯穿整个产品生命周期和价值链的关于社会、经济、环境影响的参考信息，由于供应商提供的产品和服务的详细说明为消费者提供现成的资料，因而在消费者购买决策中发挥着重要的作用。不公平、不全面、误导或欺诈的销售行为和信息可能导致所购的产品和服务不能满足消费者的需要，还导致了资金、资源和时间的浪费[122,124]，甚至会对消费者或环境造成危害。消费者对于“相信谁”和“相信什么”产生困惑，导致消费者信心的下降，这将对更多可持续产品和服务市场行情的增长造成严重负面影响。

6.7.3.2　相关行为和期望

在与消费者进行沟通时，组织应该做到：

——不参与任何欺诈、误导、欺骗性或不公平的、不可了解的或模棱两可的实践活动，包括关键信息的疏漏。

——赞成以透明方式共享相关信息，该透明的方式以消费者了解和比较并做出明智选择为基础。

——清晰地确定广告和营销。

——公开披露总价格和税费、产品和服务的价格情况(包括需要使用的附件)、配送成本等。在提供消费信贷时，组织须提供实际年利率和支付的年百分率等详细说明，包括所有相关成本、支付金额、支付数量以及分期付款的付款日等。

——通过提供有关需求的潜在事实和信息证明组织的主张和断论。

——不使用对性别、宗教、种族、残疾或人际关系方面持有偏见的文本、音频或图片。

——着重关注针对弱势群体利益最大化(包括儿童在内)的广告和营销，并拒绝参与损害其利益的活动。

——提供全面、准确、可理解的销售信息，该信息可通过官方语言或常用语言加以比较，并以下列内容的有关规定为依据：

——产品和服务的所有重要内容，包括金融投资产品，理论上将全部生命周期考虑在内。

——产品和服务在关键质量方面采用标准化的测试程序进行鉴定并尽可能与平均绩效或最佳实践相比较。这些参考信息应受制于其所适应和实用的环境约束，并对消费者提供帮助。

——产品和服务的健康安全方面，例如使用过程中的潜在危险以及在产品生命周期中包含或释放的有毒物质和有毒化学制剂。

——关于产品和服务辅助功能的信息。

——在采用国内销售和跨境销售方式时，包括网络营销、电子商务或邮购订单，应提供组织的所在地地点、通信地址、电话号码和电子邮箱等。

——使用合同时注意：

——用清晰、明确、易于理解的语言进行书写。

——不包含不公平的合同条款，例如不公平的除外责任、单方面改变价格和条件的权利、将破产风险转嫁给消费者或规定合同期过长，避免掠夺性信贷业务，包括不合理的信贷利率。

——提供关于产品价格、特性、付款方式、条件、费用、合同期限和取消期限的明确充分的信息。

6.7.4　消费者议题 2:保护消费者的健康和安全

6.7.4.1　议题描述

这些保护消费者健康和安全涉及提供产品和服务的安全问题及在使用或消费过程中免遭不可接受的风险等问题,保护既涵盖有目的的使用又包括可预见的误用[124,155],包括装配和维护在内的安全使用说明也是保护消费者健康和安全的重要组成部分。

产品和服务对消费者健康和安全的影响可能直接影响组织的声誉。

无论法律安全要求是否适当,组织都应该保证产品和服务的安全。安全包括对潜在风险的预期以规避伤害或危险。当所有风险不能被预见或消除时,组织应该采取包括产品召回在内的措施保护产品安全。

6.7.4.2　相关行为和期望

在保护消费者健康和安全时,组织应该采取以下措施并对那些可能没有能力觉察或估计潜在危险的弱势群体给予特殊的关注(尤其是儿童)。组织应该做到:

——提供在正常和合理可预见条件下使用的、并对用户和其他人以及他们的财产、环境都安全的产品。

——评估健康安全法律、法规、标准及其他规范的适用性以处理所有健康安全问题[1,2,3,34,35]。按照最低要求生产的产品或服务的事故频发率以及降低事故数量和严重性的产品或产品设计的实用性等证据表明:更高的质量要求将会获得更好的保护,因此组织行为应该超越最低限度的安全要求。

——产品进入市场后呈现出未预见的危险并具有严重缺点或包含误导、错误信息时,组织应该停止或召回还在配销链中的产品或服务。组织应使用适当的措施召回产品并利用媒体告知购买产品或使用服务的人群,同时对消费者遭受的损失予以补偿,在价值链中采取可追溯性措施应该是恰当而有用的。

——在产品的设计中减小风险需要通过以下措施:

——对可能的用户群;对程序、产品或服务的有意使用及合理可预见的误用;在产品或服务使用的所有阶段和条件下产生的危害等三方面的内容加以确认,在某些情况下,为弱势群体提供特别订制的产品和服务。

——评估每一个由既定危害造成的对于确定用户或联络小组的风险,包括孕妇在内。

——采用以下优先级顺序降低风险:固定的安全设计、防护装置和用户信息端。

——考虑不同的消费者需要并尊重消费者能力的差异性和有限性以保证产品和服务的合理设计信息,特别是从信息处理过程的时间分配角度考虑。

——在产品生产过程中,避免使用有害化学药品,包括但不仅限于致癌的、诱变的或有毒物质增殖的,具有持续性和生物积聚性的物质。如果包含这类化学药品的产品用于出售,应该明确贴上标签。

——视情况而定,在引进新产品、新技术或新生产工艺之前,应先评估产品或服务对人类健康产生的风险,并在适当的时候制成消费者可用的文件。

——除了文本信息之外,在可能情况下使用标识向消费者传达重要的安全信息,最好采用国际公认的标识。

——指导消费者正确使用产品并对预期使用风险或正常可预见使用产生的风险进行警告。

——采取措施防止产品在消费者使用过程中操作不当或储存不当而变得不安全。

6.7.5　消费者议题 3:可持续的消费

6.7.5.1　议题描述

可持续的消费是指产品或资源以与可持续发展相协调的速度进行消耗的消费。该概念是在《关于环境和发展的里约宣言》[158]第八条原则中被提出的,此概念强调为实现可持续发展和全民生活质量的提高,国家应该减少或消除不可持续的生产消费模式。可持续消费的概念还涵盖了对动物福利的关注,尊重动物的身体完整性并避免残酷行为[175]。

组织在可持续消费中的作用由其提供的产品和服务、生命周期和价值链、提供给消费者的信息属性决定。

由于环境破坏和资源损耗，当前的消费速度显然是不可持续的。消费者可根据准确信息在其购买决策中兼顾道德、社会、经济和环境等诸多因素，因而消费者在可持续发展中发挥着重要的作用。

6.7.5.2　相关行为和期望

为了对可持续发展做出贡献，组织应适时做到：

——促进有效的教育以使消费者了解其所选产品或服务对自身福利和环境的影响，其中如何改变消费模式以及如何做出必要的改变为消费者提供了实用性建议。

——为消费者提供社会有益型和环境有益型产品和服务并兼顾整个生命周期，通过以下措施减小对社会环境造成的负面影响：

——尽可能消除或减小产品或服务对健康和环境造成的负面影响，在少公害和多效益的产品或服务存在的情况下，选择对社会和环境负面影响较小的产品或服务。

——产品设计和包装应使产品易于使用、重复利用、维修或回收，并在可能情况下，提供或建议再循环利用及处理服务。

——倾向于选择有利于可持续发展的供应商。

——以可支付的价格为消费者提供具有较长寿命高质量产品。

——为消费者提供与其产品或服务的生产配送相关的环境、社会因素的信息，这些信息应该是科学可靠、始终如一、真实可信、准确无误、可以比较和可经查证的，包括有关资源效率的信息，并将价值链考虑在内[12-15]。

——为消费者提供有关产品和服务的信息，包括：绩效、对健康的影响、原产国、能源效率（适用），内容或成分（包括适用的转基因生物体和纳米粒子），与动物福利相关的内容（包括适用的动物实验）以及安全使用、维护、储存、产品及其包装的处理等。

——采用可靠有效并独立认证的标识方案或其他认证方案，例如生态标签或审计活动，就环境、能源效率、其他产品和服务的有益于社会环境的特性等内容进行沟通[13-15]。

6.7.6　消费者议题4：消费者服务、支持、申诉及争端解决

6.7.6.1　议题描述

消费者服务、支持、申诉及争端解决是组织用以解决售出产品或提供服务后处理消费者需求的机制。该机制包括正确的安装、品质保证、使用中的技术性支持以及返还、修理和维修的条款。

未能提供满意效果的产品或服务（包括缺陷、故障和误用）可能侵犯消费者权利以及造成资金、资源和时间的浪费。

产品和服务的提供者可以通过提供高质量的产品和服务以增加消费者满意度并减少投诉数量，他们就正确使用以及故障的追索和补救等问题提出明确建议，他们还能够通过用户调查监督其售后服务、援助的效率以及争端解决程序。

6.7.6.2　相关行为和期望

组织应该做到：

——通过向消费者提供在特定时期内退回产品或取得其他适当补偿的选项，采取措施减少投诉，包括那些通过远程购买获得产品的消费者。

——复查投诉并改善回应消费者的业务。

——在合适情况下，为消费者提供超过法律担保期限并适用于产品预期寿命的担保。

——明确告知消费者如何获取售后服务和支持，如何采用争端解决机制和赔偿机制[5,6]。

——提供适当有效的支持和建议体系。

——以合理价格、易到达的地点提供维护和修理服务，并为产品备用配件的预期可用性提供易获信息。

——所采用可替代的争端解决机制、冲突调解机制和补偿程序以国家标准或国际标准为基础，消费者[5,6]可以免费或最小成本使用这些程序，此外这些程序不要求消费者放弃自身权利而诉诸法律。

专栏 12——消费者争端解决

在国际标准化组织质量管理标准体系中包含 3 个指南标准的规范组合，它们是关于：消费者满意度规范（用以减少消费者投诉的发生可能性）；投诉处理和外部争端解决（适用于无法在组织内部解决争端的情况）。综合来看，这 3 个标准都为消费者投诉的预防、处理、争端解决提供了系统的方法。根据组织的需要和情况的不同，组织可以采用 3 个或者多个标准，这些标准中的指导条款帮助组织履行为消费者提供补偿和表达权的义务。这些标准分别是：

——ISO 10001 质量管理——消费者满意度——组织行为指导规范[4]。该国际标准在发展和实施有效、公平、准确的行为准则方面为消费者提供帮助。

——ISO 10002 质量管理——消费者满意度——组织投诉处理指南。该国际标准为组织在如何公平、有效地处理有关产品和服务的投诉等问题上提供指导[5]。

——ISO 10003 质量管理——消费者满意度——组织外部争端解决指南[6]。该国际标准处理那些组织不能通过内部争端解决机制处理的投诉。

6.7.7 消费者议题 5：保护消费者资料和隐私

6.7.7.1 议题描述

消费者资料保护和隐私旨在通过限制所采集信息的类型以及限制信息获得、使用和保护的途径这两种方式来保护消费者的隐私权。电子通信（包括金融交易目的）和基因测试使用量的增加以及大型数据库的发展促使人们开始关注有关如何保护消费者隐私（特别是个人身份信息）的问题。

组织凭借严格的获取、使用、保护系统用以保护消费者资料，同时还有利于组织维护信誉和消费者信心。

6.7.7.2 相关行为和期望

为防止个人信息的采集和处理遭受隐私侵害，组织应该做到：

——无论个人资料信息对产品和服务的提供确有必要还是消费者知情并自愿同意，组织都应该限制对消费者个人信息的采集。

——避免利用服务或宣称特价优惠方式与消费者达成协议，视为消费者同意将其不愿意透露的信息用作市场营销目的。

——仅通过合法、公平的渠道获取资料。

——无论是在信息采集前还是在信息采集过程中，都应向消费者指明其信息已被采集。

——除非消费者指明使用范围，否则不能公开利用或以其他途径使用消费者信息，其中也包括销售信息，经消费者知情并自愿同意或符合法律规定这两种情况除外。

——无论组织所掌握的信息是否与消费者有关，组织都应该向消费者提供依法查证和质询的权利。如果质询成立，组织就应适当地清除、纠正、完善或修订这些信息。

——利用适当的安全措施保护个人资料。

——公开与个人信息有关的发展、实践、政策，并提供建立个人信息存在、属性、主要用途的易得途径。

——公开组织内部负责信息保护的员工的身份及通常所在地（有时称数据管理员），并保证该数据管理员遵守以上措施和相关法律规定。

6.7.8 消费者议题 6：获取必要服务

6.7.8.1 议题描述

尽管国家有责任保证公民满足基本需要的权利得到尊重，但仍然存在许多权利不能受到国家保护的地区和情况。即使是在满足基本需要的权利(例如医疗保健)得到保护的地区,也不能充分获得必要的公共服务,如电、汽油、水、污水处理服务、排水系统、污物和通信等,组织应促进这些权利的全面实现[155]。

6.7.8.2　相关行为和期望

提供必要服务的组织应该做到:

——不应在未给消费者提供合理时间缴费的情况下中止未交费的必要服务,此外也不应无视缴费与否而集体中止服务惩戒所有消费者。

——无论情况允许与否,组织在设定价格、费用时为消费者提供针对困难人群发放补助的税费表。

——以公开透明的方式向消费者提供与价格、费用制定有关的信息。

——扩展覆盖范围并在非歧视条件下为所有消费群体提供相同质量和水平的服务。

——以合理公平的方式对供应的削减和中断实施管理,避免歧视任何消费群体。

——进行系统维护和升级以防止服务中断。

6.7.9　消费者议题 7:教育和意识

6.7.9.1　议题描述

教育和主观能动性能确保消费者充分了解和意识到其权利和责任,更可能扮演积极主动的角色并作出明智的购买决策和负责任的消费行为。城乡弱势消费群体(包括低收入消费者和低文化水平消费者)对于强化教育和加强意识有特殊的需要。无论组织与消费者是否签有正式合同,组织都应该保证消费者对其所有适用的权利义务能充分获知。

消费者教育的目的不仅是传输知识,还要使消费者能够应用这些知识,这些教育包括提升评估产品和服务的技巧并做出比较的能力。消费者教育旨在提升关于消费决策对其他人或可持续发展造成影响的意识,如果消费者在产品和服务使用过程中受到伤害,对消费者实施过教育并不能够免除组织的责任。

6.7.9.2　相关行为和期望

在教育消费者时,组织应适当处理以下内容:

——健康和安全,包括产品危害。

——关于相应法律法规的信息,获得赔偿的方式,行政机构和组织保护消费者的途径。

——在产品使用手册和操作说明书上显示产品和服务的标签、资料。

——基本服务在重量、尺寸、价格、质量、信誉状况、实用性方面的信息。

——与使用和必要防护相关的风险信息。

——金融投资产品和服务。

——环境保护。

——材料、能源、水资源的有效使用。

——可持续的消费。

——合理处置包装材料、废弃物和产品。

6.8　社区参与和发展

6.8.1　社区参与和发展概述

目前广为认可的观点是组织与其运营的社区存在关系。这种关系应该建立在社区参与的基础之上,这样有利于对社区发展做出贡献。

无论是以个人形式参与还是通过协会组织参与以促进公共事业,社区参与都有助于稳固公民社会,组织以尊重态度与社区及其机构进行接洽反映并强化了民主公民价值观。

本条款中的社区是指位于组织所在地或其影响区域内物理距离接近的居民定居点或其他社区定居

点。这些受到组织影响的区域和社区成员数量取决于具体的情况，特别是取决于影响的大小和性质。但是，通常社区术语也可以理解为具有共同特征的人群，例如涉及特定议题的“虚拟”社区。

社区参与和社区发展都是可持续发展不可分割的组成部分。

社区参与超越了与组织活动影响相关的利益相关方的识别和参与范畴，它还包括支持和构建社区关系。重要的是社区参与必须承认社区的价值，组织的社区参与源于对以下观点的认可：组织是社区的利益相关方并与社区享有共同利益。

组织对社区发展的贡献有助于提升社区的福利水平，通常理解的发展是全民生活质量的改善。社区发展并不是线性过程，而是一个存在差异性利益和矛盾性利益的长期过程。历史特性和文化特征使得每一个社区都是独一无二的，并影响了社区未来的发展潜力。社区发展受社会、政治、经济、文化等诸多因素综合作用，并取决于所参与社会力量的特征。社区中的利益相关方可能享有不同的甚至矛盾的利益，承担社会责任对于提高社区福利这一共同目标是十分必要的。

关于组织促进社区发展的议题包括通过扩大经济活动和改善技术发展以创造就业岗位这方面的内容。组织可以通过社会财富的投资促进社区发展以及利用当地经济发展活动创造收益；拓展教育和技能培训发展项目；发扬和保护文化和艺术事业；提供和/或推进社区医疗服务等。社区发展包括强化在社区、集体论坛、文化社会环境项目、当地机构间的网络联系等方面的机制。

当社区的社会力量以非歧视立场努力促进公众参与并追求全民权利平等和生活水平的提高时，社区发展通常进入了高级阶段。它既是一个考虑社区现有关系的内部过程又克服了权利实现所面临的障碍，此外社区发展的加强通过社会责任行为实现。

促进社区发展的社会投资维持和加强了组织和社区的关系，这些投资也许与组织的核心运作活动有关，也许与组织的核心运作活动无关。（见 6.8.9）

本章节中讨论的行为可理解为慈善事业，然而单独的慈善活动并不能达成将社会责任融入组织的目标。（见 3.3.4）

6.8.2　原则和注意事项

6.8.2.1　原则

除了条款 4 中论及的社会责任原则外，以下具体原则对于社区参与和发展也适用。组织应该：

——在处理社区参与和发展问题时，组织应该将自身视为社区的一部分，而不是置身事外。

——认可和充分考虑社区成员的权利以便做出与社区有关的决策，并以社区成员选定的方式追求其资源和机会的最大化。

——在与社区接洽互动时，认可和充分考虑社区的特点，如文化、宗教、传统和历史。

——认可通力合作进行工作的价值，支持经验、资源和成果的交换。

6.8.2.2　注意事项

《哥本哈根宣言》[157]意识到处理重大社会挑战的迫切需要，特别是贫困、失业和社会排斥。《哥本哈根宣言》和《行动计划》向国际社会承诺：征服贫困、达成充分生产的目标、提供合理的薪酬、自由地选择就业、促进社会融合。

《联合国千年宣言》[153]制定了有助于解决世界主要发展难题的适当目标（见专栏 13）。《联合国千年宣言》着重强调：尽管发展主要是由公共政策主导和驱动的，但发展的进程还有赖于所有组织的积极参与和贡献，社区参与有助于促进这些目标在地方水平上的实现。

《环境与发展的里约宣言》[158]介绍了《21 世纪议程》，该议程是一个发展综合行动计划的过程，该计划由组织在人类活动对社会和环境造成影响的所有地区进行局部实施。

专栏 13——千年发展目标

《千年发展目标》(MDGS)[153]是截至 2015 年应对世界主要发展挑战所要达到的 8 项目标。《千年发展目标》出自《联合国千年宣言》中所含的行为和目标。

这 8 项目标分别是：

1. 消灭极端贫穷和饥饿
2. 普及小学教育
3. 促进两性平等并赋予妇女权力
4. 降低儿童死亡率
5. 改善产妇保健
6. 与人类免疫缺陷病毒/获得性免疫缺陷综合症、疟疾以及其他疾病对抗
7. 确保环境的可持续能力
8. 全球合作促进发展

《千年发展目标》分解成 18 个可量化目标，通过 48 个指标进行衡量。

组织在参与社区时应考虑支持公共政策，这将为组织提供预期效果最大化的机会。而预期效果依托优先事项的共同愿景及合作关系的共同理解，从而促进可持续发展。

组织通常参与合作关系并与其他组织结盟以保护和推进其自身利益。然而，这些结盟协会应该在尊重其他采取相同行为的群体和个人的权利的基础上代表其成员的利益，同时他们还应该以遵守法律法规和民主进程的方式进行运作。

在决定社区参与和发展的程序步骤之前，组织应该对社区的潜在影响进行调研，并部署弱化消极影响、优化积极影响的方案。

在为社区的参与和发展制定计划时，组织应该寻求机会与广泛的利益相关方(见 4.5，5.3 和条款 7)进行接洽。此外，认可、商议并尽可能地支持弱势的、被社会边缘化的、遭受歧视的或不被代表的群体是至关重要的。

组织参与和发展的最重要区域取决于具体的社区情况以及每个组织带给社区的独特的知识、资源和能力。

通过将社区参与的理念融入组织决策和活动，组织能够弱化或避免负面影响，促进活动利益最大化和社区内的可持续发展。组织还可针对社区参与使用其固有的技术基础。(见专栏 14)

专栏 14——通过组织核心活动促进社区发展

组织核心活动能够通过以下途径促进社区发展：

——销售农业设备的企业可以提供农业技术培训。

——计划修筑道路的企业可以在设计阶段参与社区以确定如何修路能够兼顾社区的需要。

——贸易协会可以使用其会员关系网络向社区传播健康方法。

——为满足自身需要建造自来水净化工厂的大量用水企业还可以为社区提供清洁水资源。

——在僻远地区运作的环境保护组织可以从当地商家或生产者处购买满足其活动需要的物资。

——休闲俱乐部可以允许社区中的未受教育的成年人使用其用于教育活动的设施。

组织可能面临人道主义危机或其他破坏社区生活的威胁境况，加剧了经济社会方面的社区问题并可能增加人权侵犯的风险(见6.3.4)，这些境况的典型举例包括食品安全危机、自然灾害(如洪涝、干旱、海啸和地震)、人口流离失所、武装冲突。

组织及其影响区域内的活动、合作伙伴或利益相关方应该为减缓这些情况做出贡献，或出于单纯的人道主义而愿意这样做。从灾害援助到灾后重建，组织可通过多种途径做出贡献。在任何情况下，人类的苦难都应该得到解决，在既定条件和多数人群中，对最弱势群体(如妇女和儿童)予以特殊的关注。组织应该尊重和支持所有受害者的尊严和权利。

在危机情形中协调应急是十分重要的，因此与公共政府部门、相应的国际人道主义组织以及其他相应实体合作显得至关重要。

6.8.3 社区参与和发展议题1:社区参与

6.8.3.1 议题描述

社区参与是组织对于社区的主动外延，旨在预防和解决问题，培养组织与当地组织及利益相关方之间的合作伙伴关系并促使组织成为一名优秀的社区组织公民，但它并不能取代组织对于社会环境造成的影响应承担责任的要求。组织可通过参与和支持民间机构或通过参与民间团体的群体或个人网络来对社区做出贡献。

社区参与还有助于组织熟悉社区需要及其优先考虑事项，以便组织在关于发展方面的或其他方面的努力能够与社区和社会的这些需要和重点相协调。组织可能通过参与当地政府部门和居委会建立的论坛或通过自行建立这样的论坛来实现社区参与。

一些传统的或土著的社团、邻里协会或互联网络不需要组成正式的组织就能表达其意愿。组织应该意识到包括正式和非正式在内的多种形式的能够促进发展的群体的存在，同时组织还应该尊重这些群体的文化权利、社会权利、政治权利。

社区参与鼓励组织遵守法律法规，并遵守参与性程序以尊重人权并对其他人表达或维护其自身利益的观点给予充分考虑。

6.8.3.2 相关行为和期望

组织应该：

——组织应该在决定社会投资和社区发展活动等重大事件时咨询社区团体代表。

——组织应该就影响社区发展的条款和条件等内容咨询社区并适应社区需要，磋商应该以全面、准确、可用的信息为基础并在项目开发之前进行[154]。

——尽可能适时参与当地的协会，并以促进公益事业和社区发展为目标。

——和当地政府官员和政治代表保持透明的关系，避免贿赂或不适当的影响。

——鼓励和支持人们做社区服务志愿者。

——促进政策规划以及发展项目的建立、实施、监督和评估。在此期间，组织还应尊重人权并对其他人表达或维护其自身利益的观点予以充分考虑。

6.8.4 社区参与和发展议题2:教育和文化

6.8.4.1 议题描述

教育和文化既是社会经济发展的基础，又是社区本身的组成部分。与尊重人权共存的文化保护和发扬、教育推广等事业对社会凝聚力和社会发展产生积极的影响。

6.8.4.2 相关行为和期望

组织应该采取以下行动：

——促进和支持各层次教育水平的提升，采取改进教育质量和增加受教育机会的相关行动，提高各地区知识水平，并协助做好扫盲工作。

——特别注意增加弱势群体或受歧视群体的学习机会。

——鼓励儿童接受正规教育并推进儿童教育障碍的清除工作(例如童工)[135]。

——适当推进文化活动，认可并重视当地文化及文化传统，并与尊重人权的准则相一致。对允许历史性弱势群体参加文化活动的行为表示支持，可以作为对抗歧视的手段。

——开展人权教育并促进人权意识的提升。

——保存和保护文化遗产，特别是在组织活动对文化遗产造成影响的情况下。

——适当促进原著社区传统知识和技术的应用。

6.8.5 社区参与和发展议题 3:创造就业机会和发展职业技能

6.8.5.1 议题描述

就业是与经济社会发展密切相关的国际公认的目标，通过创造就业机会，所有组织无论大小均能为降低贫困程度、促进经济社会发展做出贡献。在创造就业机会时，雇主应该考量 6.3 和 6.4 中所述的相关准则。

职业技能的提升既是职位晋升、帮助员工获得体面而富有成效工作的必要组成部分，又对经济社会发展至关重要。

6.8.5.2 相关行为和期望

组织应该做到：

——分析投资决策对就业机会的影响，在经济条件可行的情况下，通过进行直接投资以缓解贫困状况。

——考虑到技术选择对就业机会的影响，就长期而言在经济条件可行的情况下，选择那些能最大限度提高就业机会的技术。

——在进行决策的组织内部或受决策影响的组织外部，考量外包决策对就业机会的影响。

——权衡创造直接就业机会而非采用临时工作计划的利益。

——参与当地的或国内的技能发展项目，包括学徒项目、特殊弱势群体项目、终生学习课程、技能认证方案等。

——协助技能发展项目欠成熟地区的发展和完善，尽可能与社区其他组织结成伙伴关系。

——对弱势群体关于就业及职业能力建设给予特殊的关注。

——帮助改善必要的结构条件以创造就业机会。

6.8.6 社区参与和发展议题 4:技术的发展及其应用

6.8.6.1 议题描述

为了推动经济和社会的发展，社区及其成员至少必须安全地使用现代化技术。组织可通过应用专业化知识促进社区的发展，并采用这样的技能和技术用以推动人力资源的发展和技术的扩散。

信息和通信技术具有当代生活的特征并成为许多经济活动的价值基础。信息获取是克服国家、地区、代沟、性别之间差距的关键，组织可通过培训、合作及其他方式促进信息获取渠道的完善。

6.8.6.2 相关行为和期望

组织应该：

——组织应该促进有助于社区解决社会环境问题的创新型技术的发展。

——促进容易规格化的并对根除贫困饥饿产生积极影响的低成本技术的发展。

——经济上可行的情况下，发展具有潜力的本土的传统知识和技术，同时保护社区对这些知识技术所享有的权利。

——与诸如高等院校、研究实验室等组织机构建立合作关系，用以加强社区合作伙伴在科学技术方面的发展，并雇佣当地人员从事此项工作。

——采取允许技术转让和扩散的行为，在经济可行且条件适宜的情况下，组织应当为授权许可或技术转让制定合理的条款和条件以便促进当地发展，重视和加强社区管理技术的能力。

6.8.7 社区参与和发展议题 5:创造财富和收益

6.8.7.1 议题描述

社区中竞争性和多样性的企业和合作团体在创造财富方面起决定性作用。组织可帮助营造一种促进企业家成长的氛围并为社区带来持续的利益，组织可通过企业家项目、当地供应商发展、社区成员就业等为财富和收入的创造做出积极的贡献，还可通过巩固那些促进社会经济福利或产生社区利益的经济资源和社会关系达到此目的。此外，通过为地方财富和收益的创造提供帮助，促进经济利益在社区成员间的均衡分配，组织在降低贫困水平方面也发挥举足轻重的作用。由于社会各界广泛认可女性权力对社会福利起到极大的促进作用，因此企业家项目和女性合作团体显得尤为重要。

财富和收益的创造还依赖于经济活动利益的公平分配，政府依靠组织履行税收义务以获取税收收入从而处理关键的发展问题。

在多数情况下，社区在物质、社会、经济方面的孤立会对其发展造成阻碍，组织可通过将当地居民、团体、组织融入其活动或价值链的方式在社区发展中发挥积极的作用，这样考虑社区发展就成为组织核心活动的主要组成部分。

组织应依照法律法规促进发展，在某些情况下，社区团体在履行预期法律体制方面的失败是贫困或发展水平不高导致的结果。在这些情况下，与运作在法律体制之外团体有关的组织应该以减轻贫困和促进发展为目标，组织应努力创造机会以确保上述团体实现更高水平、更全面的法律一致性，特别是关注经济关系的法律。

6.8.7.2 相关行为和期望

组织应该做到：

——考虑进入或退出社区后对经济、社会造成的影响，包括对社区可持续发展所需的的基础性资源的影响。

——支持合适的倡议行为方案以刺激社区中现存经济活动的多样化。

——给予当地产品和服务供应商优先权，并尽可能促进当地供应商的发展。

——着手从事倡议行动以加强当地供应商的供应能力并为其增加机会从而促进价值链的发展，并对社区中弱势群体给予特殊关注。

——在适当法律框架内协助组织运作。

——由于有些组织发展水平低，在满足法律要求方面存在困难，组织应考虑与这些组织共同参与经济活动，困难表现在：

——解决贫困问题的目标。

——尊重人权的组织活动，以及组织将会始终如一地依法从事各项活动的合理预期。

——在提高生产力和推进企业精神方面推广长期项目并促进社区成员的合作关系，尤其是指创办企业和合伙组织的女性及其他社会弱势群体。这类项目列举如下：提供商业策划、市场营销培训；获取供应商资格的质量标准；管理和技术方面的援助；获取合资企业的资金便利。

——鼓励可用资源的有效使用，包括照顾家养动物。

——采用合适的方式为社区组织争取更多简单易得的采购机会，例如符合技术规范的能力建设、获取有效采购信息等。

——支持为社区提供所需产品和服务的组织或个人，这样不仅能为当地居民提供就业岗位，还能与有益于社区福利的当地、区域、城市等市场建立联系。

——采用合理的方式帮助以社区为基础的企业家协会的发展。

——履行税收义务并为政府当局提供必要信息以正确制定应交税款额度。

——促进员工退休金和养老金的发放。

6.8.8 社区参与和发展议题6:健康

6.8.8.1 议题描述

健康是社会生活的必要组成部分，也是广为认可的人权，威胁公共健康的因素会对社区造成严重影响并阻碍其发展。因此，所有组织无论大小都应尊重健康权并据其情况以适当方式促进健康水平的提升、加强健康威胁及疾病的防治以及减轻对社区的危害(见6.4.6,6.5和6.7.4)，其中还包括参与公共健康活动。在可能且必要的条件下，加强和支持公共服务以改善医疗服务的使用。即使是在国家提供公共医疗体系的情况下，所有组织也应考虑对社区健康做出贡献。健康的社区可为公共职能部门减轻负担并对良好的经济社会环境起到促进作用。

6.8.8.2　相关行为和期望

组织应该：

——力求消除生产过程以及组织所供商品或服务对健康造成的负面影响。

——通过以下措施促进身体健康，如获取药物和接种疫苗；倡导健康的生活方式，包括体育锻炼和良好的营养；疾病的早期检测；提高避孕意识；不鼓励对非健康产品和药物的消费，对儿童营养予以特殊关照。

——提高健康威胁意识以及重大疾病及其预防的意识，例如人类免疫缺陷病毒/获得性免疫缺陷综合症、癌症、心脏病、疟疾、肺结核、肥胖症等。

——支持长期普遍的基本医疗健康服务、清洁水、适当的卫生设施的使用以疾病的预防。

6.8.9　社区参与和发展议题 7:社会投资

6.8.9.1　议题描述

当组织将其资源投资到旨在改善社区生活水平的行动方案和项目中时，社会投资便由此发生。社会投资的形式包括与教育、培训、文化、医疗健康、工薪阶层、基础设施建设相关的项目、改进信息的获取路径或其他可能促进经济或社会发展的活动。

在确定社会投资机会时，组织贡献应该与社区运作的需要和重点相匹配，将当地或国家政策制定者所设重点项目考虑在内。信息共享、磋商、谈判作为确定和实施社会投资的参与方式是颇有成效的工具。

社会投资不包括慈善行为，如津贴、志愿活动和捐赠。

组织还应该鼓励社区参与到项目的规划和实施中，从而避免组织不再参与该项目时，项目仍然可以生存并蓬勃发展。社会投资应该重点发展长期可行并有利于可持续发展的项目。

6.8.9.2　相关行为和期望

组织应该：

——考虑在规划社会投资项目中促进社区发展，采取一切措施拓展公民的参与机会，例如通过增加当地的采购、外包以支持地方发展。

——避免持续的参与或支持行为以防止社区对组织慈善活动产生依赖。

——评估组织目前与社区相关的行动方案并向社区和组织内部人员提交报告以确定需要改进之处。

——同其他组织（包括政府、企业、非政府组织）合作以最大限度增加协同效应并充分利用互补的资源、知识和技能。

——开发为弱势群体、受歧视群体、低收入人群提供食物和其他生活必须品的项目，并重视这些群体在能力、资源、机会方面提升的重要性。

条款 7　社会责任融入组织指南

7.1　概述

本国际标准之前所述条款已经阐述界定了社会责任原则、核心主题和相关议题，本条款对组织贯彻落实社会责任提供指导。在多数情况下，尽管有些活动很可能采用新的方法执行或考虑更广泛因素，但组织仍然可以依赖现行体系、政策、组织结构和网络落实社会责任。

有些组织已经具备既定的将新方法引入组织决策和活动的技术，还具备有效的沟通体系和内部审查机制，而有些组织可能拥有针对组织管理或社会责任其他方面欠完善的系统。无论组织起点如何，以下准则都旨在为所有组织提供帮助以使社会责任融入其运作方式中(见图 2.4)。

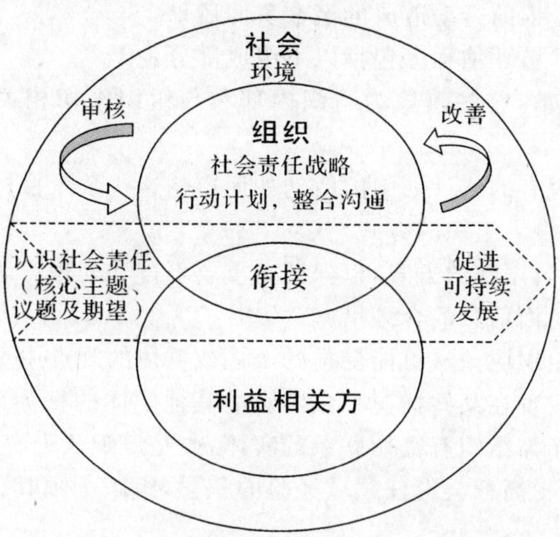

图 2.4 社会责任融入组织

7.2 组织特征与社会责任之间的关系

为了给社会责任融入组织提供充分的信息基础，组织了解其关键特性与社会责任如何关联是颇有成效的(见条款 5)。这种审核将有助于组织决定每个核心主题的相关社会责任议题以及确定组织的利益相关方。该审核机制包括以下必要因素：

——组织的形式、目标、运作属性和规模。

——组织运营所在地地点，包括：

　　——是否具备调控社会责任相关决策活动的强有力法律机制。

　　——运营区域的社会、环境、经济特点。

——组织关于社会责任的历史性绩效信息。

——组织工作场所或员工的特点，包括合同工在内。

——组织所参与的区域组织群，包括：

　　——由这些组织举办的与社会责任相关的活动；

　　——由这些组织促使批准的社会责任相关规范或其他要求。

——组织自身的使命、愿景、价值取向、原则信念和行为准则。

——关注与社会责任相关的内部和外部的利益相关方。

——组织决策制定的结构和性质。

——组织的价值链。

组织领导阶层了解社会责任的态度倾向、承担社会责任的程度、社会责任的理解等方面的内容是至关重要的，透彻理解社会责任原则、核心主题和收益将会给社会责任融入组织及其影响区域提供最大限度的帮助。

7.3 理解组织社会责任

7.3.1 严格评估

社会责任背景下的严格评估是一个复杂而主动的过程，该过程用以确定组织决策、活动在社会、环境、经济方面的现存的或潜在的负面影响，并以避免或减轻这些影响为目的。

当组织发现某些人导致与组织相关的侵犯人权或侵犯其他权利等违规行为时，严格评估也会对这些人的行为产生影响。

在严格评估程序中，组织应该考虑运营地或活动发生地的国家环境：组织活动的潜在影响和现实影响；与组织密切相关的实体或个人的行动造成的潜在负面后果。

视组织规模和环境而定，严格评估程序包括以下组成部分：

——与核心主题相关的政策，这些政策为组织内部和与组织密切相关的其他组织提供意义深远的指导。

——评估方式，用于评估现有的或计划中的活动如何影响这些政策目标。

——将社会责任核心主题融入组织的方式。

——根据时间推移进行绩效跟踪的方式，以保证对重要事件和处理方法做出必要的调整。

——处理组织决策、活动负面信息的合理措施。

对潜在区域进行识别时，组织应该从可能受损的个人或群体的观点中更好地了解挑战和困境。

就自我评估而言，组织会发现在某些情况下试图影响其他实体的行为以提高实体在社会责任方面的绩效是可行且合理的，特别是指与组织有密切联系的实体，或是组织认为有些议题特别引人注意或与组织情形相关的情况。随着组织在提高社会责任领域经验的积累，组织干预其他组织拥护其目标的能力和意愿也会随之增加。

7.3.2　确定组织核心主题及其议题的相关性和重要性

7.3.2.1　确定相关性

所有的核心主题而非所有的议题都与每一个组织具有相关性，组织应该审查所有核心主题以确定与之相关的议题。

为启动确认程序，组织应该视情况做到以下几点：

——列出全面的活动清单。

——确定利益相关方（见 5.3）。

——确定组织及组织影响区域范围内其他组织的活动，确定供应商和承包商的决策、活动会对组织社会责任产生的影响。

——当组织及其影响区域内的其他组织和/或价值链开展活动时，确定这些活动将会涉及哪些核心主题和议题，并将所有适用法规考虑在内。

——调查组织决策、活动对利益相关方和可持续发展造成影响的方式类型。

——调查利益相关方和社会责任议题对组织决策、规划造成影响的方式类型。

——确定所有与组织日常活动相关的社会责任议题，同时还包括仅在特定情况下出现的活动。

尽管组织自我认为已经理解社会责任（见 5.2.3），仍然应该重视确认程序中涉及的利益相关方以拓展核心主题及议题的视野。然而，即使利益相关方未能确认相关议题，但仍然应该意识到议题相关性依然存在。

在某些情况下，组织可能假定：由于组织在处理社会责任核心主题的法律环境中运作，因此符合法律规定就足以保证所有该主题的相关议题都得到有效处理。仔细审核核心主题及其议题的内容在条款 6 中有所显示，部分议题并未做出规定或包含在不能被充分执行、不够清晰明确、不能充分详述的法律法规中。

即使法律中包含了核心主题或议题，对法律精神的响应在某些情况下还涉及简单合规外的行为。例如，尽管环境法律法规将空气污染物或水污染物的排放限制在特定数量或水平上，组织仍然应该采取最优实践以进一步减少这类污染物的排放或改变使用程序以完全消除这类污染物的排放。其他举例包括：学校自愿决定重复利用雨水作为冲洗厕所之用；医院决定不仅要符合关于劳工实践的法律法规，还要启动特殊项目以维持个人工作生活的平衡。

7.3.2.2　确定重要性

一旦确定了与组织决策、活动相关的议题范围，组织就应该仔细审视所确定的议题并制定一系列标准以确定具有最显著重要性并对组织最重要的议题。参考标准如下：

——议题对利益相关方和可持续发展的影响程度。

——对议题采取行动或不采取行动的潜在影响。

——利益相关方关注议题的程度。

——确认与这些影响有关的负责任行为的社会期望。

通常认为需要重点考虑的问题往往是指那些不符合法律规定、不符合国际行为规范、并存在潜在的人权侵犯的问题。例如，危害生命或健康的行为；对环境产生严重影响的行为。

7.3.3 组织的影响范围

7.3.3.1 评估组织的影响范围

组织影响源于以下几个方面：

所有权与管理——这包括所有权或相关组织管理主体代表的性质和范围。

经济关系——这包括经济关系的范围以及对于任何组织经济关系的相对重要性；这种关系对于一个组织的重要性越大，则对其他组织产生的影响也就越大。

法律/政治权力——例如，该权力建立在具有法律约束力的合同明文规定存在或建立在法律授权存在的基础上，该授权给予组织资格将某些行为强加于他人。

公众舆论——这包括组织影响公众舆论的能力，以及公众舆论对这些组织的影响。

组织的影响力可能依赖于诸多因素，包括地理接近程度、作用域、组织关系的长度和稳固程度等。

7.3.3.2 发挥影响力

无论是加强对可持续发展的正面影响还是减小其负面影响，或者两者皆有，组织都能够对其他组织发挥影响力。在评估影响范围和确定责任时，组织应该实施严格审核。

发挥影响力的措施包括：

——制定合同条款或奖励措施。

——组织的公开声明。

——与社区、政治领导人和其他利益相关方合作。

——做出投资决策。

——共享知识和信息。

——实施合作项目。

——开展负责任地游说活动并利用媒体关系。

——促进良好的实践活动。

——与行业协会、组织和其他机构建立合作伙伴关系。

组织应该考虑到环境治理、社会管理、组织管理等方面的内容，还应考虑到与组织有关或力求与之有关的社会责任。

组织可通过其决策、活动以及向利益相关方提供基于这些决策活动的信息等途径对利益相关方产生影响。

组织发挥影响力常常受到道德行为原则和其他原则、社会责任实践等准则的指导约束（见条款 4 和条款 5）。在发挥影响力时，组织应首先考虑参与旨在提高社会责任意识并鼓励社会责任行为的沟通对话。如果对话效果不佳，组织应考虑其他选择，包括改变关系的性质。

当组织对其他人具有实质控制力时，该组织履行的责任应该与组织正式控制情况下所履行的责任相似。实质性控制是指即使组织没有合法正式的机构，仍然有能力支配其他团体的决策活动。

7.3.4 确立重点事项

组织应该确定并致力于有关社会责任融入组织及日常活动的重点事项，这些重点事项以重要相关议题为依据（见 7.3.2）。利益相关方应该参与重点事项的确立工作（见 5.3），其中这些重点事项可能会随着时间的推移而有所变化。

组织应该考虑以下内容以判定处理问题的行为是否为优先重点考虑项目：

——组织在遵纪守法、国际标准、国际行为规范、最新水平的最优实践等方面的当期绩效。

——该议题是否会对组织实现其重要目标的能力产生明显影响。

——参照组织执行所需资源，相关行为的潜在影响。

——达成预期效果的时间跨度。

——如果未能快速解决问题，是否存在显著的成本影响。

——执行进度的放缓或加速与组织内部社会责任意识的提升和社会责任行为动机有关。

优先考虑事项的顺序会因组织不同而有所差别。

除了设置优先事项并立即采取行动以外，组织还应基于与决策、活动相关的议题以及组织未来预期执行的活动这两方面的内容设置优先选择事项，未来预期执行的活动包括房屋建设、招聘新员工、雇佣承包商或开展筹款活动等，优先考虑的事项将成为组织未来活动计划的组成部分。

优先考虑事项应该根据组织情况定期审查和更新。

7.4 社会责任融入组织的实践

7.4.1 提升社会责任意识和构建社会责任能力

将社会责任嵌入组织各部分涉及组织各阶层对于社会责任的承担和理解等内容。在从事社会责任建设的早期阶段，组织对于社会责任意识的建设应该建立在加强社会责任内容理解的基础之上，其中包括对原则、核心主题及议题的理解。

承担和理解应该从组织高层做起，对社会责任收益的理解在培养组织领导阶层承担义务方面发挥着主要的作用，应该致力于培养组织领导阶层对社会责任内涵和益处的透彻理解。

相较其他员工和部门，组织中的部分员工和部门可能会对采取社会责任行为更感兴趣并更易接受，组织会发现将最初的努力集中在这些易于接受的区域以证明社会责任的实践意义是颇有成效的。

尽管在组织内部营造社会责任文化氛围耗时很长，但许多组织通过系统地执行并从现有文化价值观念着手都收到了良好的效果。

建设社会责任实践的执行能力涉及一些诸如利益相关方参与的活动领域，还涉及强化和提高组织技能以促进核心主题知识的应用和理解。利用组织内部人员现有的知识和技能获益，根据情况的不同，这些措施包括在供应链中构建能力并培训管理者和员工，其中对于某些议题的特殊培训也效果显著。

为使社会责任有效地融入组织，组织有必要在决策程序、趋于自由化的管理、提出新方法新概念的职能部门及其主动性等方面作出改变，同时有必要改进其监督和评测绩效情况的工具。

教育和终身学习是提高社会责任意识和构建社会责任能力的核心内容。就这一点而言，针对可持续发展的教育是通过鼓励人们重视积极主动行为[162]的价值而为人们处理社会责任问题指明新的方向。

7.4.2 制定组织社会责任方向

组织领导层的观点和行动以及组织的目标、愿望、价值观念、道德准则和战略为组织制定了方向。为使社会责任成为组织运作中重要而有效的部分，组织应该在其各个环节中反映社会责任。

组织应该把社会责任作为其政策、组织文化、战略、结构、运营不可分割的组成部分，以便制定发展方向。部分参考做法如下：

——与社会责任影响组织活动方式有关的愿景或愿景宣言。

——参照社会责任重要内容，基于具体、明确、简约的目标或宗旨进行整合，社会责任内容包括有助于确定组织运作方式的社会责任原则和议题。

——采用书面的行为规范或道德准则，这些规范或准则通过将原则和价值观转化为适当的行为声明以指明组织对于社会责任的承诺，它们应该以条款 4 所述的社会责任原则和条款 6 所述指南为依据。

——社会责任作为组织战略关键构成要素，通过将其融入组织系统、政策、程序和决策制定行为中加以实现。

——将关于核心主题和议题的优先行动事项转化为可操纵的战略、进程和时限等目标。目标应该是具体的、可衡量的或可验证的，利益相关方投入对于协助上述过程应该是有价值的。实现这一目标的具体计划（包括责任、时限、预算、对其他组织活动的影响）应该作为确立目标战略的重要元素。

7.4.3 在组织管理、体系、程序中构建社会责任

将社会责任融入组织的一个重要且行之有效的方法是依靠组织管理系统，组织为追求目标利用该系

统进行决策制定和决策实施。

组织应该认真地、系统地控制其自身与社会责任议题相关的影响并监督其影响范围内其他组织的影响，以使社会环境方面的危害风险最小化，同时使机遇和积极影响最大化。在制定包括新活动在内的决策时，组织应该考虑其决策对利益相关方的影响。执行上述行为时，组织应该寻求最佳途径以减小其活动对社会、环境的有害影响而增加其行为的有益影响。此外在制定决策时，组织应将实现目标所需的资源和预期纳入考虑范围。

组织应该确保在管理中应用了社会责任原则并在组织结构和文化中有所反映，还应该以适当的时间间隔审查程序步骤以确定将社会责任考虑在内。

部分有效的方法列举如下：

——确定既定的管理实践反映并履行了社会责任实践。

——确定社会责任原则、核心主题和议题应用到组织不同部分的方式。

——如果组织的规模和性质合适，在组织内部建立部门或群体审核和修订运作程序以便使之与社会责任核心主题相一致。

——在组织执行运营活动时考虑到社会责任。

——将社会责任融入采购投资实践、人力资源管理和其他组织职能中。

现有的组织价值观念和文化观念会对减缓或加快社会责任充分融入组织的速度产生重要的影响。对于某些组织而言，在价值观和文化已与社会责任建立紧密联系的情况下，融合进程可能简易直接。而对于其他组织，组织的部分成员没有意识到社会责任效益并反对变革，组织可能需要在这些区域投入较长时间的努力以完成社会责任的履行步骤。

社会责任融入组织的过程并非立即就能实现，所有核心主题及议题也并非以相同速度实现，组织认识到上述两点是十分重要的。制定一个短期内处理某些社会责任问题而长期内处理另一些社会责任问题的计划是对组织有益的，这样的计划应该是现实可行的并将组织能力、可利用资源、议题及相关行为的优先级考虑在内（见 7.3.5）。

7.5 社会责任沟通

7.5.1 沟通在社会责任中的作用

许多社会责任相关实践都涉及内部沟通和外部沟通的某种形式，沟通对于许多不同的社会责任职能至关重要，包括以下措施：

——在组织内部和外部提高关于战略、规划、绩效和挑战等方面的社会责任意识；

——对条款 4 中所述的社会责任原则表示尊重；

——参与或创建与利益相关方之间的对话；

——满足法律或其他方面关于披露社会责任相关信息的要求；

——展示组织如何履行其社会责任承诺以及如何满足利益相关方的利益和普遍社会期望；

——提供有关组织活动、产品和服务的影响信息，包括随时间推移影响如何变化的细节信息；

—— 参与并激励员工及其他人支持组织的社会责任活动；

——鼓励组织与同行组织之间进行比较，从而激励组织在社会责任绩效方面进行完善；

——加强组织对于社会责任行为开放性、完整性和责任性方面的信誉，从而巩固利益相关方对组织的信任感。

7.5.2 社会责任相关信息的特征

社会责任相关信息应该是：

全面完整——信息应该覆盖所有与社会责任相关的重要活动和影响；

易于理解——所提供的信息应该考虑到参与沟通的人在文化、社会、教育和经济方面的背景，所用语言和资料呈递方式（包括整理方式）对于有意向获取信息的利益相关方而言均可理解；

响应性——对所有利益相关方利益做出响应；

准确性——信息应该真实准确并针对其目标提供有效适用的充分细节；

平衡性——信息应该是平衡公平的，并且不能忽略与组织活动影响相关的负面信息；

时效性——过期信息可能造成误导，信息描述特定时间段内的活动时，对所覆盖时间间隔的确认有利于利益相关方比较组织当期绩效和前期绩效的差别以及组织绩效与其他组织绩效的差别；

可获性——特定议题的信息对于关注该议题的利益相关方而言应该是有效可用的。

7.5.3 社会责任沟通类型

与社会责任相关的沟通应该有许多不同的类型，现举例如下：

——与利益相关方进行会面或会话。

——与利益相关方就社会责任特定议题或项目进行沟通，在可能且适当的情况下，这种沟通应该涉及与利益相关方的对话。

——组织管理层与员工之间或组织管理层成员之间的沟通提高了社会责任及其相关活动的整体意识，当这种沟通以对话形式进行通常是最有效的。

——专注于将社会责任融入组织的团队活动。

——与利益相关方关于组织活动的社会责任问题索赔的沟通，这些索赔可通过内部审核评估加以查证。为了增强信誉度，索赔可通过外部机构进行评估审核。在适当情况下，沟通应该为利益相关方的反馈意见提供陈述机会。

——与供应商就社会责任相关的采购要求进行沟通。

——与公众就对社会责任产生影响的紧急事件进行沟通，在紧急事件发生之前，沟通应该以提高意识和思想准备为目的。遇到紧急情况时，组织应该通知利益相关方并提供有关应急措施的信息。

——产品相关的沟通，例如产品标签、产品信息和其他消费者信息。为消费者提供反馈机会能够改进这种形式的沟通。

——在针对同行组织的杂志和时事通信中刊载与社会责任相关文章。

——促进与社会责任相关的广告或其他公众报告。

——政府机构或公众咨询的意见书。

——定期公开报告并向利益相关方提供反馈机会（见专栏 15）。

用于沟通的方式和媒介多种多样，包括会议、公众活动、论坛、报告、时事通信、杂志、海报、广告、书信、语音信箱、现场表演、视频、网站、播客（网站音频广播）、博客（网络讨论论坛）、产品插页和标签，还可能采用新闻发布、访谈、评论和报道等媒体进行沟通。

专栏 15——报告社会责任

组织应该以适当时间间隔向受其影响的利益相关方报告有关社会责任的绩效，定期向利益相关方报告其社会责任绩效的组织数量呈增长趋势。组织可通过多种途径实现对利益相关方的报告，包括与利益相关方面谈、定期写信描述组织与社会责任有关的活动、网站信息公布和定期社会责任报告。

在向利益相关方报告绩效时，组织报告应该涵盖与社会责任核心主题和议题相关的目标信息和绩效信息，报告应该描述组织社会责任报告中牵涉利益相关方的方式及时间。

组织应该提供其社会责任绩效的公平完整的情况，包括业绩、亏损及亏损解决方式。

组织可以选择一次性将其活动作为一个整体进行报告，也可在特定位置或者网站上分别报告。社区群体通常认为较小的、特定位置的报告比组织的宽泛报告更有价值。

社会责任报告的发布可作为组织社会责任活动的一个有价值的方面，在社会责任报告的筹备阶段，组织应该考虑以下注意事项：

——组织社会责任报告的范畴和规模应该与组织的规模和属性相适应。

——详细程度能够反映组织在撰写社会责任报告方面的经验水平。在某些情况下，组织以仅包含少量内容的有限报告开始着手报告工作，在随后的几年中，由于组织经验的增加并获得足够数据来充实报告内容，报告覆盖的内容随之拓展。

——报告应该阐述组织就涉及到的问题如何做出决定，以及这些问题的解决方案。

——报告应该介绍组织在可持续发展背景下的目标、运营绩效、产品和服务。

——报告可以有多种撰写形式，如何撰写包括电子记录报告、网络互译版本和复制文本，还可以是独立文件或者组织年度报告中的部分文件，取决于组织的性质和利益相关方的需要。

社会责任报告的附加信息可从全球、国家、特定行业等不同层次报告的倡议和工具报告(附 A)中取得(评估社会责任倡议指南请见 7.8)。

7.5.4 有关社会责任沟通的利益相关方对话

通过与利益相关方进行沟通，组织可从获取和交换关于利益相关方观点的直接信息中获益。

——评估沟通内容、媒介、频率、范围的妥善性和有效性，以便组织做出必要改进。

——设置未来沟通内容的优先级。

——如果验证方法为使用过的，保证由利益相关方对所报告信息进行查证。

——确定最优实践。

7.6 提高社会责任可信度

7.6.1 提高可信度的方式

组织可通过多种方式建立其可信度，其中之一是利益相关方参与，该方式涉及与利益相关方的对话，它是一种所有参与者都了解利益和意图以增强信心的重要方式。对话能够建立信任并提高可信度，利益相关方参与是利益相关方参与组织绩效索赔调查的基础。组织和利益相关方可针对利益相关方制定计划，对组织绩效的各个方面进行定期审查或其他监督。

特殊认证方案的参与有时可以提高某个议题的可信度，开展倡议活动用以证明产品安全或证明与环境影响、劳工实践以及社会责任其他方面相关的程序或产品，这类方案应该是独立且可信的。在某些情况下，组织邀请独立团体参与其活动以提供可信度，例如创立由可信人员组成的咨询委员会或审核委员会。

组织有时参与行业协会组织以实施或促进其在活动区域内或各自社区内的社会责任行为。

组织可对组织影响、采取合理行动、评估绩效、报告进展和不足等方面做出相关承诺以提高可信度。

7.6.2 提高社会责任报告和声明可信度

提高社会责任报告和声明可信度有许多途径，包括：

——编制社会责任绩效报告以便各时期报告相比较或与同行组织报告相比较，并深知了解报告的性质取决于组织的形式、规模、能力等。

——对于报告中省略主题未被提及的原因给出简要说明，以表明组织已涵盖所有重要事项。

——采用严格负责的验证程序，数据和信息均可追溯到可靠来源以验证数据和信息的准确性。

——接受独立于报告筹备程序以外个人或群体的帮助以着手进行验证过程，无论是在组织内部还是组织外部的个人或群体均可。

——发布公开声明以表明验证结果是报告的组成部分。

——利用利益相关方群体提出确认性鉴定结论：报告反映组织的相关重要问题，并对利益相关方需求做出回应，全面完整的涵盖所处理的问题。

——采取额外措施提供易于被他人验证的同种类型的信息以使报告透明化。例如，组织不是仅报告相关绩效统计数据，而是将可用统计信息和程序的来源细节化。在某些情况下，组织可通过罗列活动发生地点以提高供应链声明的可信度。

——报告应与外部组织机构的报告指南保持一致。

7.6.3 解决组织和利益相关方之间的矛盾和分歧

在开展社会责任活动过程中，组织可能会与利益相关方个人或群体发生矛盾或分歧，矛盾的具体实例和解决机制已在人权章节（见 6.3.6）和消费者问题章节（见 6.7.6）有所涉及，解决矛盾或分歧的正式方案也是劳务合同的组成部分。

组织在解决与利益相关方之间的矛盾或分歧时，应该制定适用于矛盾或分歧类型且对利益相关方有益的机制。这类机制包括如下几种类型：

——直接与受影响的利益相关方商讨；

——提供书面资料以解决误解事项；

——参与论坛以使组织和利益相关方能够各抒己见并寻求解决方案；

——正式的投诉处理程序；

——调解或仲裁程序；

——披露不道德行为而免受报复威胁的系统；

——其他解决申诉的程序类型。

组织应该提供利益相关方可获的详细程序信息以解决矛盾和分歧。这些程序应该具有公正性和透明性，更多与人权和消费者问题有关的具体程序信息在这些核心主题项下条款 6 中有所阐述。

7.7 审核和改进组织社会责任行为和实践

7.7.1 概述

有效的社会责任绩效在某种程度上取决于承诺、谨慎监督、所开展活动的评估和审核、取得的进展、既定目标的实现、资源的使用以及组织在其他方面做出的努力。

进行社会责任活动监测或观察主要是以确保活动如预期进行、确定危机或例外情况、修正执行方式为目的。

组织定期审核绩效用以判定其在社会责任方面取得的进展，有利于组织集中力量发展项目、确定需要调整的区域、提高已改进的绩效，此外利益相关方在审核组织社会责任绩效中发挥重要的作用。

除了审核现有的活动之外，组织还应该了解变化的条件或期望、影响社会责任的法律或规章的发展、加强社会责任工作的新契机等方面的最新情况。副条款规定了部分用以监督、审核、改进组织社会责任绩效的技术。

7.7.2 监督社会责任活动

为了保证组织所有部门实践社会责任的效能和效率，监督与社会责任核心主题及议题相关的活动绩效显得尤为重要。付出努力的程度也会随核心主题覆盖范围、组织的规模和属性以及其他因素而呈现明显差异。

在确定被监测的活动时，组织应该专注于重要事项，争取让监测结果易于理解、具有可信度和时效性，并回应利益相关方所关注的事项。

用于监督组织社会责任绩效的方式多种多样，包括定期审查、标杆管理、从利益相关方获取反馈信息。组织通常在与其他组织活动绩效、特点的比较中对其项目获得洞见，这类比较可能集中于与特定核心主题相关的活动或集中于将社会责任融入组织的更广泛的方法。

惯用方法之一是指标的测量，指标是组织相关结果或成果的定性或定量的信息，这些信息具有可比性并展示了随时间推移发生的变化。例如，指标可用于监督和衡量项目目标随时间推移而获得的成果，它们应该具备清晰、内容全面、实用、可比、准确、可信和可靠等特点。关于选择和使用指标的广泛附加信息可参照社会责任和可持续发展。

尽管使用收益定量结果指标相对简单直接，但它并不能充分反映所有的社会责任内容。例如在人权领域，男性和女性关于是否被公平对待的态度比某些歧视定量指标更有意义。与调查结果或小组专题讨论相关的定量指标应该与描述观点、趋势、条件或地位的定量指标相结合。认识到社会责任不仅仅只涉及可衡量活动的具体成果这一点也很重要，例如减少污染和回复投诉。由于社会责任建立在价值观念的态度、社会责任原则的应用基础之上，监督就包含了更多主观性方式，如访问、观察和其他评价行为承诺的方法。

7.7.3　审核组织在社会责任方面的进展和绩效

除了对社会责任相关活动进行日常观察和监督外，组织还应该定期执行审核以判定组织如何根据社会责任目标进行运作，并确定方案程序中所需的必要变化。

这些审核通常涉及社会责任核心主题绩效与早期结果之间的对照，以根据其目标任务确定取得的进展和测量成果。审核还应该包括不易测量的绩效情况的考核，例如对社会责任的态度，组织贯彻社会责任的情况和坚持原则情况、价值立场及实践，利益相关方参与审核也具有一定价值。

在审核期间可能被问及的问题类型如下：

——目标和指标是否如预期完成？

——策略和过程是否合乎目标？

——哪些方面奏效，为什么？哪些方面不奏效，为什么？

——目标是否适当？

——哪些方面还能有所改进？

——是否所有相关人员都参与其中？

在审核结果的基础上，组织应该确定对其修补缺陷的项目做出改变，并着手实现已改进的社会责任绩效。

7.7.4　提高数据信息采集和管理的可靠度

必须为政府、非政府组织、其他组织或公众提供绩效资料或必须维护含有机密信息的数据库，组织可通过对系统进行详细审核以增加他们对数据采集和管理系统的把握。进行审核的目的如下：

——增加组织在提供信息准确度方面的把握。

——提高数据信息的可信度。

——根据情况巩固系统的可靠性以保护信息的安全和隐私。

针对温室气体或污染物排放数据资料披露的法律要求或其他方面的规定、向基金组织或监督部门提供项目资料的规定、环境许可证或执照的批准条件、对保护隐私信息（如财务信息、医疗信息、个人信息）的关注均能够对详细审核起促进作用。

作为审核的一部分，独立的个人或组织（无论组织内部还是组织外部）应该考核组织采集、记录、存储、处理、使用数据资料的方式。审核有助于确定数据采集和管理系统的缺陷，这些缺陷可能会使数据被错误污染或允许未经授权的个人使用。审核的结果有助于组织巩固和改进系统，通过对数据管理员进行良好的培训、对数据准确度进行明确问责、对犯错误人员进行直接的意见反馈、对能够将公布数据与过去数据作比较并自身具备可比性的数据质量程序进行直接的意见反馈，以上措施将会提高数据的准确度和可靠性。

7.7.5　提高绩效

根据定期审查或其他适当时间间隔的审查，组织应该考虑其改善社会责任绩效的方式。审核的结果用于帮助组织在社会责任方面取得持续性进步，改进内容涉及任务目标的修正以反映变化的条件或追求更大绩效的渴望。拓展社会责任相关的活动和项目的范围，同时需要考虑为社会责任活动提供额外的或不同的资源。此外，改进还包括抓住最新机遇的项目或活动。

在审核期间反映利益相关方意见有助于组织发现新机遇并改变期望，这将会帮助组织提高其在社会责任方面的绩效。

为了鼓励组织实现目标，部分组织将其社会责任具体目标的成果与组织高级主管和管理者的年度或定期绩效考核相联系，这些措施强调了组织的社会责任行为是一种庄严的承诺。

7.8 社会责任自愿性倡议

7.8.1 概述

许多组织开展自愿性倡议活动旨在帮助其他组织变得更具社会责任感。在某些情况下，社会责任倡议事实上是一个专门处理社会责任各方面问题的组织，其结果是为有志参与社会责任的组织带来多种多样的行动方案，一些方案涉及联合或支持其他组织。

有的社会责任倡议讨论了一个或多个核心主题或议题的相关方面；有的社会责任倡议讨论了社会责任融入组织决策活动的多种路径；有的社会责任倡议创造或推广了用于将社会责任融入组织的专门工具或实践指南；有的社会责任倡议发展或提高了最低社会责任期望，这些期望有多种形式，包括行为准则、推荐规范、原则声明和价值陈述；还有的社会责任倡议由不同领域发起，力图处理针对一个领域的某些挑战。社会责任倡议在特定领域的存在并不意味着这一领域有必要负更多责任或存在更多潜在危害。

7.8.2 自愿参与的性质

组织没必要参与任何社会责任倡议活动或使用任何倡议性工具以使自身变得更具社会责任感。此外，参与倡议活动或使用倡议工具本身也不是衡量组织社会责任的可靠指标。在评估社会责任倡议时，组织应该意识到并非所有倡议活动在利益相关者心目中都予以足够考虑或值得信赖，组织还应该客观判断某个具体倡议是否帮助其履行社会责任，以及该倡议是否为公共关系的主要形式或是否为保护会员信誉或参与组织的方式，社会责任不应仅仅被视为一种风险管理的形式。在评估社会责任倡议时，一个特别重要的注意事项是倡议是否单方面重新解释了已经制定或已被认可的社会责任行为期望。

有效的利益相关方参与和多方利益系统的管理和发展是将某些社会责任倡议与其他倡议区别开来的关键因素。针对单个区域或单一组织形式的倡议具有单个利益相关方管理体系结构。对于倡议是否能够通过组织的投入和参与而有所发展以及利益相关方是否被涵盖其中都应予以考虑。

组织可能会发现参与一个或多个社会责任倡议或使用倡议工具是有实际效用的。某些社会责任倡议被广泛认为是在具体实践或特定议题的绩效或承诺方面获得公众认可的可靠依据，这些社会责任倡议提出的实践指南从自我评估工具到第三方认证均存在差异。

7.8.3 注意事项

在决定是否参与或使用社会责任倡议时，组织应该考虑以下因素：

——倡议是否符合条款 4 中所述原则？

——倡议是否提供有价值的、可行的指导以协助组织处理特定核心主题或议题并/或协助组织将社会责任融入其活动？

——倡议是否适用于局部或地区？倡议是否在全球范围适用？倡议是否适用于所有组织形式？

——倡议是否将协助组织影响特定利益相关群体？

——发起和管理倡议的组织形式，如政府、非政府组织、工会、私人机构或学术机构。

——发起和管理倡议的组织声誉，考虑组织的可信度和整合性。

——发起和管理倡议的程序属性，例如倡议是否通过透明、公开、可知的程序发起或由多方利益相关者进行管理？是否有发达国家和发展中国家的参与？

——倡议的可操作性，例如组织是否必须签订参与合同，或参与倡议是否产生成本费用？

在考虑上述及其他因素时，组织应该对解释成果的方式保持谨慎。例如，尽管倡议中所提要求并不那么严厉，但人们对于倡议普遍接受的观念是——它是可行性、重要性、声望、中肯性的指标。相反，未经验证价值和可行性的新的未被普及的倡议可能更具创新性和挑战性。此外，免费获得的倡议看起来更有吸引力。然而付费倡议可能更加与时俱进保持更新，就长远来看更具价值。免费或付费的倡议或工具不应被视为判定具体倡议或工具优点的指标。

定期审核所选倡议的价值性、中肯性和/或适用性十分重要。

7.8.4　附A说明

附A包含自愿性社会责任倡议及其工具的不完全清单，这些社会责任倡议和工具是由ISO 26000工作组专家在制定国际标准期间确定的，采用附A所描述的一整套特定标准。这些标准并不构成国际标准化组织对附A所列社会责任倡议或工具价值和效力的评定。此外，在附A中提及的社会责任倡议或工具不意味着国际标准化组织对这些倡议或工具表示赞同认可。国际标准范围内不能进行客观衡量的与倡议有关的重要特性在此不予考虑，如有效性、可信性、合法性、代表性等，这些特性应该由使用倡议或工具的组织直接进行评估。在评估专栏16所述倡议时，应考虑其他重要方面的指南。

专栏16——可认证的倡议和与商业利益、经济利益有关的倡议

附A中列出的部分(并非全部)社会责任倡议包括独立第三方认证的可能性。在某些情况下，认证是使用倡议的必要条件。倡议中包含认证可能性或认证需要等内容不能视为倡议的价值指标。履行附A中所列任何倡议或工具都不能用以宣称其符合ISO 26000标准或表明其采用或实施了ISO 26000。

无论是营利组织还是非营利组织实施倡议或工具，这些倡议或工具都与商业利益或经济利益有关，涉及支付使用费用、会员费、检验付费或认证服务付费等。利用倡议或工具以推广产品或宣传组织是商业关系的另一个典型例证，这类利益的存在本质上并不是社会责任倡议的消极方面。例如，组织有必要实施倡议或工具以抵补成本并支付活动费用，或是告知利益相关方产品或组织相关特征的合法手段。然而在评估与这些利益有关的倡议和工具时，本国际标准用户应该考虑相关的商业利益和潜在的利益冲突。例如，执行社会责任倡议的组织可能会过分优先考虑从提供认证中获益，或过分重视在考核认证要求时准确性方面的损失。当社会责任倡议或工具与商业利益或经济利益有关时，评估执行社会责任倡议或工具组织的可靠性显得非常重要。

附A(仅提供信息)

社会责任自愿性倡议和工具的举例说明

在使用附A时，谨记ISO 26000标准不是管理体系标准十分重要。ISO 26000并不用于或适用于认证目的、管理或合同用途。任何提供ISO 26000认证或声称获得ISO 26000认证的情况都是对本国际标准目的旨意的误用。本附所提供的信息完全是以提供关于社会责任的自愿性附加指南的部分有用实例为目的，尽管这些倡议提供了关于社会责任的有价值指导，但组织参与这些倡议或使用这些工具并不是履行社会责任的先决条件。

附A为社会责任倡议及其工具提供了不完全清单。附A旨在提供现有倡议和工具的实例从而为社会责任核心主题和社会责任融入实践提供额外的指导。

为了更好地理解和实施社会责任，鼓励用户查阅参考文献，此参考文献是ISO 26000不可分割的组成部分。参考文献中阐述了国际文书契约的相关参考资料，这些国际文书契约被视为本标准推荐规范的权威来源。

为实现社会责任目标，社会责任倡议是指“专门致力于实现与社会责任有关的特定目标的项目或活动。”(2.10)，工具是指与具体社会责任倡议有关的系统、方法论或类似手段，其设计目的是协助组织实现与社会责任有关的具体目标。

附 A 分为两个表格，分为适用于多个行业的倡议和工具(表 2. A1：跨行业)以及仅适用于具体公共或私人行业部门的倡议和工具(表 2. A2：单行业)。

“跨行业倡议”表 2. A1 中所列跨行业社会责任倡议包括 3 种形式：“政府间的倡议”(由政府间的组织发起或执行)；“多方利益相关者倡议”(通过多方利益相关者流程发起或执行)；“单方利益相关者倡议”(通过单方利益相关者流程发起或执行)。

“单行业倡议”表 2. A2 中所列单行业社会责任倡议是指由特定行业(农业、信息技术行业、公共服务行业、旅游业等)为处理某些针对该行业的挑战而发起的倡议。附既不是列出了所有发起倡议的行业，也不是必然涵盖了所列出行业的全部倡议。特定行业倡议的存在并不意味着该行业更具责任感或更具危害性。

根据每一个所列倡议或工具，可以确定发起倡议或工具的组织或组织协会，关于 ISO 26000 核心主题或融入相关社会责任行为实践的信息也得以提供。所提供网站地址用以简要描述倡议或工具的目标旨意和潜在用户，并详细说明会员关系是否是使用倡议或工具的必要条件，同时说明倡议或工具是否用于认证目的。

附中的信息是由参与起草 ISO 26000 国际标准的专家提供的，这些信息反映了实现国际标准时的状况，如果国际标准重新修订，国际标准化组织会对这些信息加以复查修正。应意识到附中信息并不完全详尽以及社会责任是一个持续发展的领域，关注倡议或工具使用可能性的组织应该从其他来源寻找有关适用于这些组织国家、地区或行业的最新信息。

只有满足以下所有标准时，自愿性社会责任倡议或工具才能被罗列在附 A 内。

——讨论一个或多个核心主题问题或社会责任融合问题(如国际标准条款 5、条款 6、条款 7 所述)。

——不是特别用于一个国家或一个国家的组织，而是还包括跨国运营的组织。

——普遍适用于多个国家。

——不是仅适用于单一组织或组织协会(意指由共同所有者或合作伙伴联系在一起的组织)。

——作为工具或指南，倡议是免费的且具有公开可获性(注：对倡议或工具负责的组织可能还有其他涉及用户费用的活动，例如会员费或服务费，不排除附 A 中所列的倡议或工具，也不考虑这些费用是否在某种程度上与倡议或工具有关)。

——主要以财务收益为目的的私人营利性组织不能执行倡议。

——至少使用一种国际标准化组织官方语言。

专栏 17——国际标准化组织关于零违规的倡议

上述标准并不构成国际标准化组织对于附录中所列任何倡议或工具的价值或有效性的判定，标准只是为了给适用于许多组织的倡议和工具的样本识别提供客观依据。在确定是否使用这些倡议或工具时，组织应该牢记 7.8 所示的注意事项。尽管附中列出了部分涉及认证的社会责任倡议，但没有必要对下列国际标准指南中提及的倡议进行认证(见专栏 16)。附中提及的倡议或工具并不意味着这些倡议或工具得到国际标准化组织任何形式的认可。此外，国际标准范围内不能进行客观衡量的与倡议有关的重要特性在此不予考虑，如有效性、可信性、合法性、代表性等，这些特性应该由考虑使用倡议或工具的组织直接进行评估。

表 2. A1　跨行业倡议举例说明

（适合于多行业的活动——详细见于 7.8 和本附录引述章节）

附录信息反映了本国际标准充分落实后状况，我们应意识到附录中信息并不完全详尽以及社会责任是一个持续发展的领域，因此推荐用户从其他来源获取最新信息。

组织 倡议或工具 （按每节字母顺序排列）	“X”标志意味着这个倡议/工具至少涉及一个相应副条款中的方面或问题。 这不是符合 ISO 26000 标准被 ISO 26000 认可的标志															附加信息 （包括倡议/工具的简明客观描述；利益相关方参与管理；使用对象及条件；是否用于认证目的；获取补充信息的网站）
	核心主题*							融入社会责任的实践*								
	6.2 OG	6.3 HR	6.4 Lab	6.5 Env	6.6 FOP	6.7 Con	6.8 CID	5.2	5.3	7.2	7.3	7.4	7.5	7.6	7.7	
*ISO 26000 子条目的索引：6.2 组织管理；6.3 人权；6.4 劳工实践；6.5 环境；6.6 公平运营实践；6.7 消费者问题；6.8 社区参与和发展；5.2 理解社会责任；5.3 利益相关者的确认和参与；7.2 组织特点与社会责任的关系；7.3 理解组织的社会责任；7.4 社会责任融入组织的实践；7.5 社会责任的沟通；7.6 提高社会责任的可信度；7.7 审核和改进组织有社会责任行为实践																
第一部分：政府间的倡议 （由政府间的机构直接负责倡议和工具，例如联合国机构）																
经济合作与发展组织（OECD） 跨国公司在管理薄弱领域的风险意识工具	X	X	X		X		X	X	X	X	X	X			X	当企业需要在管理薄弱国家考核潜在活动存在的风险和道德困境时，为企业提供一份检查清单以供使用 www.oecd.org/
联合国贸易暨发展会议（UNCTAD） 联合国国际会计和报告标准政府间专家工作组（ISAR）	X		X	X	X		X	X					X			致力于公司透明度和公司会计问题的工作组。涉及公司会计和报告的问题包括：国际财务报告准则（IFRS）、中小企业会计账簿、企业管理披露、企业责任报告、环境报告。利益相关方年度讨论会议并就小组处理问题的方法达成一致。向所有组织免费公布 www.unctad.org/isar
联合国环境规划署（简称环境署）（UNEP） 气候中和网络				X								X	X	X	X	向所有组织公布隶属于 UNEP 的倡议。促进组织关于如何减少温室气体排放的信息交换。由利益相关者委任的董事会对该项目进行监督 http://www.unep.org/climateneutral/

续表 2.A1

联合国环境规划署(简称环境署)(UNEP)生命周期活动			X	X		X	X					X	X		X	向活跃于生命周期管理领域的组织专家公布倡议,缴纳年度会费,联合国秘书和利益相关方参与者组成的任务小组力求提高能力并开展生命周期法的培训,联合国环境规划署的隶属机构 http://lcinitiative. unep. fr/
联合国全球契约		X	X	X	X							X				针对商业组织的联合国倡议,向所有组织公开,承诺其战略运营与人权领域10项原则保持一致的参与者,劳动者、环境和反腐倡廉,采取行动支持更广泛的联合国目标。志愿者平台,要求发布年度报告组织致力于通过政策实践履行原则。联合国全球契约在所有区域具有较成熟的工具和指导材料以免费协助参与的组织 www. unglobalcompact. org/
联合国全球契约;联合国开发计划署;联合国训练研究所;联合国合作评估工具							X		X			X				强化发展影响的自我评估计划工具和对公私合作关系的可持续发展做出的贡献,免费提供给所有组织。为全球组织传播CSR管理方法和技术的联合国工业发展组织培训顾问 www. unglobalcompact. org/Issues/partnerships/pat. html
联合国工业发展组织负责任的企业家业绩项目		X	X	X	X			X	X		X	X	X		X	由联合国工业发展组织支持的针对中小型企业的倡议,要求会员关系和付费,为中小型企业提供CSR结构性框架和CSR分析软件。www. unido. org/reap

续表 2.A1

第二部分:通过多方利益相关者程序发起和执行的倡议或工具 (通过多方利益相关者程序发起和执行的倡议或工具)																
负责制 AA1000 系列	X	X	X	X	X	X	X	X	X	X	X	X	X	X	X	以会员关系为基础的组织向所有组织或个人公开,收取会员费,关注持续性的担保、社会责任报告、利益相关方参与。制定了适用于任何组织的 3 套标准: • AA1000APS——介绍责任制通则; • AA1000AP——介绍执行持续性担保的条件; • AA1000SES——介绍利益相关方参与的构架 www. accountability21. net
国际特赦组织企业人权原则		X										X		X		组织会员关系向所有致力于促进尊重人权的个人开放,在特定国家尊重人权方面信息的来源,公开出版包括检查表在内的"企业人权原则" www. amnesty. org
商业社会标准认证咨询		X	X	X	X		X	X	X		X					关注大型零售企业供应链中劳工实践的工业倡议,大多数会员是零售商和支付会员费并同意根据行为准则审查供应商的行销公司,倡议对审计员进行认 www. bsci－eu. org
商业伦理中心 评价管理体系	X	X	X	X	X	X	X				X	X	X	X	X	力图促进德国和欧洲的商业伦理的组织,提供培训和管理工具,包括在法律、经济、生态、社会问题上的管理构架 www. dnwe. de/werte-management. php

续表 2.A1

克瑞斯 克瑞斯原则				X								X	X			基于会员关系的由环境组织和利用资本市场以便在环境管理问题上参与公司的投资者组成的组织，邀请公司支持克瑞斯原则，原则的执行涉及审计和公众报告，会员关系需付费，成员企业可使用环境方面的技术援助和管理 www.ceres.org
企业社会责任 360 全球合作网络	X	X	X	X	X	X	X	X	X	X	X	X	X	X	X	促进 CSR 国际信息交换，“合伙组织”要求贡献和赞同，网络由驻英社会企业联盟召集。 www.csr360.org
欧洲质量管理基金会 CSR 和卓越模型的框架	X	X	X	X	X	X	X	X	X	X	X	X	X	X	X	用于 CSR 管理的自我评估的工具，欧洲质量管理基金会的前身，欧洲质量管理基金会会员组织向企业、政府、为营利性组织开放，需缴纳会费，组织促进信息的交换并为会员提供服务 www.efqm.org
英国道德贸易组织		X	X					X		X	X	X	X	X	X	会员组织向企业、非政府组织、个别贸易联盟组织开放，目的是为与非政府组织、贸易联盟合作的企业提供信息以使其了解执行供应链劳工实践准则的最佳途径，报告其活动并遵守其他要求 www.ethicaltrade.org/
欧洲经济伦理网络 (EBEN)	X	X	X	X	X	X	X	X			X			X		需要缴费的会员制组织，致力于促进经济伦理道德的提升，组织各类学术会议和刊物出版工作，管理国家网络和针对企业道德人员和其他参与者问题的网络 www.eben-net.org

续表 2.A1

公平劳工协会(FLA)	X	X	X					X	X			X	X	X	X	解决供应链劳工事务的多方利益相关者倡议,参与者包括采购公司、高等院校、非政府组织。参与企业必须支持对供应商的监督和检验,发布公平劳工协会议题公共报告 www.fairlabor.org/
Foretica SGE 21 道德与企业社会责任管理系统	X		X	X	X	X	X									制定有关建立、执行、评估道德和社会责任的管理系统标准的倡议 www.foretica.es
全球报告倡议组织(GRI) 可持续发展报告指南	X	X	X	X	X	X	X	X	X		X		X	X	X	由联合国环境规划署和CERES(亦见于本附)创立旨在提供关于可持续发展报告的典型指标、指南和工具,全球组织利益相关者提供指南和管理,网站上免费提供指南、补充内容和附录,培训材料收取少量费用,这些工具分别是: 可持续发展报告指南(指导和原则) 各种特定行业的补充内容(建筑、通信、公共机构等) 边界协议(影响范围和影响分析) www.globalreporting.org
丹麦人权研究所		X	X		X		X	X			X	X	X	X	X	拥有提供不同国家人权信息的人权商业项目的国家级人权组织。它还提供管理工具和指导,部分收受费用,人权遵守状况评估是一个人通过网络界面收费的详细的实用工具,而不完全详尽的"人权遵守状况速查"则免费使用 www.humanrightsbusiness.org

续表 2.A1

国际社会与环境认证和标签联盟（ISEAL）	X	X	X	X	X	X	X	X	X	X	X	X	X	X	X	针对国际社会和环境标准制定组织的会员组织，它推广与社会环境议题相关的自愿性标准和符合性评估，提供标准制定和评估的工具，入会须交纳会费 www.isealalliance.org
成形品管理促进协议会（JAMP）			X	X	X	X		X		X	X	X	X	X	X	帮助企业在化工物质产品方面符合法律要求的收费会员制信息交换组织。提供数据表格式以描述和传输产品中所含化学物质的信息，并提供 IT 基础设施用以交换数据表，还开设教育和培训课程以宣传其规划 www.jamp－info.com/english/
国际框架协议		X	X	X			X	X	X		X	X	X	X	X	跨国公司（TNEs）和全球工会联盟（GUFs）之间协商达成的旨在提供方法以处理国际间特定跨国公司在运营过程中的劳工事务问题 www.global-unions.org/spip.php？rubrique70
热带雨林同盟		X	X	X			X					X	X	X	X	制定社会环境标准并为林业、农业、旅游业生产者发行认证的会员制组织，为认证活动涵盖行业提供培训和其他技术支持 www.rainforest-alliance.org
R－bec 道德/法律符合性管理体系标准															X	对于任何组织都免费的管理体系标准，旨在发展道德和法律符合性管理体系 r-bec.reitaku－u.ac.jp/

续表 2.A1

西格玛计划		X	X	X			X	X	X			X	X	X	X	为组织如何促进可持续发展提供建议的指导文件，免费 www. projectsigma. co. uk/Guidelines/default. asp
企业社会责任为拉丁美洲提供工具		X	X				X	X	X			X				搜集分析和培训工具，为拉丁美洲中下企业提供支持以帮助其开展社会责任活动和实践 www. produccionmaslimpia — la. net/herramientas/index. htm
社会责任国际组织(SAI)		X	X		X			X	X		X	X	X	X	X	处理劳工实务的多利益相关者倡议，为企业制定可审计的 SA 8000，出版供应链管理系统社会责任实施手册并提供其他工具，它是为审计人员、工人、供应商、消费者提供培训和技术援助的合作性组织，独立性组织，提供社会责任认证服务(SAAS)和SA 8000资格认证 www. sa-intl. org
世界自然阶梯协会(TNs)	X	X	X	X	X	X	X	X	X	X	X	X	X	X	X	致力于可持续发展的国际非营利性组织，TNs 为设计复杂系统提供模型和免费实用工具以保证个人或组织了解并促进可持续发展 www. thenaturalstep. org
透明国际(TI) 多种工具	X				X			X						X	X	致力于反腐败的国际会员制非政府组织，为组织、特定经济部门、政府机构提供工具和数据，工具举例如下： 反腐经营原则，多方利益相关者指定的自愿性准则 全球腐败指数报告 全球贪污印象指数 行贿指数 全球贪污趋势指数

续表　2. A1

																诚信协定 www. transparency. org 度；
第三部分：单方利益相关者倡议 （通过多方利益相关者程序发起和执行的倡议或工具）																
高斯圆桌会议 商业原则		X	X	X	X	X	X	X								各国具有分会的商业人士网络，力求提高道德原则，以及管理者、政府人员、市民之间的合作和对话，《商业原则》提供了道德商业行为的原则声明 www. cauxroundtable. org
国际消费组织 全球企业宪章				X	X	X						X	X		X	全球消费者联盟，宪章制定了最优商业实践和消费者利益领域的消费者权利，会员需缴纳会费，并对准则或宪章具有投票表决权 www. consumersinter-national. org
欧洲企业社会责任工具箱	X	X	X	X	X	X		X	X	X	X	X	X	X	X	针对欧洲企业和国家CSR组织的需缴费的会员制倡议组织，管理项目、组织会议和出版刊物，工具箱是一个网页式的信息采集指南，其他材料是通过与会员或利益相关方合作的项目中获取 www. csreurope. org/
风气研究所 企业社会责任风气指标	X	X	X	X	X	X	X	X		X	X	X			X	致力于提高企业部门社会责任的巴西组织，免费提供部分CSR工具，包括一系列CSR指标 www. ethos. org. br

续表 2.A1

全球苏利文社会责任原则		X	X		X		X	X			X		X	X		关于社会、经济、环境绩效的全球自愿性准则，组织致力于在内部决策制定、培训和报告方面遵守原则，使用本准则时不需缴费，也不要求会员资格，在制定准则时没有利益相关方参与 http://www.thesullivanfoundation.org/
国际商业领袖论坛(IBLF)			X	X	X	X						X				国际商业领袖论坛是由旨在提升企业对可持续发展贡献率的大型企业组织而成的非营利性组织，它提供多种类似《人权译本：企业参考指南》的出版物和工具，2007年与世界银行下属的国际金融公司合作出版了《人权影响评估指南》和《管理之道适用草案》 www.iblf.org/resources/guides.aspx
国际商会(ICC) 多种工具和倡议	X	X	X	X	X	X	X	X	X	X	X	X	X	X	X	旨在代表商界利益的收费会员制全球商业组织，它已经发起或提供了大量与社会责任不同的方面有关的倡议或工具，包括： 《广告营销沟通实践的国际商会通则》 ICC企业责任行为9项步骤 供应链责任ICC指南 采购责任ICC指南 可持续发展ICC企业章程 www.iccwbo.org

续表 2.A1

反腐联盟倡议(PACI) 反对贿赂的商业原则					X											反贿赂实践行为的自愿性准则,要求签署国企业承诺对贿赂现象零容忍度,免费的会员制组织,由3个工作小组的利益相关方和管理委员会执行管理
世界可持续发展工商理事会(WBCSD) 多种倡议和工具	X	X	X	X	X	X	X	X	X	X	X	X	X	X	X	面向大型企业的会员制组织,缴纳年度会费,开展了大量具有公共实用性的倡议和工具,包括: 全球水资源工具 提升利益相关方参与度:影响测度 组织管理:问题管理工具 可持续发展:学习工具 大量其他有关具体社会环境问题的指导性文件、倡议和工具 www. weforum. org/en/initiatives/paci/index. htm
世界可持续发展工商理事会和世界资源研究所(WRI) 温室气体协议				X									X			针对企业的免费实用的会计和报告标准,用以报告六大温室气体排放量,六大气体在《京都议定书》和《联合国气候变化框架公约》中有提及,提供多种工具帮助企业计算排放量 www. wbcsd. org

表 2. A2　单行业倡议举例说明

（适合于单个特定行业的活动——详细见于 7.8 和本附录引述章节）

附录信息反映了本国际标准充分落实后的状况，我们应意识到附录中信息并不完全详尽以及社会责任是一个持续发展的领域，因此推荐用户从其他来源获取最新信息。

组织 倡议或工具 （按每节字母顺序排列）	“X”标志意味着这个倡议/工具至少涉及一个相应副条款中的方面或问题。 这不是符合 ISO 26000 标准被 ISO 26000 认可的标志。															附加信息 （包括倡议/工具的简明客观描述；利益相关方参与管理；使用对象及条件；是否用于认证目的；获取补充信息的网站）
	核心主题*							融入社会责任的实践*								
	6.2 OG	6.3 HR	6.4 Lab	6.5 Env	6.6 FOP	6.7 Con	6.8 CID	5.2	5.3	7.2	7.3	7.4	7.5	7.6	7.7	
* ISO 26000 子条目的索引：6.2 组织管理；6.3 人权；6.4 劳工实践；6.5 环境；6.6 公平运营实践；6.7 消费者问题；6.8 社区参与和发展；5.2 理解社会责任；5.3 利益相关者的确认和参与；7.2 组织特点与社会责任的关系；7.3 理解组织的社会责任；7.4 社会责任融入组织的实践；7.5 社会责任的沟通；7.6 提高社会责任的可信度；7.7 审核和改进组织有社会责任行为实践																
第一部分：农业																
高质量蔗糖倡议（BSI）			X	X			X	X	X	X	X	X				由糖业零售商、投资者、贸易商、生产者和非政府组织组成的组织，制定了旨在处理各种糖业生产社会责任问题的原则和标准，需缴费方可成为指导委员会成员 www. bettersugar-cane. org
咖啡交流协会通则（4C）产品准则		X	X	X	X	X	X	X	X	X	X	X	X	X	X	由咖啡生产者，贸易工业组织（零售商、品牌行销商、制造商）和民间团体（非政府组织和贸易联盟）组成的的会员制组织，促进咖啡生产中社会、环境、经济等条件的改进。项目包括咖啡交流协会通则（4C），认证系统和针对生产者的技术支持，会员可参与认证和管理活动 www. 4c-coffeeasso-ciation. org/

续表 2.A2

国际公平贸易标签组织（FLO）	X	X	X	X	X	X	X	X	X	X	X	X	X	X	X	利用认证组织和生产者形成的网络在 20 个国家发起标签倡议的联盟组织，根据公平贸易通用标准或特定行业标准提供认证，经过认证的成员可使用认证标识并参与联合国大会和管理委员会 www.fairtrade.net
全球良好农业规范			X	X		X						X	X	X	X	GAP 是指良好农业规范，旨在为农业产品和实践的认证制定自愿性标准，会员需付费方可参与这些标准的制定和发展 www.globalgap.org
国际可可倡议		X	X	X				X		X	X	X	X	X	X	在发展可可产业中反对童工和其他侮辱性劳工实践的组织，参与组织包括主要的巧克力品牌、可可加工商、非政府组织和贸易协会 www.cocoainitiative.org
热带雨林联盟 可持续农业网络标准	X	X	X	X	X	X	X					X			X	由农民和生产组组成的培育热带出口农作物的会员制组织，通过鼓励农民按照 SAN（可持续农业网络）标准并激发贸易商和消费者的持续性支持以培养贯穿价值链的一流的管理实践 www.rainforest－alliance.org/agriculture.cfm？id＝standards
UTZ 认证 优质咖啡认证	X	X	X	X	X	X	X	X	X			X	X	X		基于行为准则的认证倡议，为负责人的农业生产实践和搞笑的农场经营管理制定社会环境标准，采用第三方审计，目前专注于咖啡、可可豆、茶叶和棕榈油等生产，服务包括沿着产业链的追踪和跟踪体系，产业链涉及从生产者到加工者到买方视察原产地的一系列活动 www.utzcertified.org

续表 2.A2

世界可可基金会		X	X	X	X	X	X	X	X	X			X			需缴纳会费的由巧克力企业、可可加工者、可可贸易商、行业协会组成的会员制组织联盟，支持的项目包括促进可持续环境友好型农业、社区发展，劳工实践和改良的公平的收益 www. worldcocoafoundation. org
第二部分：服装业																
清洁成衣运动(CCC)		X	X		X	X			X	X		X				由欧洲 12 个国家的组织组成的国际性协会，旨在改善服装行业的工作条件并防止该行业工人转行，清洁成衣运动在特定情况下和企业、政府机构合作解决问题，还提供关于服装行业工作条件和劳工事务的信息，并拥有基准码 www. cleanclothes. org
公平服装基金会(FWF)		X	X					X		X	X	X	X	X	X	处理服装业、鞋业供应链劳工实务的多方利益相关者组织，通过做出年度贡献、采纳劳工实践准则以及遵守其他规定，采购公司成为公平服装基金会会员，公司每年接受该准则的符合性评估考核 www. fairwear. nl
皮草自由零售项目				X		X							X			旨在为消费者提供零售商皮草信息的倡议，该倡议通过为承诺签署无皮草协议的零售商提供支持以终止皮草产品的销售 www. infurmation. com/ffr. php
第三部分：生物能源行业																

续表 2.A2

可持续生物能源圆桌会议		X	X	X		X	X	X	X	X	X	X				需缴纳费用的会员制组织，促进利益相关方就发展生物能源产品原则和标准的讨论 http://cgse. epfl. ch/page65660. html
第四部分：建筑行业																
联合国环境规划署可持续的建筑和气候倡议				X								X		X	X	向任何建筑行业组织开放，每年需缴纳会费，涉及促进可持续的建筑和生命周期角度的建筑结构等方面的共同工作计划，会员参与发展倡议和工具的工作计划，与联合国环境规划署有合作关系 www. unepsbci. org
第五部分：化工行业																
国际委员会化学协会责任关怀	X	X	X	X	X	X	X			X	X	X	X	X	X	针对化工企业的会员制组织，收取会员费，关注于产品和生产流程中的健康、安全、环境等影响，产品跟踪管理计划的和日记化学制品的生产和使用以及其供应链 www. responsiblecare. org
第六部分：生活消费品/零售																
商业社会标准认证咨询(BSCI)	X	X	X	X								X	X	X	X	处理供应链劳工实务的行业组织，会员关系由零售商和其他进口或销售产品的企业构成，成员企业要求根据 BSCI 行为准则审核其供应商，BSCI 对审计人员提供认证 www. bsci-eu. org
第七部分：电子行业																

续表 2.A2

电子产业公民联盟 电子行业行为准则		X	X	X	X	X	X		X				X	X		会员制组织，年度会费根据企业收益和会员地位决定，正式成员要求遵守行为准则，由行业利益相关方组成的管理委员会提供指导和组织概述 www.eicc.info/
德国电气和电子工业中央协会 企业社会责任行为准则	X	X	X	X	X	X	X	X					X		X	会员制组织，行为准则为电子行业改善社会环境绩效提供指导 www.zvei.de
第八部分：能源行业																
国际水力发电协会 水力发电可持续指南		X		X			X	X	X	X	X	X	X		X	针对水力发电的行业组织，为公众提供多种工具和出版物，IHA(国防水利发电协会)可持续指南推荐采取有关解决经济、社会、环境题的行动 www.hydropower.org
第九部分：采掘行业																
采掘行业透明度行动计划(EITI)					X		X									由支持披露和核查石油、天然气、采矿行业的企业薪酬和政府收益的政府、企业、民间团体和投资者组成的多方利益相关者倡议，参与企业同意向政府报告其薪资水平而执行政府同意向组织报告其企业所得。民间社团参与具体计划的实施和监督 http://eiti.org

续表 2.A2

国际石油工业环境保护协会(IPIECA) 多种工具和倡议		X	X	X	X		X	X		X	X	X	X	X	X	针对石油、天然气生产企业的行业组织,提供多种公众可用的出版物和工具: 石油天然气行业人权培训 石油天然气行业自愿性可持续报告指南 石油行业温室气体排放报告指南 石油天然气行业操作区冲突指导 www. ipieca. org
第九部分:采掘行业																
国际采矿及金属协会(ICMM) 可持续发展构架	X	X	X	X	X	X	X	X	X	X	X	X	X	X	X	针对采矿和金属及相关行业企业的行业组织,成员承诺采用由 10 项原则组成的可持续发展构架 http://www. icmm. com/our-work/sustainable-developmentframework
安全与人权自愿性原则		X	X	X								X			X	由英国政府和美国政府发起的倡议,为企业和非政府组织就人权确认和安全风险等问题提供指导,附加指南在与国家和私有机构合作方面很实用,需要为使用这些原则付费 www. icmm. com/our-work/sustainable-developmentframework
第十部分:金融/投资行业																
赤道原则												X	X	X		在金融项目中判定、评估、管理社会环境风险的金融行业基准 www. equator — principles. com

续表 2.A2

ESG 报告和融入性金融分析指导	X	X	X	X	X	X			X		X		X	X	X	针对环境、社会、管理(ESG)问题的报告和关于ESG如何融入分析的金融分析基准 www. dvfa. de/die_dvfa/kommissionen/non_financials/dok/35683. php
负责任的投资原则	X			X			X	X	X		X	X	X		X	为投资者提供框架以履行其受托人义务，适当考虑环境、社会、企业管理问题。框架由指定利益相关方群体专家指定，加入会员要求做出自愿性贡献 www. unpri. org/
碳排放披露项目				X								X	X		X	非营利性会员制组织，为企业和其他组织提供免费可用的方法论用于计算和披露其运营过程中的碳排放量并评估其气候风险报告，企业使用方法论并提供 CDP(碳排放披露项目)可用的信息，金融机构使用网站决定碳输出量，这些碳排放归因于金融机构融资和投资行为 www. cdproject. net
联合国环境规划署金融倡议(UNEPFI)	X			X								X		X	X	对于所有金融行业组织开放的会员制收费组织，与参与组织密切合作以发展或促进环境、可持续、金融绩效之间的关系，利益相关方提供项目发展建议书和并参与其中 www. unepfi. org/
沃尔夫斯堡集团 沃尔夫斯堡反洗钱原则	X	X			X	X	X	X				X	X		X	由全球银行组成的会员制组织，主要制定金融服务行业标准和原则以抵制贪污腐败和洗钱行为，利益相关方代表制定公众实用的标准和原则 www. wolfsberg-principles. com/index. html

续表 2.A2

第十一部分:渔业																
海洋管理委员会				X	X	X							X	X	X	可持续渔业活动的认证和生态标签倡议,包括: 负责任的渔业行为准则 制定社会环境标准的良好实践规范 鱼类和渔业的生态标签指南 海洋捕捞业的认证和标签的使用均需付费 www.msc.org
第十二部分:林业																
森林管理委员会(FSC)				X	X	X							X	X	X	向个人和组织开放的会员制团体,会员可在管理和政策制定方面提供帮助,FSC是一个认证体系并为企业、组织和对森林责任感兴趣的团体提供国际标准的制定、商标保证和认证等服务 www.fsc.org/
森林认证认可计划(PEFC)		X	X	X			X	X	X	X	X	X	X		X	PEFC是一个对森林可持续发展认证方案 达成共识的联盟组织,国家级组织负责管理和会员团体的识别 www.pefc.org
第十三部分:通讯技术行业																
国际电信联盟(ITU) 全球电子可持续性倡议				X			X					X	X	X	X	向任何涉及信息和通信技术行业的企业或相关企业开放的会员制收费组织,提供指导和评估工具以改善会员的可持续绩效 www.gesi.org

续表　2. A2

第十四部分：交通运输业																
国际道路运输联盟 可持续发展规章				X		X						X				道路交通行业的国际代表性组织，其目的是提高道路运输部门的社会责任 www. iru. org/index/en_iru_com_cas
第十五部分：旅游观光业																
国际旅游组织联盟 保护旅游业中儿童免受性剥削的行为准则		X										X			X	承诺履行保护旅游行业中儿童免受性剥削六项标准的自愿性行为准则，提供实施这些标准的免费培训组件，美国终止童妓组织提供秘书办公处 www. ecpat. netwww. thecode. org
热带雨林联盟和其他合伙人 全球可持续旅游标准合作组织				X			X	X				X			X	由热带雨林联盟、联合国环境规划署、联合国基金会、联合国世界旅游组织发起的倡议，涉及多个行业协会和非政府组织，可持续的旅游标准为可持续旅游的常识性理解提供依据 www. sustainabletourismcriteria. org

附 B(仅提供信息)

名词术语缩写

APR　年度百分率

CH_4　甲烷

CO_2　二氧化碳

CSR　企业社会责任

GHG　温室气体

HIV/AIDS　人类免疫缺陷病毒(艾滋病病毒)/获得性免疫缺陷综合症

ILO　国际劳工组织

MDG	千年发展目标
NGO	非政府组织
NO_x	氮氧化物
N_2O	氧化亚氮
PBT	持久性、生物累积性、有毒物质
POP	持久性有机污染物
SMO	中小型组织
SO_x	硫氧化物
UN	联合国
UNFCCC	联合国气候变化框架公约
VOC	挥发性有机化合物
vPvB	高生物积聚性
WTO	世界贸易组织

参考文献(ISO 26000)

[1] ISO 9000.量管理体系——基本原理和术语.

[2] ISO 9001.质量管理体系——要求.

[3] ISO 9004.组织持续成功的管理——质量管理办法.

[4] ISO 10001.质量管理——顾客满意度——组织行为规范准则.

[5] ISO 10002.质量管理——顾客满意度——组织处理投诉指南.

[6] ISO 10003.质量管理——顾客满意度——组织外部争端解决指南.

[7] ISO 14001.环境管理体系——用户使用须知.

[8] ISO 14004.管理体系——关于原则、体系和支持技术通则.

[9] ISO 14005.环境管理体系——环境管理体系阶段性实施指南,包括对环境绩效评价的使用.

[10] ISO 14006.环境管理体系——合实施指南.

[11] ISO 14015.环境管理——现场和组织环境评价.

[12] ISO 14020.环境标志和声明——通则.

[13] ISO 14021.环境标识及声明——自我环境声明(第二类环境标识).

[14] ISO 14024.环境标识及声明——第一类环境标志——原则和程序.

[15] ISO 14025.环境标识及声明——第三类环境标志——原则和程序.

[16] ISO 14031.环境管理——环境绩效评估 ——指南.

[17] ISO 14040.环境管理——生命周期评估——原则和框架.

[18] ISO 14044.环境管理——生命周期评估——要求和指南.

[19] ISO 140451.环境管理——生产系统生态效率评估——原则、要求和指南.

[20] ISO/TR14047.环境管理——生命周期影响评估——ISO14042 实例应用.

[21] ISO/TS 14048.环境管理——生命周期评估——数据文件格式.

[22] ISO/TR 14049.环境管理——生命周期评估——ISO 14041 目标和范围界定义、财务分析的应用实例.

[23] ISO 14050.环境管理——术语.

[24] ISO 14051.环境管理——物流成本核算——总体框架.

[25] ISO/TR 14062.环境管理——环境因素融入产品的设计和开发.

[26] ISO 14063.环境管理——环境信息交流——指导和案例.

[27] ISO 14064-1.温室气体——第一部分:量化和报告温室气体排放量及清除量的组织级指导规范.

[28] ISO 14064-2. 温室气体——第二部分:量化,监测和报告温室气体排放减少量或清除增加量项目级指导规范.

[29] ISO 14065.温室气体——用于资格认证或其他形式认证的温室气体复核验证机构要求.

[30] ISO 14066.温室气体——温室气体复核验证团队资格要求.

[31] ISO 14067-1[2)].产品碳足迹——第 1 部分:量化.

[32] ISO 14067-2[2)].产品碳足迹——第 2 部分:交流.

[33] ISO 14069[2)].温室气体——量化和报告温室气体排放量组织(碳足迹组织)——ISO 14064-1 应用指南.

[34] ISO 19011.质量和/或环境管理体系审核指南.

[35] ISO 22000.食品安全管理体系——组织食品链规章要求.

[36] ISO/IEC 27001.信息技术——安全技术——信息安全管理系统——要求.

[37] ISO 10993-2:2006.医疗器械生物学评价——第 2 部分:动物福利的要求.

[38] ISO 指南 64.解决环境问题的产品标准指南.

[39] ISO/IEC 指南 2:2004.标准化和有关活动——通用术语.

[40] ISO/IEC 指南 71:2001.满足老年残障人士需求指南.

[41] 关于预防和打击腐败的非洲联盟公约,2003.

[42] 约翰·鲁格.保护、尊重和补救措施:商业人权框架//关于人权、跨国公司和其他商业组织问题的中央秘书处特别代表报告. A/HRC/8/5 联合国,2008.4.7.

[43] 约翰·鲁格.阐明"影响范围"和"共谋"的概念//关于人权、跨国公司和其他商业组织问题的中央秘书处特别代表报告. A/HRC/8/16 联合国,2008.5.15.

[44] 欧洲委员会反腐败民法公约,1999.

[45] 欧洲委员会反腐败刑法公约,1998.

[46] 欧盟.会议根据第 K.3 条第(2)(c)款起草了关于欧盟商业体或欧盟成员国政府官员的欧盟反腐公约.

[47] 政府间气候变化专门委员会.2006 年国家温室气体排放清单 IPCC 指南,2006.

[48] 政府间气候变化专门委员会. 第四次评估报告,气候变化 2007:综合报告(决策者摘要),2007.

[49] 国际劳工组织.强迫性劳动公约(第 105 号)废止,1957.

[50] 国际劳工组织.化学品公约(第 170 号),1990.

[51] 国际劳工组织.化学品建议书(第 R177),1990.

[52] 国际劳工组织.关于保护工人个人资料的行为准则,1997.

[53] 国际劳工组织.通信行业建议书(第 129 号),1967.

[54] 国际劳工组织.关于工作中基本原则和权利声明,1998.

[55] 国际劳工组织.歧视(就业和职业)公约(第 111 号),1958.

[56] 国际劳工组织.雇佣关系建议书(第 198 号),2006.

[57] 国际劳工组织.同酬公约(第 100 号),1951.

[58] 国际劳工组织.同酬的建议书(第 90 号),1951.

[59] 国际劳工组织.投诉审核建议书(第 130 号)检查,1967.

[60] 国际劳工组织.强迫性劳动公约(第 29 号),1930.

[61] 国际劳工组织.40 小时工作/周公约(第 47 号),1935.

[62] 国际劳工组织.结社自由和组织权利保护公约(第 87 号),1948.

[63] 国际劳工组织.带薪休假公约(修订)(第 132 号)休息,1970.

[64] 国际劳工组织.带薪休假建议书(第 98 号)休息,1954.

[65] 国际劳工组织.工作时数(工业)公约(第 1 号),1919.

[66] 国际劳工组织.工作时间(商业和办事处)公约(第 30 号),1930.

[67] 国际劳工组织.社会正义宣言,2008.

[68] 国际劳工组织.家庭办公公约(第 177 号),1996.

[69] 国际劳工组织.人力资源开发公约(第 142 号),1975.

[70] 国际劳工组织.人力资源开发建议书(第 195 号),2004.

[71] 国际劳工组织.关于人类免疫缺陷病毒/获得性免疫缺陷综合症和职场国际劳工组织实践规范,2006.

[72] 国际劳工组织.国际劳工组织章程(包括费城宣言),1944.

[73] 国际劳工组织.国际劳工组织职业健康和安全准则,2001.

[74] 国际劳工组织.关于跨国公司和社会政策的三方原则声明.3 版,2006.

[75] 国际劳工组织.土著和部落居民公约(第 169 号),1989.

[76] 国际劳工组织.生育保护公约(第 183 号),2000.

[78] 国际劳工组织.移民工作人员(补充规定)公约.(第 143 号),1975.

[79] 国际劳工组织.移民工人建议书(第 151 号),1975.

[80] 国际劳工组织.移民就业公约(修订)(第 97 号),1949.
[81] 国际劳工组织.最低年龄公约(第 138 号),1973.
[82] 国际劳工组织.最低年龄建议书(第 146 号),1973.
[83] 国际劳工组织.最低工资公约(第 131 号),1970.
[84] 国际劳工组织.最低工资建议书(第 135 号),1970.
[85] 国际劳工组织.夜间工作公约(第 171 号),1990.
[86] 国际劳工组织.夜间工作建议书(第 178 号),1990.
[87] 国际劳工组织.职业健康服务公约(第 161 号),1985.
[88] 国际劳工组织.职业健康服务议书(第 171 号),1985.
[89] 国际劳工组织.职业安全与健康公约(第 155 号),1981.
[90] 国际劳工组织.职业安全及健康建议书(第 164 号),1981.
[91] 国际劳工组织.老年工人建议书(第 162 号),1980.
[92] 国际劳工组织.带薪教育休假公约(第 140 号),1974.
[93] 国际劳工组织.兼职公约(第 175 号),1994.
[94] 国际劳工组织.兼职建议书(第 182 号),1994.
[95] 国际劳工组织.私人就业代理公约(第 181 号),1997.
[96] 国际劳工组织.私人就业代理建议书(第 188 号),1997.
[97] 国际劳工组织.破产欠薪保障基金公约(第 95 号),1949.
[98] 国际劳工组织.破产欠薪保障基金建议书(第 85 号),1949.
[99] 国际劳工组织.员工索赔保障公约(公司破产)(第 173 号),1992.
[100] 国际劳工组织.员工健康保障建议书(第 97 号),1953.
[101] 国际劳工组织.2002 年职业安全与健康公约草案(第 155 号),1981.
[102] 国际劳工组织.缩短工作时间建议书(第 116 号),1962.
[103] 国际劳工组织.组织权利和劳资谈判公约,1949.
[104] 国际劳工组织.农业安全与卫生公约(第 184 号),2001.
[105] 国际劳工组织.农业安全与卫生建议书(第 192 号),2001.
[106] 国际劳工组织.社会保障公约 (最低标准)(第 102 号) (第八部分,文章 46-52),1952.
[107] 国际劳工组织.雇佣终止公约(第 158 号),1982.
[108] 国际劳工组织.雇佣终止建议书(第 166 号),1982.
[109] 国际劳工组织.每周休息公约(商业和事务处)(第 106 号),1957.
[110] 国际劳工组织.每周休息建议书(商业和办事处)(第 103 号),1957.
[111] 国际劳工组织.每周休息公约(制造业)(第 14 号),1921.
[112] 国际劳工组织.福利设施建议书(第 102 号),1956.
[113] 国际劳工组织.员工代表共约(第 135 号),1971.
[114] 国际劳工组织.员工家庭责任公约(第 156 号),1981.
[115] 国际劳工组织.员工家庭责任建议书(第 165 号),1981.
[116] 国际劳工组织.最恶劣形式童工劳动公约(第 182 号),1999.
[117] 国际劳工组织.最恶劣形式童工劳动建议书(第 190 号),1999.
[118] 国际海事组织.防止倾倒废物和其他物料污染的海洋公约(伦敦公约),1972.
[119] 2005 年千年生态系统评估和联合国环境规划署.全球环境公报,2007.
[120] 美洲国家组织.美洲国家间反腐公约,1996.
[121] 经济合作及发展组织(经合组织).经济合作与发展组织禁止组织在国际商事交易中贿赂外国公职人员公约,1997.
[122] 经济合作及发展组织(经合组织).经济合作与发展组织在电子商务中保护消费者的指导方

针,1999.
[123] 经济合作及发展组织(经合组织).经济合作与发展组织网络信息系统安全保护指导方针:针对安全文化,2002.
[124] 经济合作及发展组织(经合组织).经济合作与发展组织跨国公司指导方针:综述,2000.
[125] 经济合作及发展组织(经合组织).经济合作与发展组织私人信息和个人资料交互流动保护指导方针,2002.
[126] 经济合作及发展组织(经合组织).经济合作与发展组织企业管理原则,2004.
[127] 经济合作及发展组织(经合组织).经济合作与发展组织消费者纠纷决议和赔偿建议书,2007.
[128] 湿地公约(拉姆萨湿地公约),1971.
[129] 日内瓦公约,关于战俘待遇和战争期间保护公民的公约,1949.
[130] 联合国.生物多样性公约中关于生物安全的卡塔赫纳议定书,2000.
[131] 联合国.反腐公约,2005.
[132] 联合国.反对刑讯和其他酷刑、非人性化或有辱人格的行为和惩罚公约,1984.
[133] 联合国.消除所有形式妇女歧视的公约,1979.
[134] 联合国.残疾人权利公约及其任择议定书,2006.
[135] 联合国.儿童权利公约,1989.
[136] 联合国.关于艾滋病的评论声明,2001.
[137] 联合国.消除所有形式的宗教和信仰歧视或偏见公约,1981.
[138] 联合国.民族少数民族、宗教少数民族和语言少数民族权利公约,1992.
[139] 联合国.世界人权大会中反对种族歧视、仇外及相关行为的德班公约,2006.
[140] 联合国.保护所有入境人士免受强制失踪的国际公约,2006.
[141] 联合国.消除一切形式的种族歧视国际公约,1965.
[142] 联合国.保护移民工人及其家属权利的国际公约,1990.
[143] 联合国.公民权利和政治权利国际公约,1966.
[144] 联合国.经济、社会、文化权利国际公约,1966.
[145] 联合国.联合国气候变化公约,1992.
[146] 联合国.联合国气候变化公约京都协议,1997.
[147] 联合国.战争期间儿童权利公约任择议定书,2000.
[148] 联合国.在儿童贩卖、儿童卖淫、儿童色情事业中保障儿童权利公约的任择议定书,2000.
[149] 联合国.第四次关于妇女问题的世界会议报告,北京,4-15,1995.9.
[150] 联合国.世界人权大会中反对种族歧视、仇外及相关行为报告,德班,2001 年 8 月 31 日—9 月 8 日.
[151] 联合国.关于可持续发展世界高峰会议的报告,约翰内斯堡,2002 年 8 月 26 日—9 月 4 日.
[152] 联合国.基于废除死刑的公民权利和政治权利国际公约第二任择议定书,1989.
[153] 联合国.联合国千年宣言,联合国大会决议,2000.9.8.
[154] 联合国.《联合国千年宣言》关于原著民族权利,2007.
[155] 联合国.保护消费者权益国际指导方针.1999.
[156] 联合国.世界人权宣言,1948.
[157] 联合国.社会发展世界高峰会报告.社会发展世界高峰会文件 A/CONF. 166/9,1995.关于社会发展的哥本哈根宣言,1995.
[158] 联合国环境与发展会议.关于环境与发展的里约宣言,1992.
[159] 联合国贸易开发会议.关于良好的企业管理实践经验公开指引,2006.
[160] 联合国欧洲经济委员会.关于获取信息、决策中的公众参与和环境问题的公正处理的奥尔胡斯公约,1998.6.25.

[161] 联合国教育科学暨文化组织.反文化遗产的蓄意破坏条约,2003.
[162] 联合国教育科学暨文化组织.联合国可持续发展教育十年纲领(2005—2014)国际实施方案,2005.
[163] 联合国教育科学暨文化组织.保护非物质文化遗产公约,2003.
[164] 联合国教育科学暨文化组织.保护和促进文化表现形式多样性公约,2005.
[165] 联合国教育科学暨文化组织.关于 生命伦理和人权的世界人权宣言,2006.
[166] 联合国环境规划局.蒙特利尔协定,1987.
[167] 联合国环境规划局.生物多样性公约,1992.
[168] 联合国环境规划局.濒危野生动植物种国际贸易公约,1973.
[169] 联合国环境规划局.野生动物迁徙物种保护公约,1979.
[170] 联合国.防治荒漠化国际公约,1994.
[171] 联合国环境规划局.区域海洋公约和计划,1974.
[172] 联合国环境规划局.关于持久性有机污染物的斯德哥尔摩公约,2001.
[173] 联合国,联合国环境规划署——联合国粮食及农业组织.关于在国际贸易中某些危险化学品和农药的鹿特丹公约,2004.
[174] 联合国,联合国世界环境与发展委员会.《我们共同的未来》,1987.
[175] 世界动物卫生组织.陆生动物卫生法典,第七章动物福利,2009.

后　记

10 多年来，我把社会责任作为我的主要研究方向，并形成了 30 多人的核心研究团队和近 600 人共同协助研究团队。由于对社会责任问题的钟情和爱好，特别是多年来对企业社会责任问题的跟踪研究，使我们特别期待 ISO 26000 能早点出台。在多年的期待后，终于在 2010 年 11 月 1 日等到了 ISO 26000 的诞生。早在几年前，在不同场合就听到 ISO 26000 的制定工作一直在不断地推进，心里总是迫切地希望制定工作能早点完成。

自 2010 年 11 月 ISO 26000 问世以来，国际标准化组织没有免费向社会公开提供该标准的版本，企业需要支付昂贵的费用才可获得 ISO 26000 英文原版。目前，国内诸多企业都不能通过方便快捷的途径获得 ISO 26000 英文原版，该标准颁布实施半年后，我们从各类网站上都不能搜索到该标准的英文原版。不可质疑的是，ISO 26000 的颁布实施对我国社会责任建设将带来巨大的影响，对我国未来的社会责任研究和实践提供了标准依据和指南。而 ISO 26000 的中文翻译版本又迟迟不能面世为亟待了解社会责任的组织提供帮助，甚至出现了不少组织对 ISO 26000 误解的局面。仅公开声称根据 ISO 26000 制订年度报告"第一家"的就有几个企业，而且有些上市公司和央企的年度社会责任报告，也声称根据 ISO 26000 标准制订。但我们却无法从其报告中找到 ISO 26000 相关论述的痕迹，不得不怀疑这些报告制订者根本就没有见过 ISO 26000 原文。也有不少认证公司或认证中介公司在其网站公开声称能提供 ISO 26000 认证服务或颁发 ISO 26000 审核员资格证书。这些乱象令人啼笑皆非，已经使刚颁布不久的 ISO 26000 国际标准在我国产生了消极的负面影响，因此加快对 ISO 26000 的宣传、报道和研究工作迫在眉睫。为此，北京交通大学经济管理学院、广东省社会科学院、广东省社会科学综合开发研究中心、广东省企业社会责任研究会和《企业社会责任》杂志社等单位的专家、学者决定共同编撰出版《ISO 26000 研究系列丛书》，该丛书包括：《社会责任国际标准 ISO 26000 解读》、《ISO 26000 在中国》《ISO 26000 研究》、《ISO 26000 研究前沿报告》、《基于 ISO 26000 的社会责任评价体系》和《国际社会责任标准比较分析》等。除本书已经定稿外，《ISO 26000 在中国》、《ISO 26000 研究》和《ISO 26000 研究前沿报告》的撰写任务已经下达，有的已经形成了初稿，预计这几本专著将于 2011 年底相继公开出版。

ISO 26000 颁布实施后，我们第一时间从国际标准化组织购买了 ISO 26000 英文原版，联合北京交通大学经济管理学院、广东省社会科学院、天津工业大学经济学院、广东商学院、广东省企业社会责任研究会、《企业社会责任》杂志社、《中国企业社会责任建设蓝皮书》(人民出版社每年出版)编辑部、广东外语外贸大学国际学院和 ISO 26000 评估与研究所等单位的专家、学者抓紧对原版进行全面的翻译、校对和解读。本书编者历经半年查阅国际标准化组织官方网站关于 ISO 26000 社会责任国际标准的文献和资料，并根据英文原版以及社会责任相关知识完成本书的编撰工作，期间举行了 10 多次研讨和修订学术活动。其中于 2010 年 12 月 1 日在广东省社会科学院学术报告厅举行了"ISO 26000 学术圆桌会议"、2010 年 12 月 19 日在广东商学院召开了"中国第 1 届 ISO 26000 国际论坛暨高级研修班"、2011 年 6 月 5 日在广东省社会科学院的 ISO 26000 评估与研究所召开"ISO 26000 研究工作会议"、2011 年 7 月 13 日在广东省社会科学院召开了"企业责任建设工作"会议。2011 年 4 月 18 日，参与制定 ISO 26000 的主要专家之一的法国外交部生物伦理以及企业社会责任大使米歇尔·杜山(Michel Doucin)在法国驻广州总领事陈百德(Alain BERDER)经济领事和法国驻广州总领事馆黄智苗(Jacqueline Huang)总领事助理的陪同下，专程找到我们，就有关 ISO 26000 的制定情况作了细致的交流，米敏尔·杜山还鼓励和支持我尽快翻译和解读 ISO 26000。2011 年 5 月 20 日美国驻广州总领事馆负责环境和公共卫生的官员施伯宁(Daniel Cederberg)副领事和卫生事务助理马女士专门就食品安全问题及 ISO 26000 相关问题访问我们，并与我们展开热烈的讨论。2011 年 6 月 2 日美国堪萨斯大学(The University of Kansas)法学教授(Dr Virginia Harper Ho)和中山大学法学院王红一教授专门就社会责任问题及 ISO 26000 相关问题也专程找到我们，中美专家就 ISO 26000 相关问题作了深入探讨。2011 年 6 月 13 日香港品质保证局雷香清助理经理和莫丽芳营销主任也专门就 ISO 26000 问题前来广东省社会科学院访问我们，大家就 ISO 26000 的传播和推广问题作了探讨。2011 年 8 月 8 日，必维国际检验集团陈红柳主管、朱冰销售主任、李见月销售助理专程前来 ISO 26000 评估与研究所与我们就 ISO 26000 培训与宣传等事宜进行了交流和讨论。2011 年 9 月 1 日在山东省社会科学院学术报告厅举行了“中国第 2 届 ISO 26000 国际论坛暨高级研修班”，同时决定在 ISO 26000 颁布实施一周年之际的 2011 年 11 月 5 日举行“中国第 3 届 ISO 26000 国际论坛暨高级研究班”。中国(包括港澳台地区)第一本企业社会责任专业杂志,《企业社会责任》杂志为了及时宣传 ISO 26000，还特意把 2011 年的第 3 期、第 4 期刊合并全部内容刊登 ISO 26000 有关研究内容，在以后各期杂志的内容中，有关 ISO2600 都占了很大篇幅。广东省社会科学综合开发研究中心作为具有独立法人的事业单位也在 2010 年 4 月成立了“ISO 26000 评估与研究所”，全面开展 ISO 26000 的研究工作。以上这些活动都为我们的编撰工作提供了大量的素材和可行的思路。

特别要声明的是，本书的出版发行不以盈利为目的，而是致力于推广 ISO 26000 的理念和精神，为我国社会各界了解社会责任国际标准提供我们的专业知识贡献，希望能得到各界人士的支持和认同。

本书是由北京交通大学经济管理学院经济学教授、广东省企业社会责任研究会会长、《企业社会责任》杂志社社长兼总编辑、《中国企业社会责任建设蓝皮书》(人民出版社每年出版)主编、广东省社会科学综合开发研究中心主任黎友焕博士和天津工业大学经济学院的文志芳共同编写完成的。天津工业大学经济学院副院长、教授曹明福博士，广东外语外贸大学国际学院讲师陈斌博士，西安电子科技大学人文学院讲师王凯博士，《企业社会责任》杂志社编辑部主任魏升民，《中国企业社会责任建设蓝皮书(2011)》编辑部主任陈小平，ISO 26000 评估与研究所副所长路媛，广东省社会科学院的戚志敏、李双双、王星和齐晓龙等人先后参与了本书的资料收集、翻译稿件的修改讨论、解读稿件的论证等工作，在此一并致谢！

黎友焕

2011 年 10 月 8 日

附 件

标准英文原版

INTERNATIONAL STANDARD

ISO 26000

First edition
2010-11-01

Guidance on social responsibility

Lignes directrices relatives à la responsabilité sociétale

Reference number
ISO 26000:2010(E)

ISO copyright office
Case postale 56 • CH-1211 Geneva 20
Tel. + 41 22 749 01 11
Fax + 41 22 749 09 47
E-mail copyright@iso.org
Web www.iso.org

Published in Switzerland

Contents

Page

Figures

Boxes

Foreword

ISO (the International Organization for Standardization) is a worldwide federation of national standards bodies (ISO member bodies). The work of preparing International Standards is normally carried out through ISO technical committees. Each member body interested in a subject for which a technical committee has been established has the right to be represented on that committee. International organizations, governmental and non-governmental, in liaison with ISO, also take part in the work. ISO collaborates closely with the International Electrotechnical Commission (IEC) on all matters of electrotechnical standardization.

International Standards are drafted in accordance with the rules given in the ISO/IEC Directives, Part 2.

The main task of technical committees is to prepare International Standards. Draft International Standards adopted by the technical committees are circulated to the member bodies for voting. Publication as an International Standard requires approval by at least 75 % of the member bodies casting a vote.

Attention is drawn to the possibility that some of the elements of this document may be the subject of patent rights. ISO shall not be held responsible for identifying any or all such patent rights.

ISO 26000 was prepared by ISO/TMB Working Group on Social Responsibility.

This International Standard was developed using a multi-stakeholder approach involving experts from more than 90 countries and 40 international or broadly-based regional organizations involved in different aspects of social responsibility. These experts were from six different stakeholder groups: consumers; government; industry; labour; non-governmental organizations (NGOs); and service, support, research, academics and others. In addition, specific provision was made to achieve a balance between developing and developed countries as well as a gender balance in drafting groups. Although efforts were made to ensure balanced participation of all the stakeholder groups, a full and equitable balance of stakeholders was constrained by various factors, including the availability of resources and the need for English language skills.

Introduction

Organizations around the world, and their stakeholders, are becoming increasingly aware of the need for and benefits of socially responsible behaviour. The objective of social responsibility is to contribute to sustainable development.

An organization's performance in relation to the society in which it operates and to its impact on the environment has become a critical part of measuring its overall performance and its ability to continue operating effectively. This is, in part, a reflection of the growing recognition of the need to ensure healthy ecosystems, social equity and good organizational governance. In the long run, all organizations' activities depend on the health of the world's ecosystems. Organizations are subject to greater scrutiny by their various stakeholders. The perception and reality of an organization's performance on social responsibility can influence, among other things:

— its competitive advantage;

— its reputation;

— its ability to attract and retain workers or members, customers, clients or users;

— the maintenance of employees' morale, commitment and productivity;

— the view of investors, owners, donors, sponsors and the financial community; and

— its relationship with companies, governments, the media, suppliers, peers, customers and the community in which it operates.

This International Standard provides guidance on the underlying principles of social responsibility, recognizing social responsibility and engaging stakeholders, the core subjects and issues pertaining to social responsibility (see Table 2) and on ways to integrate socially responsible behaviour into the organization (see Figure 1). This International Standard emphasizes the importance of results and improvements in performance on social responsibility.

This International Standard is intended to be useful to all types of organizations in the private, public and non-profit sectors, whether large or small, and whether operating in developed or developing countries. While not all parts of this International Standard will be of equal use to all types of organizations, all core subjects are relevant to every organization. All core subjects comprise a number of issues, and it is an individual organization's responsibility to identify which issues are relevant and significant for the organization to address, through its own considerations and through dialogue with stakeholders.

Governmental organizations, like any other organization, may wish to use this International Standard. However, it is not intended to replace, alter or in any way change the obligations of the state.

Every organization is encouraged to become more socially responsible by using this International Standard.

Recognizing that organizations are at various stages of understanding and integrating social responsibility, this International Standard is intended for use by those beginning to address social responsibility, as well as those more experienced with its implementation. The beginner may find it useful to read and apply this International Standard as a primer on social responsibility, while the experienced user may wish to use it to improve existing practices and to further integrate social responsibility into the organization. Although this International Standard is meant to be read and used as a whole, readers looking for specific types of information on social responsibility may find the outline in Table 1 useful. Box 1 provides summary information to assist users of this International Standard.

This International Standard provides guidance to users and is neither intended nor appropriate for certification purposes. Any offer to certify to ISO 26000 or any claim to be certified to ISO 26000 would be a misrepresentation of the intent and purpose of this International Standard.

Reference to any voluntary initiative or tool in Annex A of this International Standard does not imply that ISO endorses or gives special status to that initiative or tool.

Table 1 — ISO 26000 outline

Clause title	Clause number	Description of clause contents
Scope	Clause 1	Defines the scope of this International Standard and identifies certain limitations and exclusions.
Terms and definitions	Clause 2	Identifies and provides the definition of key terms that are of fundamental importance for understanding social responsibility and for using this International Standard.
Understanding social responsibility	Clause 3	Describes the important factors and conditions that have influenced the development of social responsibility and that continue to affect its nature and practice. It also describes the concept of social responsibility itself – what it means and how it applies to organizations. The clause includes guidance for small and medium-sized organizations on the use of this International Standard.
Principles of social responsibility	Clause 4	Introduces and explains the principles of social responsibility.
Recognizing social responsibility and engaging stakeholders	Clause 5	Addresses two practices of social responsibility: an organization's recognition of its social responsibility, and its identification of and engagement with its stakeholders. It provides guidance on the relationship between an organization, its stakeholders and society, on recognizing the core subjects and issues of social responsibility and on an organization's sphere of influence.
Guidance on social responsibility core subjects	Clause 6	Explains the core subjects and associated issues relating to social responsibility (see Table 2). For each core subject, information has been provided on its scope, its relationship to social responsibility, related principles and considerations, and related actions and expectations.
Guidance on integrating social responsibility throughout an organization	Clause 7	Provides guidance on putting social responsibility into practice in an organization. This includes guidance related to: understanding the social responsibility of an organization, integrating social responsibility throughout an organization, communication related to social responsibility, improving the credibility of an organization regarding social responsibility, reviewing progress and improving performance and evaluating voluntary initiatives for social responsibility.
Examples of voluntary initiatives and tools for social responsibility	Annex A	Presents a non-exhaustive list of voluntary initiatives and tools related to social responsibility that address aspects of one or more core subjects or the integration of social responsibility throughout an organization.
Abbreviated terms	Annex B	Contains abbreviated terms used in this International Standard.
Bibliography		Includes references to authoritative international instruments and ISO Standards that are referenced in the body of this International Standard as source material.

Table 2 — Core subjects and issues of social responsibility

Core subjects and issues	Addressed in sub-clause
Core subject: Organizational governance	6.2
Core subject: Human rights	6.3
Issue 1: Due diligence	6.3.3
Issue 2: Human rights risk situations	6.3.4
Issue 3: Avoidance of complicity	6.3.5
Issue 4: Resolving grievances	6.3.6
Issue 5: Discrimination and vulnerable groups	6.3.7
Issue 6: Civil and political rights	6.3.8
Issue 7: Economic, social and cultural rights	6.3.9
Issue 8: Fundamental principles and rights at work	6.3.10
Core subject: Labour practices	6.4
Issue 1: Employment and employment relationships	6.4.3
Issue 2: Conditions of work and social protection	6.4.4
Issue 3: Social dialogue	6.4.5
Issue 4: Health and safety at work	6.4.6
Issue 5: Human development and training in the workplace	6.4.7
Core subject: The environment	6.5
Issue 1: Prevention of pollution	6.5.3
Issue 2: Sustainable resource use	6.5.4
Issue 3: Climate change mitigation and adaptation	6.5.5
Issue 4: Protection of the environment, biodiversity and restoration of natural habitats	6.5.6
Core subject: Fair operating practices	6.6
Issue 1: Anti-corruption	6.6.3
Issue 2: Responsible political involvement	6.6.4
Issue 3: Fair competition	6.6.5
Issue 4: Promoting social responsibility in the value chain	6.6.6
Issue 5: Respect for property rights	6.6.7
Core subject: Consumer issues	6.7
Issue 1: Fair marketing, factual and unbiased information and fair contractual practices	6.7.3
Issue 2: Protecting consumers' health and safety	6.7.4
Issue 3: Sustainable consumption	6.7.5
Issue 4: Consumer service, support, and complaint and dispute resolution	6.7.6
Issue 5: Consumer data protection and privacy	6.7.7
Issue 6: Access to essential services	6.7.8
Issue 7: Education and awareness	6.7.9
Core subject: Community involvement and development	6.8
Issue 1: Community involvement	6.8.3
Issue 2: Education and culture	6.8.4
Issue 3: Employment creation and skills development	6.8.5
Issue 4: Technology development and access	6.8.6
Issue 5: Wealth and income creation	6.8.7
Issue 6: Health	6.8.8
Issue 7: Social investment	6.8.9

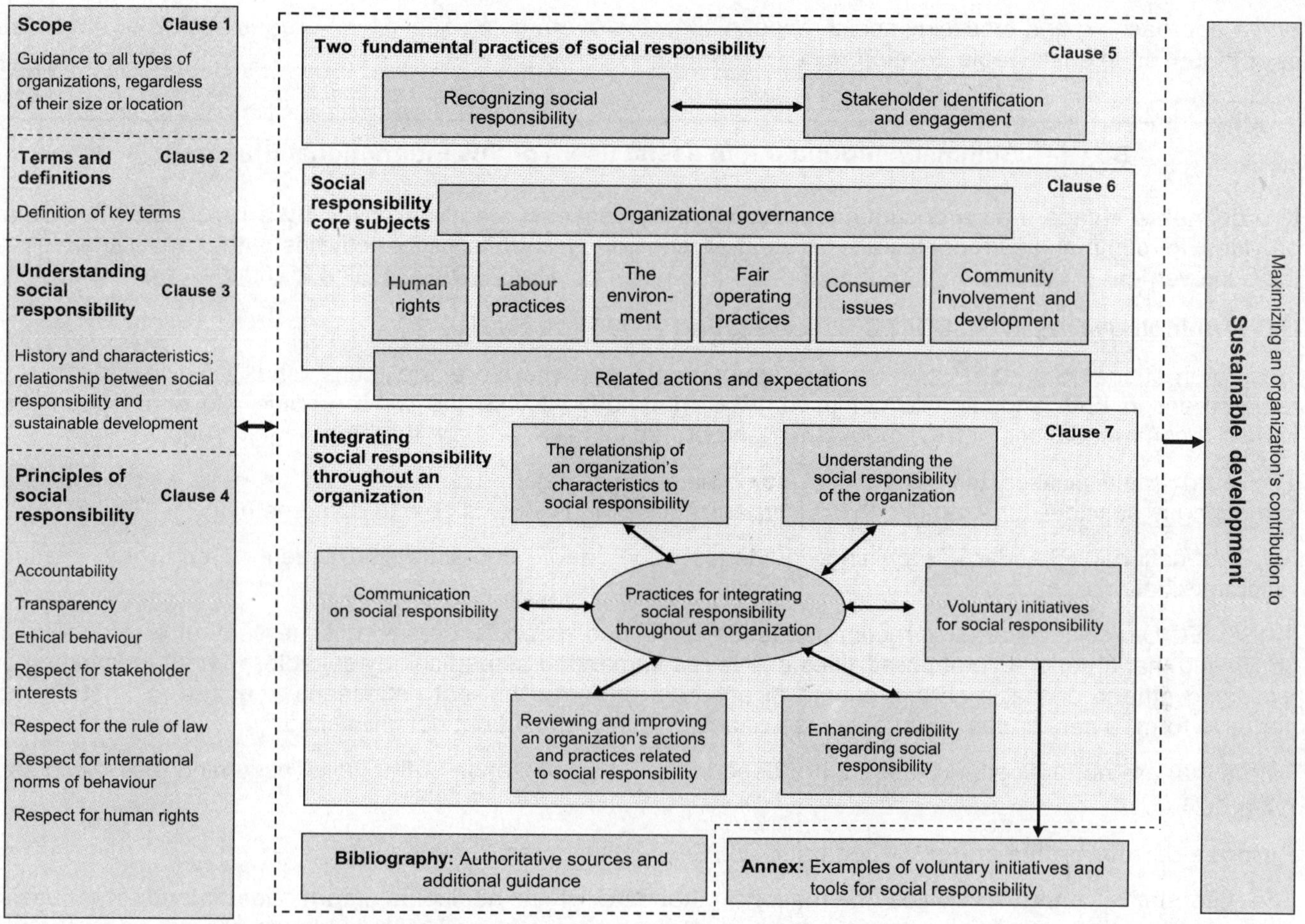

Figure 1 — Schematic overview of ISO 26000

Figure 1 provides an overview of ISO 26000, and is intended to assist organizations in understanding how to use this standard. The following points provide guidance on using this standard.

— After considering the characteristics of social responsibility and its relationship with sustainable development (Clause 3), it is suggested that an organization should review the principles of social responsibility described in Clause 4. In practising social responsibility, organizations should respect and address these principles, along with the principles specific to each core subject (Clause 6).

— Before analysing the core subjects and issues of social responsibility, as well as each of the related actions and expectations (Clause 6), an organization should consider two fundamental practices of social responsibility: recognizing its social responsibility within its sphere of influence, and identifying and engaging with its stakeholders (Clause 5).

— Once the principles have been understood, and the core subjects and relevant and significant issues of social responsibility have been identified, an organization should seek to integrate social responsibility throughout its decisions and activities, using the guidance provided in Clause 7. This involves practices such as: making social responsibility integral to its policies, organizational culture, strategies and operations; building internal competency for social responsibility; undertaking internal and external communication on social responsibility; and regularly reviewing these actions and practices related to social responsibility.

— Further guidance on the core subjects and integration practices of social responsibility is available from authoritative sources (Bibliography) and from various voluntary initiatives and tools (some global examples of which are presented in Annex A).

When approaching and practising social responsibility, the overarching goal for an organization is to maximize its contribution to sustainable development.

Box 1 — Summary information to assist users of this International Standard

ISO defines a standard as a document, established by consensus and approved by a recognized body that provides, for common and repeated use, rules, guidelines or characteristics for activities or their results, aimed at the achievement of the optimum degree of order in a given context (ISO/IEC Guide 2:2004 [39], definition 3.2).

ISO terminology (based on ISO/IEC Directives, Part 2, 2004, Annex H)

This International Standard contains no requirements and therefore the word "shall", which indicates a requirement in ISO language, is not used. Recommendations use the word "should". In some countries, certain recommendations of ISO 26000 are incorporated into law, and are therefore legally required.

The word "may" is used to indicate that something is permitted. The word "can" is used to indicate that something is possible, for example, that an organization or individual is able to do something.

An International Standard providing guidance does not contain requirements but may contain recommendations.

In ISO/IEC Directives, Part 2, a recommendation is defined as an "expression in the content of a document conveying that among several possibilities one is recommended as particularly suitable, without mentioning or excluding others, or that a certain course of action is preferred but not necessarily required, or that (in the negative form) a certain possibility or course of action is deprecated but not prohibited."

Terms that are not defined in Clause 2 are used in the common sense of the word, assuming their dictionary meanings.

Purpose of informative annex (based on ISO/IEC Directives, Part 2, 2004, 6.4.1)

The informative Annex A to this International Standard gives additional information intended to assist understanding and use of the document; it does not itself constitute part of its guidance nor is it referenced in the text of this International Standard. Annex A provides a non-exhaustive list of existing voluntary initiatives and tools related to social responsibility. It provides examples of these and draws attention to additional guidance that may be available, helping users to compare their practices with those of other organizations. The fact that an initiative or tool is listed in Annex A does not mean that this initiative or tool is endorsed by ISO.

Bibliography

The Bibliography, which is an integral part of this International Standard, provides information to identify and locate the documents referenced in the text. It consists of references to international instruments that are considered authoritative sources for the recommendations in this International Standard. These instruments may contain additional useful guidance and information; ISO 26000 users are encouraged to consult them to better understand and implement social responsibility. References are shown in the text by superscript numbers in square brackets.

NOTE Reference numbers are not assigned in the order of the documents' appearance in the text. ISO documents are listed first; then the remaining documents are listed in alphabetical order of the issuing organization.

Text boxes

Text boxes provide supplementary guidance or illustrative examples. Text in boxes should not be considered less important than other text.

Guidance on social responsibility

1 Scope

This International Standard provides guidance to all types of organizations, regardless of their size or location, on:

a) concepts, terms and definitions related to social responsibility;

b) the background, trends and characteristics of social responsibility;

c) principles and practices relating to social responsibility;

d) the core subjects and issues of social responsibility;

e) integrating, implementing and promoting socially responsible behaviour throughout the organization and, through its policies and practices, within its sphere of influence;

f) identifying and engaging with stakeholders; and

g) communicating commitments, performance and other information related to social responsibility.

This International Standard is intended to assist organizations in contributing to sustainable development. It is intended to encourage them to go beyond legal compliance, recognizing that compliance with law is a fundamental duty of any organization and an essential part of their social responsibility. It is intended to promote common understanding in the field of social responsibility, and to complement other instruments and initiatives for social responsibility, not to replace them.

In applying this International Standard, it is advisable that an organization take into consideration societal, environmental, legal, cultural, political and organizational diversity, as well as differences in economic conditions, while being consistent with international norms of behaviour.

This International Standard is not a management system standard. It is not intended or appropriate for certification purposes or regulatory or contractual use. Any offer to certify, or claims to be certified, to ISO 26000 would be a misrepresentation of the intent and purpose and a misuse of this International Standard. As this International Standard does not contain requirements, any such certification would not be a demonstration of conformity with this International Standard.

This International Standard is intended to provide organizations with guidance concerning social responsibility and can be used as part of public policy activities. However, for the purposes of the Marrakech Agreement establishing the World Trade Organization (WTO), it is not intended to be interpreted as an "international standard", "guideline" or "recommendation", nor is it intended to provide a basis for any presumption or finding that a measure is consistent with WTO obligations. Further, it is not intended to provide a basis for legal actions, complaints, defences or other claims in any international, domestic or other proceeding, nor is it intended to be cited as evidence of the evolution of customary international law.

This International Standard is not intended to prevent the development of national standards that are more specific, more demanding, or of a different type.

2 Terms and definitions

For the purposes of this document, the following terms and definitions apply.

2.1
accountability
state of being answerable for decisions and activities to the organization's governing bodies, legal authorities and, more broadly, its stakeholders

2.2
consumer
individual member of the general public purchasing or using property, products or services for private purposes

2.3
customer
organization or individual member of the general public purchasing property, products or services for commercial, private or public purposes

2.4
due diligence
comprehensive, proactive process to identify the actual and potential negative social, environmental and economic impacts of an organization's decisions and activities over the entire life cycle of a project or organizational activity, with the aim of avoiding and mitigating negative impacts

2.5
employee
individual in a relationship recognized as an "employment relationship" in national law or practice

NOTE Employee is a narrower term than **worker** (2.27).

2.6
environment
natural surroundings in which an organization operates, including air, water, land, natural resources, flora, fauna, people, outer space and their interrelationships

NOTE Surroundings in this context extend from within an organization to the global system.

2.7
ethical behaviour
behaviour that is in accordance with accepted principles of right or good conduct in the context of a particular situation and is consistent with **international norms of behaviour** (2.11)

2.8
gender equality
equitable treatment for women and men

NOTE This includes equal treatment or, in some instances, treatment that is different but considered equivalent in terms of rights, benefits, obligations and opportunities.

2.9
impact of an organization
impact
positive or negative change to society, economy or the **environment** (2.6), wholly or partially resulting from an organization's past and present decisions and activities

2.10
initiative for social responsibility
initiative
programme or activity expressly devoted to meeting a particular aim related to **social responsibility** (2.18)

NOTE Initiatives for social responsibility can be developed, sponsored or administered by any type of organization.

2.11
international norms of behaviour
expectations of socially responsible organizational behaviour derived from customary international law, generally accepted principles of international law, or intergovernmental agreements that are universally or nearly universally recognized

NOTE 1 Intergovernmental agreements include treaties and conventions.

NOTE 2 Although customary international law, generally accepted principles of international law and intergovernmental agreements are directed primarily at states, they express goals and principles to which all organizations can aspire.

NOTE 3 International norms of behaviour evolve over time.

2.12
organization
entity or group of people and facilities with an arrangement of responsibilities, authorities and relationships and identifiable objectives

NOTE 1 For the purposes of this International Standard, organization does not include government acting in its sovereign role to create and enforce law, exercise judicial authority, carry out its duty to establish policy in the public interest or honour the international obligations of the state.

NOTE 2 Clarity on the meaning of small and medium-sized organizations (SMOs) is provided in 3.3.

2.13
organizational governance
system by which an **organization** (2.12) makes and implements decisions in pursuit of its objectives

2.14
principle
fundamental basis for decision making or behaviour

2.15
product
article or substance that is offered for sale or is part of a service delivered by an **organization** (2.12)

2.16
service
action of an **organization** (2.12) to meet a demand or need

2.17
social dialogue
negotiation, consultation or simply exchange of information between or among representatives of governments, employers and workers, on matters of common interest relating to economic and social policy

NOTE In this International Standard, the term social dialogue is used only in the meaning applied by the International Labour Organization (ILO).

2.18
social responsibility
responsibility of an **organization** (2.12) for the **impacts** (2.9) of its decisions and activities on society and the **environment** (2.6), through transparent and **ethical behaviour** (2.7) that

— contributes to **sustainable development** (2.23), including health and the welfare of society;

— takes into account the expectations of **stakeholders** (2.20);

— is in compliance with applicable law and consistent with **international norms of behaviour** (2.11); and

— is integrated throughout the **organization** (2.12) and practised in its relationships

NOTE 1 Activities include products, services and processes.

NOTE 2 Relationships refer to an organization's activities within its **sphere of influence** (2.19).

2.19
sphere of influence
range/extent of political, contractual, economic or other relationships through which an **organization** (2.12) has the ability to affect the decisions or activities of individuals or organizations

NOTE 1 The ability to influence does not, in itself, imply a responsibility to exercise influence.

NOTE 2 Where this term appears in this International Standard, it is always intended to be understood in the context of the guidance in 5.2.3 and 7.3.3.

2.20
stakeholder
individual or group that has an interest in any decision or activity of an **organization** (2.12)

2.21
stakeholder engagement
activity undertaken to create opportunities for dialogue between an **organization** (2.12) and one or more of its **stakeholders** (2.20), with the aim of providing an informed basis for the organization's decisions

2.22
supply chain
sequence of activities or parties that provides **products** (2.15) or **services** (2.16) to the **organization** (2.12)

NOTE In some instances, the term supply chain is understood to be the same as **value chain** (2.25). However, for the purpose of this International Standard supply chain is used as defined above.

2.23
sustainable development
development that meets the needs of the present without compromising the ability of future generations to meet their own needs

NOTE Sustainable development is about integrating the goals of a high quality of life, health and prosperity with social justice and maintaining the earth's capacity to support life in all its diversity. These social, economic and environmental goals are interdependent and mutually reinforcing. Sustainable development can be treated as a way of expressing the broader expectations of society as a whole.

2.24
transparency
openness about decisions and activities that affect society, the economy and the **environment** (2.6), and willingness to communicate these in a clear, accurate, timely, honest and complete manner

2.25
value chain
entire sequence of activities or parties that provide or receive value in the form of **products** (2.15) or **services** (2.16)

NOTE 1 Parties that provide value include suppliers, outsourced **workers** (2.27), contractors and others.

NOTE 2 Parties that receive value include **customers** (2.3), **consumers** (2.2), clients, members and other users.

2.26
vulnerable group
group of individuals who share one or several characteristics that are the basis of discrimination or adverse social, economic, cultural, political or health circumstances, and that cause them to lack the means to achieve their rights or otherwise enjoy equal opportunities

2.27
worker
person who performs work, whether an **employee** (2.5) or someone who is self-employed

3 Understanding social responsibility

3.1 The social responsibility of organizations: Historical background

The term social responsibility came into widespread use in the early 1970s, although various aspects of social responsibility were the subject of action by organizations and governments as far back as the late 19th century, and in some instances even earlier.

Attention to social responsibility has in the past focused primarily on business. The term "corporate social responsibility" (CSR) is more familiar to most people than "social responsibility".

The view that social responsibility is applicable to all organizations emerged as different types of organizations, not just those in the business world, recognized that they too had responsibilities for contributing to sustainable development.

The elements of social responsibility reflect the expectations of society at a particular time, and are therefore liable to change. As society's concerns change, its expectations of organizations also change to reflect those concerns.

An early notion of social responsibility centred on philanthropic activities such as giving to charity. Subjects such as labour practices and fair operating practices emerged a century or more ago. Other subjects, such as human rights, the environment, consumer protection and countering fraud and corruption, were added over time, as they received greater attention.

The core subjects and issues identified in this International Standard reflect a current view of good practice. Views of good practice will also undoubtedly change in the future, and additional issues may come to be seen as important elements of social responsibility.

3.2 Recent trends in social responsibility

For a number of reasons, awareness about the social responsibility of organizations is increasing.

Globalization, greater ease of mobility and accessibility, and the growing availability of instant communications mean that individuals and organizations around the world are finding it easier to know about the decisions and activities of organizations in both nearby and distant locations. These factors provide the opportunity for organizations to benefit from learning new ways of doing things and solving problems. This means that organizations' decisions and activities are subject to increased scrutiny by a wide variety of groups and individuals. Policies or practices applied by organizations in different locations can be readily compared.

The global nature of some environmental and health issues, recognition of worldwide responsibility for combating poverty, growing financial and economic interdependence and more geographically dispersed value chains mean that matters relevant to an organization may extend well beyond those existing in the immediate area in which the organization is located. It is important that organizations address social responsibility irrespective of social or economic circumstances. Instruments such as the Rio Declaration on Environment and Development[158], the Johannesburg Declaration on Sustainable Development[151], the Millennium Development Goals[153] and the ILO Declaration on Fundamental Principles and Rights at Work[54] emphasize this worldwide interdependence.

Over the past several decades, globalization has resulted in an increase in the impact of different types of organizations – including those in the private sector, NGOs and government – on communities and the environment.

NGOs and companies have become providers of many services usually offered by government, particularly in countries where governments have faced serious challenges and constraints and have been unable to provide services in areas such as health, education and welfare. As the capability of country governments expands, the roles of government and private sector organizations are undergoing change.

In times of economic and financial crisis, organizations should seek to sustain their activities related to social responsibility. Such crises have a significant impact on more vulnerable groups, and thus suggest a greater need for increased social responsibility. They also present particular opportunities for integrating social, economic and environmental considerations more effectively into policy reform and organizational decisions and activities. Government has a crucial role to play in realizing these opportunities.

Consumers, customers, donors, investors and owners are, in various ways, exerting financial influence on organizations in relation to social responsibility. The expectations of society regarding the performance of organizations continue to grow. Community right-to-know legislation in many locations gives people access to detailed information about the decisions and activities of some organizations. A growing number of organizations are communicating with their stakeholders, including by producing social responsibility reports, to meet their needs for information about the organization's performance.

These and other factors form the context for social responsibility and contribute to the call for organizations to demonstrate their social responsibility.

3.3 Characteristics of social responsibility

3.3.1 General

The essential characteristic of social responsibility (2.18) is the willingness of an organization to incorporate social and environmental considerations in its decision making and be accountable for the impacts of its decisions and activities on society and the environment. This implies both transparent and ethical behaviour that contributes to sustainable development, is in compliance with applicable law and is consistent with international norms of behaviour. It also implies that social responsibility is integrated throughout the organization, is practised in its relationships and takes into account the interests of stakeholders.

A stakeholder has one or more interests that can be affected by the decisions and activities of an organization. This interest gives the party a "stake" in the organization that creates a relationship with the organization. This relationship need not be formal or even acknowledged by the stakeholder or the organization. Stakeholders can be referred to as "interested parties". In determining which stakeholder interests to recognize, an organization should consider the lawfulness of those interests and their consistency with international norms of behaviour.

3.3.2 The expectations of society

Social responsibility involves an understanding of the broader expectations of society. A fundamental principle of social responsibility is respect for the rule of law and compliance with legally binding obligations. Social responsibility, however, also entails actions beyond legal compliance and the recognition of obligations to others that are not legally binding. These obligations arise out of widely shared ethical and other values.

Although expectations of socially responsible behaviour will vary between countries and cultures, organizations should nevertheless respect international norms of behaviour such as those reflected in the Universal Declaration of Human Rights [156], the Johannesburg Declaration on Sustainable Development [151] and other instruments.

Clause 6 considers the core subjects of social responsibility. Each of these core subjects includes various issues that will enable an organization to identify its main impacts on society. The discussion of each issue also describes actions to address these impacts.

3.3.3 The role of stakeholders in social responsibility

Identification of and engagement with stakeholders are fundamental to social responsibility. An organization should determine who has an interest in its decisions and activities, so that it can understand its impacts and how to address them. Although stakeholders can help an organization identify the relevance of particular matters to its decisions and activities, stakeholders do not replace broader society in determining norms and expectations of behaviour. A matter may be relevant to the social responsibility of an organization even if not specifically identified by the stakeholders it consults. Further guidance on this is provided in 4.5 and Clause 5.

3.3.4 Integrating social responsibility

Because social responsibility concerns the potential and actual impacts of an organization's decisions and activities, the ongoing, regular daily activities of the organization constitute the most important behaviour to be addressed. Social responsibility should be an integral part of core organizational strategy, with assigned responsibilities and accountability at all appropriate levels of the organization. It should be reflected in decision making and considered in implementing activities.

Philanthropy (in this context understood as giving to charitable causes) can have a positive impact on society. However, it should not be used by an organization as a substitute for integrating social responsibility into the organization.

The impacts of an organization's decisions or activities can be greatly affected by its relationships with other organizations. An organization may need to work with others to address its responsibilities. These can include peer organizations, competitors (while taking care to avoid anti-competitive behaviour), other parts of the value chain or any other relevant party within the organization's sphere of influence.

Box 2 describes the importance of gender equality and how it relates to social responsibility.

Box 2 — Gender equality and social responsibility

All societies assign gender roles to men and women. Gender roles are learned behaviours that condition which activities and responsibilities are perceived as male and female. These gender roles sometimes discriminate against women, but also against men. In all cases, gender discrimination limits the potential of individuals, families, communities and societies.

There is a demonstrated positive link between gender equality and economic and social development, which is why gender equality is one of the Millennium Development Goals. Promotion of gender equality in an organization's activities and advocacy is an important component of social responsibility.

Organizations should review their decisions and activities to eliminate gender bias and promote gender equality. Areas include:

— the mix of men and women in the organization's governing structure and management, with the aim of progressively achieving parity and eliminating gender barriers;

— equal treatment of men and women workers in recruitment, job assignment, training, opportunities for advancement, compensation and termination of employment;

— equal remuneration for men and women workers for work of equal value [57];

— possible differential impacts on men and women concerning workplace and community safety and health;

— decisions and activities of the organization that give equal consideration to the needs of men and women (for example, checking for any differential impact on men and women arising from the development of specific products or services, or reviewing the images of women and men presented in any communications or advertising by the organization); and

— benefits for both women and men from the organization's advocacy of and contributions to community development, with possible special attention to redressing areas where either gender is disadvantaged.

Gender equality in stakeholder engagement is an important means for achieving gender equality in an organization's activities.

To promote gender equality, organizations may also find it useful to seek expertise in addressing gender issues.

Organizations are encouraged to use indicators, targets and best practice references to systematically monitor progress in achieving gender equality [133][149].

Box 3 describes how this International Standard covers the activities of small and medium-sized organizations (SMOs).

Box 3 — ISO 26000 and small and medium-sized organizations (SMOs)

Small and medium-sized organizations are organizations whose number of employees or size of financial activities fall below certain limits. The size thresholds vary from country to country. For the purpose of this International Standard, SMOs include those very small organizations referred to as "micro" organizations.

Integrating social responsibility throughout an SMO can be undertaken through practical, simple and cost-efficient actions, and does not need to be complex or expensive. Owing to their small size, and their potential for being more flexible and innovative, SMOs may in fact provide particularly good opportunities for social responsibility. They are generally more flexible in terms of organizational management, often have close contact with local communities, and their top management usually has a more immediate influence on the organization's activities.

Social responsibility involves the adoption of an integrated approach to managing an organization's activities and impacts. An organization should address and monitor the impacts of its decisions and activities on society and the environment in a way that takes account of both the size of the organization and its impacts. It may not be possible for an organization to remedy immediately all negative consequences of its decisions and activities. It might be necessary to make choices and to set priorities.

The following considerations may be of assistance. SMOs should:

- take into account that internal management procedures, reporting to stakeholders and other processes may be more flexible and informal for SMOs than for their larger counterparts, provided that appropriate levels of transparency are preserved;
- be aware that when reviewing all seven core subjects and identifying the relevant issues, the organization's own context, conditions, resources and stakeholder interests should be taken into account, recognizing that all core subjects but not all issues will be relevant for every organization;
- focus at the outset on the issues and impacts that are of greatest significance to sustainable development. An SMO should also have a plan to address remaining issues and impacts in a timely manner;
- seek assistance from appropriate government agencies, collective organizations (such as sector associations and umbrella or peer organizations) and national standards bodies in developing practical guides and programmes for using this International Standard. Such guides and programmes should be tailored to the specific nature and needs of SMOs and their stakeholders; and
- where appropriate, act collectively with peer and sector organizations rather than individually, to save resources and enhance capacity for action. For instance, for organizations operating in the same context and sector, identification of and engagement with stakeholders can sometimes be more effective if done collectively.

Being socially responsible is likely to benefit SMOs for the reasons mentioned elsewhere in this International Standard. SMOs may find that other organizations with which they have relationships consider that providing support for SMO endeavours is part of their own social responsibility.

Organizations with greater capacity and experience in social responsibility might consider providing support to SMOs, including assisting them in raising awareness on issues of social responsibility and good practice.

3.3.5 Relationship between social responsibility and sustainable development

Although many people use the terms social responsibility and sustainable development interchangeably, and there is a close relationship between the two, they are different concepts.

Sustainable development is a widely accepted concept and guiding objective that gained international recognition following the publication in 1987 of the Report of the United Nations World Commission on Environment and Development: Our Common Future [174]. Sustainable development is about meeting the needs of society while living within the planet's ecological limits and without jeopardizing the ability of future generations to meet their needs. Sustainable development has three dimensions – economic, social and environmental – which are interdependent; for instance, the elimination of poverty requires the promotion of social justice and economic development and the protection of the environment.

The importance of these objectives has been reiterated over the years since 1987 in numerous international forums, such as the United Nations Conference on Environment and Development in 1992 and the World Summit on Sustainable Development in 2002.

Social responsibility has the organization as its focus and concerns an organization's responsibilities to society and the environment. Social responsibility is closely linked to sustainable development. Because sustainable development is about the economic, social and environmental goals common to all people, it can be used as a way of summing up the broader expectations of society that need to be taken into account by organizations seeking to act responsibly. Therefore, an overarching objective of an organization's social responsibility should be to contribute to sustainable development.

The principles, practices and core subjects described in the following clauses of this International Standard form the basis for an organization's practical implementation of social responsibility and its contribution to sustainable development. The decisions and activities of a socially responsible organization can make a meaningful contribution to sustainable development.

The objective of sustainable development is to achieve sustainability for society as a whole and the planet. It does not concern the sustainability or ongoing viability of any specific organization. The sustainability of an individual organization may, or may not, be compatible with the sustainability of society as a whole, which is attained by addressing social, economic and environmental aspects in an integrated manner. Sustainable consumption, sustainable resource use and sustainable livelihoods are relevant to all organizations and relate to the sustainability of society as a whole.

3.4 The state and social responsibility

This International Standard cannot replace, alter or in any way change the duty of the state to act in the public interest. This International Standard does not provide guidance on what should be subject to legally binding obligations; neither is it intended to address questions that can only properly be resolved through political institutions. Because the state has the unique power to create and enforce the law, it is different from organizations. For instance, the duty of the state to protect human rights is different from those responsibilities of organizations with regard to human rights that are addressed in this International Standard.

The proper functioning of the state is indispensable for sustainable development. The role of the state is essential in ensuring the effective application of laws and regulations so as to foster a culture of compliance with the law. Governmental organizations, like any other organizations, may wish to use this International Standard to inform their policies, decisions and activities related to aspects of social responsibility. Governments can assist organizations in their efforts to operate in a socially responsible manner in many ways, such as in the recognition and promotion of social responsibility. However, promoting the social responsibility of organizations is not and cannot be a substitute for the effective exercise of state duties and responsibilities.

4 Principles of social responsibility

4.1 General

This clause provides guidance on seven principles of social responsibility.

When approaching and practising social responsibility, the overarching objective for an organization is to maximize its contribution to sustainable development. Within this objective, although there is no definitive list of principles for social responsibility, organizations should respect the seven principles outlined below, as well as the principles specific to each core subject outlined in Clause 6.

Organizations should base their behaviour on standards, guidelines or rules of conduct that are in accordance with accepted principles of right or good conduct in the context of specific situations, even when these situations are challenging.

In applying this International Standard it is advisable that an organization take into consideration societal, environmental, legal, cultural, political and organizational diversity, as well as differences in economic conditions, while being consistent with international norms of behaviour.

4.2 Accountability

The principle is: an organization should be accountable for its impacts on society, the economy and the environment.

This principle suggests that an organization should accept appropriate scrutiny and also accept a duty to respond to this scrutiny.

Accountability involves an obligation on management to be answerable to the controlling interests of the organization and on the organization to be answerable to legal authorities with regard to laws and regulations. Accountability for the overall impact of its decisions and activities on society and the environment also implies that the organization's answerability to those affected by its decisions and activities, as well as to society in general, varies according to the nature of the impact and the circumstances.

Being accountable will have a positive impact on both the organization and society. The degree of accountability may vary, but should always correspond to the amount or extent of authority. Those organizations with ultimate authority are likely to take greater care for the quality of their decisions and oversight. Accountability also encompasses accepting responsibility where wrongdoing has occurred, taking the appropriate measures to remedy the wrongdoing and taking action to prevent it from being repeated.

An organization should account for:

— the impacts of its decisions and activities on society, the environment and the economy, especially significant negative consequences; and

— the actions taken to prevent repetition of unintended and unforeseen negative impacts.

4.3 Transparency

The principle is: an organization should be transparent in its decisions and activities that impact on society and the environment.

An organization should disclose in a clear, accurate and complete manner, and to a reasonable and sufficient degree, the policies, decisions and activities for which it is responsible, including their known and likely impacts on society and the environment. This information should be readily available, directly accessible and understandable to those who have been, or may be, affected in significant ways by the organization. It should be timely and factual and be presented in a clear and objective manner so as to enable stakeholders to accurately assess the impact that the organization's decisions and activities have on their respective interests.

The principle of transparency does not require that proprietary information be made public, nor does it involve providing information that is privileged or that would breach legal, commercial, security or personal privacy obligations.

An organization should be transparent regarding:

— the purpose, nature and location of its activities;

— the identity of any controlling interest in the activity of the organization;

— the manner in which its decisions are made, implemented and reviewed, including the definition of the roles, responsibilities, accountabilities and authorities across the different functions in the organization;

— standards and criteria against which the organization evaluates its own performance relating to social responsibility;

— its performance on relevant and significant issues of social responsibility;

— the sources, amounts and application of its funds;

— the known and likely impacts of its decisions and activities on its stakeholders, society, the economy and the environment; and

— its stakeholders and the criteria and procedures used to identify, select and engage them.

4.4 Ethical behaviour

The principle is: an organization should behave ethically.

An organization's behaviour should be based on the values of honesty, equity and integrity. These values imply a concern for people, animals and the environment and a commitment to address the impact of its activities and decisions on stakeholders' interests.

An organization should actively promote ethical behaviour by:

— identifying and stating its core values and principles;

— developing and using governance structures that help to promote ethical behaviour within the organization, in its decision making and in its interactions with others;

— identifying, adopting and applying standards of ethical behaviour appropriate to its purpose and activities and consistent with the principles outlined in this International Standard;

— encouraging and promoting the observance of its standards of ethical behaviour;

— defining and communicating the standards of ethical behaviour expected from its governance structure, personnel, suppliers, contractors and, when appropriate, owners and managers, and particularly from those that have the opportunity, while preserving local cultural identity, to significantly influence the values, culture, integrity, strategy and operation of the organization and people acting on its behalf;

— preventing or resolving conflicts of interest throughout the organization that could otherwise lead to unethical behaviour;

— establishing and maintaining oversight mechanisms and controls to monitor, support and enforce ethical behaviour;

— establishing and maintaining mechanisms to facilitate the reporting of unethical behaviour without fear of reprisal;

— recognizing and addressing situations where local laws and regulations either do not exist or conflict with ethical behaviour;

— adopting and applying internationally recognized standards of ethical behaviour when conducting research with human subjects [165]; and

— respecting the welfare of animals, when affecting their lives and existence, including by providing decent conditions for keeping, breeding, producing, transporting and using animals [175].

4.5 Respect for stakeholder interests

The principle is: an organization should respect, consider and respond to the interests of its stakeholders.

Although an organization's objectives may be limited to the interests of its owners, members, customers or constituents, other individuals or groups may also have rights, claims or specific interests that should be taken into account. Collectively, these individuals or groups comprise the organization's stakeholders.

An organization should:

— identify its stakeholders;

— recognize and have due regard for the interests as well as the legal rights of its stakeholders and respond to their expressed concerns;

— recognize that some stakeholders can significantly affect the activities of the organization;

— assess and take into account the relative ability of stakeholders to contact, engage with and influence the organization;

— take into account the relation of its stakeholders' interests to the broader expectations of society and to sustainable development, as well as the nature of the stakeholders' relationship with the organization (see also 3.3.1); and

— consider the views of stakeholders whose interests are likely to be affected by a decision or activity even if they have no formal role in the governance of the organization or are unaware of these interests.

4.6 Respect for the rule of law

The principle is: an organization should accept that respect for the rule of law is mandatory.

The rule of law refers to the supremacy of law and, in particular, to the idea that no individual or organization stands above the law and that government is also subject to the law. The rule of law contrasts with the arbitrary exercise of power. It is generally implicit in the rule of law that laws and regulations are written, publicly disclosed and fairly enforced according to established procedures. In the context of social responsibility, respect for the rule of law means that an organization complies with all applicable laws and regulations. This implies that it should take steps to be aware of applicable laws and regulations, to inform those within the organization of their obligation to observe and to implement those measures.

An organization should:

— comply with legal requirements in all jurisdictions in which the organization operates, even if those laws and regulations are not adequately enforced;

— ensure that its relationships and activities comply with the intended and applicable legal framework;

— keep itself informed of all legal obligations; and

— periodically review its compliance with applicable laws and regulations.

4.7 Respect for international norms of behaviour

The principle is: an organization should respect international norms of behaviour, while adhering to the principle of respect for the rule of law.

— In situations where the law or its implementation does not provide for adequate environmental or social safeguards, an organization should strive to respect, as a minimum, international norms of behaviour.

— In countries where the law or its implementation conflicts with international norms of behaviour, an organization should strive to respect such norms to the greatest extent possible.

— In situations where the law or its implementation is in conflict with international norms of behaviour and where not following these norms would have significant consequences, an organization should, as feasible and appropriate, review the nature of its relationships and activities within that jurisdiction.

— An organization should consider legitimate opportunities and channels to seek to influence relevant organizations and authorities to remedy any such conflict.

— An organization should avoid being complicit in the activities of another organization that are not consistent with international norms of behaviour.

Box 4 — Understanding complicity

Complicity has both legal and non-legal meanings.

In the legal context, complicity has been defined in some jurisdictions as being party to an act or omission having a substantial effect on the commission of an illegal act such as a crime, while having knowledge of, or intent to contribute to, that illegal act.

Complicity is associated with the concept of aiding and abetting an illegal act or omission.

In the non-legal context, complicity derives from broad societal expectations of behaviour. In this context, an organization may be considered complicit when it assists in the commission of wrongful acts of others that are inconsistent with, or disrespectful of, international norms of behaviour that the organization, through exercising due diligence, knew or should have known would lead to substantial negative impacts on society, the economy or the environment. An organization may also be considered complicit where it stays silent about or benefits from such wrongful acts.

4.8 Respect for human rights

The principle is: an organization should respect human rights and recognize both their importance and their universality (see also the core subject of human rights in 6.3).

An organization should:

— respect and, where possible, promote the rights set out in the International Bill of Human Rights;

— respect the universality of these rights, that is, that they are indivisibly applicable in all countries, cultures and situations;

— in situations where human rights are not protected, take steps to respect human rights and avoid taking advantage of these situations; and

— in situations where the law or its implementation does not provide for adequate protection of human rights, adhere to the principle of respect for international norms of behaviour (see 4.7).

5 Recognizing social responsibility and engaging stakeholders

5.1 General

This clause addresses two fundamental practices of social responsibility: the recognition by an organization of its social responsibility, and the organization's identification of, and engagement with, its stakeholders. As with the principles described in Clause 4, these practices should be kept in mind when addressing the core subjects of social responsibility described in Clause 6.

The recognition of social responsibility involves identifying the issues raised by the impacts of an organization's decisions and activities, as well as the way these issues should be addressed so as to contribute to sustainable development.

The recognition of social responsibility also involves the recognition of an organization's stakeholders. As described in 4.5, a basic principle of social responsibility is that an organization should respect and consider the interests of its stakeholders that will be affected by its decisions and activities.

5.2 Recognizing social responsibility

5.2.1 Impacts, interests and expectations

In addressing its social responsibility an organization should understand three relationships (see Figure 2):

— **Between the organization and society** An organization should understand and recognize how its decisions and activities impact on society and the environment. An organization should also understand society's expectations of responsible behaviour concerning these impacts. This should be done by considering the core subjects and issues of social responsibility (see 5.2.2);

— **Between the organization and its stakeholders** An organization should be aware of its various stakeholders. These are the individuals or groups whose interests could be affected by the decisions and activities of the organization (see 3.3.1); and

— **Between the stakeholders and society** An organization should understand the relationship between the stakeholders' interests that are affected by the organization, on the one hand, and the expectations of society on the other. Although stakeholders are part of society, they may have an interest that is not consistent with the expectations of society. Stakeholders have particular interests with regard to the organization that can be distinguished from societal expectations of socially responsible behaviour regarding any issue. For example, the interest of a supplier in being paid and the interest of society in contracts being honoured can be different perspectives on the same issue.

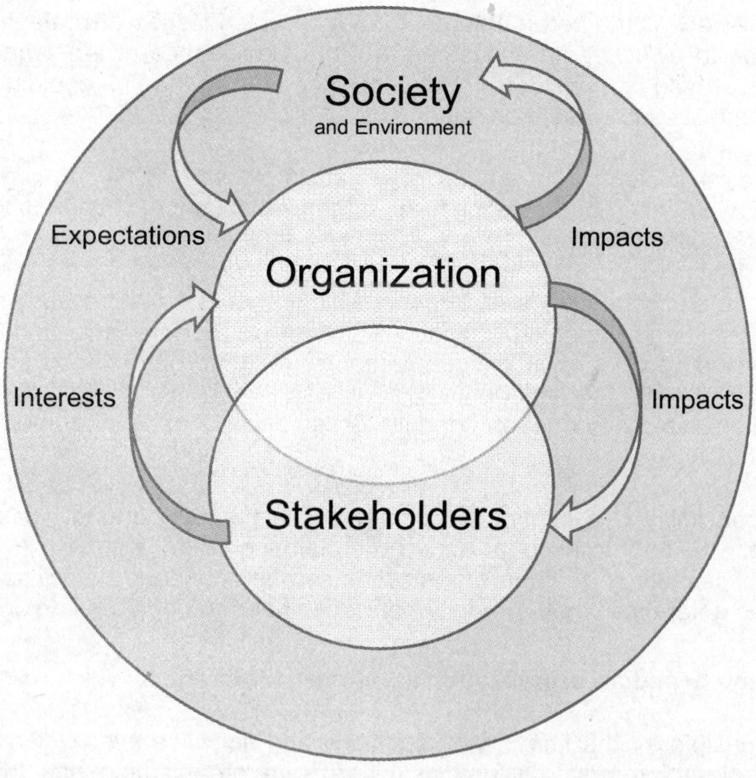

NOTE Stakeholders may have an interest that is not consistent with the expectations of society.

Figure 2 — Relationship between an organization, its stakeholders and society

In recognizing its social responsibility, an organization will need to take all three relationships into account. An organization, its stakeholders and society are likely to have different perspectives, because their objectives may not be the same. It should be recognized that individuals and organizations may have many and diverse interests that can be affected by the decisions and activities of an organization.

5.2.2 Recognizing the core subjects and relevant issues of social responsibility

An effective way for an organization to identify its social responsibility is to become familiar with the issues concerning social responsibility in the following seven core subjects: organizational governance; human rights; labour practices; the environment; fair operating practices; consumer issues; and community involvement and development (see 6.2 to 6.8).

These core subjects cover the most likely economic, environmental and social impacts that should be addressed by organizations. Each of these core subjects is considered in Clause 6. The discussion of each core subject covers specific issues that an organization should take into account when identifying its social responsibility. Every core subject, but not necessarily each issue, has some relevance for every organization.

The guidance on each issue includes a number of actions that an organization should take and expectations of the way in which an organization should behave. In considering its social responsibility, an organization should identify each issue relevant to its decisions and activities, together with the related actions and expectations. Additional guidance on identifying issues can be found in 7.2 and 7.3.

The impacts of an organization's decisions and activities should be considered with a view to these issues. Moreover, the core subjects and their respective issues can be described or categorized in various ways. Some important considerations, including health and safety, economics and the value chain, are dealt with under more than one core subject in Clause 6.

An organization should review all the core subjects to identify which issues are relevant. The identification of relevant issues should be followed by an assessment of the significance of the organization's impacts. The significance of an impact should be considered with reference both to the stakeholders concerned and to the way in which the impact affects sustainable development.

When recognizing the core subjects and issues of its social responsibility, an organization is helped by considering interactions with other organizations. An organization should also consider the impact of its decisions and activities on stakeholders.

An organization seeking to recognize its social responsibility should consider both legally-binding and any other obligations that exist. Legally-binding obligations include applicable laws and regulations, as well as obligations concerning social, economic or environmental issues that may exist in enforceable contracts. An organization should consider the commitments that it has made regarding social responsibility. Such commitments could be in ethical codes of conduct or guidelines or in the membership obligations of associations to which it belongs.

Recognizing social responsibility is a continuous process. The potential impacts of decisions and activities should be determined and taken into account during the planning stage of new activities. Ongoing activities should be reviewed as necessary so that the organization can be confident that its social responsibility is still being addressed and can determine whether additional issues need to be taken into account.

5.2.3 Social responsibility and an organization's sphere of influence

An organization is responsible for the impacts of decisions and activities over which it has formal and/or *de facto* control (*de facto* control refers to situations where one organization has the ability to dictate the decisions and activities of another party, even where it does not have the legal or formal authority to do so). Such impacts can be extensive. In addition to being responsible for its own decisions and activities, an organization may, in some situations, have the ability to affect the behaviour of organizations/parties with which it has relationships. Such situations are considered to fall within an organization's sphere of influence.

This sphere of influence includes relationships within and beyond an organization's value chain. However, not all of an organization's value chain necessarily falls within its sphere of influence. It can include the formal and informal associations in which it participates, as well as peer organizations or competitors.

An organization does not always have a responsibility to exercise influence purely because it has the ability to do so. For instance, it cannot be held responsible for the impacts of other organizations over which it may have some influence if the impact is not a result of its decisions and activities. However, there will be situations where an organization will have a responsibility to exercise influence. These situations are determined by the extent to which an organization's relationship is contributing to negative impacts.

There will also be situations where, though an organization does not have a responsibility to exercise influence, it may nevertheless wish, or be asked, to do so voluntarily.

An organization may decide whether to have a relationship with another organization and the nature and extent of this relationship. There will be situations where an organization has the responsibility to be alert to the impacts created by the decisions and activities of other organizations and to take steps to avoid or to mitigate the negative impacts connected to its relationship with such organizations.

When assessing its sphere of influence and determining its responsibilities, an organization should exercise due diligence to avoid contributing to negative impacts through its relationships. Further guidance can be found in 7.3.3.

5.3 Stakeholder identification and engagement

5.3.1 General

Stakeholder identification and engagement are central to addressing an organization's social responsibility.

5.3.2 Stakeholder identification

Stakeholders are organizations or individuals that have one or more interests in any decision or activity of an organization. Because these interests can be affected by an organization, a relationship with the organization is created. This relationship need not be formal. The relationship created by this interest exists whether or not the parties are aware of it. An organization may not always be aware of all its stakeholders, although it should attempt to identify them. Similarly, many stakeholders may not be aware of the potential of an organization to affect their interests.

In this context, interest refers to the actual or potential basis of a claim, that is, to demand something that is owed or to demand respect for a right. Such a claim need not involve financial demands or legal rights. Sometimes it can simply be the right to be heard. The relevance or significance of an interest is best determined by its relationship to sustainable development.

Understanding how individuals or groups are or can be affected by an organization's decisions and activities will make it possible to identify the interests that establish a relationship with the organization. Therefore, the organization's determination of the impacts of its decisions and activities will facilitate identification of its most important stakeholders (see Figure 2).

Organizations may have many stakeholders. Moreover, different stakeholders have various and sometimes competing interests. For example, community residents' interests could include the positive impacts of an organization, such as employment, as well as the negative impacts of the same organization, such as pollution.

Some stakeholders are an integral part of an organization. These include any members, employees or owners of the organization. These stakeholders share a common interest in the purpose of the organization and in its success. This does not mean, however, that all their interests regarding the organization will be the same.

The interests of most stakeholders can be related to the social responsibility of the organization and often are very similar to some of the interests of society. An example is the interest of a property owner whose property loses value because of a new source of pollution.

Not all stakeholders of an organization belong to organized groups that have the purpose of representing their interests to specific organizations. Many stakeholders may not be organized at all, and for this reason, they may be overlooked or ignored. This problem may be especially important with regard to vulnerable groups and future generations.

Groups advocating social or environmental causes may be stakeholders of an organization whose decisions and activities have a relevant and significant impact on these causes.

An organization should examine whether groups claiming to speak on behalf of specific stakeholders or advocating specific causes are representative and credible. In some cases, it will not be possible for important interests to be directly represented. For instance, children rarely own or control organized groups of people; wildlife cannot do so. In this situation, an organization should give attention to the views of credible groups seeking to protect such interests.

To identify stakeholders an organization should ask itself the following questions:

— To whom does the organization have legal obligations?

— Who might be positively or negatively affected by the organization's decisions or activities?

— Who is likely to express concerns about the decisions and activities of the organization?

— Who has been involved in the past when similar concerns needed to be addressed?

— Who can help the organization address specific impacts?

— Who can affect the organization's ability to meet its responsibilities?

— Who would be disadvantaged if excluded from the engagement?

— Who in the value chain is affected?

5.3.3 Stakeholder engagement

Stakeholder engagement involves dialogue between the organization and one or more of its stakeholders. It assists the organization in addressing its social responsibility by providing an informed basis for its decisions.

Stakeholder engagement can take many forms. It can be initiated by an organization or it can begin as a response by an organization to one or more stakeholders. It can take place in either informal or formal meetings and can follow a wide variety of formats such as individual meetings, conferences, workshops, public hearings, round-table discussions, advisory committees, regular and structured information and consultation procedures, collective bargaining and web-based forums. Stakeholder engagement should be interactive and is intended to provide opportunities for stakeholders' views to be heard. Its essential feature is that it involves two-way communication.

There are various reasons for an organization to engage with its stakeholders. Stakeholder engagement can be used to:

— increase an organization's understanding of the likely consequences of its decisions and activities on specific stakeholders;

— determine how best to increase the beneficial impacts of the organization's decisions and activities and how to lessen any adverse impact;

— determine whether the organization's claims about its social responsibility are perceived to be credible;

— help an organization review its performance so it can improve;

— reconcile conflicts involving its own interests, those of its stakeholders and the expectations of society as a whole;

— address the link between the stakeholders' interests and the responsibilities of the organization to society at large;

— contribute to continuous learning by the organization;

— fulfil legal obligations (for instance to employees);

— address conflicting interests, either between the organization and the stakeholder or between stakeholders;

— provide the organization with the benefits of obtaining diverse perspectives;

— increase transparency of its decisions and activities; and

— form partnerships to achieve mutually beneficial objectives.

In most situations an organization will already know, or can easily learn, society's expectations of the way the organization should address its impacts. In such circumstances, it need not rely on engagement with specific stakeholders to understand these expectations, although the stakeholder engagement process can provide other benefits. Society's expectations are also found in laws and regulations, widely accepted social or cultural expectations and established standards or best practices regarding specific matters. Expectations concerning stakeholders' interests can be found in the "Related actions and expectations" sections following the description of various issues in Clause 6. Expectations established through stakeholder engagement should supplement rather than replace already established expectations concerning an organization's behaviour.

A fair and proper process based on engaging the most relevant stakeholders should be developed. The interest (or interests) of organizations or individuals identified as stakeholders should be genuine. The identification process should seek to ascertain whether they have been or are likely to be impacted by any decision and activity. Where possible and practical, engagement should be with the most representative organizations reflecting these interests. Effective stakeholder engagement is based on good faith and goes beyond public relations.

When engaging stakeholders, an organization should not give preference to an organized group because it is more "friendly" or supports the organization's objectives more than another group. An organization should not neglect engaging stakeholders merely because they are silent. An organization should not create or support particular groups to give the appearance that it has a dialogue partner when the supposed partner is not in fact independent. Genuine stakeholder dialogue involves independent parties and transparent disclosure of any financial or similar support.

An organization should be conscious of the effect of its decisions and activities on the interests and needs of its stakeholders. It should have due regard for its stakeholders as well as their varying capacities and needs to contact and engage with the organization.

Stakeholder engagement is more likely to be meaningful when the following elements are present: a clear purpose for the engagement is understood; the stakeholder's interests have been identified; the relationship that these interests establish between the organization and the stakeholder is direct or important; the interests of stakeholders are relevant and significant to sustainable development; and the stakeholders have the necessary information and understanding to make their decisions.

6 Guidance on social responsibility core subjects

6.1 General

To define the scope of its social responsibility, identify relevant issues and set its priorities, an organization should address the following core subjects (see also Figure 3):

— organizational governance;

— human rights;

— labour practices;

— the environment;

— fair operating practices;

— consumer issues; and

— community involvement and development.

Economic aspects, as well as aspects relating to health and safety and the value chain, are dealt with throughout the seven core subjects, where appropriate. The different ways in which men and women can be affected by each of the seven core subjects are also considered.

Each core subject includes a range of issues of social responsibility. These are described in this clause together with related actions and expectations. As social responsibility is dynamic, reflecting the evolution of social and environmental and economic concerns, further issues may appear in the future.

Action upon these core subjects and issues should be based on the principles and practices of social responsibility (see Clauses 4 and 5). For each core subject, an organization should identify and address all those issues that are relevant or significant for its decisions and activities (see Clause 5). When assessing the relevance of an issue, short- and long-term objectives should be taken into account. There is, however, no predetermined order in which an organization should address the core subjects and issues; this will vary with the organization and its particular situation or context.

Although all the core subjects are interrelated and complementary, the nature of organizational governance is somewhat different from the other core subjects (see 6.2.1.2). Effective organizational governance enables an organization to take action on the other core subjects and issues and to implement the principles outlined in Clause 4.

An organization should look at the core subjects holistically, that is, it should consider all core subjects and issues, and their interdependence, rather than concentrating on a single issue. Organizations should be aware that efforts to address one issue may involve a trade-off with other issues. Particular improvements targeted at a specific issue should not affect other issues adversely or create adverse impacts on the life cycle of its products or services, on its stakeholders or on the value chain.

Further guidance on integration of social responsibility is provided in Clause 7.

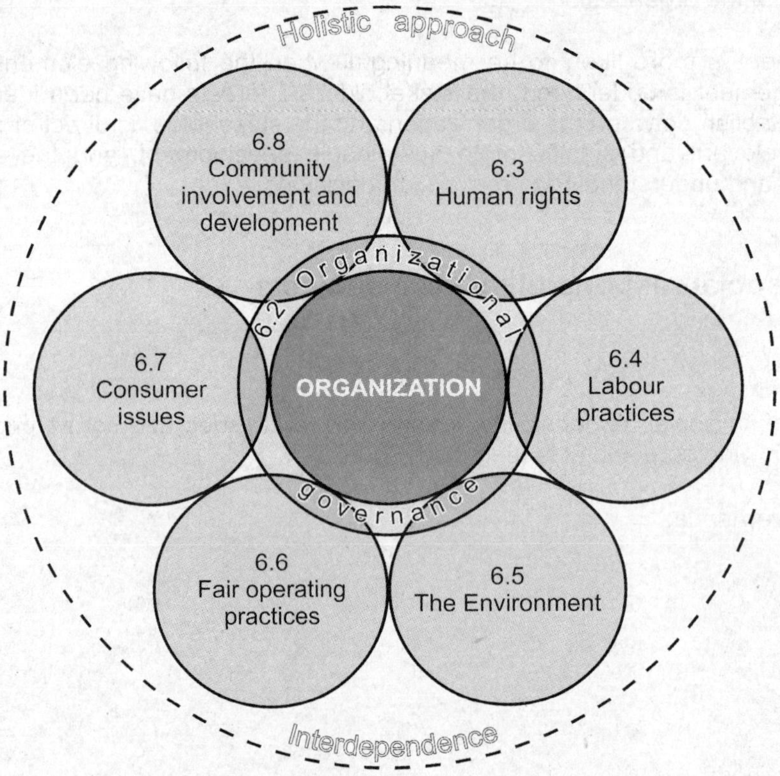

Figure 3 — The seven core subjects

By addressing these core subjects and issues, and by integrating social responsibility within its decisions and activities, an organization can achieve some important benefits (see Box 5).

Box 5 — Benefits of social responsibility for an organization

Social responsibility can provide numerous benefits for an organization. These include:

— encouraging more informed decision making based on an improved understanding of the expectations of society, the opportunities associated with social responsibility (including better management of legal risks) and the risks of not being socially responsible;

— improving the organization's risk management practices;

- — enhancing the reputation of the organization and fostering greater public trust;
- — supporting an organization's social licence to operate;
- — generating innovation;
- — improving the competitiveness of the organization, including access to finance and preferred partner status;
- — improving the organization's relationship with its stakeholders, thus exposing the organization to new perspectives and contact with a diverse range of stakeholders;
- — enhancing employee loyalty, involvement, participation and morale;
- — improving the safety and health of both female and male workers;
- — impacting positively on an organization's ability to recruit, motivate and retain its employees;
- — achieving savings associated with increased productivity and resource efficiency, lower energy and water consumption, decreased waste, and the recovery of valuable by-products;
- — improving the reliability and fairness of transactions through responsible political involvement, fair competition, and the absence of corruption; and
- — preventing or reducing potential conflicts with consumers about products or services.

6.2 Organizational governance

6.2.1 Overview of organizational governance

6.2.1.1 Organizations and organizational governance

Organizational governance is the system by which an organization makes and implements decisions in pursuit of its objectives.

Organizational governance can comprise both formal governance mechanisms based on defined structures and processes and informal mechanisms that emerge in connection with the organization's culture and values, often influenced by the persons who are leading the organization. Organizational governance is a core function of every kind of organization as it is the framework for decision making within the organization.

Governance systems vary, depending on the size and type of organization and the environmental, economic, political, cultural and social context in which it operates. These systems are directed by a person or group of persons (owners, members, constituents or others) having the authority and responsibility for pursuing the organization's objectives.

6.2.1.2 Organizational governance and social responsibility

Organizational governance is the most crucial factor in enabling an organization to take responsibility for the impacts of its decisions and activities and to integrate social responsibility throughout the organization and its relationships.

Organizational governance in the context of social responsibility has the special characteristic of being both a core subject on which organizations should act and a means of increasing the organization's ability to behave in a socially responsible manner with regard to the other core subjects.

This special characteristic arises from the fact that an organization aiming to be socially responsible should have an organizational governance system enabling the organization to provide oversight and to put into practice the principles of social responsibility mentioned in Clause 4.

6.2.2 Principles and considerations

Effective governance should be based on incorporating the principles of social responsibility (see Clause 4) into decision making and implementation. These principles are accountability, transparency, ethical behaviour, respect for stakeholder interests, respect for the rule of law, respect for international norms of behaviour and respect for human rights (see Clause 4). In addition to these principles, an organization should consider the practices, the core subjects and the issues of social responsibility when it establishes and reviews its governance system. Further guidance on integrating social responsibility throughout the organization is provided in Clause 7.

Leadership is also critical to effective organizational governance. This is true not only for decision making but also for employee motivation to practice social responsibility and to integrate social responsibility into organizational culture.

Due diligence can be a useful approach for an organization in addressing the issues of social responsibility. For further guidance, see 7.3.1.

6.2.3 Decision-making processes and structures

6.2.3.1 Description of the issue

Decision-making processes and structures conducive to social responsibility are those that promote the use of the principles and practices described in Clauses 4 and 5.

Every organization has decision-making processes and structures. In some cases, these are formal, sophisticated and even subject to laws and regulations; in other cases they are informal, rooted in its organizational culture and values. All organizations should put in place processes, systems, structures, or other mechanisms that make it possible to apply the principles and practices of social responsibility [126][159].

6.2.3.2 Related actions and expectations

An organization's decision-making processes and structures should enable it to:

— develop strategies, objectives, and targets that reflect its commitment to social responsibility;

— demonstrate leadership commitment and accountability;

— create and nurture an environment and culture in which the principles of social responsibility (see Clause 4) are practised;

— create a system of economic and non-economic incentives related to performance on social responsibility;

— use financial, natural and human resources efficiently;

— promote a fair opportunity for underrepresented groups (including women and racial and ethnic groups) to occupy senior positions in the organization;

— balance the needs of the organization and its stakeholders, including immediate needs and those of future generations;

— establish two-way communication processes with its stakeholders, identifying areas of agreement and disagreement and negotiating to resolve possible conflicts;

— encourage effective participation of all levels of employees in the organization's social responsibility activities;

— balance the level of authority, responsibility and capacity of people who make decisions on behalf of the organization;

— keep track of the implementation of decisions to ensure that these decisions are followed in a socially responsible way and to determine accountability for the results of the organization's decisions and activities, either positive or negative; and

— periodically review and evaluate the governance processes of the organization; adjust processes according to the outcome of the reviews and communicate changes throughout the organization.

6.3 Human rights

6.3.1 Overview of human rights

6.3.1.1 Organizations and human rights

Human rights are the basic rights to which all human beings are entitled. There are two broad categories of human rights. The first category concerns civil and political rights and includes such rights as the right to life and liberty, equality before the law and freedom of expression. The second category concerns economic, social and cultural rights and includes such rights as the right to work, the right to food, the right to the highest attainable standard of health, the right to education and the right to social security.

Various moral, legal and intellectual norms are based on the premise that human rights transcend laws or cultural traditions. The primacy of human rights has been emphasized by the international community in the International Bill of Human Rights and core human rights instruments (as discussed in Box 6). More broadly, organizations will benefit from a social and international order in which the rights and freedoms can be fully realized.

While most human rights law relates to relationships between the state and individuals, it is widely acknowledged that non-state organizations can affect individuals' human rights, and hence have a responsibility to respect them [42][43].

Box 6 — The International Bill of Human Rights and the core human rights instruments

The Universal Declaration of Human Rights (Universal Declaration) [156] was adopted by the UN General Assembly in 1948, and is the most widely recognized human rights instrument. It provides the basis for human rights law, and elements of it represent international customary law binding on all states, individuals and organizations. The Universal Declaration calls on every individual and every organ of society to contribute to securing human rights. The International Covenant on Civil and Political Rights and the International Covenant on Economic, Social and Cultural Rights are treaties adopted by the UN General Assembly in 1966 for ratification by states, and they came into force in 1976. The International Bill of Human Rights consists of the Universal Declaration of Human Rights, the International Covenant on Civil and Political Rights [143] and the International Covenant on Economic, Social and Cultural Rights [144], and the optional Protocols to the Covenants, one of which aims to abolish the death penalty [152].

In addition, seven core international human rights instruments form part of international human rights law, dealing with: the elimination of all forms of racial discrimination [141], elimination of all forms of discrimination against women [133], measures to prevent and eliminate torture and other cruel, inhuman or degrading treatment or punishment [132], rights of the child [135], involvement of children in armed conflict [147], sale of children, child prostitution and child pornography [148], protection of migrant workers and their families [78][79][80][142], protection of all persons from enforced disappearances [140] and rights of persons with disabilities [134]. Taken together, these instruments form the basis for international standards for universal human rights. The instruments are binding on states that ratify them. Some instruments allow for individual complaints to be lodged, subject to procedural rules outlined in optional protocols.

6.3.1.2 Human rights and social responsibility

Recognition and respect for human rights are widely regarded as essential to the rule of law and to concepts of social justice and fairness and as the basic underpinning of the most essential institutions of society such as the judicial system.

States have a duty and responsibility to respect, protect and fulfil human rights. An organization has the responsibility to respect human rights, including within its sphere of influence.

6.3.2 Principles and considerations

6.3.2.1 Principles

Human rights are inherent, inalienable, universal, indivisible and interdependent:

— they are inherent, in that they belong to every person by virtue of being human;

— they are inalienable, in that people cannot consent to giving them up or be deprived of them by governments or any other institution;

— they are universal, in that they apply to everyone regardless of any status;

— they are indivisible, in that no human rights may be selectively ignored; and

— they are interdependent, in that realization of one right contributes to the realization of other rights.

6.3.2.2 Considerations

States have a duty to protect individuals and groups against abuse of human rights, as well as to respect and fulfil human rights within their jurisdiction. States are increasingly taking steps to encourage organizations based in their jurisdiction to respect human rights even where they operate outside that jurisdiction. It is widely recognized that organizations and individuals have the potential to and do affect human rights, directly and indirectly. Organizations have a responsibility to respect all human rights, regardless of whether the state is unable or unwilling to fulfil its duty to protect. To respect human rights means, in the first place, to not infringe the rights of others. This responsibility entails taking positive steps to ensure that the organization avoids passively accepting or actively participating in the infringement of rights. To discharge the responsibility to respect human rights requires due diligence. Where the state fails in its duty to protect, an organization should be especially vigilant to ensure that it meets its responsibility to respect human rights; human rights due diligence may point to the need for action beyond what is necessary in the normal course of business.

Some fundamental norms of criminal law impose legal accountability and liability on individuals and organizations as well as states for serious abuse of international human rights. These include the prohibition of torture, crimes against humanity, slavery and genocide. In some countries, organizations are subject to prosecution under national legislation on the basis of internationally recognized crimes. Other human rights instruments determine the scope of legal obligations of organizations with regard to human rights and the manner of their implementation and enforcement.

The baseline responsibility of non-state organizations is to respect human rights. However, an organization may face stakeholder expectations that it go beyond respect, or it may want to contribute to the fulfilment of human rights. The concept of sphere of influence helps an organization to comprehend the extent of its opportunities to support human rights among different rights holders. Thus it may help an organization to analyse its ability to influence or encourage other parties, the human rights issues on which it can have the greatest impact and the rights holders that would be concerned.

An organization's opportunities to support human rights will often be greatest among its own operations and employees. Additionally, an organization will have opportunities to work with its suppliers, peers or other organizations and the broader society. In some cases, organizations may wish to increase their influence through collaboration with other organizations and individuals. Assessment of the opportunities for action and for greater influence will depend on the particular circumstances, some specific to the organization and some specific to the context in which it is operating. However, organizations should always consider the potential for negative or unintended consequences when seeking to influence other organizations.

Organizations should consider facilitating human rights education to promote awareness of human rights among rights holders and those with the potential to have an impact on them.

6.3.3 Human rights issue 1: Due diligence

6.3.3.1 Description of the issue

To respect human rights, organizations have a responsibility to exercise due diligence to identify, prevent and address actual or potential human rights impacts resulting from their activities or the activities of those with which they have relationships. Due diligence may also alert an organization to a responsibility to influence the behaviour of others, where they may be the cause of human rights violations in which the organization may be implicated.

6.3.3.2 Related actions and expectations

Because due diligence applies to all core subjects, including human rights, further guidance on due diligence may be found in 7.3.1. Specific to human rights, a due diligence process should, in a manner that is appropriate to the organization's size and circumstances, include the following components:

— a human rights policy for the organization that gives meaningful guidance to those within the organization and those closely linked to the organization;

— means of assessing how existing and proposed activities may affect human rights;

— means of integrating the human rights policy throughout the organization;

— means of tracking performance over time, to be able to make necessary adjustments in priorities and approach; and

— actions to address the negative impacts of its decisions and activities.

6.3.4 Human rights issue 2: Human rights risk situations

6.3.4.1 Description of the issue

There are certain circumstances and environments where organizations are more likely to face challenges and dilemmas relating to human rights and in which the risk of human rights abuse may be exacerbated. These include:

— conflict [129] or extreme political instability, failure of the democratic or judicial system, absence of political or civil rights;

— poverty, drought, extreme health challenges or natural disasters;

— involvement in extractive or other activities that might significantly affect natural resources such as water, forests or the atmosphere or disrupt communities;

— proximity of operations to communities of indigenous peoples [75][154];

— activities that can affect or involve children [81][82][116][117][135][147][148];

— a culture of corruption;

— complex value chains that involve work performed on an informal basis without legal protection; and

— a need for extensive measures to ensure security of premises or other assets.

6.3.4.2 Related actions and expectations

Organizations should take particular care when dealing with situations characterized above. These situations may require an enhanced process of due diligence to ensure respect for human rights. This could for example be done through an independent human rights impact assessment.

When operating in environments in which one or more of these circumstances apply, organizations are likely to be faced with difficult and complex judgements as to how to conduct themselves. While there may be no simple formula or solution, an organization should base its decisions on the primary responsibility to respect human rights, while also contributing to promoting and defending the overall fulfilment of human rights.

In responding, an organization should consider the potential consequences of its actions so that the desired objective of respecting human rights is actually achieved. In particular, it is important not to compound or create other abuses. A situation's complexity should not be used as an excuse for inaction.

6.3.5 Human rights issue 3: Avoidance of complicity

6.3.5.1 Description of the issue

Complicity has both legal and non-legal meanings.

In the legal context, complicity has been defined in some jurisdictions as an act or omission having a substantial effect on the commission of an illegal act such as a crime, while having knowledge of, or intent to contribute to, that illegal act.

Complicity is associated with the concept of aiding and abetting an illegal act or omission.

In the non-legal context, complicity derives from broad societal expectations of behaviour. In this context, an organization may be considered complicit when it assists in the commission of wrongful acts of others that are inconsistent with, or disrespectful of, international norms of behaviour that the organization, through exercising due diligence, knew or should have known would lead to substantial negative impacts on society, the economy or the environment. An organization may also be considered complicit where it stays silent about or benefits from such wrongful acts.

While their boundaries are imprecise and evolving, three forms of complicity can be described.

— **Direct complicity** This occurs when an organization knowingly assists in a violation of human rights.

— **Beneficial complicity** This involves an organization or subsidiaries benefiting directly from human rights abuses committed by someone else. Examples include an organization tolerating action by security forces to suppress a peaceful protest against its decisions and activities or use of repressive measures while guarding its facilities, or an organization benefiting economically from suppliers' abuse of fundamental rights at work.

— **Silent complicity** This can involve the failure by an organization to raise with the appropriate authorities the question of systematic or continuous human rights violations, such as not speaking out against systematic discrimination in employment law against particular groups.

6.3.5.2 Related actions and expectations

One prominent area with the potential to create complicity in human rights abuses relates to security arrangements. In this regard, among other things, an organization should verify that its security arrangements respect human rights and are consistent with international norms and standards for law enforcement. Security personnel (employed, contracted or sub-contracted) should be adequately trained, including in adherence to standards of human rights, and complaints about security procedures or personnel should be addressed and investigated promptly and, where appropriate, independently. Moreover, an organization should exercise due diligence to ensure that it is not participating in, facilitating or benefiting from human rights violations committed by public security forces.

In addition, an organization should:

— not provide goods or services to an entity that uses them to carry out human rights abuses;

— not enter into a formal or informal partnership or contractual relationship with a partner that commits human rights abuses in the context of the partnership or in the execution of the contracted work;

— inform itself about the social and environmental conditions in which purchased goods and services are produced;

— ensure it is not complicit in any displacement of people from their land unless it is done in conformity with national law and international norms, which includes exploring all alternative solutions and ensuring affected parties are provided with adequate compensation;

— consider making public statements, or taking other action indicating that it does not condone human rights abuse, such as acts of discrimination, occurring in employment in the country concerned; and

— avoid relationships with entities engaged in anti-social activities.

An organization can become aware of, prevent and address risks of complicity by integrating the common features of legal and societal benchmarks into its due diligence processes.

6.3.6 Human rights issue 4: Resolving grievances

6.3.6.1 Description of the issue

Even where institutions operate optimally, disputes over the human rights impact of an organization's decisions and activities may occur. Effective grievance mechanisms play an important role in the state's duty to protect human rights. Equally, to discharge its responsibility to respect human rights, an organization should establish a mechanism for those who believe their human rights have been abused to bring this to the attention of the organization and seek redress. This mechanism should not prejudice access to available legal channels. Non-state mechanisms should not undermine the strengthening of state institutions, particularly judicial mechanisms, but can offer additional opportunities for recourse and redress.

6.3.6.2 Related actions and expectations

An organization should establish, or otherwise ensure the availability of, remedy mechanisms for its own use and that of its stakeholders. For these mechanisms to be effective they should be:

— **legitimate** This includes clear, transparent and sufficiently independent governance structures to ensure that no party to a particular grievance process can interfere with the fair management of that process;

— **accessible** Their existence should be publicized and adequate assistance provided for aggrieved parties who may face barriers to access, such as language, illiteracy, lack of awareness or finance, distance, disability or fear of reprisal;

— **predictable** There should be clear and known procedures, a clear time frame for each stage and clarity as to the types of process and outcome they can and cannot offer, and a means of monitoring the implementation of any outcome;

— **equitable** Aggrieved parties should have access to sources of information, advice and expertise necessary to engage in a fair grievance process;

— **rights-compatible** The outcomes and remedies should accord with internationally recognized human rights standards;

— **clear and transparent** Although confidentiality might sometimes be appropriate, the process and outcome should be sufficiently open to public scrutiny and should give due weight to the public interest; and

— **based on dialogue and mediation** The process should look for mutually agreed solutions to grievances through engagement between the parties. Where adjudication is desired, parties should retain the right to seek this through separate, independent mechanisms.

6.3.7 Human rights issue 5: Discrimination and vulnerable groups

6.3.7.1 Description of the issue

Discrimination involves any distinction, exclusion or preference that has the effect of nullifying equality of treatment or opportunity, where that consideration is based on prejudice rather than a legitimate ground. Illegitimate grounds for discrimination include but are not limited to: race, colour, gender, age, language, property, nationality or national origin, religion, ethnic or social origin, caste, economic grounds, disability, pregnancy, belonging to an indigenous people, trade union affiliation, political affiliation or political or other opinion. Emerging prohibited grounds also include marital or family status, personal relationships and health status such as HIV/AIDS status. The prohibition of discrimination is one of the most fundamental principles of international human rights law [71][78][133][134][136][137][138][139][141][143][149][150][156].

The full and effective participation and inclusion in society of all groups, including those who are vulnerable, provides and increases opportunities for all organizations as well as the people concerned. An organization has much to gain from taking an active approach to ensuring equal opportunity and respect for all individuals.

Groups that have suffered persistent discrimination, leading to entrenched disadvantages, are vulnerable to further discrimination, and their human rights should be the focus of additional attention in terms of protection and respect by organizations. While vulnerable groups typically include those mentioned in 6.3.7.2, there may be other vulnerable groups in the particular community in which an organization operates.

Discrimination can also be indirect. This occurs when an apparently neutral provision, criterion or practice would put persons with a particular attribute at a disadvantage compared with other persons, unless that provision, criterion or practice is objectively justified by a legitimate aim and the means of achieving that aim are appropriate and necessary.

6.3.7.2 Related actions and expectations

An organization should take care to ensure that it does not discriminate against employees, partners, customers, stakeholders, members and anyone else with whom it has any contact or on whom it can have an impact.

An organization should examine its own operations and the operations of other parties within its sphere of influence to determine whether direct or indirect discrimination is present. It should also ensure that it is not contributing to discriminatory practices through the relationships connected to its activities. If this is the case an organization should encourage and assist other parties in their responsibility to prevent discrimination. If this is not successful it should reconsider its relations with such organizations. It may, for example, undertake an analysis of typical ways in which it interacts with women, as compared with men, and consider whether policies and decisions in this regard are objective or reflect stereotyped preconceptions. It may wish to seek advice from local or international organizations with expertise in human rights. An organization may be guided by the findings and recommendations of international or national monitoring or investigative procedures.

An organization should consider facilitating the raising of awareness of their rights among members of vulnerable groups.

An organization should also contribute to redressing discrimination or the legacy of past discrimination, wherever practicable. For example, it should strive to employ or do business with organizations operated by people from groups historically discriminated against; where feasible, it should support efforts to increase access to education, infrastructure or social services for groups denied full access.

An organization can take a positive and constructive view of diversity among the people with whom it interacts. It could consider not only the human rights aspects but also the gains for its own operations in terms of the value added by the full development of multi-faceted human resources and relations.

The following examples of vulnerable groups are described together with specific related actions and expectations:

— **Women and girls** comprise half of the world population, but they are frequently denied access to resources and opportunities on equal terms with men and boys. Women have the right to enjoy all human rights without discrimination, including in education, employment and economic and social activities as well as the right to decide on marriage and family matters and the right to make decisions over their own reproductive health. An organization's policies and activities should have due regard for women's rights and promote the equal treatment of women and men in the economic, social and political spheres [133][149].

— **People with disabilities** are often vulnerable, in part because of misperceptions about their skills and abilities. An organization should contribute to ensuring that men and women with disabilities are accorded dignity, autonomy and full participation in society. The principle of non-discrimination should be respected, and organizations should consider making reasonable provisions for access to facilities.

— **Children** are particularly vulnerable, in part because of their dependent status. In taking action that can affect children, primary consideration should be given to the best interests of the child. The principles of the Convention on the Rights of the Child, which include non-discrimination, a child's right to life, survival, development and free expression, should always be respected and taken into account [81][82][116][117][135][147][148]. Organizations should have policies to prevent their employees engaging in sexual and other forms of exploitation of children.

— **Indigenous peoples** can be considered a vulnerable group because they have experienced systemic discrimination that has included colonization, dispossession from their lands, separate status from other citizens, and violations of their human rights. Indigenous peoples enjoy collective rights, and individuals belonging to indigenous peoples share universal human rights, in particular the right to equal treatment and opportunity. The collective rights include: self-determination (which means the right to determine their identity, their political status and the way they want to develop); access to and management of traditional land, water and resources; maintaining and enjoying their customs, culture, language and traditional knowledge free from discrimination; and managing their cultural and intellectual property [75][154]. An organization should recognize and respect the rights of indigenous peoples when carrying out its decisions and activities. An organization should recognize and respect the principle of non-discrimination and the rights of individuals belonging to an indigenous people when carrying out decisions and activities.

— **Migrants, migrant workers** and their families may also be vulnerable owing to their foreign or regional origin, particularly if they are irregular or undocumented migrants. An organization should respect their rights and contribute to promoting a climate of respect for the human rights of migrants, migrant workers and their families [78][79][80][142].

— **People discriminated against on the basis of descent, including caste.** Hundreds of millions of people are discriminated against because of their hereditary status or descent. This form of discrimination is based on a history of rights abuse justified by the wrongful notion that some people are considered unclean or less worthy because of the group into which they are born. An organization should avoid such practices and, where feasible, seek to contribute to eliminating these prejudices.

— **People discriminated against on the basis of race.** People are discriminated against because of their race, cultural identity and ethnic origin. There is a history of rights abuse justified by the wrongful notion that some people are inferior because of their skin colour or culture. Racism is often present in regions with a history of slavery or oppression of one racial group by another [141][150][156].

— **Other vulnerable groups** include, for example, the elderly, the displaced, the poor, illiterate people, people living with HIV/AIDS and minority and religious groups.

6.3.8 Human rights issue 6: Civil and political rights

6.3.8.1 Description of the issue

Civil and political rights include absolute rights such as the right to life, the right to a life with dignity, the right to freedom from torture, the right to security of person, the right to own property, liberty and integrity of the person, and the right to due process of law and a fair hearing when facing criminal charges. They further include freedom of opinion and expression, freedom of peaceful assembly and association, freedom to adopt and practise a religion, freedom to hold beliefs, freedom from arbitrary interference with privacy, family, home or correspondence, freedom from attacks on honour or reputation, the right of access to public services and the right to take part in elections [143][152].

6.3.8.2 Related actions and expectations

An organization should respect all individual civil and political rights. Examples include, but are not limited to, the following:

— life of individuals;

— freedom of opinion and expression. An organization should not aim to suppress anyone's views or opinions, even when the person expresses criticism of the organization internally or externally;

— freedom of peaceful assembly and of association;

— freedom to seek, receive and impart information and ideas through any means, regardless of national borders;

— the right to own property, alone or in association with others, and freedom from being arbitrarily deprived of property; and

— access to due process and the right to a fair hearing before any internal disciplinary measure is taken. Any disciplinary measure should be proportionate and not involve physical punishment or inhuman or degrading treatment.

6.3.9 Human rights issue 7: Economic, social and cultural rights

6.3.9.1 Description of the issue

Every person, as a member of society, has economic, social and cultural rights necessary for his or her dignity and personal development. These include the right to: education; work in just and favourable conditions; freedom of association; an adequate standard of health; a standard of living adequate for the physical and mental health and well-being of himself or herself and his or her family; food, clothing, housing, medical care and necessary social protection, such as security in the event of unemployment, sickness, disability, death of spouse, old age or other lack of livelihood in circumstances beyond his or her control; the practice of a religion and culture; and genuine opportunities to participate without discrimination in decision making that supports positive practices and discourages negative practices in relation to these rights [144].

6.3.9.2 Related actions and expectations

To respect these rights, an organization has a responsibility to exercise due diligence to ensure that it does not engage in activities that infringe, obstruct or impede the enjoyment of such rights. The following are examples of what an organization should do to respect these rights. An organization should assess the possible impacts of its decisions, activities, products and services, as well as new projects, on these rights, including the rights of the local population. Further, it should neither directly nor indirectly limit or deny access to an essential product or resource, such as water. For example, production processes should not compromise the supply of scarce drinking water resources. Organizations should, where appropriate, consider adopting or maintaining specific policies to ensure the efficient distribution of essential goods and services where this distribution is endangered.

A socially responsible organization could also contribute to the fulfilment of such rights, when appropriate, while keeping in mind the different roles and capacities of governments and other organizations related to the provision of these rights.

An organization may consider, for example:

— facilitating access to, and where possible providing support and facilities for, education and lifelong learning for community members;

— joining efforts with other organizations and governmental institutions supporting respect for and realization of economic, social and cultural rights;

— exploring ways related to their core activities to contribute to the fulfilment of these rights; and

— adapting goods or services to the purchasing ability of poor people.

Economic, social and cultural rights, as with any other right, should also be considered in the local context. Further guidance on related actions and expectations is provided in 6.8 on community involvement and development.

6.3.10 Human rights issue 8: Fundamental principles and rights at work

6.3.10.1 General

Fundamental principles and rights at work are focused on labour issues. They have been adopted by the international community as basic human rights and as such are covered in the human rights section.

6.3.10.2 Description of the issue

The International Labour Organization (ILO) has identified fundamental rights at work [54]. These include:

— freedom of association and effective recognition of the right to collective bargaining;

— the elimination of all forms of forced or compulsory labour;

— the effective abolition of child labour; and

— the elimination of discrimination regarding employment and occupation.

6.3.10.3 Related actions and expectations

Although these rights are legislated for in many jurisdictions, an organization should independently ensure that it addresses the following matters:

— **freedom of association and collective bargaining** [62][103] Workers and employers, without distinction whatsoever, have the right to establish and, subject only to the rules of the organization concerned, to join organizations of their own choosing without previous authorization. Representative organizations formed or joined by workers should be recognized for purposes of collective bargaining. Terms and conditions of employment may be fixed by voluntary collective negotiation where workers so choose. Workers' representatives should be given appropriate facilities that will enable them to do their work effectively and allow them to perform their role without interference. Collective agreements should include provisions for the settlement of disputes. Workers' representatives should be provided with information required for meaningful negotiations. (See 6.4 for further information on freedom of association and on how freedom of association and collective bargaining relate to social dialogue.)

— **forced labour**[49][60] An organization should not engage in or benefit from any use of forced or compulsory labour. No work or service should be exacted from any person under the threat of any penalty or when the work is not conducted voluntarily. An organization should not engage or benefit from prison labour, unless the prisoners have been convicted in a court of law and their labour is under the supervision and control of a public authority. Further, prison labour should not be used by private organizations unless performed on a voluntary basis, as evidenced by, among other things, fair and decent conditions of employment.

— **equal opportunities and non-discrimination**[55][57][58] An organization should confirm that its employment policies are free from discrimination based on race, colour, gender, religion, national extraction, social origin, political opinion, age, or disability. Emerging prohibited grounds also include marital or family status, personal relationships, and health status such as HIV/AIDS status. These are in line with the general principle that hiring policies and practices, earnings, employment conditions, access to training and promotion, and termination of employment should be based only on the requirements of the job. Organizations should also take steps to prevent harassment in the workplace by:

  — regularly assessing the impact of its policies and activities on promotion of equal opportunities and non-discrimination;

  — taking positive actions to provide for the protection and advancement of vulnerable groups; this might include establishing workplaces for persons with disabilities to help them earn a living under suitable conditions, and establishing or participating in programmes that address issues such as promotion of employment for youth and older workers, equal employment opportunities for women and more balanced representation of women in senior positions.

— **child labour**[81][82][116][117] The minimum age for employment is determined through international instruments (see Box 7). Organizations should not engage in or benefit from any use of child labour. If an organization has child labour in its operations or within its sphere of influence, it should, as far as possible, ensure not only that the children are removed from work, but also that they are provided with appropriate alternatives, in particular, education. Light work that does not harm a child or interfere with school attendance or with other activities necessary to a child's full development (such as recreational activities) is not considered child labour.

Box 7 — Child labour

ILO Conventions[81][116] provide the framework for national law to prescribe a minimum age for admission to employment or work that must not be less than the age for completing compulsory schooling, and in any case not less than 15 years. In countries where economic and educational facilities are less well developed, the minimum age may be as low as 14 years. Exception may also be made from 13 or 12 years for "light work"[81][82]. The minimum age for hazardous work — work that is likely to harm the health, safety or morals of the child as a consequence of its nature or the circumstances under which it is carried out — is 18 years for all countries[116][117] (see table below).

The term "child labour" should not be confused with "youth employment" or "student work", which may be both legitimate and desirable if performed as part of a genuine apprenticeship or training programme that complies with applicable laws and regulations.

Child labour is a form of exploitation that is a violation of a human right. Child labour damages a child's physical, social, mental, psychological and spiritual development. Child labour deprives boys and girls of their childhood and their dignity. They are deprived of an education and may be separated from their families. Children who do not complete their basic education are likely to remain illiterate and never acquire the skills needed to get a job that enables them to contribute to the development of a modern economy. Consequently child labour results in under-skilled, unqualified workers and jeopardizes future improvements of skills in the workforce and future economic and social development. Child labour may also deprive youth and adult workers of work, and depress wages.

An organization should make efforts to eliminate all forms of child labour. Efforts to eliminate the worst forms of child labour should not be used to justify other forms of child labour. An organization should analyse the different circumstances of girls and boys and the different ways in which children from ethnic populations or populations that are discriminated against are affected, so that preventive and corrective measures can be targeted and effective. When children below the legal working age are found in the workplace, measures should be taken to remove them from work. To the extent possible, an organization should help the child who has been removed from the workplace and his or her family to access adequate services and viable alternatives to ensure that he or she does not end up in the same or a worse situation, either working elsewhere or being exploited.

Effectively eliminating child labour requires broad collaboration in society. An organization should co-operate with other organizations and government agencies to release children from work into free, full-time and quality education.

	Developed countries	Developing countries
Regular work	at least 15 years	at least 14 years
Hazardous work	18 years	18 years
Light work	13 years	12 years

6.4 Labour practices

6.4.1 Overview of labour practices

6.4.1.1 Organizations and labour practices

The labour practices of an organization encompass all policies and practices relating to work performed within, by or on behalf of the organization, including subcontracted work.

Labour practices extend beyond the relationship of an organization with its direct employees or the responsibilities that an organization has at a workplace that it owns or directly controls.

Labour practices include the recruitment and promotion of workers; disciplinary and grievance procedures; the transfer and relocation of workers; termination of employment; training and skills development; health, safety and industrial hygiene; and any policy or practice affecting conditions of work, in particular working time and remuneration. Labour practices also include the recognition of worker organizations and representation and participation of both worker and employer organizations in collective bargaining, social dialogue and tripartite consultation (see Box 8) to address social issues related to employment.

Box 8 — The International Labour Organization

The International Labour Organization (ILO) is a United Nations agency with a tripartite structure (governments, workers and employers) that was established for the purpose of setting international labour standards. These minimum standards are legal instruments setting out universal basic principles and rights at work. They pertain to workers everywhere, working in any type of organization, and are intended to prevent unfair competition based on exploitation and abuse. ILO standards are developed by tripartite negotiation at the international level among governments, workers and employers, and are adopted by a vote of the three constituents.

ILO instruments are kept up to date through a review process and through the jurisprudence of a formal supervisory mechanism that interprets the meaning and proper application of ILO standards. ILO Conventions and Recommendations, together with the ILO Declaration on Fundamental Principles and Rights at Work 1998 [54] and the ILO's Tripartite Declaration of Principles Concerning Multinational Enterprises and Social Policy 1977 (last revised 2006) [74], constitute the most authoritative guidance regarding labour practices and some other important social issues.

The ILO seeks to promote opportunities for women and men to obtain decent and productive work, which it defines as work performed in conditions of freedom, equity, security and human dignity.

6.4.1.2 Labour practices and social responsibility

The creation of jobs, as well as wages and other compensation paid for work performed, are among an organization's most important economic and social contributions. Meaningful and productive work is an essential element in human development; standards of living are improved through full and secure employment. Its absence is a primary cause of social problems. Labour practices have a major impact on respect for the rule of law and on the sense of fairness present in society: socially responsible labour practices are essential to social justice, stability and peace [67].

6.4.2 Principles and considerations

6.4.2.1 Principles

A fundamental principle in the ILO's 1944 Declaration of Philadelphia [72] is that labour is not a commodity. This means that workers should not be treated as a factor of production and subjected to the same market forces that apply to commodities. The inherent vulnerability of workers and the need to protect their basic rights is reflected in the Universal Declaration of Human Rights and the International Covenant on Economic, Social and Cultural Rights [144][156]. The principles involved include the right of everyone to earn a living by freely chosen work, and the right to just and favourable conditions of work.

6.4.2.2 Considerations

The human rights recognized by the ILO as constituting fundamental rights at work are addressed in 6.3.10. Many other ILO conventions and recommendations complement and reinforce various provisions in the Universal Declaration of Human Rights and its two covenants mentioned in Box 6 and can be used as a source of practical guidance on the meaning of various human rights.

The primary responsibility for ensuring fair and equitable treatment for workers lies with governments. This is achieved through:

— adopting legislation consistent with the Universal Declaration of Human Rights and applicable ILO labour standards;

— enforcing that legislation, including through the development and funding of national labour inspection systems; and

— ensuring that workers and organizations have the necessary access to justice.

Labour laws and practices will vary from country to country.

Where governments have failed to legislate, an organization should abide by the principles underlying these international instruments. Where the law is adequate, an organization should abide by the law, even if government enforcement is inadequate.

It is important to distinguish between the government's role as the organ of state and its role as an employer. Government bodies or state-owned organizations have the same responsibilities for their labour practices as other organizations.

6.4.3 Labour practices issue 1: Employment and employment relationships

6.4.3.1 Description of the issue

The significance of employment for human development is universally accepted. As an employer, an organization contributes to one of the most widely accepted objectives of society, namely the improvement of standards of living through full and secure employment and decent work.

Every country provides a legal framework that regulates the relationship between employers and employees. Although the precise tests and criteria to determine whether an employment relationship exists vary from one country to another, the fact that the power of the contracting parties is not equal and that employees therefore require additional protection is universally accepted, and forms the basis for labour law.

The employment relationship confers rights and imposes obligations on both employers and employees in the interest of both the organization and society.

Not all work is performed within an employment relationship. Work and services are also performed by men and women who are self-employed; in these situations the parties are considered independent of each other and have a more equal and commercial relationship. The distinction between employment and commercial relationships is not always clear and is sometimes wrongly labelled, with the consequence that workers do not always receive the protections and rights that they are entitled to receive. It is important for both society and the individual performing work that the appropriate legal and institutional framework be recognized and applied. Whether work is performed under an employment contract or a commercial contract, all parties to a contract are entitled to understand their rights and responsibilities and to have appropriate recourse in the event that the terms of the contract are not respected [56].

In this context, labour is understood to be work performed for compensation and does not include activities undertaken by genuine volunteers. However, organizations should adopt policies and measures to address their legal liability and duty of care concerning volunteers.

6.4.3.2 Related actions and expectations

An organization should:

— be confident that all work is performed by women and men who are legally recognized as employees or who are legally recognized as being self-employed;

— not seek to avoid the obligation that the law places on the employer by disguising relationships that would otherwise be recognized as an employment relationship under the law;

— recognize the importance of secure employment to both the individual worker and to society: use active workforce planning to avoid the use of work performed on a casual basis or the excessive use of work performed on a temporary basis, except where the nature of the work is genuinely short term or seasonal;

— provide reasonable notice, timely information and, jointly with worker representatives where they exist, consider how to mitigate adverse impacts to the greatest possible extent when considering changes in its operations, such as closures that affect employment [107][108];

— ensure equal opportunities for all workers and not discriminate either directly or indirectly in any labour practice;

— eliminate any arbitrary or discriminatory dismissal practices [107][108];

— protect personal data and privacy of workers [52];

— take steps to ensure that work is contracted or sub-contracted only to organizations that are legally recognized or are otherwise able and willing to assume the responsibilities of an employer and to provide decent working conditions. An organization should use only those labour intermediaries who are legally recognized and where other arrangements for the performance of work confer legal rights on those performing the work [95][96]. Home workers should not be treated worse than other wage earners [68];

— not benefit from unfair, exploitative or abusive labour practices of its partners, suppliers or subcontractors, including home workers. An organization should make reasonable efforts to encourage organizations in its sphere of influence to follow responsible labour practices, recognizing that a high level of influence is likely to correspond to a high level of responsibility to exercise that influence. Depending upon the situation and influence, reasonable efforts could include: establishing contractual obligations on suppliers and subcontractors; making unannounced visits and inspections; and exercising due diligence in supervising contractors and intermediaries. Where suppliers and subcontractors are expected to comply with a code of labour practice, the code should be consistent with the Universal Declaration of Human Rights and the principles underlying applicable ILO labour standards (see 5.2.3 for additional information about responsibilities in the sphere of influence); and

— where operating internationally, endeavour to increase the employment, occupational development, promotion and advancement of nationals of the host country. This includes sourcing and distributing through local enterprises where practicable [74].

6.4.4 Labour practices issue 2: Conditions of work and social protection

6.4.4.1 Description of the issue

Conditions of work include wages and other forms of compensation, working time, rest periods, holidays, disciplinary and dismissal practices, maternity protection and welfare matters such as safe drinking water, sanitation, canteens and access to medical services. Many of the conditions of work are set by national laws and regulations or by legally binding agreements between those for whom work is performed and those who perform work. The employer determines many of the conditions of work.

Conditions of work greatly affect the quality of life of workers and their families and also economic and social development. Fair and appropriate consideration should be given to the quality of conditions of work.

Social protection refers to all legal guarantees and organizational policies and practices to mitigate the reduction or loss of income in case of employment injury, illness, maternity, parenthood, old age, unemployment, disability or financial hardship and to provide medical care and family benefit. Social protection plays an important role in preserving human dignity and establishing a sense of fairness and social justice. Generally, the primary responsibility for social protection lies with the state.

6.4.4.2 Related actions and expectations

An organization should:

— ensure that the conditions of work comply with national laws and regulations and are consistent with applicable international labour standards;

— respect higher levels of provision established through other applicable legally binding instruments such as collective agreements;

— observe at least those minimum provisions defined in international labour standards as established by the ILO, especially where national legislation has not yet been adopted;

— provide decent conditions of work with regard to wages [83][84][97][98], hours of work [61][65][66][85][86][102], weekly rest, holidays [63][64][109][110][111], health and safety, maternity protection [76][77][106] and ability to combine work with family responsibilities [114][115];

— wherever possible, allow observance of national or religious traditions and customs;

— provide conditions of work for all workers that permit, to the greatest extent possible, work-life balance and are comparable with those offered by similar employers in the locality concerned [74];

— provide wages and other forms of remuneration in accordance with national laws, regulations or collective agreements. An organization should pay wages at least adequate for the needs of workers and their families. In doing so, it should take into account the general level of wages in the country, the cost of living, social security benefits and the relative living standards of other social groups. It should also consider economic factors, including requirements of economic development, levels of productivity and the desirability of attaining and maintaining a high level of employment. In determining wages and working conditions that reflect these considerations, an organization should bargain collectively with its workers or their representatives, in particular trade unions, where they so wish, in accordance with national systems for collective bargaining [74][103];

— provide equal pay for work of equal value [57][58];

— pay wages directly to the workers concerned, subject only to any restriction or deduction permitted by laws, regulations or collective agreements [97][98][99];

— comply with any obligation concerning the provision of social protection for workers in the country of operation [74];

— respect the right of workers to adhere to normal or agreed working hours established in laws, regulations or collective agreements. It should also provide workers with weekly rest and paid annual leave [63][64][109][110];

— respect the family responsibilities of workers by providing reasonable working hours, parental leave and, when possible, childcare and other facilities that can help workers achieve a proper work-life balance; and

— compensate workers for overtime in accordance with laws, regulations or collective agreements. When requesting workers to work overtime, an organization should take into account the interests, safety and well-being of the workers concerned and any hazard inherent in the work. An organization should comply with laws and regulations prohibiting mandatory and non-compensated overtime [83][84][97][98][99], and always respect the basic human rights of workers concerning forced labour [60].

6.4.5 Labour practices issue 3: Social dialogue

6.4.5.1 Description of the issue

Social dialogue includes all types of negotiation, consultation or exchange of information between or among representatives of governments, employers and workers, on matters of common interest relating to economic and social concerns. It could take place between employer and worker representatives, on matters affecting their interests, and could also include governments where broader factors, such as legislation and social policy, are at stake.

Independent parties are required for social dialogue. Worker representatives should be freely elected, in accordance with national laws, regulations or collective agreements, by either the members of their trade union or by the workers concerned. They should not be designated by the government or the employer. At the level of the organization, social dialogue takes various forms, including information and consultation mechanisms such as works councils and collective bargaining. Trade unions and employers' organizations, as the chosen representatives of the respective parties, have a particularly important role to play in social dialogue.

Social dialogue is based on the recognition that employers and workers have both competing and mutual interests, and in many countries plays a significant role in industrial relations, policy formulation and governance.

Effective social dialogue provides a mechanism for developing policy and finding solutions that take into account the priorities and needs of both employers and workers, and thus results in outcomes that are meaningful and long lasting for both the organization and society. Social dialogue can contribute to establishing participation and democratic principles in the workplace, to better understanding between the organization and those who perform its work and to healthy labour-management relations, thus minimizing resort to costly industrial disputes. Social dialogue is a powerful means for managing change. It can be used to design skills development programmes contributing to human development and enhancing productivity, or to minimize the adverse social impacts of change in the operations of organizations. Social dialogue could also include transparency on social conditions of subcontractors.

Social dialogue can take many forms and can occur at various levels. Workers may wish to form groups with a broader occupational, inter-occupational or geographical coverage. Employers and workers are in the best position to decide jointly the most appropriate level. One way to do this is by adopting framework agreements supplemented by local organization-level agreements in accordance with national law or practice.

At times, social dialogue may address contentious matters, in which case the parties can establish a dispute resolution process. Social dialogue can also concern grievances for which a complaints mechanism is important, particularly in countries where the fundamental principles and rights at work are not adequately protected. Such a grievance mechanism may also apply to a subcontracted workforce.

International social dialogue is a growing trend, and includes regional and global dialogue and agreements between organizations operating internationally and international trade union organizations.

6.4.5.2 Related actions and expectations

An organization should [53][59][113]:

— recognize the importance for organizations of social dialogue institutions, including at the international level, and applicable collective bargaining structures;

— respect at all times the right of workers to form or join their own organizations to advance their interests or to bargain collectively;

— not obstruct workers who seek to form or join their own organizations and to bargain collectively, for instance by dismissing or discriminating against them, through reprisals or by making any direct or indirect threat so as to create an atmosphere of intimidation or fear;

— where changes in operations would have major employment impacts, provide reasonable notice to the appropriate government authorities and representatives of the workers so that the implications may be examined jointly to mitigate any adverse impact to the greatest possible extent;

— as far as possible, and to an extent that is reasonable and non-disruptive, provide duly designated worker representatives with access to authorized decision makers, to workplaces, to the workers they represent, to facilities necessary to perform their role and to information that will allow them to have a true and fair picture of the organization's finances and activities; and

— refrain from encouraging governments to restrict the exercise of the internationally recognized rights of freedom of association and collective bargaining. For example, organizations should avoid locating a subsidiary or sourcing from companies located in specialized industrial zones where freedom of association is restricted or prohibited, even if national regulation recognizes that right, and they should refrain from participating in incentive schemes based on such restrictions.

Organizations may also wish to consider participating, as appropriate, in employers' organizations as a means of creating opportunities for social dialogue and extending their expression of social responsibility through such channels.

6.4.6 Labour practices issue 4: Health and safety at work

6.4.6.1 Description of the issue

Health and safety at work concerns the promotion and maintenance of the highest degree of physical, mental and social well-being of workers and prevention of harm to health caused by working conditions. It also relates to the protection of workers from risks to health and the adaptation of the occupational environment to the physiological and psychological needs of workers.

The financial and social burden on society of work-related illness, injuries and death is heavy. Accidental and chronic pollution and other workplace hazards that are harmful for workers may also have impacts on communities and the environment. (For more information on environmental hazards, see 6.5.) Health and safety concerns arise over dangerous equipment, processes, practices and substances (chemical, physical and biological).

6.4.6.2 Related actions and expectations

An organization should [50][51][70][72][86][87][88][89][90][99][100][101][103][104][105][112]:

- develop, implement and maintain an occupational health and safety policy based on the principle that strong safety and health standards and organizational performance are mutually supportive and reinforcing;
- understand and apply principles of health and safety management, including the hierarchy of controls: elimination, substitution, engineering controls, administrative controls, work procedures and personal protective equipment;
- analyse and control the health and safety risks involved in its activities;
- communicate the requirement that workers should follow all safe practices at all times and ensure that workers follow the proper procedures;
- provide the safety equipment needed, including personal protective equipment, for the prevention of occupational injuries, diseases and accidents, as well as for dealing with emergencies;
- record and investigate all health and safety incidents and problems in order to minimize or eliminate them;
- address the specific ways in which occupational safety and health (OSH) risks differently affect women (such as those who are pregnant, have recently given birth or are breastfeeding) and men, or workers in particular circumstances such as people with disabilities, inexperienced or younger workers;
- provide equal health and safety protection for part-time and temporary workers, as well as subcontracted workers;
- strive to eliminate psychosocial hazards in the workplace, which contribute or lead to stress and illness;
- provide adequate training to all personnel on all relevant matters;
- respect the principle that workplace health and safety measures should not involve monetary expenditures by workers; and
- base its health, safety and environment systems on the participation of the workers concerned (see Box 9) and recognize and respect the rights of workers to:
  - obtain timely, full and accurate information concerning health and safety risks and the best practices used to address these risks;
  - freely inquire into and be consulted on all aspects of their health and safety related to their work;
  - refuse work that is reasonably considered to pose an imminent or serious danger to their life or health or to the lives and health of others;
  - seek outside advice from workers' and employers' organizations and others who have expertise;
  - report health and safety matters to the appropriate authorities;
  - participate in health and safety decisions and activities, including investigation of incidents and accidents; and
  - be free of the threat of reprisals for doing any of these things [18][19][36][38][55][56][57][58][68][69][72][73][80].

Box 9 — Joint labour-management health and safety committees

An effective occupational health and safety programme depends on the involvement of workers. Joint labour-management health and safety committees can be the most important part of an organization's health and safety programme. Joint committees can:

— gather information;

— develop and disseminate safety manuals and training programmes;

— report, record and investigate accidents; and

— inspect and respond to problems raised by workers or management.

Worker representatives on these committees should not be appointed by management but elected by the workers themselves. Membership in these committees should be equally divided among management and worker representatives and should include both men and women, whenever possible. The committees should be of sufficient size for all shifts, sections and locations of the organization to be represented. They should not be considered a substitute for works councils or workers' organizations.

6.4.7 Labour practices issue 5: Human development and training in the workplace

6.4.7.1 Description of the issue

Human development includes the process of enlarging people's choices by expanding human capabilities and functioning, thus enabling women and men to lead long and healthy lives, to be knowledgeable and to have a decent standard of living. Human development also includes access to political, economic and social opportunities for being creative and productive and for enjoying self-respect and a sense of belonging to a community and contributing to society.

Organizations can use workplace policy and initiatives to further human development by addressing important social concerns, such as fighting discrimination, balancing family responsibilities, promoting health and well-being and improving the diversity of their workforces. They can also use workplace policy and initiatives to increase the capacity and employability of individuals. Employability refers to the experiences, competencies and qualifications that increase an individual's capacity to secure and retain decent work.

6.4.7.2 Related actions and expectations

An organization should [69][70][74][91][92][93][94]:

— provide all workers at all stages of their work experience with access to skills development, training and apprenticeships, and opportunities for career advancement, on an equal and non-discriminatory basis;

— ensure that, when necessary, workers being made redundant are helped to access assistance for new employment, training and counselling;

— establish joint labour-management programmes that promote health and well-being.

6.5 The environment

6.5.1 Overview of the environment

6.5.1.1 Organizations and the environment

The decisions and activities of organizations invariably have an impact on the environment no matter where the organizations are located. These impacts may be associated with the organization's use of resources, the location of the activities of the organization, the generation of pollution and wastes, and the impacts of the organization's activities on natural habitats. To reduce their environmental impacts, organizations should adopt an integrated approach that takes into consideration the direct and indirect economic, social, health and environmental implications of their decisions and activities.

6.5.1.2 The environment and social responsibility

Society is facing many environmental challenges, including the depletion of natural resources, pollution, climate change, destruction of habitats, loss of species, the collapse of whole ecosystems and the degradation of urban and rural human settlements. As the world population grows and consumption increases, these changes are increasing threats to human security and the health and well being of society. There is a need to identify options to reduce and eliminate unsustainable volumes and patterns of production and consumption and to ensure that the resource consumption per person becomes sustainable. Environmental matters at the local, regional and global level are interconnected. Addressing them requires a comprehensive, systematic and collective approach.

Environmental responsibility is a precondition for the survival and prosperity of human beings. It is therefore an important aspect of social responsibility. Environmental matters are closely linked to other social responsibility core subjects and issues. Environmental education and capacity building is fundamental in promoting the development of sustainable societies and lifestyles.

Relevant technical tools, such as standards from the ISO 14000 series of standards [7][8][9][10][11][12][13][14][15][16][17][18][19][20][21][22][23][24][25][26][27][28][29][30][31][32][33], can be used as an overall framework to assist an organization in addressing environmental issues in a systematic manner and should be considered when evaluating environmental performance, quantifying and reporting greenhouse gas emissions, and in life cycle assessment, design for the environment, environmental labelling and environmental communication.

6.5.2 Principles and considerations

6.5.2.1 Principles

An organization should respect and promote the following environmental principles:

— **environmental responsibility** In addition to complying with law and regulations, an organization should assume responsibility for the environmental impacts caused by its activities in rural or urban areas and the broader environment. In recognition of ecological limits, it should act to improve its own performance, as well as the performance of others within its sphere of influence;

— **precautionary approach** This is drawn from the Rio Declaration on Environment and Development[158] and subsequent declarations and agreements[130][145][172], which advance the concept that where there are threats of serious or irreversible damage to the environment or human health, lack of full scientific certainty should not be used as a reason for postponing cost-effective measures to prevent environmental degradation or damage to human health. When considering the cost-effectiveness of a measure, an organization should consider the long-term costs and benefits of that measure, not only the short-term costs to that organization;

— **environmental risk management** An organization should implement programmes using a risk-based and sustainability perspective to assess, avoid, reduce and mitigate environmental risks and impacts from its activities. An organization should develop and implement awareness-raising activities and emergency response procedures to reduce and mitigate environmental, health and safety impacts caused by accidents and to communicate information about environmental incidents to appropriate authorities and local communities; and

— **polluter pays** An organization should bear the cost of pollution caused by its activities according to either the extent of the environmental impact on society and the remedial action required, or the degree to which the pollution exceeds an acceptable level (see Principle 16 of the Rio Declaration[158]). An organization should endeavour to internalize the cost of pollution and quantify the economic and environmental benefits of preventing pollution in preference to mitigating its impacts based on the "polluter pays" principle. An organization may choose to co-operate with others to develop economic instruments such as contingency funds to cope with costs of major environmental incidents.

6.5.2.2 Considerations

In its environmental management activities, an organization should assess the relevance of, and employ as appropriate, the following approaches and strategies:

— **life cycle approach** The main objectives of a life cycle approach are to reduce the environmental impacts of products and services as well as to improve their socio-economic performance throughout their life cycle, that is, from extraction of raw materials and energy generation, through production and use, to end-of life disposal or recovery. An organization should focus on innovations, not only on compliance, and should commit to continuous improvements in its environmental performance;

— **environmental impact assessment** An organization should assess environmental impacts before starting a new activity or project and use the results of the assessment as part of the decision-making process;

— **cleaner production and eco-efficiency** These are strategies for satisfying human needs by using resources more efficiently and by generating less pollution and waste. An important focus is on making improvements at the source rather than at the end of a process or activity. Cleaner and safer production and eco-efficiency approaches include: improving maintenance practices; upgrading or introducing new technologies or processes; reducing materials and energy use; using renewable energy; rationalizing the use of water; eliminating or safely managing toxic and hazardous materials and wastes; and improving product and service design;

— **a product-service system approach** This can be used to shift the focus of market interactions from selling or providing products (that is, transfer of ownership through one-time sale or lease/rental) to selling or providing a system of products and services that jointly fulfil customer needs (by a variety of service and delivery mechanisms). Product-service systems include product lease, product renting or sharing, product pooling and pay-for-service. Such systems can reduce material use, decouple revenues from material flows, and involve stakeholders in promoting extended producer responsibility through the life cycle of the product and accompanying service;

— **use of environmentally sound technologies and practices** An organization should seek to adopt and, where appropriate, promote the development and diffusion of environmentally sound technologies and services (see Principle 9 of the Rio Declaration [158]);

— **sustainable procurement** In its purchasing decisions, an organization should take into account the environmental, social and ethical performance of the products or services being procured, over their entire life cycles. Where possible, it should give preference to products or services with minimized impacts, making use of reliable and effective independently verified labelling schemes or other verification schemes, such as eco-labelling or auditing activities; and

— **learning and awareness raising** An organization should create awareness and promote appropriate learning to support the environmental efforts within the organization and its sphere of influence.

6.5.3 Environmental issue 1: Prevention of pollution

6.5.3.1 Description of the issue

An organization can improve its environmental performance by preventing pollution, including:

— **emissions to air** An organization's emissions to air of pollutants such as lead, mercury, volatile organic compounds (VOCs), sulphur oxides (SO_x), nitrogen oxides (NO_x), dioxins, particulates and ozone-depleting substances can cause environmental and health impacts that affect individuals differently. These emissions may come directly from an organization's facilities and activities, or be caused indirectly by the use or end-of-life handling of its products and services or the generation of the energy it consumes;

— **discharges to water** An organization may cause water to become polluted through direct, intentional or accidental discharges into surface water bodies, including the marine environment, unintentional runoff to surface water or infiltration to ground water. These discharges may come directly from an organization's facilities, or be caused indirectly by the use of its products and services;

— **waste management** An organization's activities may lead to the generation of liquid or solid waste that, if improperly managed, may cause contamination of air, water, land, soils and outer space. Responsible waste management seeks avoidance of waste. It follows the waste reduction hierarchy, that is: source reduction, reuse, recycling and reprocessing, waste treatment and waste disposal. The waste reduction hierarchy should be used in a flexible manner based on the life cycle approach. Hazardous waste, including radioactive waste, should be managed in an appropriate and transparent manner;

— **use and disposal of toxic and hazardous chemicals** An organization utilizing or producing toxic and hazardous chemicals (both naturally occurring and man-made) can adversely affect ecosystems and human health through acute (immediate) or chronic (long-term) impacts resulting from emissions or releases. These can affect individuals differently, depending on age and gender; and

— **other identifiable forms of pollution** An organization's activities, products and services may cause other forms of pollution that negatively affect the health and well being of communities and that can affect individuals differently. These include noise, odour, visual impressions, light pollution, vibration, electromagnetic emissions, radiation, infectious agents (for example, viral or bacterial), emissions from diffused or dispersed sources and biological hazards (for example, invasive species).

6.5.3.2 Related actions and expectations

To improve the prevention of pollution from its activities, an organization should:

— identify the aspects and impacts of its decisions and activities on the surrounding environment;

— identify the sources of pollution and waste related to its activities;

— measure, record and report on its significant sources of pollution and reduction of pollution, water consumption, waste generation and energy consumption;

— implement measures aimed at preventing pollution and waste, using the waste management hierarchy, and ensuring proper management of unavoidable pollution and waste [118];

— engage with local communities regarding actual and potential polluting emissions and waste, related health risks, and actual and proposed mitigation measures;

— implement measures to progressively reduce and minimize direct and indirect pollution within its control or influence, in particular through development and promotion of fast uptake of more environmentally friendly products and services;

— publicly disclose the amounts and types of relevant and significant toxic and hazardous materials used and released, including the known human health and environmental risks of these materials for normal operations as well as accidental releases;

— systematically identify and avoid the use:

  — of banned chemicals defined by national law or of unwanted chemicals listed in international conventions; and

  — where possible, of chemicals identified by scientific bodies or any other stakeholder with reasonable and verifiable grounds as being of concern. An organization should also seek to prevent use of such chemicals by organizations within its sphere of influence. Chemicals to avoid include, but are not limited to: ozone-depleting substances [166], persistent organic pollutants (POPs) [172] and chemicals covered under the Rotterdam Convention [173], hazardous chemicals and pesticides (as defined by the World Health Organization), chemicals defined as carcinogenic (including exposure to smoke from tobacco products) or mutagenic, and chemicals that affect reproduction, are endocrine disrupting, or persistent, bio-accumulative and toxic (PBTs) or very persistent and very bio-accumulative (vPvBs);

— implement an environmental accident prevention and preparedness programme and prepare an emergency plan covering accidents and incidents both on- and off-site and involving workers, partners, authorities, local communities and other relevant stakeholders. Such a programme should include, among other matters, hazard identification and risk evaluation, notification procedures and recall procedures, and communication systems, as well as public education and information.

6.5.4 Environmental issue 2: Sustainable resource use

6.5.4.1 Description of the issue

To ensure the availability of resources in the future, current patterns and volumes of consumption and production need to change so that they operate within the earth's carrying capacity. The sustainable use of renewable resources means that they are used at a rate that is less than, or equal to, their rate of natural replenishment. For non-renewable resources (such as fossil fuels, metals and minerals), long-term sustainability requires that the rate of use be less than the rate at which a renewable resource can be substituted for it. An organization can progress towards sustainable resource use by using electricity, fuels, raw and processed materials, land and water more responsibly, and by combining or replacing non-renewable resources with sustainable, renewable resources, for example, by using innovative technologies. Four key areas for efficiency improvements are:

— **energy efficiency** An organization should implement energy efficiency programmes to reduce the energy demand of buildings, transportation, production processes, appliances and electronic equipment, the provision of services or other purposes. Efficiency improvements in energy use should also complement efforts to advance sustainable use of renewable resources such as solar energy, geothermal energy, hydroelectricity, tidal and wave energy, wind power and biomass;

— **water conservation, use and access to water** Access to safe, reliable supplies of drinking water and sanitation services is a fundamental human need and a basic human right. The Millennium Development Goals (see Box 13) include the provision of sustainable access to safe drinking water. An organization should conserve, reduce use of and reuse water in its own operations and stimulate water conservation within its sphere of influence;

— **efficiency in the use of materials** An organization should implement materials efficiency programmes to reduce the environmental impact caused by the use of raw materials for production processes or for finished products used in its activities or in the delivery of its services. Materials efficiency programmes are based on identification of ways to increase the efficiency of raw material use within the sphere of influence of the organization. Use of materials causes numerous direct and indirect environmental impacts, associated, for example, with the impact on ecosystems of mining and forestry, and the emissions resulting from the use, transport and processing of materials; and

— **minimized resource requirements of a product** Consideration should be given to the resource requirements of the finished product during use.

6.5.4.2 Related actions and expectations

In relation to all its activities an organization should:

— identify the sources of energy, water and other resources used;

— measure, record and report on its significant uses of energy, water and other resources;

— implement resource efficiency measures to reduce its use of energy, water and other resources, considering best practice indicators and other benchmarks;

— complement or replace non-renewable resources where possible with alternative sustainable, renewable and low-impact sources;

— use recycled materials and reuse water as much as possible;

— manage water resources to ensure fair access for all users within a watershed;

— promote sustainable procurement;

— consider adopting extended producer responsibility; and

— promote sustainable consumption.

6.5.5 Environmental issue 3: Climate change mitigation and adaptation

6.5.5.1 Description of the issue

It is recognized that emissions of greenhouse gases (GHG) from human activities, such as carbon dioxide (CO_2), methane (CH_4) and nitrous oxide (N_2O), are very likely one of the causes of global climate change, which is having significant impacts on the natural and human environment [48]. Among the trends observed and anticipated are: rising temperatures, changes in rainfall patterns, more frequent occurrences of extreme weather events, rising sea levels, worsening water scarcity, and changes to ecosystems, agriculture and fisheries. It is anticipated that climate change may pass a point beyond which changes would become far more drastic and difficult to address.

Every organization is responsible for some GHG emissions (either directly or indirectly) and will be affected in some way by climate change. There are implications for organizations in terms of both minimizing their own GHG emissions (mitigation) and planning for a changing climate (adaptation). Adapting to climate change has social implications in the form of impacts on health, prosperity and human rights.

6.5.5.2 Related actions and expectations

6.5.5.2.1 Climate change mitigation

To mitigate climate change impacts related to its activities an organization should:

— identify the sources of direct and indirect accumulated GHG emissions and define the boundaries (scope) of its responsibility;

— measure, record and report on its significant GHG emissions, preferably using methods well defined in internationally agreed standards [47] (see also Annex A for examples of initiatives and tools addressing GHG emissions);

— implement optimized measures to progressively reduce and minimize the direct and indirect GHG emissions within its control and encourage similar actions within its sphere of influence;

— review the quantity and type of significant fuels usage within the organization and implement programmes to improve efficiency and effectiveness [146]. A life cycle approach should be undertaken to ensure net reduction in GHG emissions, even when low-emissions technologies and renewable energies are considered;

— prevent or reduce the release of GHG emissions (particularly those also causing ozone depletion) from land use and land use change, processes or equipment, including but not limited to heating, ventilation and air conditioning units;

— realize energy savings wherever possible in the organization, including purchasing of energy efficient goods and development of energy efficient products and services; and

— consider aiming for carbon neutrality by implementing measures to offset remaining GHG emissions, for example through supporting reliable emissions reduction programmes that operate in a transparent way, carbon capture and storage or carbon sequestration.

6.5.5.2.2 Climate change adaptation

To reduce vulnerability to climate change, an organization should:

— consider future global and local climate projections to identify risks and integrate climate change adaptation into its decision making;

— identify opportunities to avoid or minimize damage associated with climate change and where possible take advantage of opportunities, to adjust to changing conditions (see Box 10); and

— implement measures to respond to existing or anticipated impacts and within its sphere of influence, contribute to building capacity of stakeholders to adapt.

Box 10 — Examples of climate change adaptation actions

Examples of actions to adapt to changing climate conditions include:

— planning for land use, zoning and infrastructure design and maintenance, taking account of the implications of a changing climate and greater climatic uncertainty and the possibility of increasingly severe weather, including floods, high winds, drought and water scarcity or intense heat;

— developing agricultural, industrial, medical and a range of other technologies and techniques and making them accessible to those in need, ensuring the security of drinking water, sanitation, food and other resources critical to human health;

— supporting regional steps to reduce vulnerability to flooding. This includes restoring wetlands that can help manage flood water, and reducing the use of non-porous surfaces in urban areas; and

— providing wide opportunities to increase awareness of the importance of adaptation and preventive measures for the resilience of society through education and other means.

6.5.6 Environmental issue 4: Protection of the environment, biodiversity and restoration of natural habitats

6.5.6.1 Description of the issue

Since the 1960s, human activity has changed ecosystems more rapidly and extensively than in any comparable period in history. Rapidly growing demand for natural resources has resulted in a substantial and often irreversible loss of habitat and diversity of life on earth [119]. Vast areas – both urban and rural – have been transformed by human action.

An organization can become more socially responsible by acting to protect the environment and restore natural habitats and the various functions and services that ecosystems provide (such as food and water, climate regulation, soil formation and recreational opportunities) [119]. Key aspects of this issue include:

— **valuing and protecting biodiversity** Biodiversity is the variety of life in all its forms, levels and combinations; it includes ecosystem diversity, species diversity and genetic diversity [167]. Protecting biodiversity aims to ensure the survival of terrestrial and aquatic species, genetic diversity and natural ecosystems [168][169];

— **valuing, protecting and restoring ecosystem services** Ecosystems contribute to the well-being of society by providing services such as food, water, fuel, flood control, soil, pollinators, natural fibres, recreation and the absorption of pollution and waste. As ecosystems are degraded or destroyed, they lose the ability to provide these services;

— **using land and natural resource sustainably** An organization's land-use projects may protect or degrade habitat, water, soils and ecosystems [170][171]; and

— **advancing environmentally sound urban and rural development** Decisions and activities of organizations can have significant impacts on the urban or rural environment and their related ecosystems. These impacts can be associated with, for example, urban planning, building and construction, transport systems, waste and sewage management, and agricultural techniques.

6.5.6.2 Related actions and expectations

In relation to all its activities an organization should:

— identify potential adverse impacts on biodiversity and ecosystem services and take measures to eliminate or minimize these impacts;

— where feasible and appropriate, participate in market mechanisms to internalize the cost of its environmental impacts and create economic value in protecting ecosystem services;

— give highest priority to avoiding the loss of natural ecosystems, second to restoring ecosystems, and finally, if the former two actions are not possible or fully effective, to compensating for losses through actions that will lead to a net gain in ecosystem services over time;

— establish and implement an integrated strategy for the administration of land, water and ecosystems that promotes conservation and sustainable use in a socially equitable way;

— take measures to preserve any endemic, threatened or endangered species or habitat that may be adversely affected;

— implement planning, design and operating practices as a way to minimize the possible environmental impacts resulting from its decisions on land use, including decisions related to agricultural and urban development;

— incorporate the protection of natural habitat, wetlands, forest, wildlife corridors, protected areas and agricultural lands into the development of buildings and construction works [128][169];

— adopt sustainable agricultural, fishing, and forestry practices including aspects related to animal welfare, for example, as defined in leading standards and certification schemes [37][175];

— progressively use a greater proportion of products from suppliers using more sustainable technologies and processes;

— consider that wild animals and their habitats are part of our natural ecosystems and should therefore be valued and protected and their welfare taken into account; and

— avoid approaches that threaten the survival or lead to the global, regional or local extinction of species or that allow the distribution or proliferation of invasive species.

6.6 Fair operating practices

6.6.1 Overview of fair operating practices

6.6.1.1 Organizations and fair operating practices

Fair operating practices concern ethical conduct in an organization's dealings with other organizations. These include relationships between organizations and government agencies, as well as between organizations and their partners, suppliers, contractors, customers, competitors, and the associations of which they are members.

Fair operating practice issues arise in the areas of anti-corruption, responsible involvement in the public sphere, fair competition, socially responsible behaviour, relations with other organizations and respect for property rights.

6.6.1.2 Fair operating practices and social responsibility

In the area of social responsibility, fair operating practices concern the way an organization uses its relationships with other organizations to promote positive outcomes. Positive outcomes can be achieved by providing leadership and promoting the adoption of social responsibility more broadly throughout the organization's sphere of influence.

6.6.2 Principles and considerations

Behaving ethically is fundamental to establishing and sustaining legitimate and productive relationships between organizations. Therefore, observance, promotion and encouragement of standards of ethical behaviour underlie all fair operating practices. Preventing corruption and practising responsible political involvement depend on respect for the rule of law, adherence to ethical standards, accountability and transparency. Fair competition and respect for property rights cannot be achieved if organizations do not deal with each other honestly, equitably and with integrity.

6.6.3 Fair operating practices issue 1: Anti-corruption

6.6.3.1 Description of the issue

Corruption is the abuse of entrusted power for private gain. Corruption can take many forms. Examples of corruption include bribery (soliciting, offering or accepting a bribe in money or in kind) involving public officials or people in the private sector, conflict of interest, fraud, money laundering, embezzlement, concealment and obstruction of justice, and trading in influence.

Corruption undermines an organization's effectiveness and ethical reputation, and can make it liable to criminal prosecution, as well as civil and administrative sanctions. Corruption can result in the violation of human rights, the erosion of political processes, impoverishment of societies and damage to the environment. It can also distort competition, distribution of wealth and economic growth [41][44][45][46][120][121][131].

6.6.3.2 Related actions and expectations

To prevent corruption an organization should:

— identify the risks of corruption and implement and maintain policies and practices that counter corruption and extortion;

— ensure its leadership sets an example for anti-corruption and provides commitment, encouragement and oversight for implementation of the anti-corruption policies;

— support and train its employees and representatives in their efforts to eradicate bribery and corruption, and provide incentives for progress;

— raise the awareness of its employees, representatives, contractors and suppliers about corruption and how to counter it;

— ensure that the remuneration of its employees and representatives is appropriate and for legitimate services only;

— establish and maintain an effective system to counter corruption;

— encourage its employees, partners, representatives and suppliers to report violations of the organization's policies and unethical and unfair treatment by adopting mechanisms that enable reporting and follow-up action without fear of reprisal;

— bring violations of the criminal law to the attention of appropriate law enforcement authorities; and

— work to oppose corruption by encouraging others with which the organization has operating relationships to adopt similar anti-corruption practices.

6.6.4 Fair operating practices issue 2: Responsible political involvement

6.6.4.1 Description of the issue

Organizations can support public political processes and encourage the development of public policy that benefits society at large. Organizations should prohibit use of undue influence and avoid behaviour, such as manipulation, intimidation and coercion, that can undermine the public political process.

6.6.4.2 Related actions and expectations

An organization should:

— train its employees and representatives and raise their awareness regarding responsible political involvement and contributions, and how to deal with conflicts of interest;

— be transparent regarding its policies and activities related to lobbying, political contributions and political involvement;

— establish and implement policies and guidelines to manage the activities of people retained to advocate on the organization's behalf;

— avoid political contributions that amount to an attempt to control or could be perceived as exerting undue influence on politicians or policymakers in favour of specific causes; and

— prohibit activities that involve misinformation, misrepresentation, threat or compulsion.

6.6.5 Fair operating practices issue 3: Fair competition

6.6.5.1 Description of the issue

Fair and widespread competition stimulates innovation and efficiency, reduces the costs of products and services, ensures all organizations have equal opportunities, encourages the development of new or improved products or processes and, in the long run, enhances economic growth and living standards. Anti-competitive behaviour risks harming the reputation of an organization with its stakeholders and may create legal problems. When organizations refuse to engage in anti-competitive behaviour they help to build a climate in which such behaviour is not tolerated, and this benefits everyone.

There are many forms of anti-competitive behaviour. Some examples are: price fixing, where parties collude to sell the same product or service at the same price; bid rigging, where parties collude to manipulate a competitive bid; and predatory pricing, which is selling a product or service at a very low price with the intent of driving competitors out of the market and imposing unfair sanctions on competitors.

6.6.5.2 Related actions and expectations

To promote fair competition, an organization should:

— conduct its activities in a manner consistent with competition laws and regulations, and co-operate with the appropriate authorities;

— establish procedures and other safeguards to prevent engaging in or being complicit in anti-competitive behaviour;

— promote employee awareness of the importance of compliance with competition legislation and fair competition;

— support anti-trust and anti-dumping practices, as well as public policies that encourage competition; and

— be mindful of the social context in which it operates and not take advantage of social conditions, such as poverty, to achieve unfair competitive advantage.

6.6.6 Fair operating practices issue 4: Promoting social responsibility in the value chain

6.6.6.1 Description of the issue

An organization can influence other organizations through its procurement and purchasing decisions. Through leadership and mentorship along the value chain, it can promote adoption and support of the principles and practices of social responsibility.

An organization should consider the potential impacts or unintended consequences of its procurement and purchasing decisions on other organizations, and take due care to avoid or minimize any negative impacts. It can also stimulate demand for socially responsible products and services. These actions should not be viewed as replacing the role of authorities to implement and enforce laws and regulations.

Every organization in the value chain is responsible for complying with applicable laws and regulations and for its own impacts on society and the environment.

6.6.6.2 Related actions and expectations

To promote social responsibility in its value chain, an organization should:

— integrate ethical, social, environmental and gender equality criteria, and health and safety, in its purchasing, distribution and contracting policies and practices to improve consistency with social responsibility objectives;

— encourage other organizations to adopt similar policies, without indulging in anti-competitive behaviour in so doing;

— carry out appropriate due diligence and monitoring of the organizations with which it has relationships, with a view to preventing compromise of the organization's commitments to social responsibility;

— consider providing support to SMOs, including awareness raising on issues of social responsibility and best practice and additional assistance (for example, technical, capacity building or other resources) to meet socially responsible objectives;

— actively participate in raising the awareness of organizations with which it has relationships about principles and issues of social responsibility; and

— promote fair and practical treatment of the costs and benefits of implementing socially responsible practices throughout the value chain, including, where possible, enhancing the capacity of organizations in the value chain to meet socially responsible objectives. This includes adequate purchasing practices, such as ensuring that fair prices are paid and that there are adequate delivery times and stable contracts.

6.6.7 Fair operating practices issue 5: Respect for property rights

6.6.7.1 Description of the issue

The right to own property is a human right recognized in the Universal Declaration of Human Rights. Property rights cover both physical property and intellectual property and include interest in land and other physical assets, copyrights, patents, geographical indicator rights, funds, moral rights and other rights. They may also encompass a consideration of broader property claims, such as traditional knowledge of specific groups, such as indigenous peoples, or the intellectual property of employees or others.

Recognition of property rights promotes investment and economic and physical security, as well as encouraging creativity and innovation.

6.6.7.2 Related actions and expectations

An organization should:

— implement policies and practices that promote respect for property rights and traditional knowledge;

— conduct proper investigations to be confident it has lawful title permitting use or disposal of property;

— not engage in activities that violate property rights, including misuse of a dominant position, counterfeiting and piracy;

— pay fair compensation for property that it acquires or uses; and

— consider the expectations of society, human rights and basic needs of the individual when exercising and protecting its intellectual and physical property rights.

6.7 Consumer issues

6.7.1 Overview of consumer issues

6.7.1.1 Organizations and consumer issues

Organizations that provide products and services to consumers, as well as other customers, have responsibilities to those consumers and customers. The issues that are mainly applicable for customers purchasing for commercial purposes are dealt with in 6.6. Issues that are mainly appropriate for people who purchase for private purposes (consumers) are dealt with in the present clause. Particular parts of both 6.6 and the present clause could, however, be applicable to either customers or consumers.

Responsibilities include providing education and accurate information, using fair, transparent and helpful marketing information and contractual processes, promoting sustainable consumption and designing products and services that provide access to all and cater, where appropriate, for the vulnerable and disadvantaged. The term consumer refers to those individuals or groups that make use of the output of the organizations' decisions and activities and does not necessarily mean that consumers pay money for products and services. Responsibilities also involve minimizing risks from the use of products and services, through design, manufacture, distribution, information provision, support services and withdrawal and recall procedures. Many organizations collect or handle personal information and have a responsibility to protect the security of such information and the privacy of consumers.

The principles of this clause apply to all organizations in their role of serving consumers; however, the issues may have very different relevance, according to the kind of organization (such as private organizations, public service, local welfare organizations or other types) and the circumstances. Organizations have significant opportunities to contribute to sustainable consumption and sustainable development through the products and services they offer and the information they provide, including information on use, repair and disposal.

6.7.1.2 Consumer issues and social responsibility

Consumer issues regarding social responsibility are related to, among other matters, fair marketing practices, protection of health and safety, sustainable consumption, dispute resolution and redress, data and privacy protection, access to essential products and services, addressing the needs of vulnerable and disadvantaged consumers, and education. The UN Guidelines for Consumer Protection [155] provide fundamental information on consumer issues and sustainable consumption (see Box 11).

> **Box 11 — UN Guidelines for Consumer Protection**
>
> The **UN Guidelines for Consumer Protection** is the most important international document in the realm of consumer protection. The UN General Assembly adopted these Guidelines in 1985 by consensus. In 1999 they were expanded to include provisions on sustainable consumption. They call upon states to protect consumers from hazards to their health and safety, promote and protect the economic interests of consumers, enable consumers to make informed choices, provide consumer education, make available effective consumer redress, promote sustainable consumption patterns and guarantee freedom to form consumer groups [155].
>
> These principles of consumer protection are elaborated and detailed throughout the text of the UN Guidelines, and are commonly referred to as the "consumer rights" [144].

6.7.2 Principles and considerations

6.7.2.1 Principles

The UN Guidelines for Consumer Protection [155] and the International Covenant on Economic, Social and Cultural Rights [144] express principles that should guide socially responsible practices regarding the legitimate needs of consumers, including satisfaction of basic needs and the right of everyone to an adequate standard of living, including adequate food, clothing and housing, and to the continuous improvement of living conditions and availability of essential products and services, including financial. They also include the right to promote just, equitable and sustainable economic and social development and environmental protection. These legitimate needs include:

— **safety** The right of access to non-hazardous products and protection of consumers from hazards to their health and safety stemming from production processes, products and services;

— **being informed** Access of consumers to adequate information to enable them to make informed choices according to individual wishes and needs and to be protected against dishonest or misleading advertising or labelling;

— **making choices** The promotion and protection of the economic interests of consumers, including the ability to select from a range of products and services, offered at competitive prices with an assurance of satisfactory quality;

— **being heard** Freedom to form consumer and other relevant groups or organizations and the opportunity of such organizations to present their views in decision-making processes affecting them, especially in the making and execution of government policy, and in the development of products and services;

— **redress** Availability of effective consumer redress, in particular in the form of fair settlement of just claims, including compensation for misrepresentation, badly made products or unsatisfactory services;

— **education** Consumer education, including education on the environmental, social and economic impacts of consumer choice, enables consumers to make informed, independent choices about products and services while being aware of their rights and responsibilities and how to act on them; and

— **healthy environment** This is an environment that is not threatening to the well-being of present and future generations [160]. Sustainable consumption includes meeting the needs of present and future generations for products and services in ways that are economically, socially and environmentally sustainable.

Additional principles include:

— **respect for the right to privacy** This is drawn from the Universal Declaration of Human Rights, Article 12 [156], which provides that no one be subjected to arbitrary interference with their privacy, family, home or correspondence, or to attacks upon their honour and reputation, and that everyone has the right to the protection of the law against such interference or attacks;

— **the precautionary approach** This is drawn from the Rio Declaration on Environment and Development [158] and subsequent declarations and agreements [130][145][172], which advance the concept that where there are threats of serious or irreversible damage to the environment or human health, lack of full scientific certainty should not be used as a reason for postponing cost-effective measures to prevent environmental degradation or damage to human health. When considering cost-effectiveness of a measure, an organization should consider the long-term costs and benefits of that measure, not only the short-term economic costs to the organization;

— **promotion of gender equality and empowerment of women** This is drawn from the Universal Declaration of Human Rights and the Millennium Development Goals (see Boxes 2, 6 and 13). It provides an additional basis on which to analyse consumer issues and prevent perpetuation of gender stereotypes (see also Box 12); and

— **promotion of universal design** This is the design of products and environments to be usable by all people, to the greatest extent possible, without the need for adaptation or specialized design. There are seven principles to universal design: equitable use, flexibility in use, simple and intuitive use, perceptible information, tolerance for error, low physical effort and size and space for approach and use [40][134].

6.7.2.2 Considerations

Although the state has the primary responsibility for ensuring that the right to satisfaction of basic needs is respected, an organization can contribute to the fulfilment of this right. Particularly in areas where the state does not adequately satisfy people's basic needs, an organization should be sensitive to the impact of its activities on people's ability to satisfy those needs. It should also avoid actions that would jeopardize this ability.

Vulnerable groups have different abilities and, in their role as consumers, vulnerable groups (see 6.3.7.2) have particular needs to be addressed and can, in some cases, require specially tailored products and services. They have special needs because they may not know their rights and responsibilities or may be unable to act on their knowledge. They may also be unaware of or unable to assess potential risks associated with products or services and thus to make balanced judgements.

6.7.3 Consumer issue 1: Fair marketing, factual and unbiased information and fair contractual practices

6.7.3.1 Description of the issue

Fair marketing, factual and unbiased information and fair contractual practices provide information about products and services in a manner that can be understood by consumers. This allows consumers to make informed decisions about consumption and purchases and to compare the characteristics of different products and services. Fair contractual processes aim to protect the legitimate interests of both suppliers and consumers by mitigating imbalances in negotiating power between the parties. Responsible marketing may involve provision of information on the social, economic and environmental impacts across the whole life cycle and value chain. Details of products and services provided by suppliers play an important role in purchasing decisions because this information may provide the only data readily available to consumers. Unfair, incomplete, misleading or deceptive marketing and information can result in purchase of products and services that do not meet consumer needs, and result in a waste of money, resources and time [122][124], and may even be hazardous to the consumer or the environment. It can also lead to a decline in consumer confidence, with consumers not knowing whom or what to believe. This can adversely affect the growth of markets for more sustainable products and services.

6.7.3.2 Related actions and expectations

When communicating with consumers, an organization should:

— not engage in any practice that is deceptive, misleading, fraudulent or unfair, unclear or ambiguous, including omission of critical information;

— consent to sharing relevant information in a transparent manner which allows for easy access and comparisons as the basis for an informed choice by the consumer;

— clearly identify advertising and marketing;

— openly disclose total prices and taxes, terms and conditions of the products and services (as well as any accessory required for use) and delivery costs. When offering consumer credit, provide details of the actual annual interest rate as well as the annual percentage rate (APR) charged, which includes all the costs involved, amount to be paid, number of payments and the due dates of instalment payments;

— substantiate claims or assertions by providing underlying facts and information upon request;

— not use text, audio or images that perpetuate stereotyping in regard to, for example, gender, religion, race, disability or personal relationships;

— give primary consideration in advertising and marketing to the best interests of vulnerable groups, including children, and not engage in activities that are detrimental to their interests;

— provide complete, accurate, and understandable information that can be compared in official or commonly used languages at the point of sale and according to applicable regulations on:

  — all important aspects of products and services, including financial and investment products, ideally taking into account the full life cycle;

  — the key quality aspects of products and services as determined using standardized test procedures, and compared, when possible, to average performance or best practice. Provision of such information should be limited to circumstances where it is appropriate and practical and would assist consumers;

  — health and safety aspects of products and services, such as potentially hazardous use, hazardous materials and hazardous chemicals contained in or released by products during their life cycle;

  — information regarding accessibility of products and services; and

  — the organization's location, postal address, telephone number and e-mail address, when using domestic or cross-border distance selling, including by means of the Internet, e-commerce, or mail order;

— use contracts that:

  — are written in clear, legible and understandable language;

— do not include unfair contract terms, such as the unfair exclusion of liability, the right to unilaterally change prices and conditions, the transfer of risk of insolvency to consumers or unduly long contract periods, and avoid predatory lending practices including unreasonable credit rates; and

— provide clear and sufficient information about prices, features, terms, conditions, costs, the duration of the contract and cancellation periods.

6.7.4 Consumer issue 2: Protecting consumers' health and safety

6.7.4.1 Description of the issue

Protection of consumers' health and safety involves the provision of products and services that are safe and that do not carry unacceptable risk of harm when used or consumed. The protection should cover both the intended use and foreseeable misuse [124][155]. Clear instructions for safe use, including assembly and maintenance, are also an important part of the protection of health and safety.

An organization's reputation may be directly affected by the impact on consumers' health and safety of its products and services.

Products and services should be safe, regardless of whether or not legal safety requirements are in place. Safety includes anticipation of potential risks to avoid harm or danger. As all risks cannot be foreseen or eliminated, measures to protect safety should include mechanisms for product withdrawal and recall.

6.7.4.2 Related actions and expectations

In protecting the health and safety of consumers, an organization should take the following actions and pay special attention to vulnerable groups (with special attention to children) that might not have the capacity to recognize or assess potential dangers. It should:

— provide products and services that, under normal and reasonably foreseeable conditions of use, are safe for users and other persons, their property, and the environment;

— assess the adequacy of health and safety laws, regulations, standards and other specifications to address all health and safety aspects [1][2][3][34][35]. An organization should go beyond minimum safety requirements where there is evidence that higher requirements would achieve significantly better protection, as indicated by the occurrence of accidents involving products or services that conform to the minimum requirements, or the availability of products or product designs that can reduce the number or severity of accidents;

— when a product, after having been placed on the market, presents an unforeseen hazard, has a serious defect or contains misleading or false information, stop the services or withdraw all products that are still in the distribution chain. An organization should recall products using appropriate measures and media to reach people who purchased the product or made use of the services and compensate consumers for losses suffered. Measures for traceability in its value chain may be pertinent and useful;

— minimize risks in the design of products by:

  — identifying the likely user group(s), the intended use and the reasonably foreseeable misuse of the process, product or service, as well as hazards arising in all the stages and conditions of use of the product or service and, in some cases, provide specially tailored products and services for vulnerable groups;

  — estimating and evaluating the risk to each identified user or contact group, including pregnant women, arising from the hazards identified; and

  — reducing the risk by using the following order of priority: inherently safe design, protective devices and information for users;

— assure the appropriate design of information on products and services by taking into account different consumer needs and respecting differing or limited capacities of consumers, especially in terms of time allocated to the information process;

— in product development, avoid the use of harmful chemicals, including but not limited to those that are carcinogenic, mutagenic, toxic for reproduction, or persistent and bio-accumulative. If products containing such chemicals are offered for sale, they should be clearly labelled;

— as appropriate, perform a human health risk assessment of products and services before the introduction of new materials, technologies or production methods, and, when appropriate, make documentation available to consumers;

— convey vital safety information to consumers using symbols wherever possible, preferably those that have been internationally agreed, in addition to the textual information;

— instruct consumers in the proper use of products and warn them of the risks involved in intended or normally foreseeable use; and

— adopt measures that prevent products from becoming unsafe through improper handling or storage while in the care of consumers.

6.7.5 Consumer issue 3: Sustainable consumption

6.7.5.1 Description of the issue

Sustainable consumption is consumption of products and resources at rates consistent with sustainable development. The concept was promoted by Principle 8 of the Rio Declaration on Environment and Development [158], which states that to achieve sustainable development and a higher quality of life for all people, states should reduce and eliminate unsustainable patterns of production and consumption. The concept of sustainable consumption also encompasses a concern for animal welfare, respecting the physical integrity of animals and avoiding cruelty [175].

An organization's role in sustainable consumption arises from the products and services it offers, their life cycles and value chains, and the nature of the information it provides to consumers.

Current rates of consumption are clearly unsustainable, contributing to environmental damage and resource depletion. Consumers play an important role in sustainable development by taking ethical, social, economic and environmental factors into account based on accurate information in making their choices and purchasing decisions.

6.7.5.2 Related actions and expectations

To contribute to sustainable consumption, an organization, where appropriate, should:

— promote effective education empowering consumers to understand the impacts of their choices of products and services on their well being and on the environment. Practical advice can be provided on how to modify consumption patterns and to make necessary changes;

— offer consumers socially and environmentally beneficial products and services considering the full life cycle, and reduce adverse impacts on society and the environment by:

  — eliminating, where possible, or minimizing any negative health and environmental impact of products and services, and where less harmful and more efficient alternatives exist, providing the choice of products or services that have less adverse effects on the society and the environment;

  — designing products and packaging so that they can be easily used, reused, repaired or recycled and, if possible, offering or suggesting recycling and disposal services;

— preferring supplies that can contribute to sustainable development;

— offering high quality products with longer product life, at affordable prices;

— providing consumers with scientifically reliable, consistent, truthful, accurate, comparable and verifiable information about the environmental and social factors related to production and delivery of its products or services, including, where appropriate, information on resource efficiency, taking the value chain into account [12][13][14][15];

— providing consumers with information about products and services, including on: performance, impacts on health, country of origin, energy efficiency (where applicable), contents or ingredients (including, where appropriate, use of genetically modified organisms and nanoparticles), aspects related to animal welfare (including, where appropriate, use of animal testing) and safe use, maintenance, storage and disposal of the products and their packaging; and

— making use of reliable and effective, independently verified labelling schemes or other verification schemes, such as eco-labelling or auditing activities, to communicate positive environmental aspects, energy efficiencies, and other socially and environmentally beneficial characteristics of products and services [13][14][15].

6.7.6 Consumer issue 4: Consumer service, support, and complaint and dispute resolution

6.7.6.1 Description of the issue

Consumer service, support, and complaint and dispute resolution are the mechanisms an organization uses to address the needs of consumers after products and services are bought or provided. Such mechanisms include proper installation, warranties and guarantees, technical support regarding use, as well as provisions for return, repair and maintenance.

Products and services that do not provide satisfactory performance, either because of flaws or breakdowns or as a result of misuse, may result in a violation of consumer rights as well as a waste of money, resources and time.

Providers of products and services can increase consumer satisfaction and reduce levels of complaints by offering high quality products and services. They should provide clear advice to consumers on appropriate use and on recourse or remedies for faulty performance. They can also monitor the effectiveness of their after-sales service, support and dispute resolution procedures by surveys of their users [124][127].

6.7.6.2 Related actions and expectations

An organization should:

— take measures to prevent complaints [4] by offering consumers, including those who obtain products through distance selling, the option to return products within a specified period or obtain other appropriate remedies;

— review complaints and improve practices in response to complaints;

— if appropriate, offer warranties that exceed periods guaranteed by law and are suitable for the expected length of product life;

— clearly inform consumers how they can access after-supply services and support as well as dispute resolution and redress mechanisms [5][6];

— offer adequate and efficient support and advice systems;

— offer maintenance and repair at a reasonable price and at accessible locations and make information readily accessible on the expected availability of spare parts for products; and

— make use of alternative dispute resolution, conflict resolution and redress procedures that are based on national or international standards, are free of charge or are at minimal cost to consumers [5][6], and that do not require consumers to waive their rights to seek legal recourse.

Box 12 — Consumer dispute resolution

The ISO family of quality management standards contains a set of three guidance standards pertaining to: customer satisfaction codes (designed to decrease the likelihood of complaints arising); complaints handling; and external dispute resolution (in those situations where the complaints cannot be resolved within the organization). Taken together, the three standards provide a systematic approach to customer complaints prevention and handling and dispute resolution. Organizations can also use one or more of these standards, depending on their needs and circumstances. The guidance in these standards assists organizations in meeting their obligations to provide consumers with redress and to give them an opportunity to be heard. The standards are:

— ISO 10001, *Quality management — Customer satisfaction — Guidelines for codes of conduct for organizations* [4]. This International Standard assists organizations in developing and implementing effective, fair and accurate codes of conduct.

— ISO 10002, *Quality management — Customer satisfaction — Guidelines for complaints handling in organizations* [5]. This International Standard provides guidance on how organizations can fairly and effectively address complaints about their products and services.

— ISO 10003, *Quality management — Customer satisfaction — Guidelines for dispute resolution external to organizations* [6]. This International Standard addresses situations where organizations have been unable to resolve complaints through their internal complaints handling mechanisms.

6.7.7 Consumer issue 5: Consumer data protection and privacy

6.7.7.1 Description of the issue

Consumer data protection and privacy are intended to safeguard consumers' rights of privacy by limiting the types of information gathered and the ways in which such information is obtained, used and secured. Increasing use of electronic communication (including for financial transactions) and genetic testing, as well as growth in large-scale databases, raise concerns about how consumer privacy can be protected, particularly with regard to personally identifiable information [36][123][124][125].

Organizations can help to maintain their credibility and the confidence of consumers through the use of rigorous systems for obtaining, using and protecting consumer data.

6.7.7.2 Related actions and expectations

To prevent personal data collection and processing from infringing privacy, an organization should:

— limit the collection of personal data to information that is either essential for the provision of products and services or provided with the informed and voluntary consent of the consumer;

— refrain from making the use of services or the claim to special offers contingent on agreement by the consumer to the unwanted use of data for marketing purposes;

— only obtain data by lawful and fair means;

— specify the purpose for which personal data are collected, either before or at the time of data collection;

— not disclose, make available or otherwise use personal data for purposes other than those specified, including marketing, except with the informed and voluntary consent of the consumer or when required by the law;

— provide consumers with the right to verify whether the organization has data relating to them and to challenge these data, as defined by law. If the challenge is successful, the data should be erased, rectified, completed or amended, as appropriate;

— protect personal data by adequate security safeguards;

— be open about developments, practices and policies regarding personal data, and provide readily available ways of establishing the existence, nature and main uses of personal data; and

— disclose the identity and usual location of the person accountable for data protection in the organization (sometimes called the data controller), and hold this person accountable for complying with the above measures and applicable law.

6.7.8 Consumer issue 6: Access to essential services

6.7.8.1 Description of the issue

Although the state is responsible for ensuring that the right to satisfaction of basic needs is respected, there are many locations or conditions in which the state does not ensure that this right is protected. Even where satisfaction of some basic needs, such as health care, is protected, the right to essential utility services, such as electricity, gas, water, wastewater services, drainage, sewage and communication may not be fully achieved. An organization can contribute to the fulfilment of this right [155].

6.7.8.2 Related actions and expectations

An organization that supplies essential services should:

— not disconnect essential services for non-payment without providing the consumer or group of consumers with the opportunity to seek reasonable time to make the payment. It should not resort to collective disconnection of services that penalize all consumers regardless of payment;

— in setting prices and charges, offer, wherever permitted, a tariff that will provide a subsidy to those who are in need;

— operate in a transparent manner, providing information related to the setting of prices and charges;

— expand their coverage and provide the same quality and level of service without discrimination to all groups of consumers;

— manage any curtailment or interruption of supply in an equitable manner, avoiding discrimination against any group of consumers; and

— maintain and upgrade its systems to help prevent disruption of service.

6.7.9 Consumer issue 7: Education and awareness

6.7.9.1 Description of the issue

Education and awareness initiatives enable consumers to be well informed, conscious of their rights and responsibilities, more likely to assume an active role and to be able to make knowledgeable purchasing decisions and consume responsibly. Disadvantaged consumers in both rural and urban areas, including low-income consumers and those with low literacy levels, have special needs for education and increased awareness. Whenever there is a formal contract between an organization and a consumer, the organization should verify that the consumer is properly informed of all applicable rights and obligations.

The aim of consumer education is not only to transfer knowledge, but also to empower consumers to act on this knowledge. This includes developing skills for assessing products and services and for making comparisons. It is also intended to raise awareness about the impact of consumption choices on others and on sustainable development [154]. Education does not exempt an organization from being responsible if a consumer is harmed when using products and services.

6.7.9.2 Related actions and expectations

In educating consumers, an organization, when appropriate, should address:

— health and safety, including product hazards;

— information on appropriate laws and regulations, ways of obtaining redress and agencies and organizations for consumer protection;

— product and service labelling and information provided in manuals and instructions;

— information on weights and measures, prices, quality, credit conditions and availability of essential services;

— information about risks related to use and any necessary precautions;

— financial and investment products and services;

— environmental protection;

— efficient use of materials, energy and water;

— sustainable consumption; and

— proper disposal of wrapping, waste, and products.

6.8 Community involvement and development

6.8.1 Overview of community involvement and development

It is widely accepted today that organizations have a relationship with the communities in which they operate. This relationship should be based on community involvement so as to contribute to community development. Community involvement – either individually or through associations seeking to enhance the public good – helps to strengthen civil society. Organizations that engage in a respectful manner with the community and its institutions reflect and reinforce democratic and civic values.

Community in this clause refers to residential or other social settlements located in a geographic area that is in physical proximity to an organization's sites or within an organization's areas of impact. The area and the community members affected by an organization's impacts will depend upon the context and especially upon the size and nature of those impacts. In general, however, the term community can also be understood to mean a group of people having particular characteristics in common, for instance a “virtual” community concerned with a particular issue.

Community involvement and community development are both integral parts of sustainable development.

Community involvement goes beyond identifying and engaging stakeholders in regard to the impacts of an organization's activities; it also encompasses support for and building a relationship with the community. Above all, it entails acknowledging the value of the community. An organization's community involvement should arise out of recognition that the organization is a stakeholder in the community, sharing common interests with the community.

An organization's contribution to community development can help to promote higher levels of well being in the community. Such development, generally understood, is the improvement in the quality of life of a population. Community development is not a linear process; moreover, it is a long-term process in which different and conflicting interests will be present. Historical and cultural characteristics make each community unique and influence the possibilities of its future. Community development is therefore the result of social, political, economic and cultural features and depends on the characteristics of the social forces involved. Stakeholders in the community may have different – even conflicting – interests. Shared responsibility is needed to promote well being of the community as a common objective.

Issues of community development to which an organization can contribute include creating employment through expanding and diversifying economic activities and technological development. It can also contribute through social investments in wealth and income creation through local economic development initiatives; expanding education and skills development programmes; promoting and preserving culture and arts; and providing and/or promoting community health services. Community development may include institutional strengthening of the community, its groups and collective forums, cultural, social and environmental programmes and local networks involving multiple institutions.

Community development is usually advanced when the social forces in a community strive to promote public participation and pursue equal rights and dignified standards of living for all citizens, without discrimination. It is a process internal to the community that takes account of existing relations and overcomes barriers to the enjoyment of rights. Community development is enhanced by socially responsible behaviour.

Social investments that contribute to community development can sustain and enhance an organization's relationships with its communities, and may or may not be associated with an organization's core operational activities (see 6.8.9).

While some aspects of the actions discussed in this section can be understood as philanthropy, philanthropic activities alone do not achieve the objective of integrating social responsibility into the organization (as discussed in 3.3.4).

6.8.2 Principles and considerations

6.8.2.1 Principles

In addition to the principles of social responsibility outlined in Clause 4, the following specific principles are applicable to community involvement and development. An organization should:

— consider itself as part of, and not separate from, the community in approaching community involvement and development;

— recognize and have due regard for the rights of community members to make decisions in relation to their community and thereby pursue, in the manner they choose, ways of maximizing their resources and opportunities;

— recognize and have due regard for the characteristics, for example, cultures, religions, traditions and history, of the community while interacting with it; and

— recognize the value of working in partnership, supporting the exchange of experiences, resources and efforts.

6.8.2.2 Considerations

The Copenhagen Declaration [157] recognizes the "urgent need to address profound social challenges, especially poverty, unemployment and social exclusion". The Copenhagen Declaration and Programme of Action pledged the international community to make the conquest of poverty, the goal of full productive, appropriately remunerated and freely chosen employment, and the fostering of social integration overriding objectives of development.

The UN Millennium Declaration sets out goals that, if met, would help solve the world's main development challenges (see Box 13). The UN Millennium Declaration [153] emphasizes that although development should be guided and driven primarily by public policies, the development process depends on the contributions of all organizations. Community involvement helps to contribute, at a local level, to the achievement of these goals.

The Rio Declaration on Environment and Development [158] introduced Agenda 21, which is a process to develop a comprehensive action plan that can be implemented locally by organizations in every area in which human activities impact on society and the environment.

Box 13 — Millennium Development Goals

The Millennium Development Goals (MDGs) [153] are eight goals to be achieved by the year 2015 that respond to the world's main development challenges. The MDGs are drawn from the actions and targets contained in the Millennium Declaration.

The eight MDGs are:

1. Eradicate extreme poverty and hunger
2. Achieve universal primary education
3. Promote gender equality and empower women
4. Reduce child mortality
5. Improve maternal health
6. Combat HIV/AIDS, malaria and other diseases
7. Ensure environmental sustainability
8. Develop a global partnership for development

The MDGs break down into 18 quantifiable targets that are measured by 48 indicators.

An organization should consider supporting related public policies when engaging with the community. This may present opportunities to maximize desired outcomes that promote sustainable development through a shared vision and common understanding of development priorities and partnerships.

Organizations often join partnerships and associate with others to defend and advance their own interests. However, these associations should represent their members' interests on the basis of respecting the rights of other groups and individuals to do the same, and they should always operate in a way that increases respect for the rule of law and democratic processes.

Before deciding upon an approach to community involvement and development, an organization should research its potential impacts on the community and plan ways of mitigating negative impacts and optimizing positive impacts.

When developing plans for community involvement and development, an organization should seek opportunities to engage with a broad range of stakeholders (see 4.5, 5.3 and Clause 7). In addition, it is important to identify and consult with and, where possible, support vulnerable, marginalized, discriminated or under-represented groups.

The most important areas for community involvement and development will depend on the particular community and the unique knowledge, resources and capacity each organization brings to the community.

Some activities of an organization may be explicitly intended to contribute to community development; others may aim at private purposes but indirectly promote general development.

By integrating the concept of community involvement into the organization's decisions and activities, an organization can minimize or avoid negative impacts and maximize the benefits of those activities and sustainable development within the community. An organization can use its inherent skills base for community involvement (see Box 14).

Box 14 — Contributing to community development through an organization's core activities

Some examples of ways in which an organization's core activities can contribute to community development include:

— an enterprise selling farm equipment could provide training in farming techniques;

— a company planning to build an access road could engage the community at the planning stage to identify how the road could be built to also meet the needs of the community (for example, by providing access for local farmers);

— trade unions could use their membership networks to disseminate information about good health practices to the community;

— a water-intensive industry building a water purification plant for its own needs could also provide clean water to the community;

— an environmental protection association operating in a remote area could buy the supplies needed for its activities from local commerce and producers; and

— a recreational club could allow use of its facilities for educational activities for illiterate adults in the community.

An organization might be confronted with humanitarian crises or other circumstances that threaten to disrupt community life, aggravate social and economic community problems and may also increase risks of human rights abuse (see 6.3.4). Examples of such situations include food security emergencies, natural disasters such as flooding, droughts, tsunamis and earthquakes, displacement of populations and armed conflicts.

Organizations with activities, partners or other stakeholders in an affected area should consider contributing to the alleviation of these situations, or might wish to do so out of simple humanity. Organizations can contribute in many ways, from disaster relief to re-building efforts. In every case, human suffering should be addressed, paying particular attention to the most vulnerable in a given situation and in the population at large, such as women and children. The dignity and rights of all victims should be respected and supported.

In crisis situations it is important to have a co-ordinated response, therefore it is important to work with public authorities and, where applicable, international humanitarian organizations and other appropriate entities.

6.8.3 Community involvement and development issue 1: Community involvement

6.8.3.1 Description of the issue

Community involvement is an organization's proactive outreach to the community. It is aimed at preventing and solving problems, fostering partnerships with local organizations and stakeholders and aspiring to be a good organizational citizen of the community. It does not replace the need for taking responsibility for impacts on society and the environment. Organizations contribute to their communities through their participation in and support for civil institutions and through involvement in networks of groups and individuals that constitute civil society.

Community involvement also helps organizations to familiarize themselves with community needs and priorities, so that the organization's developmental and other efforts are compatible with those of the community and society. An organization might become involved through, for example, participation in forums established by local authorities and residents' associations or by creating such forums.

Some traditional or indigenous communities, neighbourhood associations or Internet networks express themselves without constituting a formal "organization". An organization should be aware that there are many types of groups, formal and informal, that can contribute to development. An organization should respect the cultural, social and political rights of such groups.

It is important that actions for community involvement uphold respect for the rule of law and for participatory processes that respect the rights and have due regard for the views of others to express and defend their own interests.

6.8.3.2 Related actions and expectations

An organization should:

- consult representative community groups in determining priorities for social investment and community development activities. Special attention should be given to vulnerable, discriminated, marginalized, unrepresented and under-represented groups, to involve them in a way that helps to expand their options and respect their rights;
- consult and accommodate communities, including indigenous people, on the terms and conditions of development that affect them. Consultation should occur prior to development and should be based on complete, accurate and accessible information [154];
- participate in local associations as possible and appropriate, with the objective of contributing to the public good and the development goals of communities;
- maintain transparent relationships with local government officials and political representatives, free from bribery or improper influence;
- encourage and support people to be volunteers for community service; and
- contribute to policy formulation and the establishment, implementation, monitoring and evaluation of development programmes. When doing so, an organization should respect the rights and have due regard for the views of others to express and defend their own interests.

6.8.4 Community involvement and development issue 2: Education and culture

6.8.4.1 Description of the issue

Education and culture are foundations for social and economic development and part of community identity. Preservation and promotion of culture and promotion of education compatible with respect for human rights have positive impacts on social cohesion and development [151].

6.8.4.2 Related actions and expectations

An organization should:

- promote and support education at all levels, and engage in actions to improve the quality of and access to education, promote local knowledge and help eradicate illiteracy;
- in particular, promote learning opportunities for vulnerable or discriminated groups;
- encourage the enrolment of children in formal education and contribute to the elimination of barriers to children obtaining an education (such as child labour) [135];
- promote cultural activities where appropriate, recognize and value the local cultures and cultural traditions, consistent with the principle of respect for human rights. Actions to support cultural activities that empower historically disadvantaged groups are especially important as a means of combating discrimination;
- consider facilitating human rights education and awareness raising;

— help conserve and protect cultural heritage, especially where the organization's activities have an impact on it [161][163][164]; and

— where appropriate, promote the use of traditional knowledge and technologies of indigenous communities [75].

6.8.5 Community involvement and development issue 3: Employment creation and skills development

6.8.5.1 Description of the issue

Employment is an internationally recognized objective related to economic and social development. By creating employment, all organizations, large and small, can make a contribution to reducing poverty and promoting economic and social development. In creating employment, employers should observe the relevant guidance offered in 6.3 and 6.4.

Skills development is an essential component of employment promotion and of assisting people to secure decent and productive jobs and is vital to economic and social development.

6.8.5.2 Related actions and expectations

An organization should:

— analyse the impact of its investment decisions on employment creation and, where economically viable, make direct investments that alleviate poverty through employment creation;

— consider the impact of technology choice on employment and, where economically viable in the longer term, select technologies that maximize employment opportunities;

— consider the impact of outsourcing decisions on employment creation, both within the organization making the decision and within external organizations affected by such decisions;

— consider the benefit of creating direct employment rather than using temporary work arrangements;

— consider participating in local and national skills development programmes, including apprenticeship programmes, programmes focused on particular disadvantaged groups, lifelong learning programmes and skills recognition and certification schemes;

— consider helping to develop or improve skills development programmes in the community where these are inadequate, possibly in partnership with others in the community;

— give special attention to vulnerable groups with regard to employment and capacity building; and

— consider helping to promote the framework conditions necessary to create employment.

6.8.6 Community involvement and development issue 4: Technology development and access

6.8.6.1 Description of the issue

To help advance economic and social development, communities and their members need, among other things, full and safe access to modern technology. Organizations can contribute to the development of the communities in which they operate by applying specialized knowledge, skills and technology in such a way as to promote human resource development and technology diffusion.

Information and communication technologies characterize much of contemporary life and are a valuable basis for many economic activities. Access to information is key to overcoming the disparities that exist between countries, regions, generations, genders, etc. An organization can contribute to improved access to these technologies through training, partnerships and other actions.

6.8.6.2 Related actions and expectations

An organization should:

— consider contributing to the development of innovative technologies that can help solve social and environmental issues in local communities;

— consider contributing to the development of low-cost technologies that are easily replicable and have a high positive impact on poverty and hunger eradication;

— consider, where economically feasible, developing potential local and traditional knowledge and technologies while protecting the community's right to that knowledge and technology;

— consider engaging in partnerships with organizations, such as universities or research laboratories, to enhance scientific and technological development with partners from the community, and employ local people in this work [124]; and

— adopt practices that allow technology transfer and diffusion, where economically feasible. Where applicable, an organization should set reasonable terms and conditions for licenses or technology transfer so as to contribute to local development. The capacity of the community to manage the technology should be considered and enhanced.

6.8.7 Community involvement and development issue 5: Wealth and income creation

6.8.7.1 Description of the issue

Competitive and diverse enterprises and co-operatives are crucial in creating wealth in any community. Organizations can help to create an environment in which entrepreneurship can thrive, bringing lasting benefits to communities. Organizations can contribute positively to wealth and income creation through entrepreneurship programmes, development of local suppliers, and employment of community members, as well as through wider efforts to strengthen economic resources and social relations that facilitate economic and social welfare or generate community benefits. Furthermore, by helping to create wealth and income at the local level and promoting a balanced distribution of the economic benefits among community members, organizations can play a significant role in reducing poverty. Entrepreneurship programmes and co-operatives targeting women are particularly important as it is widely recognized that the empowerment of women contributes greatly to the well being of society.

Wealth and income creation also depend on a fair distribution of the benefits of economic activity. Governments rely upon organizations meeting their tax obligations to obtain revenues for addressing critical development issues.

In many situations the physical, social and economic isolation of communities can be an obstacle to their development. Organizations can play a positive role in the development of communities by integrating the local people, groups and organizations in their activities or value chain. In this way, community development considerations can become an integral part of organizations' core activities.

An organization contributes to development through compliance with laws and regulations. In some circumstances community groups' failure to operate within the intended legal framework is a consequence of poverty or development conditions. In these circumstances, an organization that is involved with groups operating outside the legal framework should aim to alleviate poverty and promote development. An organization should also seek to create opportunities that will enable these groups to achieve greater, and ultimately full, compliance with the law, especially concerning economic relationships.

6.8.7.2 Related actions and expectations

An organization should:

— consider the economic and social impact of entering or leaving a community, including impacts on basic resources needed for the sustainable development of the community;

— consider supporting appropriate initiatives to stimulate diversification of existing economic activity in the community;

— consider giving preference to local suppliers of products and services and contributing to local supplier development where possible;

— consider undertaking initiatives to strengthen the ability of and opportunities for locally based suppliers to contribute to value chains, giving special attention to disadvantaged groups within the community;

— consider assisting organizations to operate within the appropriate legal framework;

— engage in economic activities with organizations that, owing to low levels of development, have difficulty meeting the legal requirements only where:

  — the purpose is to address poverty;

  — the activities of these organizations respect human rights, and there is a reasonable expectation that these organizations will consistently move towards conducting their activities within the appropriate legal framework;

— consider contributing to durable programmes and partnerships that assist community members, especially women and other socially disadvantaged and vulnerable groups to establish businesses and co-operatives, in improving productivity and promoting entrepreneurship. Such programmes could, for example, provide training in business planning, marketing, quality standards required to become suppliers, management and technical assistance, access to finance and facilitation of joint ventures;

— encourage the efficient use of available resources including the good care of domesticated animals;

— consider appropriate ways to make procurement opportunities more easily accessible to community organizations, including, for example, through capacity-building on meeting technical specifications, and making information about procurement opportunities available;

— consider supporting organizations and persons that bring needed products and services to the community, which can also generate local employment as well as linkages with local, regional and urban markets where this is beneficial for the welfare of the community;

— consider appropriate ways to help in the development of community-based associations of entrepreneurs;

— fulfil its tax responsibilities and provide authorities with the necessary information to correctly determine taxes due; and

— consider contributing to superannuation and pensions for employees.

6.8.8 Community involvement and development issue 6: Health

6.8.8.1 Description of the issue

Health is an essential element of life in society and is a recognized human right. Threats to public health can have severe impacts on communities and can hamper their development. Thus, all organizations, both large and small, should respect the right to health and should contribute, within their means and as appropriate, to the promotion of health, to the prevention of health threats and diseases and to the mitigation of any damage to the community (see also 6.4.6, 6.5 and 6.7.4). This may include participation in public health campaigns. They should also contribute where possible and appropriate to improving access to health services especially by reinforcing and supporting public services. Even in countries where it is a role of the state to provide a public health system, all organizations can consider contributing to health in communities. A healthy community reduces the burden on the public sector and contributes to a good economic and social environment for all organizations.

6.8.8.2 Related actions and expectations

An organization should:

— seek to eliminate negative health impacts of any production process, product or service provided by the organization;

— consider promoting good health by, for example, contributing to access to medicines and vaccination and encouraging healthy lifestyles, including exercise and good nutrition, early detection of diseases, raising awareness of contraceptive methods and discouraging the consumption of unhealthy products and substances. Special attention should be given to child nutrition;

— consider raising awareness about health threats and major diseases and their prevention, such as HIV/AIDS, cancer, heart disease, malaria, tuberculosis and obesity; and

— consider supporting long lasting and universal access to essential health care services and to clean water and appropriate sanitation as a means of preventing illness.

6.8.9 Community involvement and development issue 7: Social investment

6.8.9.1 Description of the issue

Social investment takes place when organizations invest their resources in initiatives and programmes aimed at improving social aspects of community life. Types of social investments may include projects related to education, training, culture, health care, income generation, infrastructure development, improving access to information or any other activity likely to promote economic or social development.

In identifying opportunities for social investment, an organization should align its contribution with the needs and priorities of the communities in which it operates, taking into account priorities set by local and national policymakers. Information sharing, consultation and negotiation are useful tools for a participative approach to identifying and implementing social investments.

Social investments do not exclude philanthropy (for example, grants, volunteering and donations).

Organizations should also encourage community involvement in the design and implementation of projects as this can help projects to survive and prosper when the organization is no longer involved. Social investments should prioritize projects that are viable in the long term and contribute to sustainable development.

6.8.9.2 Related actions and expectations

An organization should:

— take into account the promotion of community development in planning social investment projects. All actions should broaden opportunities for citizens, for example by increasing local procurement and any outsourcing so as to support local development;

— avoid actions that perpetuate a community's dependence on the organization's philanthropic activities, on-going presence or support;

— assess its own existing community-related initiatives and report to the community and to people within the organization and identify where improvements might be made;

— consider partnering with other organizations, including government, business or NGOs to maximise synergies and make use of complementary resources, knowledge and skills; and

— consider contributing to programmes that provide access to food and other essential products for vulnerable or discriminated groups and persons with low income, taking into account the importance of contributing to their increased capabilities, resources and opportunities.

7 Guidance on integrating social responsibility throughout an organization

7.1 General

Previous clauses of this International Standard have identified the principles, core subjects and issues of social responsibility. This clause provides guidance on putting social responsibility into practice in an organization. In most cases, organizations can build on existing systems, policies, structures and networks of the organization to put social responsibility into practice, although some activities are likely to be conducted in new ways, or with consideration for a broader range of factors.

Some organizations may already have established techniques for introducing new approaches into their decision making and activities, as well as effective systems for communication and internal review. Others may have less well-developed systems for organizational governance or other aspects of social responsibility. The following guidance is intended to help all organizations, whatever their starting point, integrate social responsibility into the way they operate (see Figure 4).

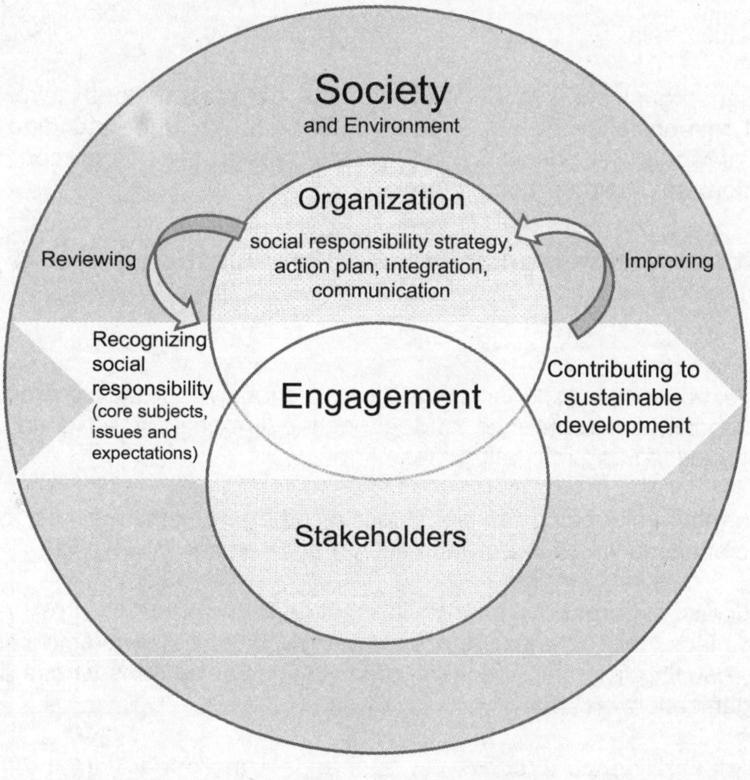

Figure 4 — Integrating social responsibility throughout the organization

7.2 The relationship of an organization's characteristics to social responsibility

To provide an informed basis for integrating social responsibility throughout the organization, it is useful for the organization to determine how its key characteristics relate to social responsibility (see Clause 5). This review will also help in determining the relevant issues of social responsibility within each core subject and in identifying the organization's stakeholders. The review should include, where appropriate, factors such as:

— the organization's type, purpose, nature of operations and size;

— locations in which the organization operates, including:

  — whether there is a strong legal framework that regulates many of the decisions and activities related to social responsibilities; and

  — social, environmental and economic characteristics of the areas of operation;

— any information about the historical performance of the organization on social responsibility;

— characteristics of the organization's workforce or employees, including contracted labour;

— sector organizations in which the organization participates, including:

  — the activities related to social responsibility undertaken by these organizations; and

  — the codes or other requirements related to social responsibility promoted by these organizations;

— the organization's own mission, vision, values, principles, and code of conduct;

— concerns of internal and external stakeholders relevant to social responsibility;

— structures for and the nature of decision making in the organization; and

— the organization's value chain.

It is also important for an organization to be aware of the current attitudes, level of commitment to and understanding of social responsibility by its leadership. A thorough understanding of the principles, core subjects and benefits of social responsibility will greatly assist the integration of social responsibility throughout the organization and its sphere of influence.

7.3 Understanding the social responsibility of an organization

7.3.1 Due diligence

Due diligence in the context of social responsibility is a comprehensive, proactive process to identify the actual and potential negative social, environmental and economic impacts of an organization's decisions and activities, with the aim of avoiding and mitigating those impacts.

Due diligence may also entail influencing the behaviour of others, where they are found to be the cause of human rights or other violations in which the organization may be implicated.

In any due diligence process, an organization should consider the country context in which it operates or in which its activities take place; the potential and actual impacts of its own activities; and the potential for negative consequences resulting from the actions of other entities or persons whose activities are significantly linked to those of the organization.

It should include in a due diligence process, in a manner appropriate to the organization's size and circumstances, the following components:

— organizational policies related to the relevant core subject that give meaningful guidance to those within the organization and those closely linked to the organization;

— means of assessing how existing and proposed activities may affect those policy goals;

— means of integrating social responsibility core subjects throughout the organization;

— means of tracking performance over time, to be able to make necessary adjustments in priorities and approach; and

— appropriate actions to address the negative impacts of its decisions and activities.

In identifying potential areas for action, an organization should strive to better understand challenges and dilemmas from the perspective of the individuals and groups potentially harmed.

In addition to this self-evaluation, an organization may find that in some cases it is both possible and appropriate to seek to influence the behaviour of other entities towards enhancing their performance on social responsibility, particularly those with which it has close ties or where the organization considers the issues to be particularly compelling or relevant to its situation. As an organization gains experience in the area of enhancing performance on social responsibility, it may grow in its capacity and willingness to intervene with other entities to advocate this objective.

7.3.2 Determining relevance and significance of core subjects and issues to an organization

7.3.2.1 Determining relevance

All the core subjects, but not all issues, have relevance for every organization. An organization should review all core subjects to identify which issues are relevant.

To start the identification process, an organization should, where appropriate:

— list the full range of its activities;

— identify stakeholders (see 5.3);

— identify the activities of the organization itself and of the organizations within its sphere of influence. The decisions and activities of suppliers and contractors can have an impact on the social responsibility of the organization;

— determine which core subjects and issues might arise when the organization and others within the sphere of influence and/or the value chain carry out these activities, taking into account all applicable legislation;

— examine the range of ways in which the organization's decisions and activities can cause impacts on stakeholders and on sustainable development;

— examine the ways in which stakeholders and social responsibility issues can impact the decisions, activities and plans of the organization; and

— identify all issues of social responsibility that relate to day-to-day activities as well as those that arise only occasionally under very specific circumstances.

Although an organization itself may believe it understands its social responsibility (see 5.2.3), it should nevertheless consider involving stakeholders in the identification process to broaden the perspective on the core subjects and issues. It is important to recognize, though, that issues may be relevant even if stakeholders fail to identify them.

In some instances an organization might assume that because it operates in an area with laws that address core subjects of social responsibility, then compliance with the law will be sufficient to ensure that all the relevant issues of such core subjects are addressed. A careful review of the core subjects and issues in Clause 6 may reveal, however, that some relevant issues are not regulated or are covered by regulations that are not adequately enforced or are not explicit or sufficiently detailed.

Even for core subjects or issues covered by the law, responding to the spirit of the law may in some cases involve action beyond simple compliance. As an example, although some environmental laws and regulations limit emissions of air or water pollutants to specific amounts or levels, an organization should use best practice to further reduce its emissions of those pollutants or to change the processes it uses so as to completely eliminate such emissions. Other examples are a school that voluntarily decides to reuse rainwater for sanitary purposes, and a hospital that could decide not only to comply with laws regarding its labour practices, but also to launch a special programme for supporting the work-life balance of its personnel.

7.3.2.2 . Determining significance

Once an organization has identified the broad range of issues relevant to its decisions and activities, it should look carefully at the issues identified and develop a set of criteria for deciding which issues have the greatest significance and are most important to the organization. Possible criteria include the:

— extent of the impact of the issue on stakeholders and sustainable development;

— potential effect of taking action or failing to take action on the issue;

— level of stakeholder concern about the issue; and

— identification of the societal expectations of responsible behaviour concerning these impacts.

Issues that are generally considered to be significant are non-compliance with the law; inconsistency with international norms of behaviour; potential violations of human rights; practices that could endanger life or health; and practices that could seriously affect the environment.

7.3.3 An organization's sphere of influence

7.3.3.1 Assessing an organization's sphere of influence

An organization derives influence from sources such as:

— **ownership and governance** This includes the nature and extent of ownership or representation, if any, on the governing body of an associated organization;

— **economic relationship** This includes the extent of the economic relationship and the relative importance of that relationship for either organization; greater importance for one organization can create greater influence for the other organization;

— **legal/political authority** This is based, for example, on provisions in legally binding contracts or the existence of a legal mandate granting the organization the ability to enforce certain behaviours on others; and

— **public opinion** This includes the ability of the organization to influence public opinion, and the impact of public opinion on those it is trying to influence.

An organization's influence may depend on a number of factors, including physical proximity, scope, length and strength of the relationship.

7.3.3.2 Exercising influence

An organization can exercise its influence with others either to enhance positive impacts on sustainable development, or to minimize negative impacts, or both. When assessing its sphere of influence and determining its responsibilities, an organization should exercise due diligence.

Methods of exercising influence include:

— setting contractual provisions or incentives;

— public statements by the organization;

— engaging with the community, political leaders and other stakeholders;

— making investment decisions;

— sharing knowledge and information;

— conducting joint projects;

— undertaking responsible lobbying and using media relations;

— promoting good practices; and

— forming partnerships with sector associations, organizations and others.

An organization should consider the environmental, social and organizational governance aspects and the social responsibility of the organizations with which it has or seeks to have a relationship.

An organization can influence its stakeholders through its decisions and activities, and through the information that it provides to stakeholders about the basis for these decisions and activities.

The exercise of an organization's influence should always be guided by ethical behaviour and other principles and practices of social responsibility (see Clauses 4 and 5). When exerting its influence, an organization should first consider engaging in dialogue aimed at improving awareness of social responsibility and encouraging socially responsible behaviour. If dialogue is not effective, alternative actions should be considered, including changing the nature of the relationship.

Where an organization has *de facto* control over others, its responsibility to act can be similar to the responsibility that exists where the organization has formal control. *De facto* control refers to situations where one organization has the ability to dictate the decisions and activities of another party, even where it does not have the legal or formal authority to do so.

7.3.4 Establishing priorities for addressing issues

An organization should determine and commit to its priorities for integrating social responsibility throughout the organization and its daily practices. Priorities should be established from among the issues considered significant and relevant (see 7.3.2). Stakeholders should be involved in the identification of priorities (see 5.3). Priorities are likely to vary over time.

Organizations should consider the following to determine whether an action to address an issue is a high priority or not:

— the current performance of the organization with regard to legal compliance, international standards, international norms of behaviour, the state-of-the-art and best practice;

— whether the issue can significantly affect the ability of the organization to meet important objectives;

— the potential effect of the related action compared to the resources required for implementation;

— the length of time to achieve the desired results;

— whether there can be significant cost implications if not addressed quickly; and

— the ease and speed of implementation, which may have a bearing on increasing awareness of and motivation for action on social responsibility within the organization.

The order of priorities will vary among organizations.

In addition to setting priorities for immediate action, an organization can establish priorities for consideration of issues that are relevant to decisions and activities that an organization expects to carry out in the future, such as building construction, employing new staff, hiring contractors or conducting fund-raising activities. The priority considerations will then form part of the planning for these future activities.

The priorities should be reviewed and updated at intervals appropriate for the organization.

7.4 Practices for integrating social responsibility throughout an organization

7.4.1 Raising awareness and building competency for social responsibility

Building social responsibility into every aspect of an organization involves commitment and understanding at all levels of the organization. In the early stages of an organization's efforts related to social responsibility, the focus of awareness building should be on increasing understanding of the aspects of social responsibility, including principles, core subjects and issues.

Commitment and understanding should start at the top of the organization. Understanding the benefits of social responsibility for the organization can play a major role in building the commitment of the organization's leadership. Efforts should therefore be made to provide the organization's leadership with a thorough understanding of the implications and benefits of social responsibility.

Some employees and some parts of an organization will be more interested and receptive to taking action on social responsibility than others. An organization may find it useful to focus initial efforts on such receptive areas to demonstrate what social responsibility means in practice.

Creating a culture of social responsibility within an organization may take a substantial period of time, but proceeding systematically and working from existing values and cultures have been effective in many organizations.

Building the competency for implementing practices of social responsibility may involve strengthening or developing skills in some areas of activity such as stakeholder engagement, and in improving knowledge and understanding of the application of the core subjects. Efforts should take advantage of the existing knowledge and skills of people within the organization. Where appropriate, these efforts should also include building competency and training of managers and workers in the supply chain. Specific training may be useful for some issues.

To integrate social responsibility effectively, an organization may identify a need for changes in decision-making processes and governance that would promote greater freedom, authority and motivation to suggest new approaches and ideas. An organization may also find that it needs to improve its tools for monitoring and measuring some aspects of its performance.

Education and lifelong learning are central to raising awareness and building competency for social responsibility. In this regard, education for sustainable development is setting a new direction to empower people to address social responsibility issues by encouraging them to have due regard for values that foster vigorous and proactive action [162].

7.4.2 Setting the direction of an organization for social responsibility

The statements and actions of an organization's leadership and the organization's purpose, aspirations, values, ethics and strategy set the direction for the organization. To make social responsibility an important and effective part of the functioning of the organization, it should be reflected in these aspects of the organization.

An organization should set its direction by making social responsibility an integral part of its policies, organizational culture, strategies, structures and operations. Some of the ways it can do this are:

— including in the organization's aspirations or vision statement reference to the way in which it intends social responsibility to influence its activities;

— incorporating in its purpose or in a mission statement specific, clear and concise references to important aspects of social responsibility, including the principles and issues of social responsibility that help determine the way the organization operates;

— adopting written codes of conduct or ethics that specify the organization's commitment to social responsibility by translating the principles and values into statements on appropriate behaviour. Such codes should be based on the principles of social responsibility in Clause 4 and on guidance in Clause 6;

— including social responsibility as a key element of the organization's strategy, through its integration into systems, policies, processes and decision-making behaviour; and

— translating the priorities for action on core subjects and issues into manageable organizational objectives with strategies, processes and timelines. Objectives should be specific and measurable or verifiable. Stakeholder input can be valuable in assisting this process. Detailed plans for achieving the objectives, including responsibilities, timelines, budgets and the effect on other activities of the organization, should be an important element in establishing the objectives and the strategies for their achievement.

7.4.3 Building social responsibility into an organization's governance, systems and procedures

An important and effective means of integrating social responsibility throughout an organization is through the organization's governance, the system by which its decisions are made and implemented in pursuit of its objectives.

An organization should conscientiously and methodically manage its own impacts associated with each core subject and monitor the impacts of the organizations within its sphere of influence, so as to minimize the risk of social and environmental harm, as well as maximize opportunities and positive impacts. When making decisions, including with regard to new activities, an organization should consider the likely impacts of these decisions on stakeholders. In doing so, an organization should consider the best ways of minimizing the harmful impacts of its activities and of increasing the beneficial impacts of its behaviour on society and the environment. The resources and planning required for this purpose should be taken into account when decisions are made.

An organization should confirm that the principles of social responsibility (see Clause 4) are applied in its governance and reflected in its structure and culture. It should review procedures and processes at appropriate intervals to make sure that they take into account the social responsibility of the organization.

Some useful procedures may include:

— ensuring established management practices reflect and address the organization's social responsibility;

— identifying the ways in which the principles of social responsibility and the core subjects and issues apply to the various parts of the organization;

— if appropriate to the size and nature of the organization, establishing departments or groups within the organization to review and revise operating procedures so that they are consistent with the principles and core subjects of social responsibility;

— taking account of social responsibility when conducting operations for the organization; and

— incorporating social responsibility into purchasing and investment practices, human resources management and other organizational functions.

The existing values and culture of an organization can have a significant effect on the ease and pace with which social responsibility can be fully integrated throughout the organization. For some organizations, where the values and culture are already closely aligned to those of social responsibility, the process of integration may be quite straightforward. In others, some parts of the organization may not recognize the benefits of social responsibility and may be resistant to change. Systematic efforts over an extended period may be involved in integrating a socially responsible approach in these areas.

It is also important to recognize that the process of integrating social responsibility throughout an organization does not occur all at once or at the same pace for all core subjects and issues. It may be helpful to develop a plan for addressing some social responsibility issues in the short term and some over a longer period of time. Such a plan should be realistic and should take into account the capabilities of the organization, the resources available and the priority of the issues and related actions (see 7.3.4).

7.5 Communication on social responsibility

7.5.1 The role of communication in social responsibility

Many practices related to social responsibility will involve some form of internal and external communication. Communication is critical to many different functions in social responsibility including:

— raising awareness both within and outside the organization on its strategies and objectives, plans, performance and challenges for social responsibility;

— demonstrating respect for the social responsibility principles in Clause 4;

— helping to engage and create dialogue with stakeholders;

— addressing legal and other requirements for the disclosure of information related to social responsibility;

— showing how the organization is meeting its commitments on social responsibility and responding to the interests of stakeholders and expectations of society in general;

— providing information about the impacts of the organization's activities, products and services, including details of how the impacts change over time;

— helping to engage and motivate employees and others to support the organization's activities in social responsibility;

— facilitating comparison with peer organizations, which can stimulate improvements in performance on social responsibility; and

— enhancing an organization's reputation for socially responsible action, openness, integrity and accountability, to strengthen stakeholder trust in the organization.

7.5.2 Characteristics of information relating to social responsibility

Information relating to social responsibility should be:

— **complete** Information should address all significant activities and impacts related to social responsibility;

— **understandable** Information should be provided with regard for the knowledge and the cultural, social, educational and economic background of those who will be involved in the communication. Both the language used, and the manner in which the material is presented, including how it is organized, should be accessible for the stakeholders intended to receive the information;

— **responsive** Information should be responsive to stakeholder interests;

— **accurate** Information should be factually correct and should provide sufficient detail to be useful and appropriate for its purpose;

— **balanced** Information should be balanced and fair and should not omit relevant negative information concerning the impacts of an organization's activities;

— **timely** Out of date information can be misleading. Where information describes activities during a specific period of time, identification of the period of time covered will allow stakeholders to compare the performance of the organization with its earlier performance and with the performance of other organizations; and

— **accessible** Information on specific issues should be available to the stakeholders concerned.

7.5.3 Types of communication on social responsibility

There are many different types of communication related to social responsibility. Some examples include:

- meetings or conversations with stakeholders;
- communication with stakeholders on specific issues or projects of social responsibility. Where possible and appropriate, this communication should involve dialogue with stakeholders;
- communication between the organization's management and employees or members to raise general awareness about and support for social responsibility and related activities. Such communication is generally most effective when it involves dialogue;
- team activities focused on integration of social responsibility throughout the organization;
- communication with stakeholders concerning claims about the social responsibility related to the organization's activities. These claims can be verified through internal review and assurance. For enhanced credibility, these claims may be verified by external assurance. Where appropriate, communications should provide opportunities for stakeholder feedback;
- communication with suppliers about procurement requirements related to social responsibility;
- communication to the public about emergencies that have consequences for social responsibility. Prior to emergencies, communication should aim to increase awareness and preparedness. During emergencies, it should keep stakeholders informed and provide information on appropriate actions;
- product-related communication, such as product labelling, product information and other consumer information. Opportunities for feedback can improve this form of communication;
- articles on aspects of social responsibility in magazines or newsletters aimed at peer organizations;
- advertisements or other public statements to promote some aspect of social responsibility;
- submissions to government bodies or public inquiries; and
- periodic public reporting with opportunities for stakeholder feedback (see Box 15).

There are many different methods and media that may be used for communication. These include meetings, public events, forums, reports, newsletters, magazines, posters, advertising, letters, voicemail, live performance, video, websites, podcasts (website audio broadcast), blogs (website discussion forums), product inserts and labels. It is also possible to communicate through the media using press releases, interviews, editorials and articles.

Box 15 — Reporting on social responsibility

An organization should, at appropriate intervals, report about its performance on social responsibility to the stakeholders affected. A growing number of organizations report to their stakeholders on a periodic basis about their performance on social responsibility. Reporting to stakeholders can be done in many different ways, including meetings with stakeholders, letters describing the organization's activities related to social responsibility for a defined period, website information and periodic social responsibility reports.

In reporting to its stakeholders, an organization should include information about its objectives and performance on the core subjects and relevant issues of social responsibility. It should describe how and when stakeholders have been involved in the organization's reporting on social responsibility.

An organization should provide a fair and complete picture of its performance on social responsibility, including achievements and shortfalls and the ways in which the shortfalls will be addressed.

An organization may choose to cover its activities as a whole at one time, or report separately on activities at a particular location or site. Community groups often consider smaller, location-specific reporting more useful than organization-wide reporting.

Publication of a social responsibility report can be a valuable aspect of an organization's activities on social responsibility. In preparing a social responsibility report, an organization should take account of the following considerations:

— the scope and scale of an organization's report should be appropriate for the size and nature of the organization;

— the level of detail may reflect the extent of the organization's experience with such reporting. In some cases, organizations initiate their efforts with limited reports covering only a few aspects, and in subsequent years, expand coverage as they gain experience and have sufficient data on which to base a broader report;

— the report should describe how the organization decided upon the issues to be covered and the way those issues would be addressed;

— the report should present the organization's goals, operational performance, products and services in the context of sustainable development; and

— a report can be produced in a variety of forms, depending on the nature of the organization and on the needs of its stakeholders. These may include electronic posting of a report, web-based interactive versions or hard copies. It may also be a stand-alone document or part of an organization's annual report.

Additional information on reporting on social responsibility can be obtained from the initiatives and tools on reporting – at global, national or sector-specific level – found in Annex A (see also 7.8 for guidance on assessing initiatives for social responsibility).

7.5.4 Stakeholder dialogue on communication about social responsibility

Through dialogue with its stakeholders, an organization can benefit from receiving and exchanging direct information about stakeholders' views. An organization should seek dialogue with its stakeholders to:

— assess the adequacy and effectiveness of the content, media, frequency and scope of communication, so that they can be improved as needed;

— set priorities for the content of future communication;

— secure verification of reported information by stakeholders, if this approach to verification is used; and

— identify best practice.

7.6 Enhancing credibility regarding social responsibility

7.6.1 Methods of enhancing credibility

There are various ways in which an organization establishes its credibility. One is stakeholder engagement, which involves dialogue with stakeholders and is an important means of increasing confidence that the interests and intentions of all participants are understood. This dialogue can build trust and enhance credibility. Stakeholder engagement can be a basis for involving stakeholders in the verification of an organization's claims concerning its performance. The organization and stakeholders can make arrangements for stakeholders to periodically review or otherwise monitor aspects of an organization's performance.

Credibility with regard to certain issues can sometimes be enhanced through participation in specific certification schemes. Initiatives have been developed to certify product safety or to certify processes or products regarding their environmental impact, labour practices and other aspects of social responsibility. Such schemes should be independent and credible in themselves. In some situations, organizations involve independent parties in their activities to provide credibility. An example of this is the creation of advisory committees or review committees consisting of persons who are selected because they are credible.

Organizations sometimes join associations of peer organizations to establish or promote socially responsible behaviour within their area of activity or within their respective communities.

Organizations may enhance their credibility by making relevant commitments regarding their impacts, taking appropriate action and assessing performance and reporting on progress and shortcomings.

7.6.2 Enhancing the credibility of reports and claims about social responsibility

There are many ways to enhance the credibility of reports and claims about social responsibility. These include:

— making reports about performance on social responsibility comparable both over time and with reports produced by peer organizations, recognizing that the nature of the report will depend on the type, size and capacity of the organization;

— providing a brief explanation of why topics omitted from reports are not covered, to show that the organization has made an effort to cover all significant matters;

— using a rigorous and responsible process of verification, in which the data and information are traced back to a reliable source to verify accuracy of that data and information;

— using the help of an individual or individuals independent of the process of report preparation, either within the organization or external to it, to undertake the verification process;

— publishing a statement attesting to the verification as part of the report;

— making use of stakeholder groups to provide a determination that the report reflects the relevant and significant issues for the organization, that it is responsive to the needs of stakeholders, and that it provides complete coverage of the issues addressed;

— taking extra steps to be transparent by providing information of a kind and in a form that can be easily verified by others. For instance, instead of just reporting statistics concerning performance, an organization can also make details on the sources of the information and the processes used to develop the statistics available. In some cases, an organization can increase the credibility of claims it makes about the supply chain by listing the places where activities take place; and

— reporting conformance to the reporting guidelines of an external organization.

7.6.3 Resolving conflicts or disagreements between an organization and its stakeholders

In the course of its activities on social responsibility, an organization may encounter conflicts or disagreements with individual stakeholders or with groups of stakeholders. Specific examples of types of conflicts and mechanisms for addressing them are covered in the context of human rights (see 6.3.6) and consumer issues (see 6.7.6). Formal methods for resolving conflicts or disagreements also often form part of labour agreements.

An organization should develop mechanisms for resolving conflicts or disagreements with stakeholders that are appropriate to the type of conflict or disagreement and useful for the affected stakeholders. Such mechanisms may include:

— direct discussions with affected stakeholders;

— provision of written information to address misunderstandings;

— forums in which stakeholders and the organization can present their points of view and look for solutions;

— formal complaints handling procedures;

— mediation or arbitration procedures;

— systems that enable reporting of wrongdoing without fear of reprisal; and

— other types of procedures for resolving grievances.

An organization should make detailed information on the procedures available for resolving conflicts and disagreements accessible to its stakeholders. These procedures should be equitable and transparent. More specific information on procedures related to human rights and consumer issues are described under those core subjects in Clause 6.

7.7 Reviewing and improving an organization's actions and practices related to social responsibility

7.7.1 General

Effective performance on social responsibility depends in part on commitment, careful oversight, evaluation and review of the activities undertaken, progress made, achievement of identified objectives, resources used and other aspects of the organization's efforts.

Ongoing monitoring or observation of activities related to social responsibility is primarily aimed at making sure that activities are proceeding as intended, identifying any crisis or out-of-the-ordinary occurrence, and making modifications to the way things are done.

Reviews of performance, at appropriate intervals, may be used to determine progress on social responsibility, help keep programmes well focused, identify areas in need of change and contribute to improved performance. Stakeholders can play an important role in reviewing an organization's performance on social responsibility.

In addition to reviewing existing activities, an organization should also keep abreast of changing conditions or expectations, legal or regulatory developments affecting social responsibility and new opportunities for enhancing its efforts on social responsibility. This sub-clause identifies some techniques organizations can use for monitoring, reviewing and improving their performance on social responsibility.

7.7.2 Monitoring activities on social responsibility

To have confidence in the effectiveness and efficiency with which social responsibility is being put into practice by all parts of an organization, it is important to monitor ongoing performance on the activities related to core subjects and relevant issues. The extent of this effort will obviously vary with the scope of the core subjects covered, the size and nature of the organization and other factors.

When deciding on the activities to be monitored, an organization should focus on those that are significant and seek to make the results of the monitoring easy to understand, reliable, timely and responsive to stakeholders' concerns.

There are many different methods that can be used to monitor performance on social responsibility, including reviews at appropriate intervals, benchmarking and obtaining feedback from stakeholders. Organizations can often obtain insights into their programmes by comparing their characteristics and performance with the activities of other organizations. Such comparisons may be focused on actions related to specific core subjects or on broader approaches to integrating social responsibility throughout the organization.

One of the more common methods is measurement against indicators. An indicator is qualitative or quantitative information about results or outcomes associated with the organization that is comparable and demonstrates change over time. Indicators can, for example, be used to monitor or evaluate the achievement of project objectives over time. They should be clear, informative, practical, comparable, accurate, credible and reliable. Extensive additional detail on selecting and using indicators is available in many references on social responsibility and sustainability.

Although indicators that yield quantitative results are relatively straightforward to use, they may not be sufficient for all aspects of social responsibility. In the area of human rights, for example, women's and men's views about whether they are being fairly treated can be more meaningful than some quantitative indicators on discrimination. Quantitative indicators related to the results of surveys or focus group discussions may be coupled with qualitative indicators describing views, trends, conditions or status. It is also important to recognize that social responsibility is about more than specific achievements in measurable activities, such as reducing pollution and responding to complaints. As social responsibility is based on values, application of principles of social responsibility and attitudes, monitoring can involve more subjective approaches such as interviewing, observing and other techniques for evaluating behaviour and commitments.

7.7.3 Reviewing an organization's progress and performance on social responsibility

In addition to its day-to-day oversight and monitoring of the activities related to social responsibility, an organization should carry out reviews at appropriate intervals to determine how it is performing against its targets and objectives for social responsibility and to identify needed changes in the programmes and procedures.

These reviews typically involve the comparison of performance across social responsibility core subjects with results from earlier reviews, to determine progress and measure achievement against its targets and objectives. They should also include examination of less easily measured aspects of performance, such as attitudes to social responsibility, integration of social responsibility throughout the organization and adherence to principles, value statements and practices. The participation of stakeholders can be valuable in such reviews.

Types of questions that could be asked during reviews include:

— were objectives and targets achieved as envisioned?

— did the strategies and processes suit the objectives?

— what worked and why? what did not work and why?

— were the objectives appropriate?

— what could have been done better?

— are all relevant persons involved?

Based on the results of its reviews, an organization should identify changes to its programmes that would remedy any deficiency and bring about improved performance on social responsibility.

7.7.4 Enhancing the reliability of data and information collection and management

Organizations that are required to provide performance data to government, non-governmental organizations, other organizations or the public, or for maintaining databases containing sensitive information can increase their confidence in their data collection and management systems by detailed reviews of the systems. The aim of such reviews should be to:

— increase an organization's confidence that the data it provides to others is accurate;

— improve the credibility of data and information; and

— confirm the reliability of systems for protecting the security and privacy of data, where appropriate.

Such detailed reviews may be prompted by legal or other requirements for release of data on emissions of greenhouse gases or pollutants, requirements for provision of programme data to funding bodies or oversight departments, conditions of environmental licences or permits, and concerns about protection of private information, such as financial, medical or personal data.

As part of such reviews, independent people or groups, either internal or external to the organization, should examine the ways in which data is collected, recorded or stored, handled and used by the organization. The reviews can help identify vulnerabilities in data collection and management systems that would allow the data to become contaminated by errors or would permit access by unauthorized individuals. The results of the reviews can help the organization strengthen and improve its systems. Data accuracy and reliability can also be improved through good training of data collectors, clear accountability for data accuracy, direct feedback to individuals making errors and data quality processes that compare reported data with past data and that from comparable situations.

7.7.5 Improving performance

On the basis of periodic reviews, or at other appropriate intervals, an organization should consider ways in which it could improve its performance on social responsibility. The results of reviews should be used to help bring about continuous improvement in an organization's social responsibility. Improvements could involve modification of targets and objectives to reflect changing conditions or aspiration for greater achievement. The scope of activities and programmes related to social responsibility could be broadened. The provision of additional or different resources for activities related to social responsibility might be a matter to consider. Improvements could also include programmes or activities to take advantage of newly identified opportunities.

Stakeholder views expressed during reviews may assist an organization in the identification of new opportunities and changed expectations. This should help an organization improve performance of its activities on social responsibility.

To encourage the realization of organizational goals and objectives, some organizations link achievement of specific objectives of social responsibility with annual or periodic performance reviews of senior executives and managers. Such steps emphasize that the organization's action on social responsibility is intended to be a serious commitment.

7.8 Voluntary initiatives for social responsibility

7.8.1 General

Many organizations have developed voluntary initiatives intended to help other organizations seeking to become more socially responsible. In some cases, an initiative for social responsibility is in fact an organization formed to expressly address various aspects of social responsibility. The result is a wide variety of initiatives available to organizations interested in social responsibility. Some involve joining or supporting other organizations.

Some of these initiatives for social responsibility address aspects of one or more core subjects or issues; others address various ways that social responsibility can be integrated into an organization's decisions and activities. Some initiatives for social responsibility create or promote specific tools or practical guides that can be used for integrating social responsibility throughout an organization. Some initiatives develop or promote minimum expectations concerning social responsibility. These expectations can take many forms, including codes of conduct, recommendations, guidelines, declarations of principles and value statements. Some initiatives have been developed by different sectors in an effort to address some of the challenges specific to one sector. The existence of an initiative for social responsibility in a particular sector does not mean that the sector is necessarily more responsible or potentially more harmful.

7.8.2 Voluntary nature of participation

It is not necessary for an organization to participate in any of these initiatives for social responsibility, or to use any of these tools, for it to be socially responsible. Furthermore, participation in an initiative or the use of an initiative's tools, by itself, is not a reliable indicator of the social responsibility of an organization. In evaluating initiatives for social responsibility, an organization should be aware that not every initiative is well regarded or credible in the eyes of stakeholders. An organization should also determine objectively whether a particular initiative will help it to address its social responsibility, and whether the initiative is mainly a form of public relations or a means of protecting the reputation of members or participating organizations. Social responsibility should not be treated only as a form of risk management. A particularly important consideration when evaluating an initiative for social responsibility is whether it unilaterally reinterprets already established and recognized expectations of socially responsible behaviour.

Effective engagement with stakeholders and multi-stakeholder systems of governance and development are key characteristics distinguishing some initiatives for social responsibility from others, recognizing that initiatives developed for a single sector or type of organization may have single-stakeholder governance structures. Consideration should be given to whether the initiative was developed with the input and involvement of organizations concerned and stakeholders likely to be covered by it.

An organization may find it useful to participate in, or use tools of, one or more initiatives for social responsibility. Participation should lead in one way or another to concrete action within the organization, such as obtaining support or learning from others. Participation can be especially valuable when an organization starts using or drawing upon tools or practical guidance that accompany the initiative.

Organizations may use initiatives for social responsibility to seek some form of recognition. Some initiatives for social responsibility are broadly recognized as a credible basis for public recognition of performance or compliance regarding specific practices or on specific issues. Practical guidance provided by these initiatives for social responsibility can vary from self-assessment tools to third-party verification.

7.8.3 Considerations

In determining whether to participate in or use an initiative for social responsibility, an organization should consider the following factors:

— whether the initiative is consistent with the principles described in Clause 4;

— whether the initiative provides valuable and practical guidance to assist the organization to address a particular core subject or issue and/or to integrate social responsibility throughout its activities;

— whether the initiative is designed for that particular type of organization or its areas of interest;

— whether the initiative is locally or regionally applicable, or whether it has global scope and whether it applies to all types of organizations;

— whether the initiative will assist the organization to reach specific stakeholder groups;

— the kind of organization or organizations that developed and govern the initiative, such as government, NGO, labour, private sector or academic;

— the reputation of the organization or organizations that developed and govern the initiative, considering their credibility and integrity;

— the nature of the process for developing and governing the initiative, for example, whether the initiative has been developed through or governed by a multi-stakeholder, transparent, open, and accessible process, with developed and developing country participants; and

— the accessibility of the initiative, for example, whether an organization must sign a contract to participate, or whether there are costs to join the initiative.

In considering these and other factors, an organization should be cautious about the way it interprets the results. For example, the widespread acceptance of the initiative may be an indication of feasibility, value, reputation or relevance, although it might also be an indication that the initiative has less stringent requirements. By contrast, a new and less widespread initiative with still unproven value and feasibility may be more innovative or challenging. Additionally, an initiative available free of charge may seem attractive;

however, an initiative that is available for a payment might be more likely to be kept up-to-date, and thus more valuable in the long term. The fact that an initiative or tool is available free, or for a payment, should thus not be seen as an indication of the merit of that particular initiative or tool.

It is important to periodically review the value, relevance and/or applicability of any initiative selected.

7.8.4 Notes on Annex A

Annex A contains a non-exhaustive list of voluntary initiatives and tools for social responsibility. These initiatives and tools have been identified by the ISO 26000 working group experts during the development of this International Standard, using a specific set of criteria that are described in Annex A. These criteria do not constitute a judgement by ISO on the value or effectiveness of any of the initiatives or tools for social responsibility listed in Annex A. Furthermore, the fact that an initiative or tool for social responsibility is mentioned in Annex A does not imply any form of endorsement by ISO of that initiative or tool. Important characteristics of the initiative that cannot be objectively measured within the scope of this International Standard – such as its effectiveness, credibility, legitimacy and representative nature – are not considered here. Such characteristics should be assessed directly by those considering use of an initiative or tool. Guidance on other important aspects to take into account while assessing initiatives is provided in Box 16.

Box 16 — Certifiable initiatives and initiatives connected to commercial or economic interests

Some (but not all) of the initiatives for social responsibility listed in Annex A include the possibility of certification against the initiative by independent third parties. In some instances, certification is a requirement for using the initiative. The fact that an initiative includes the possibility of, or requirement for, certification should not be seen as indicative of the value of that initiative. Implementation of any tool or initiative listed in Annex A – including those that involve certification – cannot be used to claim conformity to ISO 26000 or to show its adoption or implementation.

Irrespective of whether they have been developed by "for profit" or "not for profit" organizations, some initiatives or tools are connected to commercial or economic interests, involving payment for use, a membership fee, or the payment for verification or certification services. Using an initiative or tool to promote a product or organization is another example of such a commercial connection. The existence of such interests is not in itself a negative aspect of an initiative for social responsibility; they might, for example, be necessary for the organization administering the initiative or tool to cover its costs and activities, or they may be a legitimate means for informing stakeholders about relevant characteristics of a product or organization. However, when evaluating an initiative or tool connected to such interests, the user of this International Standard should consider those associated commercial interests and the potential for conflicts of interest. For example, an organization administering an initiative for social responsibility may give undue priority to obtaining revenues from the provision of certifications, to the detriment of the accuracy in verifying the requirements for such certification. Assessing the credibility of organizations administering initiatives or tools is thus particularly important when these are connected to commercial or economic interests.

Annex A
(informative)

Examples of voluntary initiatives and tools for social responsibility

In using this annex, it is important to remember that ISO 26000 is not a management system standard. It is not intended or appropriate for certification purposes or regulatory or contractual use. Any offer to certify, or claims to be certified to ISO 26000 would be a misrepresentation of the intent and purpose of the International Standard. The information provided in this annex is intended purely to provide some available examples of additional voluntary guidance on social responsibility. While these initiatives may provide useful guidance on social responsibility, it is not a precondition that an organization should participate in any of these initiatives, or use any of these tools, for it to be socially responsible.

This annex provides a non-exhaustive list of voluntary initiatives and tools for social responsibility. The aim of this annex is to provide examples of existing initiatives and tools that may offer additional guidance on the core subjects and integration practices of social responsibility.

To better understand and implement social responsibility, users are also encouraged to consult the Bibliography, which is an integral part of ISO 26000. The Bibliography provides references to international instruments that are considered authoritative sources for the recommendations in this International Standard.

For the purposes of this International Standard, an initiative for social responsibility refers to a "programme or activity expressly devoted to meeting a particular aim related to social responsibility" (2.10). A tool for social responsibility refers to a system, methodology or similar means that relates to a specific initiative for social responsibility and is designed to assist organizations in meeting a particular aim related to social responsibility.

This annex is divided into two tables, distinguishing between those initiatives and tools that apply to more than one sector (Table A.1: "cross-sectoral") and those that apply only to specific public or private sectors (Table A.2: "sectoral").

The **cross-sectoral initiatives** for social responsibility listed in Table A.1 include three types of initiatives: "intergovernmental initiatives" (developed and administered by intergovernmental organizations); "multi-stakeholder initiatives" (developed or administered through multi-stakeholder processes); and "single-stakeholder initiatives" (developed or administered through single-stakeholder processes).

The **sectoral initiatives** for social responsibility listed in Table A.2 refer to initiatives that have been developed by specific sectors (such as agriculture, information technology, public services, tourism and so on) in an effort to address some of the challenges specific to that sector. Not all sectors that have developed initiatives are listed in this annex, nor are all the initiatives in any of the listed sectors necessarily included in this table. The existence of an initiative in a particular sector does not mean that the sector is more responsible or more harmful.

For each initiative or tool listed, the organization or organizations that launched the initiative or tool are identified, and information is provided on the ISO 26000 core subjects or practices for integrating social responsibility to which it relates. An Internet address is provided, with a brief description of the intended purposes and potential users of the initiative or tool, and details on whether membership is a requirement for using the initiative or tool. Information regarding intergovernmental and stakeholder involvement in the initiative or tool development or administration is also provided, as well as whether the initiative or tool is for certification.

The information in this annex was provided by experts who participated in the drafting of this International Standard. This information reflects the situation at the time of completion of this International Standard, and will be reviewed by ISO if and when the International Standard is revised. Recognizing that the information in this annex is not exhaustive, and that social responsibility is a continuously developing field, organizations considering the possible use of initiatives or tools are advised to also seek updated information from other sources on initiatives applicable to their country, region or sector.

A voluntary initiative or tool for social responsibility has been included in this annex only if it meets all of the following criteria:

— it addresses aspects of one or more core subjects or integration aspects of social responsibility (as described in Clauses 5, 6 and 7 of this International Standard);

— it was not designed specifically to be used in one country or by organizations from one country, even operating abroad;

— it is currently being used in more than one country;

— it was not designed for use by a single organization or group of organizations (meaning organizations that are linked through common owners or partners);

— it is publicly available at no cost, as a tool or guidance (Note: the fact that the organization responsible for the initiative or tool may have other activities that involve a cost for users, such as membership fees or a charge for services, does not preclude that initiative or tool from being listed here, irrespective of whether the cost may in some way be linked to the initiative or tool);

— it is not administered by a "for profit" private organization primarily for the purposes of financial gain; and

— it is available in at least one of the official ISO languages.

Box 17 — Non-endorsement of initiatives by ISO

The criteria shown above do not constitute a judgement by ISO on the value or effectiveness of any of the initiatives or tools for social responsibility listed in this annex. The criteria are intended simply to provide an objective basis for identifying a sample of initiatives and tools that might apply to many organizations.

In determining whether to use any of these initiatives or tools, an organization should bear in mind the considerations given in 7.8. Even though this annex lists some initiatives for social responsibility that involve certification, it is not necessary to be certified against any of these initiatives to be considered as following the guidance in this International Standard (see Box 16).

The fact that an initiative or tool is mentioned in this annex does not imply any form of endorsement by ISO of that initiative or tool. Furthermore, important characteristics relating to the initiative that cannot be objectively measured within the scope of this International Standard – such as its effectiveness, credibility, legitimacy and representative nature – are not considered here. Such characteristics should be assessed directly by those considering use of that initiative or tool.

Table A.1 — Examples of cross-sectoral initiatives

(apply to more than one sector of activity — see also 7.8 and introductory text of this annex)

The information in this annex reflects the situation at the time of completion of this International Standard. Recognizing that this information is not exhaustive and that social responsibility is a continuously developing field, it is recommended that updated information be sought from other sources.

ORGANIZATION INITIATIVE OR TOOL (Listed by organization in alphabetical order under each section)	**The "X" mark indicates that the initiative/tool refers to at least one aspect or issue included in the corresponding sub-clause.** *It is **not** a sign of compatibility with, or endorsement by, ISO 26000*															**Additional information** (includes brief objective description of the initiative/tool; stakeholder participation in its governance; its target audience and conditions for access; whether it is for certification or not; and a website for further information)
	CORE SUBJECTS*							**PRACTICES FOR INTEGRATING SOCIAL RESPONSIBILITY***								
	6.2 OG	**6.3** HR	**6.4** Lab	**6.5** Env	**6.6** FOP	**6.7** Con	**6.8** CID	**5.2**	**5.3**	**7.2**	**7.3**	**7.4**	**7.5**	**7.6**	**7.7**	
***ISO 26000 sub-clauses index: 6.2** Organizational governance; **6.3** Human rights; **6.4** Labour practices; **6.5** The environment; **6.6** Fair operating practices; **6.7** Consumer issues; **6.8** Community involvement and development; **5.2** Recognizing social responsibility; **5.3** Stakeholder identification and engagement; **7.2** The relationship of an organization's characteristics to social responsibility; **7.3** Understanding the social responsibility of an organization; **7.4** Practices for integrating social responsibility throughout an organization; **7.5** Communication on social responsibility; **7.6** Enhancing credibility regarding social responsibility; **7.7** Reviewing and improving an organization's actions and practices related to social responsibility.																
Section 1: INTERGOVERNMENTAL INITIATIVES (Initiatives and tools operating under direct responsibility of intergovernmental institutions, such as United Nations agencies)																
OECD Risk Awareness Tool for Multinational Enterprises in Weak Governance Zones	X	X	X		X		X	X	X	X	X	X			X	Provides a checklist for companies to use when examining risks and ethical dilemmas concerning their potential activities in countries where there is weak governance. www.oecd.org/
UNCTAD Intergovernmental Working Group of Experts on International Standards of Accounting and Reporting (ISAR)	X		X	X	X		X	X					X			Working group devoted to corporate transparency and accounting issues at the corporate level. Issues addressed in corporate accounting and reporting including: International Financial Reporting Standards (IFRS) implementation, accounting by SMEs, corporate governance disclosure, corporate responsibility reporting, and environmental reporting. Stakeholder groups meet annually to discuss and agree upon approaches to the issues the group deals with. Open to all organizations. No fees required. www.unctad.org/isar
UNEP Climate Neutral Network				X								X	X	X	X	Initiative affiliated to UNEP open to all organizations. Facilitates the exchange of information on how organizations can achieve cuts in greenhouse gas emissions. A Board of Directors of appointed stakeholders oversees the program. http://www.unep.org/climateneutral/
UNEP Life Cycle Initiative			X	X		X	X					X	X		X	Initiative open to experts from organizations active in the field of life cycle management. Annual membership fee required. Task forces composed of UN Secretariats and stakeholder participants seek to develop capability and training in life cycle approaches. An affiliate of the United Nations Environment Programme. http://lcinitiative.unep.fr/
United Nations Global Compact		X	X	X	X							X				Initiative of the United Nations directed at business organizations. Open to any organization, participants commit to align their strategies and operations with ten principles in the areas of human rights, labour, environment and anti-corruption, and to take action in support of broader UN goals. A voluntary platform, organizations are required to report annually on efforts to implement the principles through policies and practices. The United Nations Global Compact has developed tools and guidance materials across all principal areas in order to assist participating organizations. No fees required. www.unglobalcompact.org/
UNGC, UNDP, UNITAR UN Partnership Assessment Tool							X		X			X				Self-assessment planning tool to enhance the development impact and contribution to sustainable development of public-private partnerships. Available free of charge to all organizations. UNIDO trains consultants to disseminate the CSR management approaches and techniques to organizations across the world. www.unglobalcompact.org/Issues/partnerships/pat.html
UNIDO Responsible Entrepreneurs Achievement Programme		X	X	X	X			X	X		X	X	X		X	Initiative supported by UNIDO aimed at small and medium-sized enterprises. Membership and fees are not required. Provides a structured framework and analytical software to assist SMEs with CSR. www.unido.org/reap

Table A.1 (*continued*)

ORGANIZATION INITIATIVE OR TOOL (Listed by organization in alphabetical order under each section)	The "X" mark indicates that the initiative/tool refers to at least one aspect or issue included in the corresponding sub-clause. *It is **not** a sign of compatibility with, or endorsement by, ISO 26000*															Additional information (includes brief objective description of the initiative/tool; stakeholder participation in its governance; its target audience and conditions for access; whether it is for certification or not; and a website for further information)
	CORE SUBJECTS*							PRACTICES FOR INTEGRATING SOCIAL RESPONSIBILITY*								
	6.2 OG	6.3 HR	6.4 Lab	6.5 Env	6.6 FOP	6.7 Con	6.8 CID	5.2	5.3	7.2	7.3	7.4	7.5	7.6	7.7	
***ISO 26000 sub-clauses index:** **6.2** Organizational governance; **6.3** Human rights; **6.4** Labour practices; **6.5** The environment; **6.6** Fair operating practices; **6.7** Consumer issues; **6.8** Community involvement and development; **5.2** Recognizing social responsibility; **5.3** Stakeholder identification and engagement; **7.2** The relationship of an organization's characteristics to social responsibility; **7.3** Understanding the social responsibility of an organization; **7.4** Practices for integrating social responsibility throughout an organization; **7.5** Communication on social responsibility; **7.6** Enhancing credibility regarding social responsibility; **7.7** Reviewing and improving an organization's actions and practices related to social responsibility.																
Section 2: MULTI-STAKEHOLDER INITIATIVES (Initiatives or tools developed or administered through multi-stakeholder processes)																
AccountAbility The AA1000 Series	X	X	X	X	X	X	X	X	X	X	X	X	X	X	X	Membership-based organization open to all organizations and individuals. Membership fees. Focus is on assurance of sustainability and social responsibility reports and on stakeholder engagement. Has developed three standards intended for use by any organization: • AA1000APS - provides general principles of accountability • AA1000AS - provides requirements for conducting sustainability assurance • AA1000SES - provides a framework for stakeholder engagement www.accountability21.net
Amnesty International Human Rights Principles for Companies		X										X		X		Membership organization open to individuals that seek to promote respect for human rights. A source for information on respect for human rights in specific countries. Publication "Human Rights Principles for Companies" includes a checklist. www.amnesty.org
Business Social Compliance Initiative (BSCI)		X	X	X	X		X	X	X		X					Industry initiative that focuses on labour practices in the supply chains of mainly large retail companies. Most members are retailers and marketing companies who pay membership fees and agree to audit suppliers against a code of conduct. The initiative certifies the auditors. www.bsci-eu.org
Centre for Business Ethics (ZfW) Values Management System	X	X	X	X	X	X	X				X	X	X	X	X	Organization that seeks to promote business ethics in Germany and Europe. It provides training and management tools, including a "governance framework" on legal, economic, ecological and social issues. www.dnwe.de/wertemanagement.php (German)
Ceres Ceres Principles				X								X	X			Membership-based organization of mainly environmental organizations together with investors who seek to use capital markets in order to engage companies on environmental and governance issues. Companies are invited to endorse the Ceres principles. Implementation of these principles involves audits and public reporting. Fee charged for membership. Member companies have access to technical assistance on environmental issues and their management. www.ceres.org
CSR360 Global Partner Network	X	X	X	X	X	X	X	X	X	X	X	X	X	X	X	Promotes the international exchange of information on CSR. A contribution and approval is required to become a "partner organization". Network is convened by UK-based Business in the Community (BITC). www.csr360.org
EFQM Framework for CSR and Excellence Model	X	X	X	X	X	X	X	X	X	X	X	X	X	X	X	A "self-assessment" tool designed to be used in the management of CSR. Formerly the European Foundation for Quality Management, EFQM is a membership organization open to business, government and non-profit organizations. Fees required. The organization facilitates the exchange of information and provides services to members. www.efqm.org
ETI Ethical Trading Initiative		X	X					X		X	X	X	X	X	X	Membership organization open to companies, NGOs and specific trade union organizations. The purpose is for sourcing companies to work with NGOs and trade unions to learn about the best ways to implement supply chain codes of labour practice. Companies pay membership fees, agree to apply code of labour practices to their suppliers, report on activities and observe other requirements. www.ethicaltrade.org/

Table A.1 (*continued*)

ORGANIZATION INITIATIVE OR TOOL (Listed by organization in alphabetical order under each section)	**The "X" mark indicates that the initiative/tool refers to at least one aspect or issue included in the corresponding sub-clause.** *It is **not** a sign of compatibility with, or endorsement by, ISO 26000*															**Additional information** (includes brief objective description of the initiative/tool; stakeholder participation in its governance; its target audience and conditions for access; whether it is for certification or not; and a website for further information)
	CORE SUBJECTS*							**PRACTICES FOR INTEGRATING SOCIAL RESPONSIBILITY***								
	6.2 OG	**6.3** HR	**6.4** Lab	**6.5** Env	**6.6** FOP	**6.7** Con	**6.8** CID	**5.2**	**5.3**	**7.2**	**7.3**	**7.4**	**7.5**	**7.6**	**7.7**	
***ISO 26000 sub-clauses index:** **6.2** Organizational governance; **6.3** Human rights; **6.4** Labour practices; **6.5** The environment; **6.6** Fair operating practices; **6.7** Consumer issues; **6.8** Community involvement and development; **5.2** Recognizing social responsibility; **5.3** Stakeholder identification and engagement; **7.2** The relationship of an organization's characteristics to social responsibility; **7.3** Understanding the social responsibility of an organization; **7.4** Practices for integrating social responsibility throughout an organization; **7.5** Communication on social responsibility; **7.6** Enhancing credibility regarding social responsibility; **7.7** Reviewing and improving an organization's actions and practices related to social responsibility.																
Section 2: MULTI-STAKEHOLDER INITIATIVES (continued) (Initiatives or tools developed or administered through multi-stakeholder processes)																
European Business Ethics Network (EBEN)	X	X	X	X	X	X	X	X			X			X		Membership-based organization with an annual fee, dedicated to the promotion of business ethics. Organizes conferences and issues publication. Also organizes national networks and networks on specific topics for corporate ethics officers and other practitioners. www.eben-net.org
Fair Labour Association (FLA)	X	X	X					X	X			X	X	X	X	Multi-stakeholder initiative established to address supply chain labour practices. Participants include sourcing companies, colleges and universities and NGOs. Participating companies must support the monitoring and verification of working conditions of their suppliers. The FLA issues public reports. www.fairlabor.org/
FORÉTICA SGE 21 Ethical and CSR Management System	X		X	X	X	X	X									Initiative that sets criteria about establishment, implementation and evaluation of management system on ethics and social responsibility. www.foretica.es (Spanish)
Global Reporting Initiative (GRI) Sustainability Reporting Guidelines	X	X	X	X	X	X	X	X	X		X		X	X	X	Initiative developed by UNEP and CERES (also included in this annex) that provides model indicators, guidelines and supporting tools on sustainability reporting. Global organizational stakeholders provide guidance and governance. Its guidelines, supplements and annexes are offered free on its website. A nominal charge is made for associated training materials. Its tools include: • The Sustainability Reporting Guidelines (indicators and principles) • Various sector-specific supplements (construction, telecommunications, public agencies, etc.) • Boundary Protocol (sphere of influence and impacts analysis) www.globalreporting.org
Danish Institute for Human Rights Human Rights Compliance Assessment		X	X		X		X	X			X	X	X	X	X	This national human rights organization has a Human Rights and Business project that provides information on the human rights situation in various countries. It also offers management tools and guides, sometimes for a charge. The Human Rights Compliance Assessment is an elaborate tool available through a web interface for a charge. A less elaborate "HRCA Quick Check" is available for free. www.humanrightsbusiness.org
International Social and Environmental Accreditation and Labelling Alliance (ISEAL)	X	X	X	X	X	X	X	X	X	X	X	X	X	X	X	Membership organization for international social and environmental standard-setting organizations. It promotes voluntary standards and conformity assessment related to social and environmental issues. Provides tools for standard setting and evaluation. Fee required for membership. www.isealalliance.org
Joint Article Management Promotion Consortium (JAMP)			X	X	X	X		X		X	X	X	X	X	X	Fee-based membership information exchange program to help organizations comply with legal requirements on chemical substances in products. Provides datasheet formats to describe and transfer information on chemical substances contained in products as well as an IT infrastructure to exchange datasheets. It conducts education and training sessions to disseminate its schemes. http://www.jamp-info.com/english/

Table A.1 (*continued*)

ORGANIZATION INITIATIVE OR TOOL (Listed by organization in alphabetical order under each section)	The "X" mark indicates that the initiative/tool refers to at least one aspect or issue included in the corresponding sub-clause. *It is **not** a sign of compatibility with, or endorsement by, ISO 26000* — CORE SUBJECTS* 6.2 OG	6.3 HR	6.4 Lab	6.5 Env	6.6 FOP	6.7 Con	6.8 CID	PRACTICES FOR INTEGRATING SOCIAL RESPONSIBILITY* 5.2	5.3	7.2	7.3	7.4	7.5	7.6	7.7	**Additional information** (includes brief objective description of the initiative/tool; stakeholder participation in its governance; its target audience and conditions for access; whether it is for certification or not; and a website for further information)
***ISO 26000 sub-clauses index: 6.2** Organizational governance; **6.3** Human rights; **6.4** Labour practices; **6.5** The environment; **6.6** Fair operating practices; **6.7** Consumer issues; **6.8** Community involvement and development; **5.2** Recognizing social responsibility; **5.3** Stakeholder identification and engagement; **7.2** The relationship of an organization's characteristics to social responsibility; **7.3** Understanding the social responsibility of an organization; **7.4** Practices for integrating social responsibility throughout an organization; **7.5** Communication on social responsibility; **7.6** Enhancing credibility regarding social responsibility; **7.7** Reviewing and improving an organization's actions and practices related to social responsibility.																
Section 2: MULTI-STAKEHOLDER INITIATIVES (continued) (Initiatives or tools developed or administered through multi-stakeholder processes)																
International Framework Agreement		X	X	X			X	X	X		X	X	X	X	X	Agreements negotiated between transnational enterprises (TNEs) and Global Union Federations (GUFs) designed to provide a means of addressing problems mainly related to the labour practices in the operations of a specific multinational company at the international level. http://www.global-unions.org/spip.php?rubrique70
Rainforest Alliance		X	X	X			X					X	X	X	X	Membership-based organization established to set social and environmental standards and issue certification to producers in forestry, agriculture and tourism. Provides training and other technical assistance in industries covered by their certification activities. www.rainforest-alliance.org
R-bec Ethical/Legal Compliance Management System Standard												X			X	Free management system standard for any organization that wishes to develop an ethical and legal compliance management system. http://r-bec.reitaku-u.ac.jp/ (Japanese)
Project Sigma Sigma guidelines		X	X	X			X	X	X			X	X	X	X	Guideline document providing advice to organizations on how contribute to sustainable development. Free. http://www.projectsigma.co.uk/Guidelines/default.asp
Responsabilidad Social Empresarial Caja de Herramientas para America Latina		X	X				X	X	X			X				A collection of analysis and training tools that provides support to SMEs in Latin America to help with improving their social responsibility initiatives and practices. www.produccionmaslimpia-la.net/herramientas/index.htm (Spanish)
Social Accountability International (SAI)		X	X		X			X	X		X	X	X	X	X	Multi-stakeholder initiative addressing labour practices. Sets auditable SA8000 standard for workplaces. Produces the Handbook for Implementing a Socially Responsible Supply Chain management system and other tools. Partners to provide training and technical assistance to auditors, workers, suppliers and customers. Independent organization, Social Accountability Accreditation Services (SAAS), accredits providers of certification to SA8000. www.sa-intl.org
The Natural Step International (TNS)	X	X	X	X	X	X	X	X	X	X	X	X	X	X	X	An international not-for-profit organization dedicated to sustainable development. TNS provides a model for planning of complex systems as well as freely available tools to enable individuals and organizations to learn about and contribute to sustainable development. www.thenaturalstep.org
Transparency International (TI) Various tools	X				X			X						X	X	Global membership NGO that seeks to counter corruption. Provides tools and data for organizations, specific economic sectors and government agencies. Examples of tools include: • Business Principles for Countering Bribery, a multi-stakeholder developed voluntary code • Global Corruption Report • Corruption Perceptions Index • Bribe Payers Index • Global Corruption Barometer • The Integrity Pact www.transparency.org

Table A.1 *(continued)*

ORGANIZATION INITIATIVE OR TOOL (Listed by organization in alphabetical order under each section)	**The "X" mark indicates that the initiative/tool refers to at least one aspect or issue included in the corresponding sub-clause.** *It is **not** a sign of compatibility with, or endorsement by, ISO 26000* — **CORE SUBJECTS***							**PRACTICES FOR INTEGRATING SOCIAL RESPONSIBILITY***								**Additional information** (includes brief objective description of the initiative/tool; stakeholder participation in its governance; its target audience and conditions for access; whether it is for certification or not; and a website for further information)
	6.2 OG	6.3 HR	6.4 Lab	6.5 Env	6.6 FOP	6.7 Con	6.8 CID	5.2	5.3	7.2	7.3	7.4	7.5	7.6	7.7	
***ISO 26000 sub-clauses index: 6.2** Organizational governance; **6.3** Human rights; **6.4** Labour practices; **6.5** The environment; **6.6** Fair operating practices; **6.7** Consumer issues; **6.8** Community involvement and development; **5.2** Recognizing social responsibility; **5.3** Stakeholder identification and engagement; **7.2** The relationship of an organization's characteristics to social responsibility; **7.3** Understanding the social responsibility of an organization; **7.4** Practices for integrating social responsibility throughout an organization; **7.5** Communication on social responsibility; **7.6** Enhancing credibility regarding social responsibility; **7.7** Reviewing and improving an organization's actions and practices related to social responsibility.																
Section 3: SINGLE-STAKEHOLDER INITIATIVES (Initiatives and tools developed or administered through single-stakeholder processes)																
Caux Round Table Principles for Business		X	X	X	X	X	X	X								A network of business people, with national chapters, that seeks to promote ethical principles, collaboration and dialogue among managers, public officials and citizens. The Principles for Business provide a statement of principles to follow to conduct business ethically. www.cauxroundtable.org
Consumers International Charter for Global Business				X	X	X						X	X		X	Global federation of consumer groups. The Charter sets out best business practices and consumer rights in areas of interest to consumers. A fee is involved for membership and voting rights on codes and charters. www.consumersinternational.org
CSR Europe Toolbox	X	X	X	X	X	X		X	X	X	X	X	X	X	X	Membership, fee-based initiative for European companies and national CSR organizations. Conducts projects, organizes meetings and issues publications. Toolbox is a web-based collection of guides and other material produced through projects with members and their stakeholders that is organized by theme. www.csreurope.org/
Ethos Institute Ethos indicators of CSR	X	X	X	X	X	X	X	X		X	X	X			X	Brazilian organization that focuses on promoting social responsibility in the business sector. It provides several CSR tools free of charge, including a set of indicators on CSR. www.ethos.org.br
The Global Sullivan Principles of Social Responsibility		X	X		X		X	X			X		X	X		Global voluntary code of conduct on social, economic and environmental performance. Organizations commit to follow the principles in internal policymaking, training and reporting. No fee or membership required to use code. No stakeholder engagement in shaping code. http://www.thesullivanfoundation.org/
International Business Leaders Forum (IBLF) A Guide to Human Rights Impact Assessment		X	X	X	X							X				The IBLF is a non-profit foundation supported by large business organizations that promotes the business contribution to sustainable development. It produces various publications and tools such as Human Rights Translated: A Business Reference Guide. In 2007 IBLF together with the World Bank's International Finance Corporation issued a Guide to Human Rights Impact Assessment and Management Road Testing Draft. http://www.iblf.org/resources/guides.aspx
International Chamber of Commerce (ICC) Various tools and initiatives	X	X	X	X	X	X	X	X	X	X	X	X	X	X	X	Membership and fee-based global business organization established to represent business interests. It has produced numerous initiatives and tools relating to different aspects of social responsibility, including: • The Consolidated ICC Code of Advertising and Marketing Communication Practice • The ICC Nine Steps to Responsible Business Conduct • The ICC Guidance on Supply Chain Responsibility • The ICC Guide to Responsible Sourcing • The ICC Business Charter for Sustainable Development www.iccwbo.org
Partnering Against Corruption Initiative (PACI) Business Principles for Countering Bribery					X											A voluntary code of conduct for anti-bribery practice that requires a commitment to zero toleration of bribery by companies that are signatories. Membership based, with no fees charged. Governed by stakeholders via three working groups and a board of governors. http://www.weforum.org/en/initiatives/paci/index.htm
World Business Council for Sustainable Development (WBCSD) Various initiatives and tools	X	X	X	X	X	X	X	X	X	X	X	X	X	X	X	Membership-based organization oriented mainly to large companies. Annual membership fee. It has developed numerous initiatives and tools that are publicly available, including: • The Global Water Tool • Improving Stakeholder Engagement: Measuring Impact • Organizational Governance: Issue Management Tool • Sustainable Development: A Learning Tool • Numerous other guidance documents, initiatives and tools on specific social and environmental issues. www.wbcsd.org

Table A.1 (*continued*)

ORGANIZATION INITIATIVE OR TOOL (Listed by organization in alphabetical order under each section)	**The "X" mark indicates that the initiative/tool refers to at least one aspect or issue included in the corresponding sub-clause.** *It is **not** a sign of compatibility with, or endorsement by, ISO 26000*															**Additional information** (includes brief objective description of the initiative/tool; stakeholder participation in its governance; its target audience and conditions for access; whether it is for certification or not; and a website for further information)
	CORE SUBJECTS*							**PRACTICES FOR INTEGRATING SOCIAL RESPONSIBILITY***								
	6.2 OG	**6.3** HR	**6.4** Lab	**6.5** Env	**6.6** FOP	**6.7** Con	**6.8** CID	**5.2**	**5.3**	**7.2**	**7.3**	**7.4**	**7.5**	**7.6**	**7.7**	
***ISO 26000 sub-clauses index:** **6.2** Organizational governance; **6.3** Human rights; **6.4** Labour practices; **6.5** The environment; **6.6** Fair operating practices; **6.7** Consumer issues; **6.8** Community involvement and development; **5.2** Recognizing social responsibility; **5.3** Stakeholder identification and engagement; **7.2** The relationship of an organization's characteristics to social responsibility; **7.3** Understanding the social responsibility of an organization; **7.4** Practices for integrating social responsibility throughout an organization; **7.5** Communication on social responsibility; **7.6** Enhancing credibility regarding social responsibility; **7.7** Reviewing and improving an organization's actions and practices related to social responsibility.																
Section 3: SINGLE-STAKEHOLDER INITIATIVES (continued) (Initiatives and tools developed or administered through single-stakeholder processes)																
WBCSD and World Resources Institute (WRI) The Greenhouse Gas Protocol				X									X			Freely available accounting and reporting standard for companies to report on emissions of the six greenhouse gases covered by the Kyoto Protocol of the UN Framework Convention on Climate Change. Provides various tools to assist companies in calculating their emissions. www.ghgprotocol.org

Table A.2 — Examples of sectoral initiatives

(apply to one specific sector of activity — see also 7.8 and introduction of this annex)

The information in this annex reflects the situation at the time of completion of this International Standard. Recognizing that this information is not exhaustive and that social responsibility is a continuously developing field, it is recommended that updated information be sought from other sources.

ORGANIZATION INITIATIVE OR TOOL (Listed by organization in alphabetical order under each section)	**The "X" mark indicates that the initiative/tool refers to at least one aspect or issue included in the corresponding sub-clause.** *It is **not** a sign of compatibility with, or endorsement by, ISO 26000*															**Additional information** (includes brief objective description of the initiative/tool; stakeholder participation in its governance; its target audience and conditions for access; whether it is for certification or not; and a website for further information)
	CORE SUBJECTS*							**PRACTICES FOR INTEGRATING SOCIAL RESPONSIBILITY***								
	6.2 OG	**6.3** HR	**6.4** Lab	**6.5** Env	**6.6** FOP	**6.7** Con	**6.8** CID	**5.2**	**5.3**	**7.2**	**7.3**	**7.4**	**7.5**	**7.6**	**7.7**	
***ISO 26000 sub-clauses index:** **6.2** Organizational governance; **6.3** Human rights; **6.4** Labour practices; **6.5** The environment; **6.6** Fair operating practices; **6.7** Consumer issues; **6.8** Community involvement and development; **5.2** Recognizing social responsibility; **5.3** Stakeholder identification and engagement; **7.2** The relationship of an organization's characteristics to social responsibility; **7.3** Understanding the social responsibility of an organization; **7.4** Practices for integrating social responsibility throughout an organization; **7.5** Communication on social responsibility; **7.6** Enhancing credibility regarding social responsibility; **7.7** Reviewing and improving an organization's actions and practices related to social responsibility.																
Sector: AGRICULTURE																
Better Sugarcane Initiative (BSI)			X	X			X	X	X	X	X	X				An organization of sugar retailers, investors, traders, producers and NGOs that established principles and criteria intended to address various social and environmental issues in the production of sugar. Fees charged to be member of the steering committee, special advisor to a working group or a working group member. www.bettersugarcane.org
Common Code for the Coffee Community Association (4C) Code of Conduct		X	X	X	X	X	X	X	X	X	X	X	X	X	X	Membership-based organization of coffee producers, "trade and industry" organizations (retailers, brand marketers and manufacturers) and civil society (NGOs and trade unions) established to promote better social, environmental and economic conditions in coffee production. Programme includes a Common Code for the Coffee Community (4C), a "verification system" and technical support for producers. Members participate in governance and verification initiatives. www.4c-coffeeassociation.org/
Fairtrade Labelling Organizations International (FLO)	X	X	X	X	X	X	X	X	X	X	X	X	X	X	X	Umbrella organization for labelling initiatives in 20 countries through a network of certification organizations and producers. Provides certification according to fair trade standards either general or sector-specific. Certified members can use the certification mark and participate in general assembly and a board of governors. www.fairtrade.net
GLOBALG.A.P.			X	X		X						X	X	X	X	GAP refers to Good Agricultural Practices. A non-profit association established to set voluntary standards for the certification of agricultural products and practices. Members pay a fee to participate in the development of these standards. www.globalgap.org
International Cocoa Initiative		X	X	X				X		X	X	X	X	X	X	Organization created to combat child labour and other abusive labour practices in the growing of cocoa. Participating organizations include the major chocolate brands, cocoa processors as well as NGOs and trade union organizations. www.cocoainitiative.org
Rainforest Alliance Sustainable Agriculture Network (SAN) Standards	X	X	X	X	X	X	X					X			X	Membership-based organization comprising farms and producer groups that cultivate tropical export crops. Seeks to foster best management practice across agricultural value chains by encouraging farmers to comply with SAN standards and motivating traders and consumers to support sustainability. www.rainforest-alliance.org/agriculture.cfm?id=standards
UTZ CERTIFIED	X	X	X	X	X	X	X	X	X			X	X	X		Certification initiative based on a Code of Conduct that sets social and environmental criteria for responsible agricultural practices and efficient farm management. Uses third-party auditors. Currently focused on coffee, cocoa, tea and palm oil production. Services include a track and trace system that follows the certified product through the chain from producer to processor to provide buyers with an insight into where their product comes from. www.utzcertified.org
World Cocoa Foundation		X	X	X	X	X	X	X	X	X			X			Fee-based membership organization of chocolate companies, cocoa processors and traders and industry associations. Supports programmes promoting sustainable and environmentally sound farming, community development, labour standards and improved and equitable returns. www.worldcocoafoundation.org

Table A.2 (*continued*)

ORGANIZATION INITIATIVE OR TOOL (Listed by organization in alphabetical order under each section)	**The "X" mark indicates that the initiative/tool refers to at least one aspect or issue included in the corresponding sub-clause.** *It is **not** a sign of compatibility with, or endorsement by, ISO 26000*															**Additional information** (includes brief objective description of the initiative/tool; stakeholder participation in its governance; its target audience and conditions for access; whether it is for certification or not; and a website for further information)
	CORE SUBJECTS*							**PRACTICES FOR INTEGRATING SOCIAL RESPONSIBILITY***								
	6.2 OG	**6.3** HR	**6.4** Lab	**6.5** Env	**6.6** FOP	**6.7** Con	**6.8** CID	**5.2**	**5.3**	**7.2**	**7.3**	**7.4**	**7.5**	**7.6**	**7.7**	
***ISO 26000 sub-clauses index: 6.2** Organizational governance; **6.3** Human rights; **6.4** Labour practices; **6.5** The environment; **6.6** Fair operating practices; **6.7** Consumer issues; **6.8** Community involvement and development; **5.2** Recognizing social responsibility; **5.3** Stakeholder identification and engagement; **7.2** The relationship of an organization's characteristics to social responsibility; **7.3** Understanding the social responsibility of an organization; **7.4** Practices for integrating social responsibility throughout an organization; **7.5** Communication on social responsibility; **7.6** Enhancing credibility regarding social responsibility; **7.7** Reviewing and improving an organization's actions and practices related to social responsibility.																
Sector: APPAREL																
Clean Clothes Campaign (CCC)		X	X		X	X			X	X		X				International association of national organizations in 12 European countries dedicated to improving working conditions in the garment industry and to defending workers in the industry seeking change. CCC campaigns on specific cases and engages with companies and authorities to resolve them. The CCC also provides information about the working conditions and labour practices in the industry and has a benchmark code. www.cleanclothes.org
Fair Wear Foundation (FWF)		X	X					X		X	X	X	X	X	X	A multi-stakeholder organization established to address supply chain labour practices in the clothing and footwear sector. Sourcing companies become members of FWF by making an annual contribution, adopting a Code of Labour Practices and observing other requirements. Companies are evaluated annually for compliance with code. www.fairwear.nl (Dutch)
Fur Free Retailer Program				X		X							X			Initiative that aims to provide consumers with information about a retailer's fur policy. The initiative aims to end the sale of fur products throughout retail establishments by offering support to those retailers that have committed in writing to a no-fur policy. www.infurmation.com/ffr.php
Sector: BIOFUELS																
Roundtable on Sustainable Biofuels		X	X	X		X	X	X	X	X	X	X				Fee- and membership-based organization. Facilitates discussions involving stakeholders to develop principles and criteria for biofuels production. http://cgse.epfl.ch/page65660.html
Sector: CONSTRUCTION																
UNEP Sustainable Buildings and Climate Initiative				X								X		X	X	Open to any organization in the building and construction industry. Annual membership fee. Involves a common work programme to promote sustainable building and construction with a life cycle perspective. Members participate in work programme to develop tools and initiatives to support work programme. In partnership with the United Nations Environment Programme. www.unepsbci.org
Sector: CHEMICAL																
International Council of Chemical Associations Responsible Care	X	X	X	X	X	X	X			X	X	X	X	X	X	Fee-based membership organization for chemical companies. The focus is on health, safety and environmental impact of products and processes. Product stewardship programme covers production and use of chemicals and the supply chain. www.responsiblecare.org
Sector: CONSUMER GOODS / RETAIL																
Business Social Compliance Initiative (BSCI)	X	X	X	X								X	X	X	X	An industry organization established to address supply chain labour practices. Membership consists of retailers and other companies that import or market goods. Member companies are expected to audit their suppliers against the BSCI code of conduct. The BSCI certifies the auditors. www.bsci-eu.org
Sector: ELECTRONICS																
Electronic Industry Citizenship Coalition The Electronic Industry Code of Conduct		X	X	X	X	X	X		X				X	X		Membership-based organization with annual fees based on company revenue and membership status. Full members required to implement a code of conduct. A board of governance comprised of industry stakeholders provides guidance and overview of the organization. http://www.eicc.info/

Table A.2 *(continued)*

ORGANIZATION INITIATIVE OR TOOL (Listed by organization in alphabetical order under each section)	The "X" mark indicates that the initiative/tool refers to at least one aspect or issue included in the corresponding sub-clause. *It is **not** a sign of compatibility with, or endorsement by, ISO 26000*															**Additional information** (includes brief objective description of the initiative/tool; stakeholder participation in its governance; its target audience and conditions for access; whether if it is for certification or not; and a website for further information)
	CORE SUBJECTS*							PRACTICES FOR INTEGRATING SOCIAL RESPONSIBILITY*								
	6.2 OG	6.3 HR	6.4 Lab	6.5 Env	6.6 FOP	6.7 Con	6.8 CID	5.2	5.3	7.2	7.3	7.4	7.5	7.6	7.7	
Zentralverband der Deutschen Elektro- und Elektronikindustrie Code of Conduct on Corporate Social Responsibility	X	X	X	X	X	X	X	X					X		X	Membership-based organization. Code of conduct provides a guideline to improve social and environmental performance in the electronics industry. www.zvei.de (German)
Sector: ENERGY																
IHA IHA Sustainability Guidelines		X		X			X	X	X	X	X	X	X		X	Industry organization for hydropower generation. Produces various tools and publications that are available to the public. The IHA Sustainability Guidelines has recommendations of actions regarding economic, social, and environmental issues. www.hydropower.org
Sector: EXTRACTIVE																
Extractive Industries Transparency Initiative (EITI)					X		X									Multi-stakeholder initiative comprised of governments, companies, civil society organizations and investors that supports disclosure and verification of company payments and government revenues in the oil, gas and mining sectors. Participating companies agree to report payments to governments and implementing governments agree to report payments received from companies. Civil society organizations participate in developing and monitoring specific plans. http://eiti.org
International Petroleum Industry Environmental Conservation Association (IPIECA) Various tools and initiatives		X	X	X	X		X	X		X	X	X	X	X	X	Industry organization for oil and gas producing companies. Produces various publications and tools that are publicly available such as: • Human Rights Training Toolkit for the Oil and Gas Industry • Oil and Gas Industry Guidance on Voluntary Sustainability Reporting • Petroleum Industry Guidelines for Reporting Greenhouse Gas Emissions • Guide to Operating in Areas of Conflict for the Oil & Gas Industry www.ipieca.org
International Council on Mining and Metals (ICMM) Sustainable Development Framework	X	X	X	X	X	X	X	X	X	X	X	X	X	X	X	Industry organization for mining and metal companies and related industry associations. Members commit to adopt a Sustainable Development Framework comprised of a set of 10 Principles. http://www.icmm.com/our-work/sustainable-development-framework
The Voluntary Principles on Security and Human Rights		X	X	X								X			X	Initiated by the governments of the UK and USA, the Principles provide guidance for companies and NGOs on identifying human rights and security risks. Further guidance is available on engaging and collaborating with state and private security forces. A contribution is required for using these principles. www.voluntaryprinciples.org
Sector: FINANCE / INVESTMENTS																
Equator Principles												X	X	X		Financial industry benchmark for determining, assessing and managing social and environmental risk in project financing. www.equator-principles.com
Guideline for ESG Reporting and Integration into Financial Analysis	X	X	X	X	X	X			X		X		X	X	X	Reporting guideline for environmental, social and governance (ESG) issues and a benchmark for financial analysts on how to integrate ESG in their analyses. www.dvfa.de/die_dvfa/kommissionen/non_financials/dok/35683.php (German)

***ISO 26000 sub-clauses index:** **6.2** Organizational governance; **6.3** Human rights; **6.4** Labour practices; **6.5** The environment; **6.6** Fair operating practices; **6.7** Consumer issues; **6.8** Community involvement and development; **5.2** Recognizing social responsibility; **5.3** Stakeholder identification and engagement; **7.2** The relationship of an organization's characteristics to social responsibility; **7.3** Understanding the social responsibility of an organization; **7.4** Practices for integrating social responsibility throughout an organization; **7.5** Communication on social responsibility; **7.6** Enhancing credibility regarding social responsibility; **7.7** Reviewing and improving an organization's actions and practices related to social responsibility.

Table A.2 (*continued*)

ORGANIZATION INITIATIVE OR TOOL (Listed by organization in alphabetical order under each section)	**The "X" mark indicates that the initiative/tool refers to at least one aspect or issue included in the corresponding sub-clause.** *It is **not** a sign of compatibility with, or endorsement by, ISO 26000*															**Additional information** (includes brief objective description of the initiative/tool; stakeholder participation in its governance; its target audience and conditions for access; whether it is for certification or not; and a website for further information)
	CORE SUBJECTS*							**PRACTICES FOR INTEGRATING SOCIAL RESPONSIBILITY***								
	6.2 OG	**6.3** HR	**6.4** Lab	**6.5** Env	**6.6** FOP	**6.7** Con	**6.8** CID	**5.2**	**5.3**	**7.2**	**7.3**	**7.4**	**7.5**	**7.6**	**7.7**	
***ISO 26000 sub-clauses index: 6.2** Organizational governance; **6.3** Human rights; **6.4** Labour practices; **6.5** The environment; **6.6** Fair operating practices; **6.7** Consumer issues; **6.8** Community involvement and development; **5.2** Recognizing social responsibility; **5.3** Stakeholder identification and engagement; **7.2** The relationship of an organization's characteristics to social responsibility; **7.3** Understanding the social responsibility of an organization; **7.4** Practices for integrating social responsibility throughout an organization; **7.5** Communication on social responsibility; **7.6** Enhancing credibility regarding social responsibility; **7.7** Reviewing and improving an organization's actions and practices related to social responsibility.																
Sector: FINANCE / INVESTMENTS (continued)																
Principles for Responsible Investment (PRI)	X			X			X	X	X		X	X	X		X	Provides a framework for investors to fulfil their fiduciary (or equivalent) duties giving appropriate consideration to environmental, social and corporate governance issues. Framework is developed by an appointed stakeholder group of experts. Membership required with suggested voluntary contribution. www.unpri.org/
The Carbon Disclosure Project				X								X	X		X	Not-for-profit membership organization. Provide companies and other organizations with freely available methodology to calculate and disclose the carbon emissions of their operations and assess their exposure to climate risk. Companies can use this methodology and provide information which will be available on CDP website which can be used by financial institutions in determining the carbon output attributed to the financial institution's financing and investments. www.cdproject.net
UNEP Finance Initiative (UNEP FI)	X			X								X		X	X	Membership- and fee-based initiative open to all organizations in the finance sector. Works closely with participant organizations to develop and promote linkages between the environment, sustainability and financial performance. Stakeholders provide project proposals and participation on project development. www.unepfi.org/
Wolfsberg Group Wolfsberg Anti-money Laundering Principles	X	X			X	X	X	X				X	X		X	Membership organization of global banks to develop financial services industry standards and principles to combat corruption and money laundering. Stakeholder representatives develop standards and principles, which are made available to the public. http://www.wolfsberg-principles.com/index.html
Sector: FISHERIES																
Marine Stewardship Council				X	X	X							X	X	X	Certification and eco-labelling initiative for sustainable fishery practices. It includes: • a Code of Conduct for Responsible Fishing, • a Code of Good Practice for Setting Social and Environmental Standards, and • Guidelines for the Eco-labelling of Fish and Fishery Products from Marine Capture Fisheries. A fee is involved for certification and use of the label. www.msc.org
Sector: FORESTRY																
Forest Stewardship Council (FSC)		X	X	X			X	X	X	X	X	X	X		X	Fee-based membership group open to individuals and organizations. Members assist in governance and policy development. FSC is a certification system that provides international standard-setting, trademark assurance and accreditation services to companies, organizations, and communities interested in responsible forestry. http://www.fsc.org/
Programme for the Endorsement of Forest Certification schemes (PEFC)		X	X	X			X	X	X		X	X		X	X	PEFC is an umbrella organization for mutual recognition of certification schemes on sustainable management of forests. National organizations provide governance and recognition of member groups. http://www.pefc.org
Sector: INFORMATION TECHNOLOGIES																
UNEP and International Telecommunication Union (ITU) Global e-Sustainability Initiative (GeSI)				X			X					X	X	X	X	Fee-based membership organization open to any company and related organization involved in the information and communications technology industry. Provides guidance and an assessment tool to improve the sustainable performance of its members. www.gesi.org

Table A.2 (*continued*)

ORGANIZATION INITIATIVE OR TOOL (Listed by organization in alphabetical order under each section)	**The "X" mark indicates that the initiative/tool refers to at least one aspect or issue included in the corresponding sub-clause.** *It is **not** a sign of compatibility with, or endorsement by, ISO 26000*															**Additional information** (includes brief objective description of the initiative/tool; stakeholder participation in its governance; its target audience and conditions for access; whether it is for certification or not; and a website for further information)
	CORE SUBJECTS*							**PRACTICES FOR INTEGRATING SOCIAL RESPONSIBILITY***								
	6.2 OG	**6.3** HR	**6.4** Lab	**6.5** Env	**6.6** FOP	**6.7** Con	**6.8** CID	**5.2**	**5.3**	**7.2**	**7.3**	**7.4**	**7.5**	**7.6**	**7.7**	
***ISO 26000 sub-clauses index:** **6.2** Organizational governance; **6.3** Human rights; **6.4** Labour practices; **6.5** The environment; **6.6** Fair operating practices; **6.7** Consumer issues; **6.8** Community involvement and development; **5.2** Recognizing social responsibility; **5.3** Stakeholder identification and engagement; **7.2** The relationship of an organization's characteristics to social responsibility; **7.3** Understanding the social responsibility of an organization; **7.4** Practices for integrating social responsibility throughout an organization; **7.5** Communication on social responsibility; **7.6** Enhancing credibility regarding social responsibility; **7.7** Reviewing and improving an organization's actions and practices related to social responsibility.																
Sector: TRANSPORT																
International Road Transport Union Charter for Sustainable Development				X		X						X				International representative body for the road transport industry. The Charter is aimed at promoting social responsibility in that sector. www.iru.org/index/en_iru_com_cas
Sector: TRAVEL AND TOURISM																
Coalition of tourism-related organizations Code of Conduct for the Protection of Children from Sexual Exploitation in Travel and Tourism		X										X			X	Voluntary code of conduct that commits organizations to implement six criteria aimed at protecting children from sexual exploitation in the travel and tourism sector. Provides a free training kit on implementing these criteria. ECPAT USA provides the Secretariat. www.ecpat.net www.thecode.org
Rainforest Alliance and other partners Global Sustainable Tourism Criteria Partnership				X			X	X				X			X	An initiative of the Rainforest Alliance, the UN Environmental Programme, UN Foundation and the UN World Tourism Organization, it involves various industry associations and NGOs. The Sustainable Tourism Criteria are intended to be the basis for a common understanding of what sustainable tourism means. www.sustainabletourismcriteria.org

Annex B
(informative)

Abbreviated terms

APR	annual percentage rate
CH_4	methane
CO_2	carbon dioxide
CSR	corporate social responsibility
GHG	greenhouse gas
HIV/AIDS	Human Immunodeficiency Virus/Acquired Immune Deficiency Syndrome
ILO	International Labour Organization
MDG	Millennium Development Goal
NGO	non-governmental organization
NO_x	nitrogen oxide
N_2O	nitrous oxide
OSH	occupational safety and health
PBT	persistent, bioaccumulative and toxic substance
POP	persistent organic pollutant
SMO	small and medium-sized organization
SO_x	sulphur oxide
UN	United Nations
UNFCCC	United Nations Framework Convention on Climate Change
VOC	volatile organic compound
vPvB	very persistent and very bio-accumulative
WTO	World Trade Organization

Bibliography

[1] ISO 9000, *Quality management systems — Fundamentals and vocabulary*

[2] ISO 9001, *Quality management systems — Requirements*

[3] ISO 9004, *Managing for the sustained success of an organization — A quality management approach*

[4] ISO 10001, *Quality management — Customer satisfaction — Guidelines for codes of conduct for organizations*

[5] ISO 10002, *Quality management — Customer satisfaction — Guidelines for complaints handling in organizations*

[6] ISO 10003, *Quality management — Customer satisfaction — Guidelines for dispute resolution external to organizations*

[7] ISO 14001, *Environmental management systems — Requirements with guidance for use*

[8] ISO 14004, *Environmental management systems — General guidelines on principles, systems and support techniques*

[9] ISO 14005, *Environmental management systems — Guidelines for the phased implementation of an environmental management system, including the use of environmental performance evaluation*

[10] ISO 14006, *Environmental management systems — Guidelines for incorporating ecodesign*

[11] ISO 14015, *Environmental management — Environmental assessment of sites and organizations (EASO)*

[12] ISO 14020, *Environmental labels and declarations — General principles*

[13] ISO 14021, *Environmental labels and declarations — Self-declared environmental claims (Type II environmental labelling)*

[14] ISO 14024, *Environmental labels and declarations — Type I environmental labelling — Principles and procedures*

[15] ISO 14025, *Environmental labels and declarations — Type III environmental declarations — Principles and procedures*

[16] ISO 14031, *Environmental management — Environmental performance evaluation — Guidelines*

[17] ISO 14040, *Environmental management — Life cycle assessment — Principles and framework*

[18] ISO 14044, *Environmental management — Life cycle assessment — Requirements and guidelines*

[19] ISO 14045[1)], *Environmental management — Eco-efficiency assessment of product systems — Principles, requirements and guidelines*

[20] ISO/TR 14047, *Environmental management — Life cycle impact assessment — Examples of application of ISO 14042*

1) Under preparation.

[21] ISO/TS 14048, *Environmental management — Life cycle assessment — Data documentation format*

[22] ISO/TR 14049, *Environmental management — Life cycle assessment — Examples of application of ISO 14041 to goal and scope definition and inventory analysis*

[23] ISO 14050, *Environmental management — Vocabulary*

[24] ISO 14051, *Environmental management — Material flow cost accounting — General framework*

[25] ISO/TR 14062, *Environmental management — Integrating environmental aspects into product design and development*

[26] ISO 14063, *Environmental management — Environmental communication — Guidelines and examples*

[27] ISO 14064-1, *Greenhouse gases — Part 1: Specification with guidance at the organization level for quantification and reporting of greenhouse gas emissions and removals*

[28] ISO 14064-2, *Greenhouse gases — Part 2: Specification with guidance at the project level for quantification, monitoring and reporting of greenhouse gas emission reductions or removal enhancements*

[29] ISO 14065, *Greenhouse gases — Requirements for greenhouse gas validation and verification bodies for use in accreditation or other forms of recognition*

[30] ISO 14066, *Greenhouse gases — Competence requirements for greenhouse gas validation teams and verification teams*

[31] ISO 14067-1[2)], *Carbon footprint of products — Part 1: Quantification*

[32] ISO 14067-2[2)], *Carbon footprint of products — Part 2: Communication*

[33] ISO 14069[2)], *GHG — Quantification and reporting of GHG emissions for organizations (Carbonfootprint of organization) — Guidance for the application of ISO 14064-1*

[34] ISO 19011, *Guidelines for quality and/or environmental management systems auditing*

[35] ISO 22000, *Food safety management systems — Requirements for any organization in the food chain*

[36] ISO/IEC 27001, *Information technology — Security techniques — Information security management systems — Requirements*

[37] ISO 10993-2:2006, *Biological evaluation of medical devices — Part 2: Animal welfare requirements*

[38] ISO Guide 64, *Guide for addressing environmental issues in product standards*

[39] ISO/IEC Guide 2:2004, *Standardization and related activities — General vocabulary*

[40] ISO/IEC Guide 71:2001, *Guidelines for standards developers to address the needs of older persons and persons with disabilities*

[41] African Union Convention on Preventing and Combating Corruption, 2003

[42] A/HRC/8/5 United Nations, 7 April 2008, Protect, Respect and Remedy: a Framework for Business and Human Rights; Report of the Special Representative of the Secretary-General on the issue of human rights and transnational corporations and other business enterprises, John Ruggie

---

2) Under preparation.

[43] A/HRC/8/16 United Nations, 15 May 2008, Clarifying the Concepts of "Sphere of influence" and "Complicity"; Report of the Special Representative of the Secretary-General on the Issue of Human Rights and Transnational Corporations and other Business Enterprises, John Ruggie

[44] Council of Europe Civil Law Convention on Corruption. 1999

[45] Council of Europe Criminal Law Convention on Corruption. 1998

[46] European Union, Convention drawn up on the basis of Article K.3 (2) (c) of the Treaty on European Union on the fight against corruption involving officials of the European Communities or officials of Member States of the European Union

[47] Intergovernmental Panel on Climate Change: 2006 IPCC Guidelines for National Greenhouse Gas Inventories. 2006

[48] Intergovernmental Panel on Climate Change: Fourth Assessment Report; Climate Change 2007: Synthesis Report (Summary for Policymakers). 2007

[49] International Labour Organization (ILO): Abolition of Forced Labour Convention (No. 105). 1957

[50] International Labour Organization (ILO): Chemicals Convention (No. 170). 1990

[51] International Labour Organization (ILO): Chemicals Recommendation (No. R177). 1990

[52] International Labour Organization (ILO): Code of Practice on Protection of Workers' Personal Data. 1997

[53] International Labour Organization (ILO): Communications within the Undertaking Recommendation (No. 129). 1967

[54] International Labour Organization (ILO): Declaration on Fundamental Principles and Rights at Work. 1998

[55] International Labour Organization (ILO): Discrimination (Employment and Occupation) Convention (No.111). 1958

[56] International Labour Organization (ILO): Employment Relationship Recommendation (No. 198). 2006

[57] International Labour Organization (ILO): Equal Remuneration Convention (No. 100). 1951

[58] International Labour Organization (ILO): Equal Remuneration Recommendation (No. 90). 1951

[59] International Labour Organization (ILO): Examination of Grievances Recommendation (No. 130). 1967

[60] International Labour Organization (ILO): Forced Labour Convention (No. 29). 1930

[61] International Labour Organization (ILO): Forty-Hour Week Convention (No. 47). 1935

[62] International Labour Organization (ILO): Freedom of Association and Protection of the Right to Organise Convention (No. 87). 1948

[63] International Labour Organization (ILO): Holidays with Pay Convention (Revised) (No. 132). 1970

[64] International Labour Organization (ILO): Holidays with Pay Recommendation (No. 98). 1954

[65] International Labour Organization (ILO): Hours of Work (Industry) Convention (No. 1). 1919

[66] International Labour Organization (ILO): Hours of Work (Commerce and Offices) Convention (No. 30). 1930

[67] International Labour Organization (ILO): Social Justice Declaration. 2008

[68] International Labour Organization (ILO): Home Work Convention (No. 177). 1996

[69] International Labour Organization (ILO): Human Resources Development Convention (No. 142). 1975

[70] International Labour Organization (ILO): Human Resources Development Recommendation (No. 195). 2004

[71] International Labour Organization (ILO): ILO Code of Practice on HIV/AIDS and the world of work. 2006

[72] International Labour Organization (ILO): ILO Constitution (including Declaration of Philadelphia). 1944

[73] International Labour Organization (ILO): ILO Occupational Health and Safety Guidelines. 2001

[74] International Labour Organization (ILO): ILO Tripartite Declaration of Principles Concerning Multinational Enterprises and Social Policy. Third Edition. 2006

[75] International Labour Organization (ILO): Indigenous and Tribal Peoples Convention (No. 169). 1989

[76] International Labour Organization (ILO): Maternity Protection Convention (No. 183). 2000

[77] International Labour Organization (ILO): Maternity Protection Recommendation (No. 191). 2000

[78] International Labour Organization (ILO): Migrant Workers (Supplementary Provisions) Convention (No. 143). 1975

[79] International Labour Organization (ILO): Migrant Workers Recommendation (No. 151). 1975

[80] International Labour Organization (ILO): Migration for Employment Convention (Revised) (No. 97). 1949

[81] International Labour Organization (ILO): Minimum Age Convention (No. 138). 1973

[82] International Labour Organization (ILO): Minimum Age Recommendation (No. 146). 1973

[83] International Labour Organization (ILO): Minimum Wage Fixing Convention (No. 131). 1970

[84] International Labour Organization (ILO): Minimum Wage Fixing Recommendation (No. 135). 1970

[85] International Labour Organization (ILO): Night Work Convention (No. 171). 1990

[86] International Labour Organization (ILO): Night Work Recommendation (No. 178). 1990

[87] International Labour Organization (ILO): Occupational Health Services Convention (No. 161). 1985

[88] International Labour Organization (ILO): Occupational Health Services Recommendation (No. 171). 1985

[89] International Labour Organization (ILO): Occupational Safety and Health Convention (No. 155). 1981

[90] International Labour Organization (ILO): Occupational Safety and Health Recommendation (No. 164). 1981

[91] International Labour Organization (ILO): Older Workers Recommendation (No. 162). 1980

[92] International Labour Organization (ILO): Paid Educational Leave Convention (No. 140). 1974

[93] International Labour Organization (ILO): Part-Time Work Convention (No. 175). 1994

[94] International Labour Organization (ILO): Part-Time Work Recommendation (No. 182). 1994

[95] International Labour Organization (ILO): Private Employment Agencies Convention (No. 181). 1997

[96] International Labour Organization (ILO): Private Employment Agencies Recommendation (No. 188). 1997

[97] International Labour Organization (ILO): Protection of Wages Convention (No. 95). 1949

[98] International Labour Organization (ILO): Protection of Wages Recommendation (No. 85). 1949

[99] International Labour Organization (ILO): Protection of Workers' Claims (Employer's Insolvency) Convention (No. 173). 1992

[100] International Labour Organization (ILO): Protection of Workers' Health Recommendation (No. 97). 1953

[101] International Labour Organization (ILO): Protocol of 2002 to the Occupational Safety and Health Convention (No. 155). 1981

[102] International Labour Organization (ILO): Reduction of Hours of Work Recommendation (No. 116). 1962

[103] International Labour Organization (ILO): Right to Organise and Collective Bargaining Convention (No. 98). 1949

[104] International Labour Organization (ILO): Safety and Health in Agriculture Convention (No. 184). 2001

[105] International Labour Organization (ILO): Safety and Health in Agriculture Recommendation (No. 192). 2001

[106] International Labour Organization (ILO): Social Security (Minimum Standards) Convention (No. 102) (Part VIII, Articles 46-52). 1952

[107] International Labour Organization (ILO): Termination of Employment Convention (No. 158). 1982

[108] International Labour Organization (ILO): Termination of Employment Recommendation (No. 166). 1982

[109] International Labour Organization (ILO): Weekly Rest (Commerce and Offices) Convention (No. 106). 1957

[110] International Labour Organization (ILO): Weekly Rest (Commerce and Offices) Recommendation (No. 103). 1957

[111] International Labour Organization (ILO): Weekly Rest (Industry) Convention (No. 14). 1921

[112] International Labour Organization (ILO): Welfare Facilities Recommendation (No. 102). 1956

[113] International Labour Organization (ILO): Workers' Representatives Convention (No. 135). 1971

[114] International Labour Organization (ILO): Workers with Family Responsibilities Convention (No. 156). 1981

[115] International Labour Organization (ILO): Workers with Family Responsibilities Recommendation (No. 165). 1981

[116] International Labour Organization (ILO): Worst Forms of Child Labour Convention (No. 182). 1999

[117] International Labour Organization (ILO): Worst Forms of Child Labour Recommendation (No. 190). 1999

[118] International Maritime Organization (IMO): Convention on the Prevention of Marine Pollution by Dumping of Wastes and Other Matter (London Convention). 1972

[119] Millennium Ecosystem Assessment 2005; and United Nations Environment Programme (UNEP): Global Environment Outlook. 2007

[120] Organization of American States (OAS): Inter-American Convention against Corruption. 1996

[121] Organization for Economic Co-operation and Development (OECD): OECD Convention on Combating Bribery of Foreign Public Officials in International Business Transactions. 1997

[122] Organization for Economic Co-operation and Development (OECD): OECD Guidelines for Consumer Protection in the Context of Electronic Commerce. 1999

[123] Organization for Economic Co-operation and Development (OECD): OECD Guidelines for the Security of Information Systems and Networks: Towards a culture of security. 2002

[124] Organization for Economic Co-operation and Development (OECD): OECD Guidelines for Multinational Enterprises: Review. 2000

[125] Organization for Economic Co-operation and Development (OECD): OECD Guidelines on the Protection of Privacy and Transborder Flows of Personal Data. 2002

[126] Organization for Economic Co-operation and Development (OECD): OECD Principles of Corporate Governance. 2004

[127] Organization for Economic Co-operation and Development (OECD): OECD Recommendation on Consumer Dispute Resolution and Redress. 2007

[128] The Convention on Wetlands of International Importance especially as Waterfowl Habitat (Ramsar Convention). 1971

[129] The Geneva Convention relative to the Treatment of Prisoners of War and the Geneva Convention relative to the Protection of Civilian Persons in Time of War. 1949

[130] United Nations (UN): Cartagena Protocol on Biosafety to the Convention on Biological Diversity. 2000

[131] United Nations (UN): Convention against Corruption. 2005

[132] United Nations (UN): Convention against Torture and Other Cruel, Inhuman or Degrading Treatment or Punishment. 1984

[133] United Nations (UN): Convention on the Elimination of All Forms of Discrimination against Women. 1979

[134] United Nations (UN): Convention on the Rights of Persons with Disabilities and its Optional Protocol. 2006

[135] United Nations (UN): Convention on the Rights of the Child. 1989

[136] United Nations (UN): Declaration of Commitment on HIV/AIDS. 2001

[137] United Nations (UN): Declaration on the Elimination of All Forms of Intolerance and of Discrimination Based on Religion or Belief. 1981

[138] United Nations (UN): Declaration on the Rights of Persons Belonging to National or Ethnic, Religious and Linguistic Minorities. 1992

[139] United Nations (UN): Durban Declaration from the World Conference against Racism, Racial Discrimination, Xenophobia and Related Intolerance. 2006

[140] United Nations (UN): International Convention for the Protection of All Persons from Enforced Disappearance. 2006

[141] United Nations (UN): International Convention on the Elimination of All Forms of Racial Discrimination. 1965

[142] United Nations (UN): International Convention on the Protection of the Rights of All Migrant Workers and Members of Their Families. 1990

[143] United Nations (UN): International Covenant on Civil and Political Rights. 1966

[144] United Nations (UN): International Covenant on Economic, Social and Cultural Rights. 1966

[145] United Nations (UN): UN Framework Convention on Climate Change. 1992

[146] United Nations (UN): Kyoto Protocol to the United National Framework Convention and Climate Change. 1997

[147] United Nations (UN): Optional Protocol to the Convention on the Rights of the Child on the involvement of children in armed conflict. 2000

[148] United Nations (UN): Optional Protocol to the Convention on the Rights of the Child on the sale of children, child prostitution and child pornography. 2000

[149] United Nations (UN): Report of the Fourth World Conference on Women, Beijing, 4-15, September 1995

[150] United Nations (UN): Report of the World Conference against Racism, Racial Discrimination, Xenophobia and Related Intolerance, Durban, 31 August - 8 September 2001

[151] United Nations (UN): Report of the World Summit on Sustainable Development, Johannesburg, South Africa, 26 August - 4 September 2002

[152] United Nations (UN): Second Optional Protocol to the International Covenant on Civil and Political Rights, aiming at the abolition of the death penalty. 1989

[153] United Nations (UN): The United Nations Millennium Declaration, General Assembly resolution 55/2 of 8 September 2000

[154] United Nations (UN): United Nations Declaration on the Rights of Indigenous Peoples. 2007

[155] United Nations (UN): United Nations Guidelines for Consumer Protection, UN Doc. No.A/C.2/54/L.24. 1999

[156] United Nations (UN): Universal Declaration of Human Rights. 1948

[157] United Nations (UN): World Summit for Social Development. Report of the World Summit for Social Development. Document A/CONF. 166/9, 1995. Copenhagen Declaration on Social Development. 1995

[158] United Nations Conference on Environment and Development: Rio Declaration on Environment and Development. 1992

[159] United Nations Conference on Trade and Development (UNCTAD): Guidance on Good Practices in Corporate Governance Disclosure. 2006

[160] United Nations Economic Commission for Europe (UNECE): Aarhus Convention on Access to Information, Public Participation in Decision-Making and Access to Justice in Environmental Matters (25 June 1998)

[161] United Nations Educational, Scientific and Cultural Organization (UNESCO): Declaration against the intentional destruction of cultural heritage. 2003

[162] United Nations Educational, Scientific and Cultural Organization (UNESCO): United Nations Decade for Education for Sustainable Development (2005-2014) International Implementation Scheme. 2005

[163] United Nations Educational, Scientific and Cultural Organization (UNESCO): Convention for the Safeguarding of the Intangible Cultural Heritage. 2003

[164] United Nations Educational, Scientific and Cultural Organization (UNESCO): Convention on the Protection and Promotion of the Diversity of Cultural Expressions. 2005

[165] United Nations Educational, Scientific and Cultural Organization (UNESCO): Universal Declaration on Bioethics and Human Rights. 2006

[166] United Nations Environment Programme (UNEP): Montreal Protocol on Substances that Deplete the Ozone Layer. 1987

[167] United Nations Environment Programme (UNEP): Convention on Biological Diversity. 1992

[168] United Nations Environment Programme (UNEP): Convention on International Trade in Endangered Species of Wild Fauna and Flora. 1973

[169] United Nations Environment Programme (UNEP): Convention on the Conservation of Migratory Species of Wild Animals. 1979

[170] United Nations (UN): Convention to Combat Desertification. 1994

[171] United Nations Environment Programme (UNEP): Regional Seas Conventions and Programmes. 1974

[172] United Nations Environment Programme (UNEP): Stockholm Convention on Persistent Organic Pollutants (POPs). 2001

[173] United Nations (UN), United Nations Environment Programme (UNEP), Food and Agriculture Organization of the United Nations (FAO): Rotterdam Convention on the Prior Informed Consent (PIC) Procedure for Certain Hazardous Chemicals and Pesticides in International Trade. 2004

[174] United Nations (UN), United Nations World Commission on Environment and Development (WCED): Our Common Future. 1987

[175] World Organisation for Animal Health (OIE): Terrestrial Animal Health Code, Section 7 Animal Welfare. 2009

参考文献

[1] 闫海燕. 腐败与反腐败的成本效益分析[J]. 社会纵横,2011(1).
[2] 孙继荣. 关于 ISO 26000 的应用——社会责任发展的里程碑和新起点(三)[J]. WTO 经济导报,2010(12).
[3] 黎友焕,刘延平. 中国企业社会责任建设蓝皮书(2011)[M]. 北京:人民出版社,2011.
[4] 戚志敏. ISO 26000 对我国经济社会的影响及其对策[J]. 广东省社会科学增刊,2010(12 份增刊).
[5] 孙继荣. ISO 26000——社会责任发展的里程碑和新起点(二)[J],WTO 经济导刊,2010(11).
[6] 卢勇. ISO 26000——开创社会责任新纪元[J]. 现代商业,2011(2).
[7] 李伟阳. 社会责任定义:掌握 ISO 26000 标准的核心[J]. WTO 经济导刊,2010(11).
[8] 殷格非. ISO 26000:全球社会责任发展的新时代[J]. WTO 经济导刊,2010(10).
[9] 王凯,黎友焕. 国内企业社会责任理论研究综述[J]. WTO 经济导刊,2007(44):28-29.
[10] 刘丽. 钢铁企业绿色管理研究[D]. 鞍山:辽宁科技大学,2007:1-50.
[11] 朱润潮. 我国生物质发电产业的发展现状与对策分析[J]. 科技创新导报,2010(6).
[12] 吴贵辉. 大力发展清洁能源推进电力可持续发展[J],2008(9).
[13] 叶向东. 中外海洋开发理念比较与中国海洋经济发展[N]. 中国海洋报,2005-05-24.
[14] 吕彩霞. 关于海岸带湿地资源持续利用的几点思考[J]. 海洋开发与管理,1997,3(34).
[15] 黎友焕,路媛. ISO 26000 颁布及我国企业的应对思路[N]. 中国贸易报,2010-11-11.
[16] 黎友焕,魏升民. 关注 ISO 26000 准则,透视我国的应对之策[N]. 亚太经济时报,2010-11-11.
[17] 黎友焕,刘延平. 中国企业社会责任建设蓝皮书(2010)[M]. 北京:人民出版社,2010.
[18] 陈文军,乐烨华. 基于可持续发展理念视角的企业社会责任[J]. 财会通讯:综合版,2010(2):127-131.

参考网站

广东省社会科学综合开发研究中心. http://www.cccif.com
广东省企业社会责任研究会. http://www.gdcsr.org.cn
《企业社会责任》杂志社. http://www.gdcsr.net.cn
ISO 26000 评估与研究所. http://www.iso26000china.com
中国社会责任建设蓝皮书. http://www.chinais26000.com